［法］安托万·里勒蒂（Antoine Lilti）著
宋玉芳 译

Figures Publiques

L'invention de la célébrité

1750-1850

公众形象

名人的诞生（1750—1850）

ZHEJIANG UNIVERSITY PRESS
浙江大学出版社

图书在版编目（CIP）数据

公众形象：名人的诞生：1750—1850 /（法）安托万·
里勒蒂（Antoine Lilti）著；宋玉芳译. — 杭州 :浙江大学出
版社, 2021.1
ISBN 978-7-308-19966-7

Ⅰ.①公… Ⅱ.①安… ②宋… Ⅲ.①法国—近代史—研
究—1750-1850 Ⅳ.①K565.41

中国版本图书馆CIP数据核字（2020）第015523号

浙江省版权局著作权合同登记图字：11-2020-456号

公众形象:名人的诞生（1750—1850）

[法]安托万·里勒蒂（Antoine Lilti）　　著　宋玉芳　译

责任编辑	陈佩钰	
责任校对	宁　檬	
封面设计	姚晓蕾	
排　　版	杭州林智广告有限公司	
出版发行	浙江大学出版社	
	（杭州市天目山路148号　　邮政编码　310007）	
	（网址：http://www.zjupress.com）	
印　　刷	浙江省邮电印刷股份有限公司	
开　　本	880mm×1230mm　1/32	
印　　张	15	
字　　数	306千	
版 印 次	2021年1月第1版　2021年1月第1次印刷	
书　　号	ISBN 978-7-308-19966-7	
定　　价	69.00元	

目录
CONTENTS

导　语

名人与现代性

"玛丽·安托瓦内特，就是戴妃！"在参加了女儿索菲亚·科波拉（Sofia Coppola）[①]所执导的献给法国末代王后的影片拍摄之后，弗朗西斯·福特·科波拉（Francis Ford Coppola）惊叹于这两位人物的相似命运，并道出了这样一句话[1]。这一比喻更因电影中"时代错置"[②]的构思而更加容易让人产生联想。索菲亚·科波拉把玛丽·安托瓦内特当作现今的一个年轻女子来展现，一个内心渴望自由，却又受到其王室身份束缚的纠结女子。电影的配乐掺杂着巴洛克风、20世纪80年代的摇滚风，以及近几年来的电子乐特征，这些都更彰显出影片的"时代错置"的特征。不同于《处女之死》和《迷失东京》中那些暧昧、

[①]　索菲亚·科波拉与其父亲弗朗西斯·福特·科波拉都是美国著名导演。——译者注

[②]　指把不可能出现于同一时代的事物安排在一起。这些事物可能是人物、事件、语句、科技、思想、音乐风格、风俗习惯等等。以当代的时空背景去绘制前代甚至史籍之前的人物社会，服装、建筑、社会习俗等都与考古有相当出入，常见于文学或艺术领域。——译者注

忧郁的女子，玛丽·安托瓦内特首先是永恒少女形象的化身。影片接着呈现出另一个索菲亚·科波拉在她之后的电影中也经常公开阐释的主题：名人的生活方式。正如"*Somewhere*"的演唱者一样，把自己关在奢华的房屋中无聊之极，却又从未想过离开那个地方，玛丽·安托瓦内特也必须面对与她作为公众人物的身份密切相关的一些责任。她可以得到一切她想要的东西，然而也许她真正渴望的是逃离宫廷繁文缛节的约束。对她而言，宫廷生活就像是戏剧情节的预演。电影中有一个场景表现了初入凡尔赛宫的王太子妃玛丽·安托瓦内特的震惊与尴尬：当她一觉醒来时，发现一群朝臣就这样直直地盯着自己看，就像今天的狗仔队偷窥名人的私生活一样。索菲亚·科波拉不愿在批判这位法国王后或为其昭雪之间二选一，她给我们展现的是一个肤浅虚荣的女子，她的历史地位也似乎只能在一次次奢靡聚会中体现。通过像拍摄好莱坞明星那样来拍凡尔赛宫的玛丽·安托瓦内特，导演创造了另一个世界，那里王室家庭的生活与如今影视圈明星的生活无异。

一般而言，历史学家是不喜欢"时代错置"的。因此有必要仔细考察一下文学之外，作为公众人物的玛丽·安托瓦内特。她长期被迫生活在别人的眼皮子底下，被剥夺一切私密性，甚至连与她那个时代的人来一次真诚对话的愿望也无从实现。诚然，这一相似性类比忽略了一个很重要的因素：导致掌权者时时生活在朝臣的眼皮子底下的宫廷礼节与当今娱乐圈的现代化传媒机器还是不一样的。宫廷礼节不是公众对于名人私生活猎

奇的结果，而是一种来自王室代表性理论的政治功能。名人文
化的产生基于两点：一是特殊性，二是私密性与公开性的反转
（私生活因媒体而公开化），君主的代表性意味着他们的身份。
在路易十四时代，国王起床并非一个个人行为，而完全是一个
公众人物的行为，国王是国家的化身。在君主代表制的政治惯
例与娱乐圈的各种媒体和商业手段之间，一个很大的变化使得
前者已经过时，而后者成为可能：隐私与公开性的结合。

　　当然索菲亚·科波拉在看待法国王后这一身份时也存在一
些不恰当的地方。18世纪末期，凡尔赛宫早已不是一个封闭的
君主生活场所。宫廷已经融入巴黎的活动圈子，并深受公众生
活变化的影响，报纸与图片多样化，时尚潮流兴起，戏剧演出
日常化，休闲娱乐商业化。路易十四时代的宫廷礼仪使君主完
全置于公众视野之下，并使伟大的君主与其他臣民绝对区分开
来，但这种礼节也完全由国王一人掌控。到了18世纪，这种礼
节慢慢失去了它的意义：朝臣们按照最低时间标准留在凡尔赛
宫伺候君主，他们更喜欢去首都巴黎进行休闲娱乐活动；统治
者们自己也慢慢地停止那些他们并不感兴趣的活动，逐渐有了
礼仪之外的私密生活；最后，这种私密性被严重窥探，并被宣
告废除。如果说路易十四受到的最大攻击是针对其政治策略的
话，那么路易十六和玛丽·安托瓦内特则是针对他们或虚或实
的夫妻生活。

　　显然，索菲亚·科波拉并不打算打造一部历史学作品。她
拍摄的都是一些自己偏爱的主题，当然其中一部分是其本人对

玛丽·安托瓦内特的个人看法。但她仍然让我们对当时宫廷社会的变化和王后的身份地位有了感性认识。18世纪的确出现了某些必须引起我们重视的东西，而研究这些东西正是历史学家的职责所在。

不仅如此，历史学家还应该切实落实这项职责。名人效应是我们今天这个社会特有的表达方式，因此史学家们在这一领域面前多少表现出一些迟疑。在各种关于明星的报纸和杂志中，大银幕或电视上，电台和网络里，到处都有名人的存在。新闻传媒专家和大众文化专家已经对此做了大量研究，范围包括明星们的受众、他们的命运，以及他们所引发的粉丝效应。这些研究涉及的领域有症候学、名人社会学，甚至近几年出现的名人经济学，这是该主题研究之正当性提升的信号。[2]但史学界很少有对该现象的起源感兴趣的人。这些占领我们屏幕和我们头脑的明星到底是从何而来的？

虽然史学界还没有真正关于名人的研究成果，但对这一领域的研究却已经存在两种截然相反的观点。第一种观点认为名人是一种普遍现象，存在于任何社会和任何时期。雷奥·布劳迪（Leo Braudy）在他的鸿篇巨著《名人的狂热》中对这一观点展开了细致的阐述。该书探讨了自亚历山大大帝到今天为止名人的历史和他们成名的动机。[3]就像对待其他研究成果那样，我们既赞赏作者综合整理工作的不易或某些分析的客观公正，同时也对其观点持保留意见：名人，这样一个宏大概念，涵盖了从伟大的罗马皇帝到今天的影视明星，它到底有什么作用？另

一种观点认为名人现象是一种新近出现的事物，与大众文化的
兴起、演艺公司和无所不在的视听传媒有关。[4]名人具有非常强
烈的表现特征，比如粉丝的歇斯底里、无穷无尽的人物形象、
快速增长的收入、他们的古怪行为、电视真人秀节目，甚至是
明星杂志的巨大成功。最后，以上两种观点又很奇怪地融合在
一起。它们的结合催生了另一种保守却在今天成为共识的论断，
大意如下：任何时期都存在名人，但以前的名人因他们的功勋、
才干和成就而出名；而今天的名人只因他们频繁地出现在媒体
上，除此之外没有其他价值考量。名人不应该成为"有荣誉的
人"的退化变异，或一种因重复出现而产生的媒体现象。对此，
美国历史学家丹尼尔·布尔斯廷（Daniel Boorstin）这样总结道：
名人是指那些因为出名而出名的人（well‐known for their well‐
knowness），这些人既无才干又无功劳，他们唯一的优势就是在
电视上出现。[5]

　　以上这些关于名人的阐释并不令人满意。它们定义名人的
方式不是过于宏大就是过于简单，无法让人理解名人的起源与
含义。一方面，由于这些阐释涵盖了各种形式的名人，因此它
们无法考虑到这种现象的当代机制之特异性。另一方面，由于
这些阐释把名人范围圈定在当今的娱乐明星圈而忽略了一个事
实：这一现象起源于近代，正如我们将看到的那样，它生发于
启蒙时代，名人以获得公众声誉的形式出现。所以，我们也就
不会感觉奇怪，为何这些关于当代名人研究的作品都无法从以
上混乱中理清头绪。名人有时被看作新的社会精英的主体，掌

握着可观的资本，享受着特殊待遇；有时又被看作是一种异化机制，把有名人士牢牢拴在强大的公众欲望之下。在有些作品中，名人被看作是宗教信仰和神话的现代替代品，"明星崇拜"是圣人和英雄崇拜的人类学变体，一种现代偶像崇拜。"明星们不只是被欣赏的对象，他们更被英雄化和神化了。他们也是崇拜的对象。一种新的宗教雏形正在他们周围形成。"[6]1957年，埃德加·莫林（Edgar Morin）在其最早的关于电影明星的论著中这样说道。这种当初还算是极具新意的推测，如今已成为一个普遍现象。相反，在另外一些作品中，名人只不过是影视经济和文化产业发展的连带结果，必然会使某些个人声望与财富大增。因此，沮丧地讲，名人只不过是一个市场营销的问题。

也有人把所有因素全部糅合在一起，变成一个令人困惑的整体。比如2001年克里斯·罗伊克（Chris Rojek）出版的书《名人》。[7]该书经常被引用，2003年译成法文，由弗雷德里克·贝格比德（Frédéric Beigbeder）作跋。弗雷德里克·贝格比德本身既是名人，也是名人文化的观察家。他这样一个有话语权的身份，使他成功地用两页纸把一切看似无法兼容的陈腔滥调并置在一起。名人是一个享有特殊权利的社会等级，有钱且傲慢，餐厅中最好的位置供他们用餐，豪华大酒店供他们住宿。但他们同时也是狂热崇拜的牺牲品，他们无时无刻不在别人的监视之下，生活也因此而变得不易。正如人们所料，这种矛盾揭示了商品的全能性，从而得出了一种不痛不痒的评价："名人和广告一样，目的只有一个，那就是销售。"我们得承认，这些矛盾本身就有一段很长的历史。这就把我们导向另一个更棘手的问题：为什么在这一点上名人体现的是一个矛盾的现实和一种有争议的价值？

　　我建议先给"名人"（célébrité）下一个定义，但不能把它限定在单纯有名这一点上。要出名有太多种方式。如果我们想要从社会学和历史学的角度研究这一概念的分析功能，那么必须把它与其他形式的"有名"（notoriété）概念区分开来，比如荣誉（gloire）和名声（réputation）。一个有荣誉的人，指的是一个人因为他的杰出功绩而被评定为不同于普通人，因此而获得的名气。所谓杰出功绩，往往是一些英勇行为、文学艺术成果。荣誉基本上是在名人死后才获得的名气，并在纪念英雄的集体记忆中获得升华。至于一个有名声的人，对应的定义应该是，其团队或社群成员集体信赖的对象：他是否是一个好配偶、好公民，有能力且正直？名声是人们观点社会化的结果，形成于人们的日常聊天和闲言碎语的传播过程中。它可以是完全民间的，或比较形式化的。如果说荣誉是针对那些非同一般的人而言的话，那么每一个人，只要他生活在社会中，都会成为其他人评定的对象，也因此而拥有一种名声，其名声随着地方和社群的不同而不同。

　　荣誉和名声，这两种名气形式之间的对立在欧洲历史上持续了很长一段历史，有时被五花八门的可用于表达此现象的词汇所掩盖。在法文中，还有声望（renom），名誉（renommée），尊重（estime），声誉（reconnaissance）这样一些表示"有名"

的词汇。显然，每种语言都包含了大量类似词汇。我们将在后面谈到，英文中fame一词与荣誉和名声的含义有很多重叠之处。我们对荣誉和名声做概念上的分析，主要目的是用以区分不同社会文化结构。荣誉的获得者可以是英雄、圣人、知名人士，所有在西方文化中被重点歌颂过的形象，以及他们的近代转型——启蒙哲学家珍视的那些"伟人"。名声取决于社会评定、荣誉和名誉的地方机制。大部分历史学家并没有对以上两种名气的形式加以辨别，导致他们不但无法精确区分，还混淆这两个词。而这两者建立在完全不同的社会机制上。甚至在今天，它们之间也是有差别的。一方面，荣誉的指向可以是国家领导人、艺术家、学者，甚至体育冠军，比如夏尔·戴高乐、巴勃罗·毕加索、马塞尔·普鲁斯特、玛丽·居里、比利。另一方面，每一个作为个体的人，他在个人生活和工作上的德行都会被认识他和熟悉他的人加以评定，因此都可以拥有一种名声。这个人可以是某个城市中一位有名望的医生，也可以是一个在同行中大名鼎鼎却没有任何荣誉的专家。试问有谁会在意身后获得巨大荣誉的凡·高生前知名度却很低呢？

但是现代社会的特异性又催生了"有名"的第三种概念：名人（célébrité）。它首先表现为名声（réputation）的广为传播。作为名人，他不仅仅在他的家庭、同事、邻居、同行或客户中闻名，更在很大一个群体中知名，而他本人却并没有直接接触这一群体的任何人，他从未也永远不会碰到他们，而他们却熟悉他的公众形象，即与他的名字联系在一起的图像和话语的总体。[8]换言之，所谓名人，就是被那些根本没有想法了解他，也没有兴趣评价他人品和才能的人们熟知的人。歌手成名的标志是他的名字和他的脸被从来不听他歌曲的人所认识。而当一个足球运动员被那些从来不看球赛的人知晓时，他也就成为名人了。名人成名的过程与其同事、仰慕者、邻居没有关系，但是与公众有关。

让我们来仔细考察下荣誉。名人是否只是出名过程中的一个阶段？从有名声（地方的）到有荣誉（普遍的）再到成为名人（广泛的）？这样一层层的假设就像一个"知名度"的同心圆：比如在文化界，专业人士的评价会在这样一个同心圆被一层层往外推，推向业余爱好者和评论界，最终推向大众。[11]这一模式存在一个缺陷，就是它忽视了名声、荣誉和名人之间的区别。荣誉最基本的特征是，它是身后的（即使它也可以被预先确定），它与子孙后代相关。而名人，只立足于当下，个人与公众的同时代性。它不是纪念活动的形式，但却贴合当下现实的快速节奏。荣誉指的是一个社群对某个榜样人物或某位德智体价值化身的已故英雄的全体一致的赞赏。而名人的缘起却不同：是同时代人的好奇心催生了一个特殊的人。而且这种好奇心并不总是赞赏的或全体一致的：比如有名的杀人犯和因丑闻而出名的有争议的名人。

另外，除去它的表象，名人是否只是简单的广义上的有名声的人呢？如果把知名度的同心圆无限扩大，广告机制将开启一种特定的现实。首先，相对于有名声者而言，名人的标准更多。当一个作家、演员、强盗成为名人，他所引起的公众好奇心不再以他最初的活动为标准来衡量。他们成了公众形象，不单单以他们本身的才干来评定，而是要通过获取并维持大众对他的好奇心的能力来评定。这就是名人文化的一个显著特征。这一特征抹平了来自不同圈子的人与人之间的区分，使他们地位相等。在他们有时短暂的出名期间，演员或政治家，作家或花边新闻的主角，都像影视明星那样被同等看待。

　　名人区别于有名声者的第二个特征是：名人的私生活对公众有着特别强大的吸引力，成为集体关注的焦点。在熟人与同行之外的知名度，并不像我们曾经所认为的那样，表现为一种远距离的、松弛的、模糊的好奇心。相反，它表现为一种感情丰富的依恋关系，有时甚至是非常强烈的。粉丝就是这种表现的化身。这种依恋与私人关系、私密性需求是不可分割的，即使这种私密性经常表现为远程的、虚幻的、单向的，我们必须认真理解其原动力。在有名声者与名人，有荣誉者与名人之间，区别并不只是量上的，量上的区别并不影响认识某一个体的人群数量。

　　当然，要说名人、有名声者、有荣誉者三者之间完全没有共性那也是荒诞的。最根本的问题是要弄清楚，有些人，他们既是演员、作家、政治家，同时也是"当今名人"，无意间成了花边新闻的主角。为什么他们能引起这样一种与他们本身的贡献和行为毫无关系的好奇心？这种好奇心又是如何改变某些领域中，比如文化界和政界，知名度的建立方式的？为什么这种好奇心总是带有猜疑和蔑视，包括在那些一心追捧他的人当中？一切关于名气的调查都应该从这一问题开始：让我们对一个素未谋面的同时代人的生活产生兴趣的好奇心的本质到底是什么？

要回答这一问题，首先得抓住这种好奇心的主要特征。名人最初出现于18世纪，那时公共领域发生了巨大转变，休闲娱乐也开始商业化。从那之后，名人文化经历了很大的发展，同步于媒体行业的膨胀。然而，它的最主要特征机制却早已在18世纪末顺利形成。对此，不少学者已经做过详尽阐述。他们认为，不能简单地把这样一种新的社会人物，有名气之人，看作只是出名，也不能把他们与当时涌现的伟人和天才那样的英雄人物，或名声很大的正直人士，或在同行中享有盛誉的艺术家对等起来。因此，名人这样一个特殊机制的演变沦为老生常谈。我这里要呈现的是一些著名话语、名人逸事、故事记载，它们所涉及的虽然不是一个统一的知识范围，但却都是在思考一个新的现象，包含了一些当时人们探索社会奇特之处的口头和文字的材料。我们现在所理解的名人这个词本身在18世纪就已经出现，而且名人的做法引发了大量评论，这些评论都是为了对名人的做法进行说明并赋予意义。

研究名人的诞生——当时它的表现特征还没有受到文化载体（杂志、电视台、粉丝俱乐部等等）的影响——有助于我们更好地看清楚它的双重性特征：社会上成功的标志，被人需要而实际却并未从中获得什么好处。名人从来没有正正当当地存在过。他们总是被认为昙花一现、肤浅无知，甚至不合惯例，他们成了各种评论和嘲讽的对象。既被奉为社会声望的特定现代形式，又被视为媒体幻影，名人的这种矛盾性不正印证了民主社会集体价值观的双重性吗？要理解这一点，必须努力解释清楚名人文化的现实情况和具体表现，以及那些以此为主题的孜孜不倦的谈论。

反过来说，也就是启蒙时代公共空间的转变。关于这一点，自尤尔根·哈贝马斯（Jürgen Habermas）以来的研究成果都认为这是一种批判与理性的讨论空间。以此，个人凭借自身理智影响公众。哈贝马斯认为，资本主义的公共空间，公开且自由，形成于18世纪。在那之前，则是君主代表制公共空间，在那里个人都有特定的社会等级，政治交流也只是从统治者向臣民单向展开。但是，经历过启蒙时代之后，这种言论公共空间在19世纪摇摇欲坠。到了20世纪，面对大众传媒和社会的商业化，它消失殆尽。取而代之的是一种由政治宣传、文化产业和市场营销支配的公共空间。自此，公众舆论不再是象征自由解放的审判法庭，而是各种花招手段的被动接收者。公开性原则本身也遭到颠覆。它不再是公众公开讨论神秘权力的强烈诉求；它成了广告的代名词，成为对商品和政治家有利的精神调节剂。[10]不管这一结论的各个细节是否得到赞同，还是有很多学者认可公共空间的黄金时代这一观点的。我们这个时代被演艺圈和商业所掌控，被讲故事式的政治和昙花一现的明星制造业所掌控。这一观点排斥我们这个时代所谓的庸俗与空洞，这的确是令人钦佩的。然而，具有理性批判功能的广告和媒体与商品操控之下的广告之间的对立并非历史沿革的自然产物，而是人为规范化的结果。它完全建立在一种政治准则之上，即公众审议的准则。而在启蒙时代的黄金时期，这一准则就被抛出来，用于评议离我们当今时代比较遥远的一切东西。[11]上述对立把18世纪理想化，特别严重的是，它增加了我们理解何为公众的难度。

相反，名人机制研究揭示的是，公众并不只是文学、艺术或政治评判的法庭，它更应该是一个匿名评判集体，他们一起评阅相同的书或报纸（近18世纪）。公众的形成并不是因为他们理性的争论交流，而是因为他们有相同的好奇心和相同的信仰，在相同的时间对相同的事物感兴趣，以及这种共时的默契。这就是公众概念的多义性，他们不仅对政治争论感兴趣，也对名人的私生活感兴趣，但他们又极少满足政治哲学家和伦理学家对他们的期望。本书提及的大部分学者都对此深信不疑。哈贝马斯成功地诠释了康德对于公众的定义，但他掩盖了一个重要的事实：在整个过程中，其他很多关于"公众"的定义在不断出现，而且它们更加注重其多义性特征。自18世纪中期以来，公众问题在很多方面总是被当作一件麻烦事儿来对待。大众对此的看法也不全然相同。然而，这一问题与交际理论是不可分割的，正如在伊曼努尔·康德一个世纪之后的社会学家、社会模拟理论家加布里埃尔·塔尔德（Gabriel Tarde）所理解的那样。同一个时代的人对同一事物有着相同的感知与兴趣，这

就是"新闻感觉"。它就像是"一个身体被分成几部分而精神却
统一的个体"[12]，而正是"新闻感觉"造就了公众的团结和力
量。这种凝聚力量主要来自于各种期刊，同时也来自于时尚现
象或文学成果。不同地方的个体，出于他们同属一个共同集体
的相同意识，即他们在相同的时间对相同的事物感兴趣，而产
生模仿效应，这是公众凝聚力的基础。

我们明白，公众是广泛传播的话语与图像——归功于印刷
业和其他媒介——的永恒产物。如果我们从这一角度理解的话，
那么公开性的概念就一下子变得模糊了。它似乎非常民主，因
为它是秘密性、各层级的信息监管的对立面，并似乎有利于政
治磋商和文化成果更广泛、更平等的传播。但是在精英眼中，
它却通常很低俗，因为它直接触及了他们的文化区分策略和对
自身政治鉴定能力的信心。公开性导致大众突然间的一时爱好，
有时是短暂的，并非理性的（成功的畅销书、自发持续的民意
调查的流行、崇拜名人），而这种兴趣爱好正是远距离模仿机制
的范畴，即集体自我暗示，也是公众的本质所在。公众并不仅
仅诉诸话语，也诉诸情感。因而，公开性既是评论的集体演练
场，也是资本主义商品经济的工具，同时又是大众文化的推动
力。这一多重定义，替代了哈贝马斯的理性主义建构，能逃离
叙述的偏差，比较容易从约定俗成的评判中得出结论，并从反
面强调公开性的二重性构成特征。

从公开性的角度考察名人，可以解释清楚其最重要的特
征，这些特征往往未被阐释过，或显得相互矛盾。对名人的喜

爱也是如此，他们的生活方式既个人、主观，同时又与众多同时代人共享。一个明星越有名，那么他的粉丝就越容易相信他们与他之间存在着亲密且独特的关系。能对这种奇怪现象做出解释的，是公开性与个性化机制之间的联系。公开性既鼓励个性化，同时又否定它：个体在融入公众的一瞬间发现自己是独特的。这是大众文化的矛盾驱动力。但它也坚持名人文化所操控之下个人私密性与公众的反转。名人越是私人的、隐秘的东西，越会被拿出来置于公众的好奇心之下。面对一些原本意图诋毁他的事情，名人不但可以凭借其知名度摆脱这些事情，还能让人们看到他与其他普通人的相同之处：怪脾气、会犯错和脆弱的一面。这就是明星所激发的人们的好奇心和同情心的深厚力量。一个公众形象既因其出名而高大，同时也因其弱点和卑微而与普通人相似。

这种好奇心与同情心的结合因18世纪正当蓬勃发展的文学形式——小说，尤其是情感小说而得到很好体现。这些小说的成功正是展现了名人文化诞生的过程。人们通过阅读《帕梅拉》和《新爱洛伊丝》开始迷恋与自己相似的人，这些人的日常生活与情感波折都在书中被细致描绘。同时，这一时期最有名的人也成了真正的公众人物，他们的生活像电视剧一样被讨论。在这两种情况下，赞赏与怜悯这两种传统情感就被好奇与共鸣所取代。在社会条件趋于充分相似的情况下，人们或多或少都能发现自己与其他人的共同之处，这是好奇与共鸣所起的作用。现代的自我是好奇且敏感的。它能克服社会距离而在其他人身上找到自己的影子。18世纪名人的突现也与这两种想象相关：公开性的发展和自我的新观念。此二者非但没有相互抵触，反而构成了现代性的两个面。

我们还能严谨地使用现代性这一概念吗？在聚焦于20世纪的社会科学之后，这一概念如今已经被严重质疑了。当历史学家和社会学家自以为有权把现代人，即他们自己，与其他一切古代的、中世纪的、原始的、耸肩缩颈地挤在他们的传统和他们的信仰中的人对立起来时，人们胡乱指控它带有一种完全迎合当下的历史目的论观念，宣扬一种历史西方论，天真地自认为是进步的理念，并含义丰富，内容模糊又格式化，总之，是另一个时代的遗产。因此很难说清楚这一概念的内涵，但我们必须明确它的用法。对此，我有两方面的理解。首先是一系列以不同形式和不同方式影响欧洲的深刻变革，至少对18世纪中期至20世纪初的西欧而言，变革震中即在此。其主要特征如下（我们每个人都可以按照自己的方式来排序）：城市化和工业化，社会分工，政治生活中合法行为者的增多，司法不公正的消失（还有其他形式的不公平），工具主义理性的肯定和"世界的觉醒"。这些变革经常是民主化、工业革命、秩序社会的终结和世俗化等重大叙事的对象。人们可以尽情地讨论、微调这些东西，但却很难全部否认。本书将对两个较少提及的要素做特别探讨：自印刷术到广播电视的远程交流技术的发展，以及个人真实性理想，浪漫主义是其顶峰。"媒介交流"的发展有着深刻的社会和文化影响，也有助于新形式的社会互动，不同于传统社会面对面交流。文化财产前所未有地流通，也成了交易主体。[13]
如果说20世纪的电信技术加速了这一变化的话，那么其源头却
可以追溯到印刷术的发明以及它在18世纪的广泛应用。各种信
息、报道越来越广泛地被传到一个个不确定，也可能不受限制
的公众群体中去，这使得一个人出名的方式发生了深刻的变化。
一个真实的自我，是与其作为公众人物所表现出来的社会形象
相反的。就好比人们看待让–雅克·卢梭那样，是对一种新的
大众传媒数据的反应。

现代性也与时间密切相关，它是现代人关于自身的一种讲
述，是一种对特殊性的肯定，以及日益增长的对反身性的担忧。
两个世纪以来我们的史学编纂完全依赖这种时间的现代关系，
它可以允许我们把过去当作一种知识对象来掌握，不管是为了
远观，还是为了确定我们从它那里获得的东西和它身上与我们
有关的东西。在我看来，历史不是一个陌生、令人不适、充斥
着奇怪之人的世界，也不是一个坚持推着我们——我们现代
人——向前走的世界。我发现过去有一些习以为常的活动与信
仰，尽管它们是以不同方式被安排。我也看到了过去有些地方
存在争议，而今我们仍然就此争论。相比人种学原则——它更
拉大了距离——我更喜欢谱系的原则，并不是要求找到一个令
人放心的起源，或是绘制一张连续线性图，而是为了把握住现
代性在当下其重要性突显时期的举足轻重的分量。

因此，本书的论点如下：名人现象并不是我们当代世界的
一个新事物（事实上，当代世界见证了文化和公共空间的衰落，

甚至还有对现代性之解放使命的遗忘），而是各个时期现代社会的特征；现代社会的伟大性由于其正当性频繁遭受威胁而变得几乎不现实。为了说明这一点，我选择从名人现象的诞生时期着手，即18世纪中叶的巴黎和伦敦，之后它慢慢成形，直到19世纪下半叶在整个西欧和美国全面开花。这样一个包含了启蒙时代和浪漫主义时期的时间跨度，对于历史学者而言并不容易。因为它轻松地穿越了法国大革命这一神圣屏障。然而它却是西欧社会的一个缓慢而连贯的转变过程。社会秩序的危机，文化产业经济的最初发展，印刷品（尤其是报刊）数量的大量增长，人民主权原则（至少在理论上）的确立：现代性的最主要特征都在这一时期显现出来。名人现象史特别重要的一点是，不管是现实还是理论上，公众舆论也同时出现了，一种基于个人真实性要求的新的自我理念也同时出现。这样一部历史显然不能把它局限在某一个严格的时间范围内。然而，1751年让－雅克·卢梭在公众舞台上的出现，1844年前后弗朗茨·李斯特轰动一时的巴黎—柏林之旅，却是明显的时间界标。从一头到另一头，各种相互交织的线索比我们平常想象得要更多。[16]

卢梭在本书中占有非常重要的地位，写这本书的最初动力就是他。从某种角度讲，《公众形象：名人的诞生（1750—1850）》最初是想拐个弯解决卢梭作品中的一些看似无法解决的矛盾。只要我们把名人当作一个真正的历史对象来研究，努力考察其丰富内涵并理清其模糊之处，这些矛盾其实都能解决。作为欧洲第一位真正的名人，卢梭也是第一位把名人身份当成一个负担，把名人当成一种异类来描写的人。本书有一整章的内容都是关于卢梭的。在这以前，我们将先深入探讨名人机制。我们将看到，很多我们当下"超媒体化"的社会特征在18世纪时就已经出现了：某些明星的暴富、广告效应、名人肖像交易、八卦新闻、粉丝信件等。我们将以具有高度象征意义的事件来开启本书：1778年伏尔泰在法兰西戏剧院的加冕典礼，其中的关键问题比通常历史学家所说的要更加模糊不清。仪式远非伟人的特殊荣誉，在当时人们眼中，它凸显了名人的矛盾心理（第一章）。这样就避免了某种单一性的解释。接着我们将发现表演界的首批公众人物，演员、歌手、舞蹈家（第二章）。同时我们也会看到名人的巨大媒介效应、图像的倍增、传记的新功能和丑闻的作用（第三章）。我们分析的核心是公众问题。新机制引发了关于广告的新形式的真正问题，必须要弄清楚它们是如何被描绘和被评论的（第四章）。

第五章是关于卢梭的。之后我们将回到名人文化在政治领域的影响。我们会重提玛丽·安托瓦内特，也会考察新的民主权力人物，如乔治·华盛顿、米拉波，是在怎样一种迫切情境之下不得不建立起自身名望，拿破仑的威望如何压倒了传统的荣耀机制和新的名人机制。如果说我们今天所说的政治生活的"平民化"（peopolisation）根本不是指当代非政治化，也不是环境糟糕的信号的话，那么它从源头上来讲是否为神赐力量对现代性的让步（第六章）？最后一章探讨浪漫主义时期以拜伦勋爵为代表的名人现象，当然也包括其他一些今天已经不那么有名的人物，如曾在美国名噪一时的歌剧演员珍妮·林德（第七章）。这将引领我们走进名人历史的新阶段，其标志是摄像、电影和大众传媒，其中大规模的图像再现手段发挥着越来越重要的作用。[15]

第一章

伏尔泰在巴黎

1778年2月份，85岁的伏尔泰决定回到离开了30年的巴黎。他这次在巴黎的逗留引发了大众热情。巴黎的所有作家都赶来为这位费内（Ferney）老人庆祝，精英们也为了见一见这位如今闻名欧洲的人物而绞尽脑汁。当时伏尔泰住在维莱特（Villette）侯爵家里，访客几乎踏破了维莱特侯爵家的门槛。法兰西学院以最高礼遇接待了他。本雅明·富兰克林郑重地请他为他的孙子祝福。人们对伏尔泰充满敬意的最强烈表现是，当伏尔泰赴法兰西剧院观看他的悲剧《伊莲娜》时，人们即兴为他举行了一场庆祝活动。极度兴奋的公众把他的半身像搬上舞台进行加冕，一旁的女演员还不断朗诵他的诗歌向他致敬。这一幕也被视为"作家加冕"的标志性演出。启蒙哲学家们从此拥有了一种新的社会文化威望，从传统势力中解放出来，化身为一种新的世俗精神力量。这种力量与浪漫主义一起创造了辉煌成就。[1]伏尔泰半身像的加冕因而也被看作之后正式仪式的预演：1791年，他的骨灰入驻先贤祠。这是公众对一位伟人表达敬意的第一个纪念仪式。这就是为什么文学史家把这一事件称为"胜利"和"辉煌点"。[2]

　　就这么简单吗？这个场景实在是太美好了，以至于不太真实。事实上，两个半世纪以来的这种规范化的叙述主要依据的是伏尔泰的支持者们编纂的文字，这使得叙述本身带有奉承的意味。[3]然而也有人毫不犹豫地加以讥讽。哲人们的敌人震惊于自己老对手的成功，肆无忌惮地冒犯他们。[4]文化生活的其他角色，那些没有宗教或政治动机的人们，往往持嘲讽的怀疑态度，甚至坦白说是敌对态度。戏剧行家路易·塞巴斯简·梅西耶（Louis Sébastien Mercier）在他的《巴黎画像》中这样写道："这个著名的加冕仪式在智者眼中只是一场闹剧。"[5]梅西耶对这一幕没有丝毫兴趣，他只看到一个由伏尔泰的门徒们导演的"笑话"，他们这样无节制地把伏尔泰暴露在公众面前反而损害了伏尔泰的威望："人们在好奇心驱使下急于想看到有名人物的脸，仿佛作家的灵魂已经不存在于他的文字中，而是在他的容貌里。"因此，梅西耶看到的远远不是辉煌和胜利，而只是一个笑话。在整个过程中，伟大的作家有几分像滑稽人物，不得不忍受着狂热的掌声和不恰当的亲近行为。让梅西耶感到不满的，并非人们对伏尔泰的爱慕，而是人们表达爱慕的方式。他们就这样把《俄狄浦斯》的作者置于公众好奇心之下，像对待一个滑稽演员那样，兴奋多于真正的敬仰。

　　剧院看上去的确像一个用于庆祝伟大功绩的含义丰富的场所。如果说它是几十年来以伏尔泰为主的剧作家笔下主人公展示他们荣耀的绝佳之地的话，那么它也是作家和演员们被迫在公众的评判、诡计和嘲弄口哨中建立或失去名声的地方。它既是精英阶层的社交场所，又是普罗大众的娱乐之地。在这里，警察要大费周折来确保公共秩序。最后，它也是新的名人文化的主要舞台，男女演员们尽管还没有什么社会地位，但已经成为首批社会主角。1778年3月30日的庆典，根本谈不上正式或庄严，而是一个热情喧闹的节日，甚至有点像化装舞会。人们并不确定伏尔泰本人是否喜欢这样一个形式。他似乎意识到这种情况可能是荒谬的：维莱特侯爵才把月桂花环戴到他的头上，他就把它取下来了，也不顾周围的人还在鼓掌。[6]一个人在活着的时候就这样被庆祝被纪念真的合适吗？

月桂花环勾起文学史上的一个著名事件，在启蒙思想中也十分重要：1341年彼特拉克[①]在丘彼特神殿加冕桂冠。[7]但是为彼特拉克加冕的是当时罗伯特·德·那不勒斯国王的代表，他那个时代最大的文艺事业资助者，而且整个仪式很庄严。这样一种君主荣耀与诗人名声的结合曾经在整个封建欧洲都很盛行，一直到路易十四统治时期。可如今却出现了问题。而伏尔泰比谁都更清楚地知道这一点。法兰西剧院狂热的公众可以替代王子吗？相反，他们有没有可能在贬损作者呢？这样一出滑稽模仿的加冕仪式不更应该是演员或歌手的庆祝活动吗？这不是一位伟大诗人的祝圣仪式。

那一天的伏尔泰是多重身份的生硬合体：作为《伊莲娜》

[①] 弗兰齐斯科·彼特拉克（意大利语：Francesco Petrarca，1304年7月20日—1374年7月19日），意大利学者、诗人，文艺复兴第一个人文主义者，被誉为"文艺复兴之父"。——译者注

和《俄狄浦斯》的作者，他拥有名声；作为费内的流亡者，他是名人，他的话语和行为在整个欧洲都闻名；最后，作为一位在将来要成为伟人（他的追随者在那个时代已经就这么认为了）的经典作家，他则拥有至高荣耀。对于我们而言，伏尔泰是伟大的启蒙思想家，第一位长眠于先贤祠的作家。因此我们明白上述加冕一幕只是他走向身后荣耀的第一步。但对于伏尔泰及其同时代人而言，加冕事件的含义就变得意味深长了。有没有可能把当时公众对他人身的强烈好奇心看作提前庆祝其身后荣耀？站在今天往回看，这样的操作没有看起来那么简单。因为这正是问题棘手的地方：一个人在活着的时候享有的名气和后人对他的印象之间是否有连续性，而后人的印象才是保证其享有永久荣耀的关键。

"欧洲最有名的人"

伏尔泰在1778年成为名人是毋庸置疑的。他的名气超越了文学界的狭小圈子，超越了他同行的认可和批评。就算从来没有读过他的书的人也听说过他的名字。报纸详细报道他的言语和行为。在《文人共和国秘史》这一部成功的文化生活编年史中，他的名字不断出现。从来没有人像伏尔泰那样频繁出现在新闻上，不管是通过他的文学论战还是政治斗争，不管是他说的好话还是唐突之语。他早已不再只是一个令人赞赏的作家，他同时也是一个能引起人们好奇心的公众人物。那些刚出道或没甚名气的作家想方设法沾他的光。1759 年就有一个年轻的爱尔兰小说家奥利弗·戈德史密斯出版了一部假的《伏尔泰先生回忆录》，企图借伏尔泰之名引起公众关注，并敲开自己职业生涯的大门。此书里面尽是一些不完全真实的逸事和杜撰的情节。[8]有一名叫让-亨利·马尚的律师，在 30 多年的时间里，以出版类似作品为乐，比如《伏某某先生的政治遗嘱》（1770）、《伏尔泰先生的政治忏悔》（1771）。[9]

伏尔泰并不需要任何人来帮助他成名。逃难到费内，他不得不经历跟其他所有旅行者一样的过程。人们不满足于读他的作品，而要亲自看一眼他们那个时代的欧洲名人。这样的会面对伏尔泰而言是最大的乐趣之一。他总是愉快地用一种剧院和宫廷的仪式来接客，并鼓励来访者在回去的时候把关于他这样一个伟大作家的奇闻逸事散播出去。[10]有时候这些访客对他而言也是一种尴尬的来源，一种精力的浪费，特别是当他不好意思拒绝突然到访的来客，或者那些只是出于好奇想看一看他，实际上于他却毫无交流或益处之人。查尔斯·伯尼就曾生气地讲过他如何粗鲁地对待得寸进尺的英国来访者："唉，好了，你们现在见到我了，先生们，我看上去像一头野兽吗？还是一个应该摆在展示架上的怪物？"[11]名人与市场上的牲畜其实相差不远。其他人的笔下也有这样的比喻，已经见怪不怪了，但现在这样的比喻却揭示了公众好奇心的矛盾性。作为名人出名的

根本原因，好奇心既是动力也是威胁：它在任何时候都有可能
把名人变成一个简单的表演道具，不是吗？

这种好奇心并不局限于精英阶层或报纸的读者。伏尔泰的
名字具有广告效应，会激起书商的欲望，并刺激造假。这位哲
学家心知肚明，但他与出版界玩起了复杂而迂回的游戏，既享
受他们的服务又斥责他们"剽窃"。他在抱怨时会主动提到他
"倒霉的名气"带来的后果。比如有人刚刚以他名义出版了一
本"可耻伪造"的假通信集："总是有些手稿会流落出去。您又
能如何呢？这是我作为一个倒霉的名人要付出的代价。如果能
够安静地待在隐秘之处，那将是非常舒服的。"[12]也许伏尔泰流
露出来的对于名气的不屑多少有些卖弄，因为事实上他在积极
地维护作为自己重要广告招牌的名气。只是主题要能让人接受，
而且他的关系户也必须与他在一个调上。当弗朗斯瓦·马林建
议他编一本日常通信集，并终止与荷兰那些以他名义出书的
"该死书商"合作时，他立即补充，并把问题普遍化："这就是
名人最痛苦的地方之一。"[13]名人并不单单是一种名声，还是一
种与其作用相关的社会身份。他的作用决定了他无法逃脱观察
者的好奇心、印刷商的利益链、谨小慎微的出版商的诡计。早
在1753年，伏尔泰还不是法兰西喜剧院加冕的文学翘楚，但已
经是那个时代最著名的作家。他与弗雷德里克二世的复杂关系
是头条新闻。他的侄女，德尼夫人在给乔治基斯写信时说："我
叔叔的名气让他无法在欧洲随意走动。他宁可选择逃得远远的
被人们忽视，甚至安静地死去。"[14]成为名人，既是一种荣耀，

也是一种束缚，因为名人是一个公众人物。就这样，出名给名人规定了义务，尤其是要起到模范作用和公共辩护作用。当人们特别严厉地指控他不信教时，伏尔泰不得不为自己辩护："当人们攻击一个人这么敏感的一个地方时，他越出名，就越应该展现出温柔。"[15]

伏尔泰不仅仅是一个人名，他也是一张脸，这无疑就是他和过去那些大作家的区别。他有很多很多的肖像画，半身像和版画也很多。而且1760年以来，一直在不断增加。[16]有一位艺术家尤其擅长创作伏尔泰像：让·胡贝尔，"剪纸"艺术家，通过切割织物来表现剪影或脸部。[17]在画了伏尔泰的几幅肖像画之后，再以很多剪纸的形式表现出来，胡贝尔在1772年创作了一系列小绘画来展现伏尔泰的生活细节：喝咖啡、下棋、在费内郊区散步。《文学书信集》中提到了这些"展现欧洲最出名人物的日常生活场景"的图画，并指出伏尔泰指责胡贝尔画得跟漫画太接近了。[18]其中有一张伏尔泰起床像，画中伏尔泰一边像耍杂技一样在穿衬裤，一边在跟他的秘书说话。当这张图被复制和刻印，然后在巴黎和伦敦的所有印刷品商店里售卖时，伏尔泰生气了。胡贝尔巧妙地反驳道名人的机制就是借助其公众形象来娱乐，通过加入"一点搞笑"来刺激公众需求，但并不会损坏名人本身的威望。"公众的渴望，都迫使我不断冒犯您，不管在您看来是好还是坏，他们都是您忠实的追随者。我用我的图画维持他们的偶像崇拜，而我的唯意志论是无法治愈的。"[19]

这是一条有价值的评论，因为它来源于对视觉文化转型特别敏感的艺术家。名人的形象有别于伟大君主或威严作家给人们的呆板印象。它是对公众好奇心的回应，人们想看到的是名人日常私生活中不为人知的一面，也包括那些最平庸乏味的场景。伏尔泰并不是以一个作家的身份被展现出来的，身边也没有脑力劳动的象征物，比如传统的作家肖像画中经常出现的办公桌、堆起来的书、纸笔和墨水。人们看到的只是一个"家庭场景"。吸引人的是，观看者会假想伏尔泰不写作时，像普通人那样生活时，哪些地方是与自己相似的。名人之于大众，重要的不是崇拜的距离，而是大众对于名人隐私的渴望，这是对名人作为一个个体的人的好奇心，这个个体的人既因为出名而与其他人不同，但又与他们类似。一点小小的搞笑并不会对名人有所危害，反而使他的形象更具体化，让人更熟悉。

因为这些图像的最初赞助者是卡特琳娜二世，所以公众对于伏尔泰日常生活场景的"渴望"就变得更加强烈了。这种狂热使印刷品商人嗅到了发财走运的味道，他们便叫人把这些图画刻下来。胡贝尔画的其他场景也是这样被复制的。尤其是《伏尔泰下棋》《伏尔泰会客》或者《伏尔泰制服一匹马》让费内族长瘦弱的脸、微笑与做鬼脸的样子被人熟悉。[20]胡贝尔的作品既非经典肖像画，也非真正的漫画，但它们却滋养了公众与伏尔泰之间那种矛盾的亲密关系。伏尔泰既因为其声望、年纪和流亡而变得遥远，又因人们可以看到他平常起床、穿衣、吃饭和散步的日常活动而变得亲近。《伏尔泰起床像》的成功主要在于出人意料而又栩栩如生地刻画了其生活场景，使得观看者仿佛有机会在某一刻偷偷摸摸地进入这位伟大作家的卧室一探究竟。

名人隐私的图像被不法商人偷去并复制，对于偶像崇拜近乎偷窥癖的好奇且狂热的公众而言，在那个手工艺人时代，没有必要向我们今天熟悉的规则那样去做一些强制性的说明。伏尔泰的生气和胡贝尔的反驳证明了这些图像的惊人效果：这些图像的传播是有利于费内哲人的声望，还是有损于他的名声？《伏尔泰起床像》的两幅有名的版画，一幅在法国，另一幅在英国，上面还有讽刺的诗句来解读那幅漫画。[21]伏尔泰的崇拜者和嘲讽者追求的都是同样的画面。他们的兴趣首先是这些图像能给予他们一种窥探哲人隐私的幻觉，且能细看其逼真的肖像。胡贝尔非常想利用这样一个需求，他鼓励英国的联络员宣布这些版画是"各方面都最像真实的伏尔泰的"。[22]公众不再需要千篇一律的图画，而渴望那些能让他们了解作为一个个体的人的逼真肖像画。

伏尔泰和雅诺①

　　伏尔泰在巴黎逗留期间带来的就是这种基于好奇心和仰慕心的双面名气。他一到巴黎的城门口就被认出来。"老天！这是伏尔泰先生。"一个卫兵这样喊道。[23] 一旦被认出来，他在巴黎的现身就引起了轰动。"不，就算是一个久别重逢的人，一个先知，一个使徒，都无法像伏尔泰那样引来那么大的惊喜。这位新的奇才暂时打消了人们其他兴趣"[24]，《文学通信集》这样写道，完全忠于它的宗旨。一年前创刊的《巴黎报》，法国第一份日报，向其读者描绘了伏尔泰在首都现身引发的"轰动"："在咖啡馆、剧院、各种社团，人们谈论的只有他。您见到他了吗？您听说他的事了吗？"外省的报纸贪婪地报道他在巴黎逗留期间最小的细节和他说的话。[25] 弗朗斯瓦·德·奈福沙朵（Fransois de Neufchateau）注意到了一种普遍好奇心，并公开炫耀说自己与伏尔泰共度了一小时的美好时光，但同时又对细节秘而不宣，坚持严守秘密的原则，尽管这一原则总是遭到破坏："名气尤其会在名人周围制造一种间谍群体，以窥伺其行为、言语和想法。"[26] 他曾经以一种所谓的谴责语气跟《巴黎报》的编辑这样说道，并表明名人已经成为一个值得反思的主题。杜德芳（Du Deffand）夫人则更讽刺地指出"整个诗坛，从土基到顶部"，都争先恐后地往伏尔泰那里去。[27] 而她本人也无法克制想

---

① 18世纪法国喜剧中滑稽可笑的仆人。——译者注

见他一面的想法。

伏尔泰就这样引起了集体好奇心，尽管每个人的理解不一样。但是法兰西剧院加冕一幕却是另外一回事，是伟人的荣耀。那个仪式仿佛提前为他制造了一个公认的身后形象，仿佛他同时代的人可以通过后代人的眼睛看他。换言之，仿佛他已经死了。"所以他们是想看我死后的样子"[28]，伏尔泰曾经很早就点破这一点，因为当时有另外一场不清不楚的仪式，欢乐的人们想借此向他表达敬意，但却跟前面那个仪式一样，看上去像是为死者庆祝他身后的荣耀。让-弗朗斯瓦·杜斯（Jean - Fransoi Ducis）在加冕事件的下一年接替了伏尔泰在法兰西学院的席位。在他的演讲中，他只是庄严地说道："我们可以这样说，他活着的时候就目睹了他的不朽。他的世纪已经提前付清了未来几个世纪的债务。"[29]雕刻家皮噶尔（Pigalle）在几年前给伏尔泰刻的裸体像也具有同样的含义。公众哗然，但裸体像却清楚地传达了这样一个信息：作家消瘦的身体暗示着他的死亡，裸体也意味着他与古代英雄一样的地位。伏尔泰在当时就已经是个伟人了，稍微提前一点看看后人对他的崇敬之情，这也是可以接受的。

然而，法兰西剧院的那个夜晚却更让人捉摸不透，因为人们的狂欢多于庄严。这一点在最善意的文献中也有说明，比如《文学通信集》中就强调当时人群兴奋、混乱、推搡。"整个大厅被如潮涌一般不安分的人群所激起的尘土掩盖。熙熙攘攘、全体狂欢的场面持续了20多分钟，喜剧演员们差点没法开始他们的表演。"[30]更不用说那些看不惯的人抓紧机会对这样一个所谓的崇高典范的戏剧性和无序性进行嘲讽。这个加冕仪式正好又在剧院的舞台上，还让一个装扮成女仆的演员来担任主角，这只能增加这一事件滑稽可笑的成分。几周之后，伏尔泰几乎不为人知的葬礼证明官方对他的认可还未到来，因而他的名气也没有直接带给他荣耀。"他生前受到的不恰当的礼遇，剥夺了他丧葬的体面。"梅西耶这样恶毒地评论道。

让我们再来看看他反传统的解释。在批评了这样一个不得体的"玩笑"之后，梅西耶打出了一个更加令人绝望的比方。他把伏尔泰的成功与一个喜剧演员沃朗日（Volange）在一家通俗剧院（Variétés - Amusantes）获得的成功做比较。伏尔泰在巴黎引起的轰动轻松地就被沃朗日及其在一出通俗滑稽剧中扮演的经典角色雅诺的惊人成功所淹没。这一出剧，《雅诺还是被打者被罚款》，离伏尔泰的悲剧十万八千里。其中象征性的一幕是，雅诺被人用夜壶里的东西浇了头，而他却在想那液体是什么东西："是那个吗？不是那个吧？"这样的台词让巴黎人笑了好几个月，而且每次谈话都会提起。这个剧本的演出有上百场，主演也成为时尚人物："他不仅在舞台上，也在各个社会阶层中让人开心。任何欢庆的场合都少不了他的名字和他制造的快乐。某天他有点感冒了，第二天他门口就挤得无法通过马车。贵妇们派人去打听他的消息，大老爷们亲自登门拜访。谁都不知道这种狂热持续了多久。"[31]《秘史》的编者对这种集体痴迷也非常惊呆。《文学通信集》同样也提到了雅诺一角"不可思议的成功"，一时间他成了"国家代表"。与之形成反差的是，仅在加冕事件几个星期之后，人们对伏尔泰悲剧的热情与喜爱就大大降低，令人遗憾。"在有那么多人去观看《被打者被罚款》的第120场演出的同时，却只有两个出租包厢的人观看了伏尔泰《得救的罗马》的首场演出，而到该剧的第3场演出时，剧场里几乎没人。"[32]公众的关注是一种稀缺资源：一个人的成名有损于另一个人的名气。梅西耶把这一个比方更往前推了一步，直抵名人物质文化的核心："最后人们把雅诺的形象像伏尔泰那样做成陶艺品。今天，我们可以在所有的壁炉上看到这个杂耍艺人。"[33]

这一赤裸裸的评论触及一个根本点：名人机制把一个伟大作家和一个通俗喜剧演员，一出悲剧和一出街头闹剧摆到了同一个平面上。如何从人们的掌声中来区分一个天赋无可争议、作品受后人敬仰的伟人和一个借助搞笑桥段引起公众热情却只是一时出名的滑稽演员？梅西耶的嘲讽带有苦涩的味道。在嘲笑"新人"的重口味把自己与高尚毫无原则地对等起来的同时，它也指向公众这种不合逻辑的行为之政治含义："这不就证明了没有必要烦扰一个活人，或者一个死人。因为当某个伏尔泰出现的时候，总会有某个与他对立的雅诺存在。"关键之处在于真正听取公众话语的能力本身。因为伏尔泰的出名并不仅仅依靠他的悲剧。他在四分之一世纪中坚持不懈地通过小册子和论战与宗教狂热和偏见所做的斗争才是更重要的原因。也正是这个原因，让全欧洲人把他视为启蒙时代的新哲人、斗士与批判者。

这种公共空间的占领是一种哲学策略、追求真理的斗争、改变精神和道德的意志。[34] 如果公共话语只是一场表演，如果哲人只是一个能随便被通俗滑稽演员取代的公共艺人，那么公共空间会变成什么呢？

回看伏尔泰加冕一幕，它具有另外一层含义，比传统意义上的更复杂。它不再是伏尔泰从费内到先贤祠一路上不可避免的一个步骤，而是其名气多义性的重要表现。名气之争议性：如他的拥护者和所有同盟者所宣言的，是他天赋的标志吗？还是他的对手所说的只是一个简单的时尚效应，是道德衰败的信号？或者像梅西耶指出的，是公众朝三暮四的欲望掌控了它，"流行病似的好奇心"把最伟大的作家变成了一个简单的表演者和娱乐的对象，无视他的作品和实际作为？另外一个观察家，西蒙·兰盖（Simon Linguet），他曾经是律师，后来当了记者，写了一些抨击性的小册子。他也持相同观点，并指责公众把作家变成了"戏剧主角"。在他看来，加冕仪式只不过是一个笑话，一出"幼稚的哑剧，观众如果回想那一幕，应该会脸红。这难道不是木偶戏表演吗？比通俗剧院给下等人的演出还要低等"。[35] 从大众到下等人，中间的差距是很明显的。不管是在18世纪还是当今，如果说名气的表现这么容易受到批判，那么公众本身也是一个有争议的对象。公众的评判往往也是没有参考价值的。

历史学家也曾合理地强调过18世纪"公众"和"公众舆论"的分量。可以确定的是，不管是评价一出戏还是检举一起政治案件，人们都依赖公众的力量。然而，这样一批有公正威望的公众仍然是不完善也不完整的。公众总是轻易地被认为可受摆布，因为某些短暂因素而没有理智地激动，按自己的喜好而不是理智来判断，在好奇心和困难面前妥协。有些谴责公众对伏尔泰热情的报纸比后人更客观冷静："一个强大的阴谋在我们中间生成。为了吸引庸俗之人，为了强加给无数的傻瓜，为了最终达到自己的目的，有什么是它不敢的呢？……脱离一切利益、感情和党派的纠纷，后人可以单独把他放在适合他的位置。"[36]这是两种相互对立的时间性和社会学。名人的同时代性促进了党派思想和产生了"无数的傻瓜"，而荣耀只来源于后人冷静的评判中，体现在"有趣味的人"和文化机构中。

在文人共和国中，作家的声望和伟人的身后荣耀之间，名气并不是一个简单的阶段。它开辟了一个新的实践和话语空间，以报纸的轻言放肆、图像的快速流通和公众好奇心为基础，这些问题也是困惑的同时代人想要试图理解的。伏尔泰和沃朗日–雅诺，大作家和公共艺人之间出人意料（在我们看来）的比较表明名气并不仅仅与文人或演员相关。戏剧和演艺界是典型领域，这构成了名人新文化的中心舞台。我们的研究也正是从这里开始的。

第二章
表演的社会

　　旧制度时期的城市社会以君王代表性要求为原则。从皇家入口到宫廷节日，权力的行使都体现在复杂的表演和仪式中。仍然处于霸权地位的贵族文化认为个人的价值与其在公众中的地位是不可分割的：绅士和宫廷贵族有意识地扮演一个角色，化身一个人物，没有人愿意在公众面前表露他更真实更真诚的内心世界。基于这样一个社交游戏规则，"世界剧场"①的惯用隐喻给了我们一个答案：生活就是一场演出，每个人都应该在其中扮演属于他的那个角色。18世纪城市发展的结果只是从一开始就加速了这一变化。像巴黎和伦敦，或那不勒斯和维也纳那样人口密集的大都会中，居民们不断地与陌生人产生交集、相互影响。人的社会表演特性理论又被激活了，其主要关注对观众的影响。"世界剧场"上演的不再只是上帝眼皮下的剧目，而是人们相互表演给对方看的演出。[1]

　　如果说每个人都是演员的话，那么其中某些人则比其他人更像演员：他们以表演为生。文艺演出不再局限于宗教节日期

---

① Theatrum mundi，16世纪末开始流行于伊利半岛的一种思潮，影响了很多法国、意大利、西班牙作家。——译者注

间信徒们在教堂前的激情表演，也不再是专门给王子周围那一小拨精英随从而准备，而成了都市娱乐生活的最佳选择。从17世纪中叶开始，剧院中的固定包厢翻倍增加，这一现象刚开始出现在每一个欧洲国家的首都，到后来越来越多地出现在各个省会城市中。歌剧、喜剧、滑稽歌舞剧，当然也包括通俗剧，都吸引了大量观众。有时贵族、资产阶级甚至平民，全部混杂在巴黎的法兰西剧院中。在18世纪的欧洲，戏剧演出成了都市文化的主要特征。

针对这一普遍的戏剧现象，存在两种批评：一种质疑人人扮演一个角色的社会生活的虚伪和不真实；另一种指责剧院的成功造成的腐败。虽然针对的对象不同，但这两种批评都谴责了大城市的有害影响。基于敏感度和真诚度的个人真实性新理念对都市表演中职业戏剧演员和观众之间的脱节发起了挑战。前者是人们花钱让他们来演绎他们本身没有的感情，而后者则被动地对演员们的表演入迷。对表演的评价最具说服力的评论家是让-雅克·卢梭。他把表演与村庄节日做对比，后者是人人都参与的集体欢乐模式。[2]

众所周知，卢梭对戏剧和表演的批评理由是其丧失了真实性理念。这一观点对后世影响深远，直至浪漫主义时期。接着，20世纪视听媒体的发展更赋予它新的活力，但仍然强调观众和他们所接受的图像之间的脱节。最具代表性的研究是盖伊·德波尔（Guy Debord）的作品，其最大特色是新马克思主义和黑色浪漫主义的混合。《表演的社会》一书以伟大世纪的经典风格，有时还带有卢梭的口吻，重现了马克思主义对商品经济拜物主义，以及媒体图像的谴责。名气，既是表演现代机制的核心，又是其典型特征。"明星"是"活人的戏剧化表现"，是对个体本身的否定。"明星"代表了一种生活方式、性格类型和人类价值的实现方式。而这些都是远处的旁观者达不到的，从而导致了他们生活的贫穷和碎片化。[3]

在今天名人文化盛行的形势下，对表演社会的批评经常脱离其反资本主义的基质而沦为一种口号，变成一种相当困难的普遍现象。但它的意义是提醒人们，如今充斥着名人的公共空间的媒体经济，其源头是在18世纪制造了首批明星的都市表演。喜剧演员、歌手、舞者不断地在公众眼皮子底下诞生，并从其表演中获得社会存在感。露面最频繁的成了真正的公众人物，甚至在剧场之外也如此：人们都知道他们的名字，经常看到他们的肖像画，并对他们的私生活感到好奇。理解"明星"这一群体突然出现的背后的社会文化的转变是本章的主题。

明星的诞生：名人经济

"明星"（法语vedette）一词，虽然在戏剧界的使用还要再稍微晚一点，但它依然揭示了表演经济的发展轨迹。在军事语言中，该词指的是在较高的位置上的哨兵，但它在18世纪也指张贴的布告上"大写"的字。19世纪初，人们也用它来指代演出中最重要的艺术家，因为他的名字是"大写"的。这种用法慢慢取代了把军队作为一个集体实体的传统用法。这一看似微小的变动带来的却是一个重要转变：从18世纪初的伦敦开始，到18世纪中叶的巴黎，再到那不勒斯、维也纳和柏林，以及其他欧洲大城市，表演经济或剧院经济因市民大众和新的商业惯例的突现而经历了一个翻天覆地的变化。戏剧，当然也包括音乐和舞蹈，突破了以往完全为权力阶层享有的宫廷和剧院范围。它们成了大众演出，观众成分多样，从上流社会的精英到新兴中产阶级都有。在有些大都会，文化不再只是跟在王子或君主身边的精英才能享受到的东西，而成了一种消费对象。伦敦的特鲁里街（Drury Lane）剧院能接纳2360个观众，1792年扩建之后甚至能容纳3000人。它的竞争对手考文特花园（Govent Garden）也几乎是同样的情况。新的都市表演激发了私人企业家的精力与资本，他们迅速采用各种广告技术使自己的投资获利。[4]

剧院老板则更加有动力主推已经成功的演员。除了商业策略之外，出现了一整套关于娱乐商业化的新机制。娱乐商业化刺激的名人文化，包括演艺界和文化广告领域专业刊物的快速发展，演员和歌手肖像画的售卖，是表演、娱乐和商业的混合。18世纪30年代诞生的伦敦沃克斯豪尔剧院是一个模板。人们可以在那里跳舞、吃饭、听音乐会、看演出或者闲逛。几年之后，建成于1742年的切尔西兰尼拉花园也迅速成为时兴之地。[5]在巴黎，那些宫廷专属的剧院（法兰西剧院、歌剧院）仍然地位重要，但也兴起了一些私人剧院，尤其是通俗剧院。这些地方在 1750 年整顿之后成为新的休闲和娱乐场所。巴黎人可以在那里观看木偶剧表演和马戏表演。让-巴提斯特·尼古莱（Jean-Baptiste Nicolet）的剧院是由来自圣洛朗集市的一支街头卖艺队组成的，但它一直兴盛不衰直到法国大革命爆发。正因为如此，尼古拉·欧迪农（Nicolas Audinot）在 1769 年建立了昂比古剧院（Ambigu‑Comique），路易·来科鲁兹（Louis Lécluse）在 1778 年成立了瓦赫耶特-阿缪蔵（Variétés‑Amusantes）剧院（雅诺系列就是在这个剧院获得了巨大成功）。[6]

　　表演经济这样的转变突出了表演团队内部等级的不同。从普通演员到那些被观众和剧院老板视为不可替代的演员，他们的收入是不一样的。后者不但享受更高的薪资，还获得了不容忽视的其他好处。18 世纪初，伦敦流行"福利之夜"，意思是剧院当晚的收入全部归某一个演员所有，当然这个演员必须有足够的名气以吸引公众。第一位享受这种待遇的演员是 1708 年的伊丽莎白·巴里（Elizabeth Barry）。在 18 世纪末，著名悲剧演员莎拉·西顿斯（Sarah Siddons）签订的合同规定她一个季度享有两次这样的福利，这使她的收入非常可观。至于大卫·加里克，18 世纪中叶的英国戏剧明星，他积累了大量财富，在他去世时约莫有 10 万镑。[7] 在法国，通俗剧院的成功主要在于演员能重复扮演角色吸引观众。18 世纪中期图萨·嘎斯帕·塔考内特（Toussaint Gaspard Taconet）在尼古拉剧院的成功即是如此。

沃朗日也一样。在打响了雅诺一角之后，编剧们为他量身打造了多部戏剧，并不单单局限于"雅诺"系列（《雅诺在洗染坊》《这不是那个》《雅诺的婚礼》），也有"挑剔"系列（《挑剔的热罗姆》《挑剔的博尼法斯》《好人》）。这些剧目均在舞台上呈现了一个资产阶级家庭，也使沃朗日的表演天赋充分发挥出来了。他常常一人饰演多个角色，观众们则快乐无比，沉浸在这个明星演员的表演中。[8]

在法兰西剧院，剧团在组织上更集体化和平等（理论上）。然而，名人的新机制要求差异性。勒坎（Lekain）是最早的男明星之一，从外省巡演中获得了名气并发了大财。[9]在女性悲剧演员中，伊波利特·克莱龙（Hippolyte Clairon）在18世纪60年代初只要一出现就可以让整个剧院座无虚席。"克莱龙小姐是永远的女主角。无须任何通告，每个房间都挤满了人。她只要一登台，掌声就不会断。她的仰慕者从未见过，以后也永远不会看到这样的事情。"[10]戏剧演员，当然也包括歌手和舞蹈演员在欧洲市场的辉煌时代在18世纪真正开启了。最具声望的演员首先引来了欧洲宫廷和贵族的争抢，他们想方设法想把演员中最好的吸引过来为自己服务。整个欧洲都在抢意大利的音乐家，而法国最好的戏剧演员则被请去外国施展他们的才华，这对君主制造成了不利影响。[11]接着，越来越多的伦敦剧院，尽管已经从皇家监管下解放出来，但仍然在为如何招徕更多客源而发愁。于是，他们派密使去欧洲其他国家，跟那些他们中意的艺术家签订优惠协议。

奥斯丹·范斯特里斯（Augustin Vestris）就是其中一位。他的父亲噶尔唐（Gaétan）是那个年代最有名的舞蹈家之一，自称"舞神"，曾在欧洲不同的宫廷展示过自己的才华。到了儿子奥斯丹那里，行业实践条件发生了变化，伦敦的剧院可以让演员们去宫廷做交流演出，甚至去巴黎的剧院。1779年，20岁的范斯特里斯被巴黎歌剧院录取。他立即获得了参加为期6个月的伦敦国王剧院表演的机会。这让他收获了真正的成功。历史学家朱迪思·米尔胡斯（Judith Milhous）看到了不列颠人对舞蹈（在那之前，舞台一直是躲在戏剧院和歌剧院的角落里的）的最初热情，用他的话来讲，伦敦被一波波的"范斯特里斯狂热"淹没。[12]这种热情不仅在于范斯特里斯和他父亲所演绎的芭蕾舞动作的新颖，而更多地在于年轻舞者的个人魅力。他们才华横溢、年轻帅气，激起了伦敦公众的热情。[13]报纸在讲到芭蕾舞时总是一笔带过，但讲到他在伦敦期间的逸事时却滔滔不绝，并毫不吝啬地到处传播关于他追求女性的谣言。一到伦敦，他的工资就被新闻界公布于众，并引起了争议：一个舞台明星有如此高的报酬，这合理吗？一个戏子在一个晚上赚的钱怎么可以比一个正直的农民劳动一生所赚的还要多？[14]然而这并没有阻挡公众在他的"福利之夜"涌向剧场，然后给他带去——据霍勒斯·沃波尔（Horace Walpole）的考证——1600镑的可观收入。但当晚发生了一起骚动，剧院被一群人数众多的暴动者闯入，使得当局关闭了干草市场街区的入口。

围绕范斯特里斯的收入展开的争议显然只是一个开始，随后有一系列关于名人经济及其引发的超高报酬和惊人收入差距的辩论。如今，足球运动员和电影演员的收入加剧了对"明星工资"的争议。经济学家和社会学家对不同人之间的巨大收入差距的合理性表示质疑。因为有时才华是不确定的，常常是无法量化的。而此现象更多地取决于名人的名气，当然也有影视圈特有的商业逻辑的因素。[15]这些争议的源头可追溯到18世纪，当时专门研究演员新闻的报纸就已经开始比较不同演员的收入，并测评一个演员的声望与剧院盈利之间的关系，当然也批评了演员的过高工资，在他们看来这也是超出了合理的范围。

另一方的辩驳是，演员的高收入支持慈善事业的发展。最有名的演员们一方面为个人利益而表演，同时也为戏剧基金出力，因为他们有帮助贫困户和年老演员的责任。像加里克那样有声望的明星可能既要考虑自己受公众欢迎的程度，也要充当英国剧院的保护人，同时要表现出对此并不在乎的样子。多亏了这慈善的一面，它减轻了演艺圈的不平衡，同时也强化了某种优越性，因为正是名人的名气保证了演出的成功。相当讽刺的是，慷慨的慈善在几年内演变成一种道德义务，明星们不做慈善就是在冒风险。莎拉·西顿斯在成名之后缺席了好几场演出，这带给了她吝啬的坏名声并长时间伴随着她，几乎让她的职业生涯面临崩塌。[16]

戏剧演员、歌手和舞蹈演员的这种新名气并不是没有矛盾。名气在给他们带来丰厚回报，尤其是经济利益的同时，却无法保证他们在旧制度下有一个体面的社会地位。我们可以看到名人与社会秩序的矛盾严重到了何种地步，比他们与作家的矛盾还要大。这种紧张局势在法国尤为严峻。演员们的社会地位理论上并不高，而他们中间的某些人却非常受欢迎。甚至在英国，虽然戏剧演员并没有遭受相同的蔑视，但女演员的名气仍然遭受质疑。就算名气真的与其才华相符，它也只不过是把女演员转变成了满足公众欲望的工具。这很容易让人联想到交际花的形象。17世纪末以来，某些女演员的名气停留在公众猜测她们绯闻的说不清的好奇心之上。这种名气离仰慕（荣耀的基础）还很远，一定程度上是在放纵女演员的色情魅力，她们的私生活因此总能传出谣言和闲话。在男性公众眼中，作为公众人物的女戏剧演员似乎跟交际花或者妓女没啥两样。同样，在法国，人们认为歌剧院的女舞蹈演员总是被有钱的情人包养，并过着放荡的生活。当时经常出现在报纸和讽刺小册子（比如《著名的吉玛》）中的舞蹈演员玛丽–玛德莱娜·吉玛（Marie‑Madeleine Guimard）就是其中的典型：人们评论更多的是关于她的情人和庇护者的老一套东西，而不是她舞台上的表现。她的公共身份是模糊的：如果说她最初的成名归功于其舞蹈才华的话，那么她后来社会地位的迅速提升则与她谄媚的天赋密切相关，与包税人①拉保尔德、苏比兹王子，以及她组织的放纵聚会有关。那些聚会的传言，也许是人们歪曲或虚构的，为流言蜚语提供了素材。[17]

---

① 包税人：法国封建时代受王室委托承包征收间接税的人。

近来的历史文献都很强调这一点，有时甚至是过度强调。[18]事实上，我们一定要注意，不要把有名女演员看成观众愿望的被动结果。新的名人文化给女演员提供了像男演员一样管理自己的职业生涯、激发公众好奇心，并利用名气获利的强大行为能力。那些采取英国人所谓的"帕夫①"（puffing）（吸引报纸报道一些颂扬性质的文章）策略的女演员，就是这样的例子。这种含混不清的状况有助于其社会地位的迅速攀升。在英国，复辟王朝之后，女演员交际花形象的典型是妮尔·格温，她是国王查理二世的情妇，为他生了两个孩子。[19]这样一个不怎么光彩的角色在后一个世纪仍然引得许多人重蹈覆辙。弗朗西斯·阿宾顿，刚开始是卖花女和街头卖唱女，后来在舞台上获得极大成功。尤其是1759年至1765年在都柏林的那段时期，她成了当地的一个明星。回到伦敦之后，她在特鲁里街剧院成功塑造了多个角色。约书亚·雷诺兹（Joshua Reynolds）为她画了不少肖像画，其中有名的一幅，是以普吕小姐一角来展现她，但却给她惹来了色情丑闻。她还因擅长各种"帕夫"技巧而闻名，当然也因各种社会关系，尤其是与谢尔（Shelburne）勋爵——未来的首相之间的关系而出名。

女演员在戏剧方面的成功也并不一定会以贵族精英的卧室为终点，也有其他出路。比如凯蒂·克莱夫（Kitty Clive）是那个时代最杰出的戏剧女演员，她因成功地塑造了约翰·盖伊

---

① puff或puffing：音译为"帕夫"，意为膨化，用夸张、欺骗的手段来打广告。

的《乞丐歌剧》中的波莉一角而成名。那是整个18世纪英国戏剧最重要的成就之一。她慢慢尝试不同的角色（她也唱民谣和亨德尔的咏叹调），同时也拓展其他方面的活动：她与加里克一起创办了特鲁里街剧院，自己写剧本。她与塞缪尔·约翰逊（Samuel Johnson）和沃波尔（Walpole）关系不错。在她生命的最后，她似乎非常好地融进了伦敦的上流社会。其他一些人的经历则更复杂些，比如玛丽·罗宾逊（Mary Robinson）。她在18世纪70年代末成功饰演了珀迪塔（Perdita）一角，从而成名。这个角色从此也一直与她形影不离，她后来当了威尔士王子(后来的乔治四世）的情妇。后者生活奢侈放纵，经常是报纸八卦的对象。[20]因其在舞台上的成功和有众多的情人，玛丽·罗宾逊引起了戏剧界和娱乐八卦的纷纷议论。她还得到了一笔补偿金，承诺不公开未来王位继承人的信件。随后她退隐了，并开启了第二个职业生涯。这一次她转向了文学，出版小说和诗歌。她总是通过各种途径让自己出名，好几本传记都展现了她对名气的贪婪欲望。[21]实际上，玛丽·罗宾逊很早就陷入了成功和公共知名度的陷阱，她对此有一种十分矛盾的看法,既意识到这种机制带来的令人向往的效果，也看到了附带的风险。[22]在其《回忆录》中，她承认自己的第一部小说《万森卡》（*Vancenza*）"受到欢迎是因为它作者的名气"[23]。但是，在她其他文字中，她采取更复杂的立场，批评疯狂追逐名气的做法。她是最早明确抱怨在大街上被认出来，抱怨陌生人的好奇心会带来尴尬的人之一。当她出门购物时，商店周围总是被围得水泄不通，人们为了一睹她的容貌围住她的马车，致使她无法上车。[24]她的《回忆录》也记录了她时刻注意自己在公共场合的外表：十来年之后，她仍然能想起自己在每个场合的着装。

演员的名气建立在演员本身以及他们在舞台上扮演的角色之结合体的基础上。玛丽·罗宾逊一生都被人昵称为"珀迪塔"，就因为这个角色让她一炮而红。演员们往往是其代表性的角色的替身。[25]在上流社会，某些演员的名气虽然让他们受人追捧，却并不一定会给他们带来个人认可。这里就涉及一个当今盛行的现象：电影演员既满意又气恼观众总是把他们本人与他们所扮演的角色混为一谈。这种现象在18世纪也存在，沃朗日就曾因此而痛苦。当时雅诺一角的成功为他敲开了上流社会的大门，他用其有名的滑稽段子来取悦那里的人们。之后他开始变化自己的演出风格，试图让自己脱离原来那个让他一夜成名的角色。在布兰卡（Brancas）侯爵那里，人们就直接称呼他"雅诺"，他以为自己有权提出异议："从今以后请叫我沃朗日先生。"他得到的却是一个尖刻的回复："好吧，但由于我们需要的是雅诺（原文如此），那我们只好把沃朗日先生请出门外去。"《服务于文学共和国历史的秘史》（*Mémoire secrets pour servir àL'histoire de la Réprplique des lettres*）记载了这一逸事，但它想要刻画的并非是布兰卡的傲慢无礼，而是沃朗日的狂妄自大。这个自以为是的"小丑"竟敢在权贵面前自诩为上等人。[26]

这里涉及一个极端情况，戏剧演员的名气完全被其扮演的角色的名气所淹没，至少在上流社会人们的眼中是如此。这些人会屁颠屁颠开心地跑去大众剧场捧场，但从未想过把一个街头艺人当做他们中的一分子。通常情况下，戏剧演员和他的角色之间的关系更为复杂。当演员的公众形象与他所扮演的角色混淆时，公众对于其私生活的好奇心就会越发旺盛。一方面是戏剧角色因演员而得到强化，另一方面是演员私生活的隐秘性却无法得到保护，这种反差是名人机制的核心。这一现象在戏剧演员中尤为突出，因为剧院的观众喜欢把人物角色和它的扮演者做比较。所以，罗古（Raucourt）小姐因为在刚开始的时候就宣布拒绝一切联络，全身心地投入演出而激起了公众更大的好奇心。后来，罗古出演了一些重要悲剧角色，慢慢有了名气。但她却因债务、奢侈的生活，还有她的性取向成为了巴黎绯闻的主角。她对女性的好感（当时人们称之为"女子同性恋"）招到了很多人的讽刺，以至于对她赞赏有加的玛丽–安托瓦内特公开为她辩护。王后的介入不容小觑，因为对悲剧演员而言，她们在舞台上表演的王后和现实之间的差距，是他们公众形象一个重要而模糊的元素。戏剧演员凭自身才华把观众吸引到剧院，并公开扮演一些重要人物，但他们自己却只能享有一个低级的社会地位。他们的声望到底是什么东西？

　　有三个例子可以让我们更好地掌握改变了18世纪整个欧洲演艺界的名人机制。以下三个例子差别很大：一个意大利阉人歌手[①]在伦敦的成功与没落；一个英国悲剧女演员如何成为真

---

① 阉人歌手，又称阉伶，是一些在童年时期受过阉割手术的男性歌手。16—18世纪欧洲的一种独特艺人，阉割手术的目的是为了保持童音。——译者注

正令人崇拜的对象；一个法国男演员，其名气在法国大革命的环境下带有浓重的政治色彩。

歌剧院的丑闻

18世纪阉人歌手在国际范围内的成功归功于他们绝妙的嗓音，同时也归功于他们身体与众不同之处的诱惑力。而在意大利偷偷执行的阉割术在其他欧洲国家却是被明令禁止的，这一点越发促成了他们的成功。[27]最优秀的阉人歌手被整个欧洲宫廷追捧，英国的私人剧院老板也毫不犹豫地派密使去意大利寻找有潜力的阉人歌手。大家都知道法里内利（Farinelli）的传奇故事。他在18世纪20年代初就在那不勒斯举办音乐会，从那时起人们就对他津津乐道。后来他去博洛尼亚、米兰、维也纳演唱，成功地激起了当地英国旅行者的热情。[28]这些人回去之后就赶忙把这位神通人物吸引到英国，使他在1734年的伦敦名声大噪，且持续了三个季度。他的"福利之夜"的广告刊登在重要报纸上（《每日广告》《伦敦每日邮报》《大广告》），吸引了伦敦整个上流社会的人，并一下给法里内利带来了几千镑的收入。

然而，他在伦敦的成功总是与丑闻之类的事件相伴。丑闻挑起了公众的好奇心，既有对他的侮辱，也有赞美。公众对他独特嗓音的迷恋在许多批评者看来太极端、太危险，对社会秩序、道德观和性别观构成了威胁。毕竟他的嗓音通常是被认为"野蛮人"才有的。争议最开始是关于意大利歌手是否合适在英国这样一个与罗马教廷对立的国家（这是一个重要的身份标识）的歌剧院登台。但随后其性别的模糊性更激起了公愤。在道德家和讽刺者眼中，阉人歌手使英国人品位堕落，使性别区分变得模糊，还会在观众中——不管是男性观众还是女性观众，引起意想不到的情色反应。暴露在公众面前的代价是，越来越多的小册子攻击法里内利，把他等同于伦敦的交际花，针对他反自然的诱惑力，指控他玷污了年青一代。有一首讽刺性的诗谴责他"毁掉了无数家庭"，并"给一半的国人戴了绿帽子"。[29]

　　从这个角度而言，名气带来的就不一定是积极的意义了。也许是厌倦了公众对他的言论攻击，也许是意识到公众对他的迷恋只是一时的，三年之后法里内利离开了伦敦，随后在巴黎待了一个夏天，最后去了马德里施展他的才华。在那里，他成了典型的宫廷艺术家。菲利普五世非常喜欢他，一直把他留在身边为自己表演，并赐予他直接进入其私人房间的特权。[30]这样，法里内利凭借其名气为自己找到了一个不错的位置，更加安心和平静，远离伦敦公众对他的期望和公众生活的要求。[31]他选择了获得荣誉的经典模式——为国王个人服务，比起让自己暴露在公众面前而获得模糊不清的声望而言，他更喜欢自己的最终选择。1759年国王死后，他回到意大利，在博洛尼亚定居。法里内利在音乐业余爱好者中的名声很大（查尔斯·伯尼在1770年拜访他时亲眼见证过这一点），但他却让自己在太长的一段时间中远离了公众舞台。[32]因此他真正有名气的时间也不过几年而已。

当我们注意到，对于接下来的一代艺人而言，市场的诱惑绝对超过了宫廷生活的舒适度时，我们就明白了文化生活转变的原因。后来的好几位阉人歌手都在名气的驱使与风险之下开始他们的演艺生涯。其中最有名的一位叫坦杜奇（Tenducci）。他1758年来到伦敦，并一举成功。连续几年他都是伦敦舞台上最受欢迎的歌手之一，也是收入最高的歌手之一。他主要在四大剧院演唱（干草市场、考文特花园、特鲁里街、国王剧院），但同时也在兰尼拉花园演唱，在那里他通过演唱英国民谣而获得巨大成功。他的歌曲随后被做成小本子便宜出售，还刊登在《伦敦杂志》（The London Magazine）上。坦杜奇就这样巧妙地在不同的地方演唱。他是意大利歌剧的重要演绎者。世俗精英钟爱的意大利歌剧，经英国旋律的改造，受到兰尼拉花园不同社会阶层的新观众的喜爱。这位流浪音乐家同时也是当时发展得如火如荼的英国爱国文化的代言人。坦杜奇的盛大名气使他的名字常出现在当时的小说中，比如托比亚·斯毛莱特（Tobias Smollett）的《汉弗莱·科林克的冒险》（L'Expédition de Humphry Clinker）。女主角在兰尼拉花园听坦杜奇唱歌之后就爱上了他。[33]

跟之前的法里内利一样，坦杜奇既受到人们狂热的歌颂，同时也受到致命中伤。他的成功和名气并不被所有人认可，对他的痴迷与指责同时存在。这位歌手在公众中引起的热烈反响并不单单局限于音乐爱好者对他的钦佩。他在音乐和性方面的吸引力本身就让人们好奇和担心。坦杜奇的职业生涯中一直存在着争论，这也加强了他的公众知名度。从一开始，人们就指控他破坏英国人的道德和品位。在一位上流社会贵妇写给他的情书曝光之后，这种指控就更严厉了。几年之后，他跟一个爱尔兰年轻女子私奔了，这让那个女子的家人很懊恼。丑闻全面爆发。在损害了家族利益的不合法婚姻中，阉人如何维持与妻子的关系，还有公众对歌手的迷恋暧昧，最后一点是社会和道德秩序的破坏因素。坦杜奇先是被逮捕了，经过审判又被释放。最后，这对夫妇回到伦敦，像正常夫妻那样公开生活，遭到了整个欧洲舆论的嘲讽。[34]随后孩子的出生更激起了人们的好奇心，不管是伦敦的上流社会还是平民阶层，甚至是世故的游客，大家都开他们的玩笑，讽刺模仿他们。[35]当卡萨诺瓦（Casanova）[①]（他就不是第一个情圣了）碰到坦杜奇时，从他口中听到了一个奇怪的故事。坦杜奇告诉他，自己的第三个睾丸在阉割术中幸免于难。卡萨诺瓦深信不疑，并迫不及待地记录在自己的《回忆录》中。[36]坦杜奇的生殖能力成了一个公开的秘密，在他妻子最后提起的离婚诉讼中这个问题被公开辩论。

人们无法想象有比这更骇人的场景。一个人的名气导致他的私生活，包括最私密的部分，成为公众好奇心的焦点。这里

---

① 贾科莫·卡萨诺瓦（Giacomo Girolamo Casanova，1725年—1798年），极富传奇色彩的意大利冒险家、作家、"追寻女色的风流才子"，18世纪享誉欧洲的大情圣。生于意大利威尼斯，辛于波希米亚的达克斯(现捷克杜赫佐夫)。——译者注

的法律程序只是一个辅助手段。它使这场关于坦杜奇性能力的争论白热化，上升到了构成一个"事件"的程度。[37]我们也会想到一些其他的有名诉讼案件，当事人一向不为人知的夫妻生活有时会因为一场广受关注的诉讼被拿到公开场合讨论。但坦杜奇一案的不同之处是，几年以来他的私生活一直是公众讨论和争辩的对象，是他公众形象的基本部分。公众对演艺界名人的这种性幻想，其对象并不仅仅局限于阉人（正如我们看到的那样），他们的着魔程度会因为名人性方面的神秘和麻烦而更强烈。名人的这种奇特之处是缺陷还是优点，是残疾还是天分，是阻碍还是助力？

这种把一个人的弱点看成本事的矛盾性是名人引起的好奇心的典型特征。与崇拜英雄和伟人不同，公众对名人的爱慕从来不是单纯或单义的，总是夹杂着怜悯，或某种蔑视和反感。这就解释了名人为何总是和丑闻联系在一起，这是出名或维持名气的有效手段，也是维持名气本身必然导致的后果。跟我们今天一样，18世纪的某些艺术家为了追逐名气会利用炒作和丑闻提高知名度，但必须警惕把名气与丑闻之间的关系当作一种应用策略玩弄，尽管它有实质性的作用。

正如人类学家很早就提出来的，丑闻在某些当地社群或差别不大的其他地方能发挥很重要的作用。丑闻可以重申共同的准则和价值观，并可以在丑闻发生地排除纠纷制造者以重新团结社群。[38]当丑闻涉及现代社会的公众人物时，影响就更为复杂。毫无疑问，关于坦杜奇性别的激烈争论是18世纪后半叶保守人士在面对伦敦社会道德演化和男性概念重新定义时所表现出来的紧张情绪的信号。但对我们而言，根本问题在其他方面。丑闻从本质上讲是一个公众事件，它的影响力与公众的构成相关。早期有一位对丑闻现象感兴趣的研究者这样形容："不存在没有公众的丑闻，或没有大众传播的丑闻，丑闻总会有自己的公众并在其中传播。"[39]这表明丑闻并不单单取决于公众的维度，它也反过来催促公众的形成。正是通过那些围绕着既让人着迷又让人瞠目的人物的争论，公众才意识到自身并不是审判员，而是一群好奇的围观者，有人兴奋有人震惊，有人爱慕有人谴责，有人坚信有人怀疑，但每个人都希望能对与他们同时代的那个人多一些了解。地方性的丑闻往往以惩罚有罪者或把他排除到集体之外为结局。但与之不同的是，媒体丑闻却会增强丑闻当事人的曝光度，以致他能安然度过丑闻，名誉扫地，事业却更加辉煌。[40]就像坦杜奇的情况那样，这种丑闻往往把焦点放在公众与明星之间的联系上。这就导致了媒体风暴的矛盾特征，它维持并加剧了公众不健康的好奇心，同时又谴责其不良影响。事实上引起丑闻的是名气本身，而非阉人歌手的性生活。

很难确定坦杜奇是如何面对性生活和家庭生活的丑闻的，或者他是否因公众聚焦他的私生活——就好像他为成名而付出的不可避免的代价——而备受煎熬。但可以确定的是，不管怎样他的事业没有受到影响。甚至可以说他在公众面前的暴露对他是有利的，加剧了集体的好奇心和兴趣。在诉讼之后，他的婚姻结束了，但他之后的人生却更加辉煌。作为整个欧洲仍在

世的最伟大的歌唱家之一，他继续在伦敦演唱，同时也越来越
多地去各地旅行。他在巴黎时，莫扎特还为他作曲。他的名气
是如此之大，以至于当报纸上为他而写的文章让他不高兴时，
他会毫不犹豫地发表更正通告。18世纪80年代，他的嗓音渐
渐变差了，使他无法取得跟以前一样的成绩。于是他很聪明地
凭借自己的名气自荐给上流社会人士教授音乐课。他尤其擅长
利用职业生涯支撑其名气和公共影响在《公共广告》（*Public
Advertiser*）上发表公告。[41]

　　同样是在18世纪80年代，当坦杜奇的名气开始走下坡路
时，另外一个年轻的女戏剧演员却在伦敦成为一颗冉冉升起的
明星。莎拉·西顿斯刚开始是在外省的艺术团饰演一些配角，
后来在伦敦的特鲁里街剧院成功演绎了加里克的《致命的婚
姻》中的伊莎贝拉一角，一炮而红。三年之后，她又成功塑造
了麦克白夫人（Lady Macbeth）一角。在她整个职业生涯中，她
多次扮演麦克白夫人一角，也正是这个角色迷住了观众，尤其
是梦游中的麦克白夫人绝望地想洗干净她沾有血迹的双手那一
幕。[42]那个时候西顿斯30岁，接下来她将占据英国舞台30多年。

"偶像之类的东西"

　　尽管坦杜奇才华横溢，但他仍只不过是一个奇怪的外国明

星，污染社会风气且丑闻缠身。相比之下，莎拉·西顿斯则在不列颠文化中明显地更具合法性。她很快成为悲剧角色的专业演员，尤其擅演莎士比亚戏剧中的重要角色。她经常扮演王后一角，特别是《亨利三世》中的凯瑟琳王后。她的家庭生活平静，多次怀孕。因为她的名气，也因为18世纪末的英国人可以欣赏到她的很多肖像画，她迅速获得了文化偶像的地位。在她的第一个角色伊莎贝拉一角成功之后，她请威廉·汉密尔顿（William Hamilton）为她作画。这位画家的工作室门前总是停满了四轮马车，人们争相到此一睹她的油画。[43]1780—1797年，有18幅她的肖像画在皇家学院展出。其中最有名的一幅是雷诺兹①（Reynolds）在1783年画的，表现的是她在戏剧中的缪斯形象。这幅画是如此成功，以至于画家本人宁愿把它藏在家里，另外重新再照样画几幅。至于西顿斯，她在读书时往往做出画中忧郁的姿态，仿佛画里的人物才代表了最终她真实的形象，而她不得不与其保持一致。这许多展示促进了莎拉·西顿斯和乔治三世的妻子之间的频繁而隐秘的联系。托马斯·劳伦斯（Thomas Lawrence）在1789年之前就受到雷诺兹为西顿斯画的肖像画的启发，创作了夏洛特女王的油画。随着年龄的增长，这两个女人之间的相似性越发增添了西顿斯的名气。有一段时期，英国王室决定重返家庭生活，并减少女王在公众面前露面

---

① 约书亚·雷诺兹爵士（Sir Joshua Reynolds，1723年7月16日—1792年2月23日）是一位18世纪英国著名画家，皇家学会及皇家文艺学会成员，皇家艺术学院创始人之一及第一任院长。以其肖像画和"雄伟风格"艺术闻名，英王乔治三世很欣赏他，并在1769年封他为爵士。——译者注

的频率。在此期间西顿斯几乎成了女王的替身。跟女王一样，西顿斯的名气跨越了不同的社会阶层：不管是在伦敦的平民大众中，还是精英阶层中，她都有人数众多的爱慕者。人们争先恐后地赶赴她的每一场演出。她是加里克、柏克、约翰逊和雷诺兹的朋友，她完完全全融入到了主导伦敦文化生活的小圈子中去了。

比起她的准王室身份，更值得注意的是，在关于西顿斯的话语中出现了一种对她所激起的热情的反思，尤其是在她职业生涯的末期。有一名她的疯狂爱慕者，文学评论家威廉·黑兹利特 (William Hazlitt) 在1816年写过一篇文章，他把人们对西顿斯的崇拜视为偶像崇拜的一种形式。下面这段话经常被引用，也值得我们停下来仔细阅读：

> 她得到的尊敬比女王还要多。她激起的热情是一种偶像崇拜；人们是带着惊奇目光而不是钦佩的目光来看待她。仿佛一个神仙下凡，凡界因她的华丽的现身而目瞪口呆。她把悲剧带到天堂，或者从天堂把它们带下来。这是某种超自然的东西，我们想不出还有其他什么东西能比她更厉害。在我们的印象中，她是寓言故事、英雄传奇和古代神话中的人物。她不亚于一位女神，或是一位受神灵启发的女先知。[44]

这段重要的文字经常被误读，我们必须要注意其写作日期。当黑兹利特写这些文字时，西顿斯已经退隐4年了，当时

她应王室公主的正式邀请正准备重返舞台。而黑兹利特却认为
这样的决定是很不理性的。在几个月后，当西顿斯再次表演
她的经典角色麦克白夫人时[45]，黑兹利特仍然保留了自己的看
法。他指责西顿斯没有坚持当初退隐的决定，她现在已经无法
达到曾经事业巅峰时期的那种专业水准。他宁愿她永远不再出
现在公众视野中，以在人们脑海中保留她最华丽的样子。他本
人最后一次观看西顿斯扮演麦克白夫人已经是20年前的事情
了。如今西顿斯再次表演不但没有之前演得好，还弱化了之前
表演存在他脑海中的印象，甚至有毁掉一直以来在他心中的完
美形象的风险。我们可以看到，黑兹利特在这篇文章中使用了
"名声"（reputation）和"荣耀"（glory），却唯独不用"名誉"
（fame）或"名气"（celebrity）。黑兹利特丝毫不认同名人机制，
在他看来名人机制太依赖于公众的情绪，他更偏爱荣耀的传统
驱动力。他指责莎拉·西顿斯不满足于过去的荣耀，她本应该
成为公众的一分子。这里的公众不是指当时来到考文特花园欢
呼她回到舞台上的庞大人群，而其中有一半的人甚至无法进入
大厅；而是指她事业上升时期的观众，他们把她看作"戏剧的
化身"。这就解释了黑兹利特文字中过去时态的作用。偶像崇拜
汇集了西顿斯的辉煌成果。关键要明确的是，这种崇拜不应该
针对西顿斯个人及其私生活，她只不过是个隐退的著名演员，
而应该指向过去她的表演引领观众精神的方式。"看到西顿斯夫
人是每个人一生中的一件大事。她觉得我们忘记了她吗？"[46]
黑兹利特更明确地指出，西顿斯不但是戏剧观众的偶像，也是

"孤独劳工"的偶像，他们的内心充满了对艺术情感的回忆。

最后黑兹利特很好地阐释了戏剧名人的特有本质，尤其是英国公众对西顿斯不可思议的仰慕：那些有机会亲眼一睹她表演的人所感受到的集体和个人情感。西顿斯不是一个有传奇功勋的神话英雄，也不是一个历史上道德典范的杰出女性：她是当代的一个存在，她改变了看她舞台表演的人们的生活。但是黑兹利特想要这种依恋保持纯粹，几乎抽象，藏在原始情感的记忆中，在那里，西顿斯不是一个个体，而是戏剧艺术的化身。因此，西顿斯应该是永生不朽的，不受时间流逝的影响，总是能够重复相同的表演。西顿斯也应该接受她的身后荣耀在她生前就广泛传播，所以她应该淡出公众视线，仿佛现在的她只不过是从前那个女演员的影子而已。"演员本应该是永生不朽的……但事实上他们却不是。他们不但像其他人一样会死，还会像其他人一样慢慢老去，变得不再是他们自己，尽管他们还活着。"[47]

然而，这样一个充满忧郁色彩的角色却看不到名气本性的所在：对演员才华的爱慕导致公众对其人身、公众生活和私人生活的极大好奇心。西顿斯之后，表演、戏剧、电影，还有体育的历史将证实无数名人都想回到最初的明星状态。我们可以看到，对于已经在公众中成名的人来说，他们无法做到满足于一种隐秘而退缩的生活状态，他们仍然有证明自己活着并被需要的需求。但是明星的复出如此自愿地受到文化产业的导向，那是因为公众喜欢，而且我们还可以推测公众的乐趣并不在于明星的缺失，而在于他们的好奇心。与黑兹利特不同，公众更大的愿望是想看看明星如今变成了什么样，而不是找回原本那个不曾变化过的明星。任何复出的尝试带来的对个人和艺术（或体育）的考验都是它引起的，诱人的，有时是病态的吸引力的开始。时间的分量，公众与个人的混淆，作为演员的西顿斯和作为个人的她（她已经变成那个样子，但又不满意那个样子）之间的区别，这一切在黑兹利特看来都是渎圣的。但它却正是吸引大批人群涌进考文特花园剧院观看西顿斯的复出演出的原因所在。

　　关于这一点，黑兹利特大概也知道。他也跟我们一样，没有从这两个世纪的名人崇拜文化中得到什么好处，也无法弄清楚这种依恋情况的复杂内涵。在对西顿斯过去的辉煌和偶像女神的崇拜做了很多比较之后，黑兹利特没有像他之后的很多评论家那样，把明星崇拜解释为一种现代和世俗的宗教信仰。相反，他还反对把英雄和女神的伟大与公众对于名人偶然性的成功的追捧对等起来。也许某些杰出的演员也有类似英雄和女神那样的贡献，但在聚光灯、广告和舞台的刺眼光芒下，他们的功绩已经变得模糊不清。

欧洲名人

弗朗索瓦·约瑟夫·塔玛（Francois Joseph Talma）的经历与西顿斯很相似。1789年秋，年仅26岁的塔玛刚进入法兰西剧院仅仅几个月，他出演了玛丽-约瑟夫·钱尼尔（Marie-Joseph Chénier）的《查理五世》，一举成名。这部剧在法国大革命之前就被认可，但未曾排演，如今上演成为戏剧界和政界的一桩大事。因为它似乎是对君主专制主义和宗教不宽容的双面谴责。在这之后，塔玛成为法国大革命期间戏剧的代言人。

但很快他的知名度就与剧团的集体逻辑产生了冲突。1790年开始，他就被停职了，人们指责他的个人主义态度，指责他摈斥集体主义。对此，塔玛竭力反驳，强调自己的革命热情和对公众的关注，以及自己与米拉波等重要政治人物的密切关系，同时也指责其他演员的行为与旧制度下听命于国王的演员没啥区别。这样的争论很快在公众中散播开来，反而导致了有利于塔玛的一系列出版物和请愿的出现。[48]也许这也是塔玛的预期目的。自那时起，他成了欧洲最有名的演员之一，意识到了建立在公众之上的政治与商业的关系："我演出的通告一经发布，公众想看到的是我本人，他们应该听到、想听到的是我的声音。"[49]

塔玛的名气在执政府和第一帝国时期达到高潮，因为在公众眼中他与拿破仑的关系非同一般。他在舞台上演绎的角色似乎都能让人联想到执政官和随后的皇帝。在执政府时期，《伊菲热尼在奥里德》（*Iphigénie en Aulide*）的上演预示着拿破仑的胜利，因为在塔玛出场前，有一句诗："阿喀琉斯①（Achille）将跑着战斗并夺取胜利。"这是一种普遍的热情。[50]拿破仑不会错过任何机会来表达自己对塔玛的欣赏。这两个男人在公众范围之外维持的神秘关系激起了当时人们的遐想，后来史学界也对此颇感兴趣。有人还猜测塔玛给皇帝上口头演讲和仪表形象课。但是从圣赫勒拿岛流放开始，拿破仑自己却在努力否认这种不讨好他的解释。

当然塔玛的名气大并不局限于这种政治因素，第一帝国的灭亡也没有对他的名气有什么损害。1822年，他的退休引起了一场激烈的论战。人们指责政府没有想办法留住一个本可以继续表演的演员。《剧院信使》（*Courier des spectacles*）尝试各种努力想挽留他，无论他提什么条件。第一篇文章赞美了他的国际性荣誉："他的名气已经传遍了整个欧洲，他的功勋也是无人能及的，他仍然可以在他迄今为止一直从事的职业中闪闪发光。"第二天又出来第二篇文章，从经济角度强调他的重要性：这个伟大演员的名气把欧洲各地的游客都吸引过来，他一

---

① 阿喀琉斯，又译阿基琉斯。是荷马史诗《伊利亚特》中参加特洛伊战争的一个半神英雄，希腊联军第一勇士。海洋女神忒提斯（Thetis）和凡人英雄珀琉斯（Peleus）之子。出生后被母亲浸在冥河水中，因为忒提斯（Thetis）怕其淹死而抓住其脚踝（或用天火烧去凡人部分的躯体并用神膏恢复，后忒提斯（Thetis）因被珀琉斯（Peleus）发现而停手离开，所以留下脚踝），所以除脚踝未沾到冥河水外，全身刀枪不入。在特洛伊战争中杀死特洛伊第一勇士赫克托耳，使希腊军转败为胜。后来帕里斯受到太阳神阿波罗指引用加护的暗箭射中他脚踝而杀死他。——译者注

个人就能撑起整个法兰西剧院。不管人们如何看待他最后的演出或他在政治方面的介入行为，"这样一位有名气的演员的实用性"[51]是毋庸置疑的。

他不仅在国内有名，在其他国家也同样有名。他是法兰西剧院的台柱，从拉辛和高乃依到伏尔泰的古典悲剧中重要角色的演绎者，人们脑海中拿破仑的近臣。塔玛深深地融入了法国文化和政治生活。法国戏剧在整个欧洲流行的时期也是塔玛演艺生涯的高峰期。于是，他的名声在国外也是响当当的。他的童年是在英国度过的。他很喜欢英国戏剧，并向他的朋友兼合伙人分享了自己对英国戏剧的好感。后者是法国莎士比亚戏剧的重要引入者，作家杜斯（Ducis）。在他引介到法国的好几部剧中，塔玛都是领衔主演。以至于在19世纪初的欧洲，塔玛似乎是法国戏剧对外交流的化身，他让法国戏剧吸收了欧洲其他国家戏剧的特色，摆脱了其原本的刻板形象。他的这一形象也是他在德国和英国名声大扬的原因之一。洪堡[①]（Humboldt）给歌德（Goethe）的一封热情洋溢的信证实了这位演员的国际名气。斯塔尔[②]（Staël）夫人在《论德国》一书中对塔玛高度赞赏，认为他是天才演员的范型，也是欧洲戏剧的革新者，因为他以惊人的方式把拉辛和莎士比亚融合了起来。[52]对此，不喜欢塔玛的司汤达这样评论道："这个能说会道的女人教会了傻瓜们在谈论塔玛时该用什么样的词汇。我们可以认为，她的夸张不无作用。塔玛的名字已经响遍欧洲。"[53]

在英国，他很早就有了名气，而且似乎没有受到英国人对法国大革命有敌意的影响。塔玛的父亲生活在伦敦，时常在给儿子的信中抱怨，自己更多的是从英国的报纸上了解到他的信息，而非他们的通信往来中，甚至连儿子结婚的消息也是他从报纸上看到的。1796年，这位父亲写道，尽管在打仗，"我们的英国报纸"仍然一直在谈论他并歌颂他。因此，他亲身感受到了公众对儿子的关注，以及一个普通人和一个名人之间似乎不可估量的距离。"人们经常问我是不是有个亲戚是戏剧演员。当我告诉他们那是我儿子时，他们都非常惊讶。"[54]拿破仑倒台之后，塔玛在芒什海峡的另一边有过多次巡演，尤其是在复辟王朝期间和1824年之后的时间里。他的成功也暴露出名人的国际化与文化爱国主义形式之间的紧张关系。1817年，当他从伦敦回国时，塔玛不得不向报纸上"公开针对他"[55]的谴责做出回应。争论主要围绕塔玛在一次纪念已故英国演员约翰·肯布尔（John Kemble）的活动中发表的一篇颂词。报纸从政治层面报道了这次演讲。塔玛不得不对自己的爱国主义立场做出辩护。他表明自己只不过是对一篇致敬"塔玛和法国戏剧"的祝酒词做出回应而已。

1824年，当塔玛第二次在英国巡演时，他又跨出了第二步，英国方面的一步。英国报纸上的一篇文章重提了他与拿破仑之间的关系，并毫无道理地声称他是英国人，因为他出生在伦敦，并操着一口纯正的英语。"一般人都不知道，这位被肯布尔（Kemble）先生聘到考文特花园剧场表演了12场的伟大的悲剧家，他其实是个英国人。"[56]这中间的含混不清就此出现了。塔玛，他的事业曾与法国大革命密切相连，甚至让拿破仑在戏剧中得到了重生，如今却在某种意义上被剥夺了国籍。名气可以让一个原本有明确国籍的名人变成无国界之人，也可以让他们的形象在跨国的空间传播。名气的这种影响力是名誉和媒体链条极端延伸的结果。它把名气和名声区分开来了。而身后荣耀则又重新让名人回归原来的国籍。

1826年10月19日，塔玛去世了。虽然巴黎大主教在他去世前曾拜访过他，塔玛仍不希望人们给他举办宗教葬礼。正因为如此，他的葬礼更加理所让然地成了当时文化界和政治界的一件大事。半个世纪前，伏尔泰的朋友不得不放弃把他埋葬在巴黎的念头。相比之下，塔玛的葬礼绝对是一场公众盛会。八万人从他家里一直跟随葬礼队伍到墓地。当然，我们也有必要在复辟王朝时期强烈的政治化葬礼仪式的语境中来解读这一事件。[57]但也不能否认是塔玛的名气致使公众对他抱有如此深的感情。《伦敦信使》（*Mercure de Londres*）宣布为他"哀悼"，并决定三个月内都会以黑框的形式排版。文学和戏剧方面的专门报纸，都把他的去世作为头条来报道，有时甚至用整个一期来报道。《潘多拉，戏剧、文学、艺术、道德和时尚报》（*La*

Pandore, Journal desśffectades, des lettres, des arts, des moeurs et des modes）其中一期的头条整个都献给了塔玛，标题是黑色框中大写的"塔玛之死"。[58]一般的期刊也不排除在外。《巴黎信使》（Courrier de Paris）连续几期都有关于塔玛从生病到死亡的长文章。10月18号开始，"公众"都"因这一伟大演员遭受死亡威胁"而沉浸在"痛苦"中。[59]两天之后，即10月20号，有新闻报道："塔玛没有了！！！在他生命的第60个年头，死神并没有因为他的伟大功德和惊人才华而放过他。这位伟大的演员给我们带来的奇迹就如同以前的罗斯修斯（Roscius）带给罗马人的那样。"随后，10月22号，另一篇很长很长的文章，几乎占了报纸的一半，详细描绘了他葬礼的各个细节。公众话语表现出来的庄严使这一事件具有明显的政治色彩。世俗化的葬礼是"公众理性和宽容之进步的最大榜样"。但报纸同样也展示了一种真正的无上殊荣，经过死亡和大众葬礼，塔玛的名气转变成了身后荣耀。"塔玛因其一生中无数辉煌的成绩而获得了今天的人民授予他作为名人的最高荣耀。"[60]

《争鸣报》和《巴黎日报》的头条也都步调一致地报道了塔玛去世的消息。另外严谨又自由的《宪法报》，法国第一份日报，也为他刊登了一篇长讣告，明确肯定了他在欧洲，甚至全世界的名气："他的名字已经传遍整个欧洲，它穿越大洋，使他成为那个时代最伟大的名人之一。"[61]

粉丝的诞生

是什么促使成千上万巴黎人加入塔玛的送葬队伍？又是什么把整个欧洲成千上万读者的目光吸引到报纸上关于他生命最后几天以及回顾他一生事业的文章上去？他们当中的大部分人并没有亲眼看过他的舞台表演，但是他们知道他的名字和他人生故事的一些片段，通过报纸他们尤其知道他的去世是一件大事。我们很难评估他的死亡带给他们的影响，但它确是一个事件：人们对其感兴趣、参加送葬队伍，或者仅仅旁观的同时，他们实际上参与到了一个集体中，成为公众中的一分子。名气与读者和观众的模糊存在是分不开的。他们在相同的时间相同的报纸上看到相同的新闻，对相同的事物感兴趣并对相同的文字有着相同的感知。但是它又区别于单纯的成功，因为它超越了根据作者或艺术家（这里是演员）的作品或表演来评定的范畴。公众不满足于只是欣赏坦杜奇的嗓音，西顿斯或塔玛的演技，而对他们的生活，他们的细节和特别之处，包括他们的隐私感兴趣。这种兴趣表现为各种形式，从报纸读者的某种肤浅的好奇心，到更富激情的仰慕者想观察明星或拥有他们的肖像画，甚至想与他们见面的愿望，不一而足。公众对名人生活的兴趣常常是模糊不清的：有一些是出于好玩或无聊，甚至是对名人隐私和情感共鸣的深深渴望。

名气有时会表现出俗气的感觉，这在18世纪已经有人注意到并加以指责。但这种俗气并不妨碍一部分公众与名人保持着情感关系。他们之间的这种关系往往产生于公众对遥远的名人隐私的一种渴望，有时甚至是一种想要得到的信念。[62] 这种渴望可以让一个陌生人把名人当成想象中的朋友，他家庭的一分子，进而演变成一种虚构的爱，某种程度上它是一种极端形式。这种渴望往往是虚幻的、假想的，只是在亲密的人之间交流。但它有时会导致实际行动，比如直接给名人写信，或者去拜访他。当然它也有较为阴暗的另一面，即极端好奇心，想知道有名男性或女性的一切的欲望。有时很难言说这种错乱：粉丝是名人在媒体上的假想的受害者吗？他们沉迷于一个虚拟的形象，投入一种虚幻的，有时甚至会导致狂躁症的关系中。反过来，名人是不是其冒失的崇拜者骚扰的受害者呢？他们沦为了一个被大肆渲染的欲望对象。

这种对亲密关系的渴望揭示了现代名人机制核心的矛盾，这是最能引起遥远亲密感的最大规模的媒体现象。当代大众文化专家也承认这一矛盾。它的存在基于两个要素。第一个因素是媒体在意念上消除人们原本遥远的地理和社会距离的能力。这种能力在现代媒体手段下特别显著，尤其是让明星的照片和声音都进入到普通人家里的电视上。然而，这种现象在18世纪就已经存在，相比现在程度略微轻一点而已。那时人们可以从报刊上了解到作家、演员或国际名人私生活的片段，也可以不用花多少钱就能买到他们的肖像画。的确，媒体交流的特征允许所谓的"准互动"的出现，即两个不碰面的人之间的直接交流。[63]有时这种"互动"还非常频繁。第二个因素是大众文化非常惊人的一个特征，即一些广泛传播的文化消费品在消费者中间产生的关于个人生活方式的真实反应，并实现一种独特的主观化过程，甚至这些反应是成千上万的其他读者和观众共有的。这一点也是受到众多文化社会学家关注的，但在18世纪也已经出现。我们只需举出当时两本最畅销的书籍为例。在众多畅销的书中，它们在许多读者中激发了他们感性发展的非常主观的经验：《新爱洛伊丝》（*La Nouvelle Héloise*）和《维特》（*Werther*）。[64]

这两种因素的结合更能说明名气并不仅仅是名声大小的不同，而是指不再停留于简单认识之上的有名。当一个戏剧演员、一个作家或音乐家被越多的人认识，那么他就越能激起仰慕他的广大好奇公众强烈的情感反应。他并不认识那些个体的人，但他们却自认为跟他之间有一种独特的关系，这样他们就变成了他的"粉丝"。显然，这个词不太符合当时的时代，因为它直到20世纪后半叶才出现，最初用以指称体育迷。粉丝文化由于18世纪的社会制度与民间习俗并没有得到长足或惊人发展。[65]但是，18世纪却催生了众多的读者或观众，他们并不满足于欣赏或表现出好奇，而是产生了一种对名人的依恋情感，名人能帮助他们自我定义和定位。

其中持续了很长一段时间的做法之一是写信，这也是粉丝的一大特征。20世纪的名人都有收到粉丝信件的经历。史学家常常认为这一现象是从卢梭的读者给他写信开始的，并强调

19世纪前半叶这一现象发展迅速。他们把这看作浪漫主义时期
的一个重要特征，并认为这是对小说影响力，以及对"文学承
诺"（promesses de la litterature）的特别回应。"文学承诺"鼓励
读者在与作者的交流中建立他们对社交世界的表达。[66]这样的
分析也许把文学的特异性说得太好了，全然不顾名气的机制。
自18世纪中期开始，不单是像卢梭和伯纳丁·德·圣-皮埃尔
（Bernardin de Saint-Pierre）那样的作家，还有像加里克或西顿
斯那样的演员，也都收到了不计其数的信件。那些匿名者自认
为有权，甚至被怂恿，拿笔给这些名人写信，评价他们的作品
或他们的生活，寻求一种友好并持续的关系，请求帮助或提出
建议，或者甚至只是为了向他们表明自己的热情。加里克的一
位不知名的女性仰慕者来到伦敦想看他的演出，竟写信给他索
要门票。[67]

　　写信给名人，因为人家的名气而认为自己有权直接与他联
系，这对粉丝来说是一种建立平等关系的方式。名气基础之上
的媒介沟通是片面的，不同于面对面谈话那样的交流。它面向
的是一个不确定的公众，且并不要求对方有什么回应。然而，
公众并非被动接收信息，每个读者都会对文本和图像进行深刻
的理解和体会，从而形成自己对公众人物的看法以及和他之间
的假想关系。这个过程并不一定是个体单独完成的，而经常是
在与其朋友或其他仰慕者的交流中完成的。提笔给明星写信，
这是跨入了一个新的阶段，即建立平等性，试图直接沟通。这
种反应潜伏在媒介沟通之下，并会上升到登门拜访。这时粉丝

的好奇心就没有任何被动的成分了。

让我们再回到塔玛的例子。法兰西剧院的档案室保存了这位演员收到的大量信件。在其中一些信件中，我们可以发现仰慕者写给塔玛的赞美诗句，往往很浮夸。塔玛把它们保留了下来，有时还重抄一遍，这证明他对这些东西还是很感兴趣的。一个年仅14岁的英国女孩给他寄了一封信——《低微的敬意和崇拜》，并请求他的宽恕。[68] 另一位把塔玛演过的所有角色编成了一首诗。[69] 有些写信人并不满足于笨拙地表达他们的赞美。他们会写一些小故事，意在吸引塔玛的关注，同时也凸显自己的主动性。一位来自外省的仰慕者在信中讲了他带一个朋友来看塔玛出演布里坦尼库斯（Britannicus），而他的这位朋友因受到评论家若弗鲁瓦（Geoffroy）的文章的影响而对塔玛非常欣赏。这个故事，非常详细，却变味了。欣赏一旦过度，就变成了"贪婪"，变成了"魅惑"，甚至"一见钟情"。那个朋友每时每刻都因崇拜而激动地大喊："太有特色了！太天才了！声音太好听了！""他大张着嘴，眼睛贪婪地盯着塔玛，生怕哪个字他没有听到。"这封信的最后更表达了一种新的信仰，公众和有名演员之间关系的热情本质的定义："我感觉，一旦见到塔玛，第一想法是能再次见到他，一直见到他，因为人们从来不会对他感到厌烦。"[70]

给著名演员写信的崇拜者表现得像一个新入教者，不停地表达自己对他的热情。也有人更多地是想与名人建立一种对话关系。在1799—1802年，塔玛收到了来自一个自称"剧院正厅无名人氏"之人的大量信件。他从未见过此人，最后才知道他的身份（de Charmois）。他在信中评论了塔玛的舞台表演，赞美居多，但也有批评。"剧院正厅无名人氏"是一个谨慎的业余爱好者，他对戏剧的热情都集中在塔玛身上。1800年6月，他作为公众代言人重申了"公众以全体一致的普遍热情欢迎您登台"[71]。

"剧院正厅无名人氏"喜欢争论或评价塔玛的表现，而其他人写信则首先是想表达对塔玛的崇拜和依恋。有人甚至以他与朋友讨论塔玛说"尊重"一词时的发音为借口，给塔玛写信，信中尽是对演员表演以及他引起的激情的夸张赞扬。这封信巧妙地利用了匿名的约束性和对个人关系的渴望：在肯定自己喜欢留在"崇拜您的群体"中的同时，他又表达了"急于打破匿名状态的愿望"，并成功引起了回应（他给了一个朋友的地址，这个朋友也许也是他的朋友）。这个地址，"先生或塔玛"，在此意义上缩减了社会沟通层面把从未见过面的两个人分隔开来的客观距离，加强了公众和著名演员之间的人际关系，拉近了尊重和熟悉的距离。这封信的剩下部分一半是戏剧爱好者的钦慕之情，一半是粉丝的强烈情感："您常常在我灵魂中激起深刻的情感，而我只能向您表达其中微弱的一小部分。"对演员的情感已经超越了演员本身的才能，甚至也超越了夸大的钦慕范围，它在写信人和塔玛之间建立了一种情感联系，书信成为表达，或者转化（如果可能）有效情感的方式。[72]

其他给著名演员或名人写信的人也很多，因为他们能从中求得好处，比如帮助。有些人要求与剧院保持关系。有一位来自利摩日名叫波瓦尔的人写信给"巴黎的塔玛先生，署名著名艺术家和S.M.的寄宿生"，就为了推荐他的侄子，一个悲剧作家。他把这封"关于急需帮助的思考"的信打印出来，并寄给了塔玛。一位名叫代劳梅（Delhorme）的格勒诺布尔人，在信里讲到他曾去塔玛家里向他说起过一桩司法冤案，并请求他帮助。他一封信接着一封信写给塔玛，请他坚守自己的承诺。另外还有瓦兹（Oise）的克莱蒙特（Clermont）的一个名叫拉加什（Lagache）的人写信给他介绍他基于数学计算的"轮盘赌游戏方法"，并表明如果塔玛感兴趣，他就"飞"到巴黎。[73]塔玛的名气不再是情感和个人关系的来源，而是公众人物的力量，人们认为他富有且强大，这给他招致了来自法国各个地方的各种央求者。大多数情况下，这两个要素相结合，至少在这些信中是如此。波尔多的写作老师乌瓦德（Ouvrard）请塔玛帮忙让他在巴黎定居，因为在那里他可以全身心投入艺术而不会影响到他的四个孩子："如果孩子们仍旧可以将请求的手伸向在他生前就被认可的法国戏剧之神，那他们是幸运的，因为人们对他的恳求从未落空。"[74]

写信给名人是一回事，与他们见面更是一件诱惑力极强的事情。我们找不到亲眼见过他们见面的证人，但其中有一封信却很有意义，里面表露出写信者希望见到名人的渴望，他把这当作旅行中必须要做的事情和一种必要的仪式。这位写信人来自鲁昂，他写信告诉塔玛他将旅居巴黎并渴望以朋友的身份拜访这位著名戏剧演员。他在信的开头就讲明了重点："先生您该知道，去巴黎见不到塔玛就如同去罗马却没见到教皇一样糟糕。"[75]

对于此次造访，我们找不到任何材料，这当然非常遗憾。另外，我们也无从知晓塔玛本人对这样一种渴望见到他的欲望感到高兴，抑或是对这样一次突然造访感到尴尬。但莎拉·西顿斯却给我们留下了她对仰慕者不屑一顾的证据。在她自知生命快到尽头时所写的回忆录中，西顿斯公开承认自己曾追逐名利。但是由于其隐含的社会义务，名人并不好当。连续不断的请求使她花在演戏或家庭生活上的时间很少。她的艺术志向和个人发展规划都受到了这样一种"利欲心、贪婪心"的威胁。每一位新晋名人都因为这种"贪婪心"而受到追捧。有一次，西顿斯答应出席一个晚会。本来说好只有十几个人参加的，可是她一到便发现自己"上当"了：周围好几十人准备爬上椅子以便更好地从别人的肩膀上方打量她，这种状态从晚上一直持续到黎明。[76]有人甚至还怂恿她带女儿过来，说是为了给晚会增加乐趣，其实"更多地是为了制造效果，而不是为了她美丽的眼睛"，西顿斯苦涩地评论道。

被一群站在椅子上观察她们的不认识的人团团围住，这一幕让这位年轻的演员和她的孩子太震惊了。西顿斯还讲了另外一个更加惊人的故事。当时她对待只是出于好奇心而上门拜访的人一般都是闭门谢客的，但就是有那么一些人会强行而入。她讲到有一天，一位出身高贵的来访者在没有被邀请的情况下主动登门造访，而西顿斯并不认识她。

这个人出身高贵，但她的好奇心却超出了她的教养。"您可能会觉得奇怪，"她说，"一个您完全不认识的人就这样直接进入到您的私人住所；但请您理解，我的身体太差了，医生不让我去剧院，所以我只能来这里看您了。"她坐下来仔细端详我，而我就这样在那里被她看。整个过程让我觉得很痛苦，直到她起身告辞。[77]

无论是真实的，还是部分虚构，这个故事都是公众暴力的隐喻：公众出于自身欲望想让名人处于自己视线范围内，甚至剥夺了她的隐私。这个陌生人被一种无法抗拒的奇怪驱动力控制了，她必须要看一眼这位著名演员。要怎么解释呢？如果把名人看成社会声望的一种新形式，那么社会身份就会反转。出身高贵的那个人，她忘了自己社会地位的一些外在表现，尤其是她的教养。她沦为了一个沉默的崇拜者，着迷于静静地观察不动的演员。但西顿斯却一再强调这位不速之客给她带来的痛苦，甚至挑衅。她自己也沦为欲望的对象。这位观众没有能力区分在剧院公开演出时的西顿斯，和其它时间有个人生活、家庭和孩子的西顿斯。跟上一个例子一样，剧院之外的西顿斯再一次被剥夺了意志，不得不屈从于别人的目光。公众化身为特权阶层，这绝非无关痛痒。对西顿斯来说，这个特权阶层是一群匿名者、陌生人。他们是无礼崇拜者的典型代表，而且他们还缺少个人信息。原来特权阶层施加在演员身上的象征性社会统治（即使他们崇拜他们，并保护他们），已经完全一成不变地转移到了公众身上。因此，名气带给演员的，远非社会解放，而是其它更有压力的束缚。

粉丝区别于崇拜者和信徒，后两者是与重要人物的传统关系中更为经典的角色。它体现了名气的两面性。对于这样一个公众人物的热情可能是出于渴望亲近的真诚情感，这一情感最初源于对其艺术或天赋才华的崇拜，抑或是对其新闻报道中的个人不幸遭遇的同情（对作家或罪犯都是如此）。但粉丝也可能陷入过度，甚至几乎痴狂的好奇心中，受制于偷窥癖和占有欲无法自拔。占有欲让他们否定名人在公共生活之外的任何自主存在。粉丝是公众与名人关系的极端表达形式，他既不是宗教的住持教士，也非一个简单的观众。他具有更令人担忧之处，他的动机就很诡异。只有考虑到广告的新要素，他才有意义。广告深刻地改变了成名本身的条件，它可以把一个不知名的人——不管是演员、艺术家还是作家——变成公众人物。

第三章

第一次媒体革命

在塔玛收到的信中，有一封匿名信夹着一张加里克的肖像画。信中吹嘘画的质量，并把它与塔玛演艺生涯中无数平庸之画做对比。"人们画了无数的加里克的画。法兰西学院里的每一个人都想得到英国的罗斯修斯的支持。"[1]这样的比喻并不夸张，因为加里克在生前就已经是一个真正的流行图标，特别是在英国，当然在法国也是如此。他有超过250幅不同的肖像画，包括油画和版画，其中有些还被大量复制。这些画呈现的都是加里克最受喜爱的形象：剧院经理、上流人物、与朋友亲切交谈的样子、与他的妻子面对面的情形。有些画人人都喜欢，人人都买得起。这一强烈的肖像画攻势揭示了演员公众形象之重要性。就此而言，他是"第一位媒体人物"。[2]他是如此懂得如何打造一眼就能辨认的公众形象，并把这一视觉策略用来服务于他的艺术雄心和强烈的成名欲望。因此他深深地影响了整个欧洲思想。不懂表演的丹尼斯·狄德罗（Denis Diderot）在写《演员的矛盾》时脑子里想到的是他。塔玛在他的职业生涯中也拥有无数的肖像画，他的形象也被广泛传播。著名演员的脸孔经常被复制，这可能显得无关紧要。事实上，这是18世纪都市生活中戏剧的一个新现象。这也是视觉文化更广泛的一种转变。

人们常常认为现代名人的产生与图像的大量复制（20世纪的特征）相关。以摄影，尤其是以电影和电视为基础的人物图像的制作和再现新技术已经改写了成名的历史，使"曝光度"成为出名的主要形式。[3]这些技术大大改变了媒体世界，以及我们与图像的关系，这是毫无争议的。今天明星的图像非常多，固定的或移动的，特写的或全景的。然而这种视觉文化的转变早在18世纪就已经出现了：技术的革新，比如烧铜版画和蚀刻，使得图像复制量大增，并更栩栩如生；而这些是以前的木刻技术做不到的。但是更深层次的变化是在社会和文化层面的。在大都市，肖像画在各种各样的场合都越来越多见，从学院沙龙展出的油画，到作为时尚礼品的瓷器小像，还有商店货架上陈列的各种版画。

名人也不单单仅存在于人们的视觉和图像上，他也是各种故事、话语、文本的话题，正如今天超级八卦的《人物》杂志所呈现的那样。同样地，在印刷领域，18世纪的变化也是非常重大的。当时识字人口大量增加，从而改变了人们与书籍、阅读之间的关系。几个世纪以来作为学术活动的阅读如今可以改变社会地位，它取决于便宜的印刷品的成功，尤其是17世纪末开始在整个欧洲遍地出现的报纸。文学报纸和政治杂志特别吸引历史学家的关注。前者保证了知识界的学术交流，这在第一个文学共和国时期只限于个人之间的交流。后者开启了政治信息的新时代，使得政治信息交流突破了以往手写书信和口头传播的形式，转而通过新闻机构实现。[4]对于公共领域理论家而言，正是通过报纸转移到集体阅读和评论的社交性场合，理性的公共作用才在启蒙时代显示出来。当康德在《什么是启蒙？》中把"启蒙"解释为每个人通过"在阅读的公众面前"使用理性而获得个人和集体解放的过程时，他指的显然是报纸的阅读者。而且也正是这些报纸中的一种，《柏林月刊》（*Berlinische Monatsschrift*），于1784年刊登了这篇著名的文章，作为关于宗教婚姻问题的辩论的一部分。几年之后，黑格尔甚至还这样写道："每天早晨读报是现代人的祷告。"

学术和政治报报道外交政治新闻，介绍科学和文学新事物，或展开学术辩论。除了这些报纸之外，18世纪还存在另外许多对广义上的社会和文化新闻更感兴趣的报纸。它们为读者提供戏剧和文学出版物的新闻，重大文学和政治事件，还有热点花边新闻，以及越来越多的关于名人公共和私人生活的逸事。这些期刊较少引起历史学家关注，却引起了18世纪读者的极大兴趣，并着实促进了都市中产阶级公众意识的形成。报纸的内容中花边新闻和丑闻、条约和战事占了同样的比重。

所有这些转变标志着一个新的媒体时代的到来。一位历史学家开玩笑地建议将它命名为 Print 2.0（印刷时代2.0），用以表明这是印刷史，及其用途和影响的真正转折点。[5]大众传媒交流将文本和图像传播给无限，也可能无穷的公众，成为社会交往的一般方式，对基于口头、共存和互惠的传统方式发起了挑战。出名方式本身也发生了深刻变化：名声的影响范围越来越广，不见真人却只见到他的名字和画像的情况越来越普遍。某些有名人士的名气超脱了传统的交际圈（宫廷、沙龙、剧院、学院和学术圈），而在公共领域通过话语或图像给公众一种全面的存在感。不确定且匿名的公众是报纸的读者和消费者，有些是出于好奇，有些则是出于仰慕。这种潜在的无限制和无法控制的交流形式使他们成为公众人物。

名人视觉文化

18世纪之前，人们从何处看到活着的人的画像呢？在硬币上有君主的头像；在宫廷里的朝臣可以欣赏国王的画像；在贵族酒店里，房子的主人让人给自己画像，并挂在祖先的画像旁边。所有这些首先都是权力、政治或社会地位的表现。国王的肖像是权力的代表。就权力和威望而言，他拥有正当效力，而且某种程度上他自己就是权力本身。贵族肖像体现的社会政治权力也可以说是如此。[6]

由此我们也可以推断在17世纪也存在某些作家的画像，比如高乃依或莫里哀。但是，拉伯雷生前却没有画像。[7]路易十四的统治已经标志着画像的明显兴起。绘画和雕塑学院就是在当时创建的，一批肖像画家被那里录取。另外的标志是皮埃尔·米尼亚德（Pierre Mignard）和亚森特·里戈（Hyacinthe

Rigaud）的成功。可是，当时的画像基本上只存在于宫廷和贵族圈子，带有正式和情感功能，很难进行复制。[8]到18世纪初，肖像画标志着一些罕见的文化人物获得了特别的社会地位，尤其是在学术机构。它们只在有限的空间内流通，而且几乎总是与人际关系相关。 画中人物的崇高性使得拥有其画像成为一种荣誉，同时也是直接与画中人物拥有亲属或朋友关系的表现。塞缪尔·撒比耶尔（Samuel Sorbière）很欣赏托马斯·霍布斯（Thomas Hobbes），并资助霍布斯的作品在欧洲的传播。当他想得到一张霍布斯的画像时，他得亲自请求霍布斯允许自己去复制托马斯·德·马代尔（Thomas de Martel）手上的画像："我以最认真虔诚的态度恳请你好好考虑我的请求，并宽恕我的冒昧。"[9]1658年，撒比耶尔还给霍布斯写信说对自己有权跟朋友谈论他和他的作品，并能够专注地欣赏"收藏的画像"而感到开心。画像代替了不在场的朋友，它融入了亲情、友情和爱慕之情。画像的存在使撒比耶尔感到荣幸，因为它证明了他们之间直接的友好的关系。1661年，霍布斯答应他的好朋友约翰·奥布里（John Aubrey）在塞缪尔·库珀（Samuel Cooper）的工作室放他的画像，以感谢奥布里帮助他获得了查理二世的宠幸。奥布里为此非常感激霍布斯，认为这一举动是"无上殊荣"。

几年之后，艾萨克·牛顿（Isaac Newton）仍然用自己的肖像画作为奖励来换取忠诚。皮埃尔·沃格农（Pierre Varignon），一位与牛顿关系密切的法国数学家，连续几年都在问他讨要画像。牛顿只在临终前，在商讨一个精装版的《光学》出版问题时，希望得到沃格农的帮助，才答应了他的要求。同样地，沃格农告诉牛顿，约翰·伯努利（Johann Bernoulli）也想要一幅他的画像，牛顿知道他是莱布尼茨的盟友，就提出要伯努利公开承认自己在微积分研究上早于莱布尼茨作为交换条件。[10]

有时，作者的头像也是他的书的头像，但这幅肖像是作者身份的一个标志，而不是展现个人的独特之处。[11]而且，在17世纪之前，画像并不追求与真人的相似度，而只是一种套路。

因而画像就很少见，或者很少公开。圣·西蒙的记载表明要得到另一个人的画像并非易事。这个例子有些独特，因为他涉及的是拉特拉普的著名奠基人朗塞（Rancé）住持。西蒙很欣赏他，因此想得到他的画像。当得知朗塞谦恭地拒绝了他之后，西蒙想了一个办法：他带着假扮成他亲戚的画家亚辛特·瑞勾（Hyacinthe Rigaud）去拜访朗塞，瑞勾借机观察住持，并靠记忆画出了朗塞的画像。画像画得很成功，以至于瑞勾无法抑制地自我炫耀。之后，很多人都来索讨复本，让画家大赚了一笔。而瑞勾与西蒙之间的秘密也泄露了。"我对社会上的传言非常生气，但我安慰自己，画像画得如此传神，可以把这样一个伟大的、有成就的、著名的人物的肖像传递给后世。我从未敢向他承认我的偷窃行为，但在离开拉特拉普时，我给他留了一封信，说明了事情的全部经过，并请求他的原谅。他为此感到悲伤、感动和苦恼。"[12]这很好地说明了18世纪初肖像的社会用途。画一幅当代伟人的肖像，既要自己收藏又要转送或转卖给别人，都与当时的画像现实状况不符。这才导致西蒙采取了欺瞒的手段。但促使画家复制和找人制作版画的市场需求已经存在，从而使画像成为公共产品。即使像朗塞住持那样神秘隐居之人也成了像西蒙所说的"名人"。因而他的肖像也成了崇拜者竞相争取的对象。

18世纪，著名人物的肖像画数量大增。最早的是画像的广泛传播，它们经常被公开展出。一年一度的法兰西学院艺术家的作品展（巴黎1699年开展，伦敦1761年开展）堪为当时的一件盛事，吸引了大批观众。在巴黎，观众数量每年都在上涨，1787年多达6万人。而其他地方的展览也不断涌现，试图挑战法兰西学院的垄断地位。[13]在伦敦，刚开始，展览在春天花园（Spring Gardens）的大庭院举办，1769年开始在帕尔购物中心（Pall Mall）开展，1789年之后又转移到萨默塞特宫（Sommerset House），那里可以同时接待好几万人。同时，付费的展览也在其他都市休闲场所举办，比如沃克斯展馆（Vauxhall）。[14]所有这些展览，尤其是法兰西学院的展览，都是当时非常重要的公共活动，深深影响了备受争议的法国学术控管下和英国更商业化的文化环境中的艺术。[15]

肖像的意义非同一般。在法国，绘画的理念虽然遭受了很多批评，但仍强大，而法兰西学院主要替皇家绘制肖像。因此大量私人画像的出现必然遭到批评，有时这些批评还非常严厉。最传统的批判在文艺复兴时期就开始了，认为肖像画家的画过于追求与真人的相似性，而缺乏想象力和美化空间。后来，人们又指责肖像画普及后带来了政治问题。埃蒂安·拉封·德·圣–耶娜（Étienne La Font de Saint‐Yenne）在他1747年至1753年的沙龙记录中抨击了肖像画的"晦涩"和"对公众的冷漠"。他谴责"这群无名的人，没有名字，没有天分，没有名声，甚至没有相貌，所有那些都没有任何存在的价值……所有这些在画家眼中的巨人，在公众眼中都微不足道"。他建议画家去画那些值得画的人物，尤其是一些名人："没有人不愿意看到一个优秀的公民、一个伟大的作家或一个事实上的名人的特征和面貌。"[16]在批评家和公众眼中，判断一幅画像存在的正当性有三点：政治功勋、文学造诣和名气。另外，名气必须是"符合标准的"，也就是说与法兰西学院的政治和道德标准相一致。20年之后，《秘史》的编者也用同样嘲讽的口吻写道，"各种各样的肖像无时无刻不出现在我的眼前"，展出物品的三分之一都是肖像画。作者继续感叹道："沙龙慢慢地变成了肖像画廊，他们能不能不要只画那些社会地位高或有名气的人的肖像，抑或漂亮女人和奇特打扮之人的头像？我们也希望看到古斯南·德·波尼努尔（Guesnon de Ponneuil）夫人、母亲汝努（Journu）女士、达西（Dacy）先生、勒诺曼·德·古德莱（Le Normand du Coudray）先生，等等。"[17]肖像画的普及使原本不那么重要的阶层中的人也有机会被大众认识。批评家认为这违反了画像存在的正当性的三个原则：第一个是社会政治原则（"社会地位高的人"），第二个是审美原则（漂亮女人和勋章头像），最后一个是名人原则。由此不难发现，这就是"符合标准"。

在伦敦，肖像画更为流行，且没有受到那么多争议。它成为新的名人文化的重要内容。[18]当时最著名的画家约书亚·雷诺兹的作品非常出色。他创作了大量文学名人和上流人物的画像。他个人作为画家也因此而声名显赫，他的大部分画作之后都在他的工作室展出，使他的工作室成为英国首都的高端艺术场所之一。雷诺兹有意识地利用他绘画对象的名气，以及新闻报刊上关于他们的报道，成功激起了公众的兴趣，也成就了自己时尚画家的名气。[19]这样的操作也具有商业性。因为画作的价格可以很高，围绕画作的传闻也会帮助画家吸引新的顾客。

雷诺兹的肖像画总是与当时的热点相关。1761年，他为劳伦斯·斯特恩（Laurence Sterne）画了肖像画，其中《特里斯坦夜曲》（*Tristam Shandy*）的成功轰动一时。前一年，斯特恩还是个无名小卒，一个跟伦敦没有任何关系的外省牧师。他的书遭到伦敦出版商的拒绝。之后他自费在纽约出版，寄了好几本到伦敦。他还在一个女演员的帮助下成功获得了加里克的资助。该书一炮而红，几周之后斯特恩亲自到伦敦签了一个有利的合同，并展示出某种自我推销的能力，他不知害臊地宣称："我写作不是为了生存，而是为了出名。"为此，他8次找雷诺兹为他作画，一画完他马上把画拿去制作版画，并对版画者说："我要把自己弄得时尚，并在国内和国外卖我的头像。"[20]

雷诺兹不单画时尚作家塞缪尔·约翰逊（Samuel Johnson），奥利弗·高德斯密斯（Oliver Goldsmith）的画像，也画其他公众人物：能引起公众好奇心的上流社会人物、演员或年轻女子。第二年，1762年，他不但又为加里克画了一幅肖像（雷诺兹与他关系密切，且为加里克画过许多肖像），还给当时有名的交际花奈莉·奥布莲（Nelly O'Brien）也画了像。奈莉·奥布莲是博林布鲁克（Bolingbroke）勋爵的新情人，几个月前《圣詹姆斯纪事报》（Saint James Chronicle）就披露了这一消息。作家、政治家、大贵族和有名的交际花，他们原本的社会角色完全不同，如今他们的肖像却被同时并排挂在同一面墙上供公众观看。这种状况的出现并非无足轻重。尤其是雷诺兹喜欢画交际花的画像，她们往往与上流社会的放荡、色情、丑闻分不开。而雷诺兹却利用这一点提升自己的公众名气。[21]同时，这也不妨碍他从18世纪80年代开始变身为贵族和皇家的御用画师。不管是塞缪尔·约翰逊、弗朗西斯·阿宾顿，还是德文郡公爵夫人乔治娜·卡文迪什，他只画名人的肖像。[22]

1785年，雷诺兹在他的沙龙中展出了威尔士王子的肖像。他是年轻的王位继承人，他乱糟糟、闹哄哄的生活，他的情史，对物质和女人的欲望是整个冬季人们谈论的话题。雷诺兹把他的画像挂在了拉蒂丝亚·德比（Laetitia Derby）的画像《史密斯夫人》的对面。拉蒂丝亚·德比是有名的交际花，尤其是作为莱德勋爵（Lade）的情妇而出名，而后者是威尔士王子的好朋友。然而，就在展览开展的几天前，《早报》爆料王子和史密斯夫人在莱德勋爵的马车上发生了性关系。[23]我们可以想象展览上面对面的两幅画带给人们的视觉遐想。这样的布置足以激起公众的好奇心和评论。

公共小雕像

　　展览只持续了数周，但随后这些作品被不断做成版画，使得名人肖像广泛传播并不断出现在公众领域。1762年雷诺兹在法兰西学院展出的加里克的肖像由爱德华·费雪（Edward Fisher）（他是受雷诺兹吸引的版画家之一）做成版画，并在之后被其他人模仿13次。它在英国广为流传，在欧洲其他地方也一样。由于这一技术的进步，版画技术可以精确地复制原来的模板，使印刷量大增，销售价格下降（价格依据画像数量和大小而浮动）。那些10×14法寸的小雕像售价只要1先令。[24]它们占了日常消费的主要部分，无论是受原画质量还是其呈现的知名人物的吸引，崇拜者和好奇者们都可以轻松获得。版画市场的这种惊人发展使肖像的存在和可用性增加了，而且还增加了它们的广告用途。加里克的名气被熟练的商人、烟草商或书商利用，他们用他的肖像来装饰他们的商业卡片。[25]

　　在法国，名人的肖像也开始成为大众消费的对象。版画从17世纪开始就从书籍印刷品中脱离出来，但是直到18世纪才由于前所未有的商业扩张而成为真正的消费对象：巴黎人死后的财物清点中，60%是版画，所有社会阶层都一样。[26]有些演员，比如路易·赛巴斯蒂安·梅西耶，反对版画过盛的现象，他们言辞中似乎在指责画像的平庸和复制品的泛滥："今天存在一种可笑的版画泛滥现象……各种画像和脸孔是表达无休止的悲惨，

展厅里是无聊的单调场景，因为我们在某一幅画中看到的东西早已在其他画中见过了。"²⁷

报纸不断刊登新的画像，1764—1782年基本上每年有72幅肖像画问世，通常每幅肖像画会有1000个复本。在旧制度末期，每年会出现100多幅画像。在版画中，肖像画的数量占第二位，仅排在文学体裁之后。用凿子刻绘的对开式肖像慢慢地被蚀刻奖章小雕像所取代。突出的一点是越来越多的版画并不是画像的简单复制，而是根据素描制作而成，因此更符合版画市场实情。这一市场的确更自由。版画的销售可以由版画者自己进行，也可以由拥有店面的印刷商实现，还可以由在码头"摆摊"的零售商来完成。售价一般不会很高，但是好的版画和普通版画之间还是存在价格差异的。前者一般由有名的版画家根据原画制作，价格可以达到16镑；后者的售价在1至4镑，有时更少。²⁸

良好的市场需求使得某些版画商人专门生产和销售大众喜爱的廉价小肖像。雅克·埃斯诺（Jacques Esnault）和米歇尔·拉皮利（Michel Rapilly）就专门做这样的生意。他们来自诺曼底，从1768年开始就在塞纳河码头摆摊。1770年，他们在圣-雅克街开了一家店，店名叫"古当斯小城"（La Ville de Coutances）。他们开始售卖各种知名人物的小型肖像，售价只有12苏。1790年，他们拥有总计155件"由最著名的版画师制作的小肖像"藏品。其中，除了皇家成员、教皇和欧洲的主要君主（约瑟夫二世、俄罗斯的凯瑟琳），以及某些已故的作家（蒙田、莫里哀和博叙埃）之外，还有启蒙时代的许多文化或政治名人，比如博马舍、布丰、达朗贝尔、兰盖、卢梭、伏尔泰、内克，或者施瓦里耶·泰恩、圣·胡贝蒂夫人（歌剧明星）和她的对手罗萨莉·杜泰（Rosalie Duthé）（巴黎最著名的交际花之一）。当然也有外国人，包括军人、政治家和探险家，如"著名海军上将基佩尔"，七年战争的英雄——库克船长以及乔治·华盛顿。[29]

版画市场的肆意膨胀刺激了不规范的市场中不良商业行为的产生。和他们的竞争对手一样，埃斯诺和拉皮利有时请版画师制作或多或少相似的肖像，但他们有时也会在未经允许的情况下通过简单地改变一些细节来复制现有肖像。这样的侵权行为产生了复杂的法律问题，巴黎商人和版画家在诉讼过程中经常会碰到这样的问题。谁才是知名人士肖像权的所有者？由于相似性成为主要的商业前提，远远超过了肖像的艺术品质，如何保证这些肖像的知识产权，如何禁止他们的成果被抄袭？[30]

《图书报》在1764—1788年刊登的380幅肖像中，84%是当代热点人物：君主和宫廷人物，还有很多作家、学者和艺术家（25%），演员（9%），以及当时一些重要人物[31]。我们甚至可以在其中发现一些昙花一现的名人，比如某个叫"J. Rullier"的人，肖像用"活到113岁"作为标题以吸引公众。很遗憾，我们很难弄清楚这些肖像的用途和买家。但我们找到了1787—1788年一个叫瓦雷（Vallée）的版画商人的销售记录。在216位客户中，有97位的身份可以得到确认，他们自己本身并不是商人。这一客户群体成分多样：贵族、第三等级的精英、医生、艺术家，还有一些杂七杂八的人。瓦雷出售的肖像中有贝诺瓦·路易－亨里克斯（Benoît Louis Henriquez）在1786年为路易十六画的肖像，也有一直紧俏的伏尔泰和卢梭的画像，还有当时政治人物的画像：贝尔嘎斯（他因为科恩曼的官司而再次进入公众视野，而后者也是他成名的引路人）、内克和奥尔良公爵。就这样，贝尔嘎斯的版画在1788年12月分别卖给了一个葡萄酒商和一个细木工匠。内克的版画则分别被一个钟表商、一个书商、一个主教、一个细木工人和一个记者买走了。[32]

在18世纪末，除了版画，著名人物的脸还出现在其他各种形式的载体上：从传统的雕像到物质文化的新形式，比如大奖章、小雕像、茶杯。但到那时为止大雕像仍仅仅属于君主，好多雕刻家专门制作半身像，比如奥古斯坦·巴如（Augustin Pajou）和让－巴蒂斯特（Jean - Baptiste Lemoyne）。尤其是让－安托瓦·胡东（Jean - Antoine Houdon），他是描绘当时文化和政治名人的实至名归的雕刻家。他生于1741年，在刚出道时并不容易。由于不受昂日维耶（Angiviller）的待见，18世纪70年代王室的大订单他都无缘，他没有雕刻任何伟人半身像的机会。他还不得不与已经成名的巴如和让－巴蒂斯特·皮咖勒（Jean - Baptiste Pigalle），以及他的对手让－巴蒂斯特·卡费里（Jean - Jacques Caffieri）妥协。胡东在当时选择了旁路战略，专注于夺取商业上的成功。他每年都给沙龙送去名人的半身像索菲亚·阿尔诺（Sophie Arnould）、伏尔泰、富兰克林，并且整年都在他的工作室展出他的个人作品。他不在时，就请看门人负责招待前来参观的客人。这一举动招到了他竞争者的敌意，但却吸引了一些感兴趣的爱好者，他们留下了不少私人订单。执政府时期他的事业达到巅峰，而他的工作室也因为波瓦利（Boilly）的一幅画而大放异彩。这幅画展示了这位雕刻家工作的样子，他周围摆放了十多个当时的文化和政治名人的半身像，人们很容易辨认出其中有伏尔泰、索菲亚·阿尔诺、布丰、富兰克林、华盛顿、格鲁克、卡格里奥斯托、杰弗逊、卢梭、拉法叶特、米拉波……[33]

胡东非常懂得商业技巧。他利用铸型技术制作了很多大理石和陶瓦半身像的石膏复制品。而且他还努力将这一复制权保留在他的工作室。1775年他在沙龙展出了索菲亚·阿尔诺的半身像。之后，凭借格鲁克的两部歌剧——《奥菲》和《伊菲热尼在奥里德》（这一年胡东在这两部歌剧中也展出了那个半身像），他的事业达到了巅峰。索菲亚·阿尔诺的成就已经在前一年得到玛丽-安托瓦内特王太子妃亲自认可。在歌剧中她扮演了伊菲热尼一角，头发上绑着蒂亚娜发带并插满了花。胡东并没有牺牲女演员表演中经常需要的寓言性约束：他创作的半身像最具表现力，它忠于歌剧演员的面貌，但它也提醒观众几个月前激起公众兴致的演员本身的特点。因而并非是要冻结对那位有名演员的记忆，或者通过她来呈现音乐之美，而是要把当时最有名的女歌唱家的脸孔与现实结合，展现在公众眼前。在因她与劳拉盖（Lauragais）公爵的情史和她的妙语连珠被人议论纷纷之后，她终于获得了合理的成功。[34]最后，索菲亚·阿尔诺通过此举收获众多追求者，名气大增，而胡东本人也大获成功。根据协议，胡东将为女歌唱家的崇拜者制作300至500份石膏复制雕像。[35]

三年之后，当伏尔泰回到巴黎时，胡东为他创作了一个不戴帽子的半身像，分三次完成，大获成功："整个巴黎的人都来到胡东先生的工作室一睹伏尔泰的半身像，它是当时所有关于这位可敬老人的肖像中与真人最像的作品。"[36]伏尔泰的这个半身像随后也不断被复制，铜像、石膏像，当然也有版画。胡东抱怨这些赝品，心中很是感到厌恶。[37]

名人的肖像也同时进入了大众休闲领域，尤其是首批蜡像馆的出现。蜡像的使用从古希腊、古罗马时期就存在了，中世纪和文艺复兴时期用于国王葬礼。[38]进入现代，蜡像被用来制作皇家肖像，同时也用于解剖学课程。它在商业表演上的使用始于1668年。当时安托万·贝诺斯特（Antoine Benoist）收到诏书，被允许在他位于圣-父（Saints-Pères）路上的店铺里展出他的"皇家俱乐部"，即法国宫廷贵族和不少大使的画像。[39]因此，光顾他店铺的主要是画像中的人物和其他贵族。此外，贝诺斯特还被皇家绘画雕刻学院录取，并在1705年创作了路易十四的一尊彩色蜡像。不管怎样，他的店铺标志着蜡像雕刻向都市表演的转变，玩起了表演的超现实主义游戏。拉布耶尔（La Bruyère）把贝诺斯特称为"耍木偶戏的人"[40]实不为过。

蜡像正式用于商业开始于菲利普·库尔提乌斯（Philippe Curtius）到巴黎的时候。他于1770年在圣-马丁路上开了第一家蜡像剧院。随后迁至王宫，而后在1782年又迁到了钟庙路，尼古莱剧院隔壁，巴黎娱乐活动的中心地带。库尔提乌斯的一个展厅展示了皇家集体用餐的场景。但他也向公众展示其他名人：伏尔泰、富兰克林、内克、梅斯么、兰盖，甚至是雅诺，以及一个"有名的偷盗团伙"，其中不乏罪犯，而且他还不断根据现实情况往里加人。门票只要2苏，非常便宜，所以毫无疑问吸引了很多人前来参观。梅西耶坚信，以每天3000参观人次计算，库尔提乌斯当时一天就能赚100埃居，这收入是非常可观的。[41]库尔提乌斯在1794年去世，他的徒弟玛丽·格劳少茨（Marie Grosholtz）在他死后与弗朗斯瓦·涂叟（François Tussaud）结了婚，并于1802年去了英国，最后于1835年在贝克街（Baker Street）开了她那有名的展馆。[42]蜡像的潮流遍布了整个欧洲。在18世纪末的维也纳，宫廷雕刻师穆勒·德伊姆（Müller Deym）也开过一家蜡像馆，展出了整个皇家成员以及欧洲其他主要国家的君主的蜡像。[43]在那不勒斯，这样的蜡像馆就设在通俗剧院和街头卖艺团的街区，在圣–卡里诺（San Carlino）小剧场旁边。1783年，那不勒斯人除了能看到主教、国王和其他戴冠者的蜡像之外，还可以看到梅塔斯塔斯（Métastase）（他的音乐极其流行）、伏尔泰、华盛顿和卢梭。[44]

18世纪末技术和商业方面的一大重要革新是陶瓷小雕像的兴起。这样的小雕像原来也存在，但只是有钱人享用的东西，釉色精贵，也没有怎么普及。18世纪50年代到18世纪70年代，好几项技术革新改变了它的制造工艺。"本色瓷"的完善，既没有颜色也没有彩釉，使得雕像以较低的成本却达到了更高的相似度。接着，硬质瓷器的进步使雕刻工作坊能制作大量相似度极高的复制品，尤其是半身像。在法国，如果说塞夫尔（Sèvres）的手工工场生产的首先是装饰瓷器，特别是餐具的话，那他也做复制"杰出人物"半身像的生意，顾主往往是皇家。另外他也制作一系列当代人物的原创像，其中有作家和艺术家（1767年开始做伏尔泰，随后拉莫、狄德罗、卢梭），有演员——在成功饰演了费加罗之后的普雷维尔（Préville），达齐古（Dazincourt），甚至还有雅诺，他的半身像是1780年的"新年礼物"[45]——还有学者和政治家（富兰克林、华盛顿）。不管怎样，这一行业似乎都局限在这些人物身上。[46]

在英国，情况是反过来的。陶瓷革命是由一位实业家引发的。他叫约西亚·韦奇伍德（Josiah Wedgwood），18世纪末商业革命的标志性人物。[47]在18世纪60年代，他做了一尊黑色玄武岩的陶像，随后是他"有名的碧玉身体"。在雕刻师弗拉克斯曼（Flaxman）的帮助下，他制作了一个完整的产品目录，并培养了收集陶像的爱好。与塞夫尔的皇家手工工场不同，韦奇伍德迎合公众的期望，满足他们对名人相貌的好奇心，并广泛传播他的产品目录和收藏品，价格也非常诱人。外国作家，尤其是法国的，也在他的产品之列。卢梭和伏尔泰这对对手兄弟，他们的雕像大小和价格都不一样。每一个陶像都按照真人的知名度和英国公众的期望来制作。1778年，韦奇伍德得到了一张卢梭在花园里采药草的画像的复本，他决定将它做成小雕像，但又担心卢梭植物学家的样子会让公众不安。[48]

半身像和小雕像的价格有时会相对比较高，针对的客户群因而也都是资产阶级或贵族。韦奇伍德趁着名人文化的潮流，根据他1773年的产品目录中的"现代杰出人物头像"，制作了一系列瓷器浮雕。[49]当时的名人还不是特别多，无非也就是莎士比亚、米勒东和牛顿。但到了1787年，名人的数量一下子暴增，来自各个领域的欧洲名人，比如约瑟夫·普里斯特利（Joseph Priestley）、富兰克林，还有卢梭、伏尔泰和莎拉西顿斯。[50]他的产品目录还被翻译成多种文字，尤其是法语，这也证明了名人画像市场的欧洲性。[51]这些不同规格的浮雕，可以用来收藏，也可以用来装饰戒指、手镯或坠子。

偶像和玩偶

除了伏尔泰和卢梭之外，有另外一个人的雕像也同时出现在韦奇伍德的产品目录和塞夫尔的手工工场中，那就是富兰克林。他的蜡像也是库尔提乌斯沙龙展品的亮点。富兰克林的确是18世纪最后四分之一时间里雕像数量最多的人物之一。当他在1776年来到巴黎时，他已经在整个欧洲闻名，一方面是因为他在电学方面的成就，另一方面是他写了《可怜的理查德》（Poor Richard），一部成功的编年史。[52]他已经来过法国两次，而且在这里有很多朋友（他是科学院的合作院士）。三年前，他的作品已经在法国出版。这一次，按照博马舍的说法，他在南特港口靠岸的消息一经报纸报道就立马"引起了轰动"。此外，富兰克林的名气不断增长的过程也是他的肖像不断传播的过程。

富兰克林十分注意自己的公众形象。他很早就让名声显赫的画家杜普莱斯（Duplessis）为他画了肖像。画像中的他没戴帽子，穿着很简单，背心随意敞开着。他把这幅肖像做成了很多版画。当然这幅肖像也出现在其他地方：勋章、小蜡像、陶瓦大奖章、蜡制纪念章和小雕像。1783年，杜普莱斯为他画了另外一幅肖像。这一次，富兰克林身着西装，打着领带。这幅肖像随后也被制作成各种复制品。[53]同样，富兰克林还让卡费里和胡东为他做了两尊半身像。这两尊半身像也有很多石膏复制像。这些肖像在某种程度上是正式的、权威的，符合富兰克林希望呈现在公众面前，并在公众中传播开去的造反的美国人之代表的形象：一个简单的人，不卖弄穿着，与欧洲宫廷的习惯相去甚远的人。这样的形象与他在英国长期逗留时按照不列颠贵族习惯身着天鹅绒礼服的形象大相径庭。这样的形象也没有法国时尚的痕迹。而当富兰克林受到法国宫廷接见或进入上流社会时，他则很懂得迎合法国宫廷的时尚潮流。

富兰克林完全明白如何利用自己的个人魅力和名气实现为美国利益服务的政治用途。但他依然对自己的脸孔出现在各种载体上成为公众热捧的对象而感到震惊。雅克·道拿蒂安·勒莱德·沙蒙（Jacques Donatien LeRayde Chaumont），荣军院的总管，他曾在沙蒙城堡创办过一个蜡像手工工场。现在他又向让－巴蒂斯安·尼尼（Jean‐Baptiste Nini）定制了好多陶瓦的大奖章。这些奖章上的富兰克林的形象区别不是很大（戴或不戴眼镜、皮帽）。这些奖章随后又被大批量生产，销售一空。今天我们还能在许多收藏者那里看到它们的存在。更珍贵的物品也是有的。比如1779年弗朗斯瓦·杜蒙（François Dumont）按照杜普莱斯画的肖像制作而成的用于装饰鼻烟盒和糖果盒的珐琅细密画。釉陶和瓷器的手工工场不但把富兰克林的肖像用于小雕像和玉石浮雕，也用于餐具。比如维克多和阿尔贝尔博物馆就保存了一个塞夫尔手工工场的茶杯，上面是富兰克林的肖像。这些物件都证实了富兰克林肖像主题的流行，因为人们从此就可以用装饰有伟大科学家图案的茶杯或碗来喝茶了。

　　然而，版画最大的贡献应该是在各个阶层的民众中传播了富兰克林的形象。国家图书馆的陈列室里保存了50多幅富兰克林的版画。有些制作精良，有些甚至还是彩色的，有些则为了满足不断膨胀的市场需求而以低成本制作，只追求相似度。大部分雕刻师都是蕴含巨大商业潜力的名人肖像雕刻行业的专业从业者。皮埃尔·阿德里安·乐博（Pierre Adrien LeBeau）曾为埃斯诺和拉比利制作过上百幅肖像。尤其值得一提的是他还给玛丽－安托瓦内特画过好多肖像。当然他也给一些作家、艺术家和演员画过肖像。在富兰克林初到巴黎时，他就给他画了一幅小肖像，并刊登在1777年9月22日的《法兰西画报》上。这副肖像售价12苏，肖像旁还有一段简单题词——"富兰克林，1706年1月17日生于新英格兰波士顿"，且注明了商家名称——"古当斯小城"。[54]

富兰克林肖像数量之多让他本人也为之一惊。1779年6月，当他给女儿寄去一枚尼尼制作的大纪念章时，他在信中说自己的脸已经比月亮都有名了：

> 您送给霍基森（Hopkison）先生的有我头像的陶瓦大纪念章是法国制造的第一个这种类型的纪念章。之后各种规格的纪念章不断出现；有些是为了镶在香烟盒上，另一些很小的则嵌在戒指上：纪念章的销售额令人难以置信。除了纪念章，还有油画、半身像和版画（版画被复制再复制，到处可见）。这些东西使您父亲的脸比月亮还有名。因此他都不敢做一些他不得不回避的事情。只要他胆敢出现在别人面前，不管在何处，他的相貌会立马被认出来。词源学家说，"洋娃娃"（doll）一词来源于"偶像"（idol）一词。如今，他造成了数量那么庞大的洋娃娃，以至于在这个层面上他真的在这个国家是"偶像娃娃"了。[55]

也许富兰克林是在自我调侃，但他清晰又讽刺的评论是非常有意思的。名人肖像及其复制品的广泛传播的直接后果是它脱离了原型。这里涉及的不再是，或不仅仅是，像皇家肖像那样的政治宣传，而是一种新的都市文化，公众贪婪地想得到名人的画像，名人画像成了一种消费品。富兰克林把偶像比作孩子玩具（洋娃娃）的承认形式，提出了一种荒诞的肖像学说，这是他在自娱自乐。但他却揭示了公众的欲望，他们使一个人的形象变化无穷，甚至变成玩具。当然他也留下了一个疑问：数量如此众多的肖像对他而言，是一种荣誉，让他觉得被人奉承，还是一种威胁，令他感到疑虑的情况并不在少数。当时就有一些人发表评论说那些跟玩具和小摆件放在一起的当代人物肖像让他们无法忍受。几个月之前，《秘史》中写道，"今天所谓时尚就是在家里的烟囱上挂一幅富兰克林的版画"，但马上又接着写道："就如同以前放一个牵线活动玩偶，而且版画上人物的肖像还受人嘲笑——就好比30年前那种用来当作玩具的不值钱的玩意儿。"[56]关于富兰克林肖像学的大部分研究都从其肖像的广为传播中注意到了他对于大众对他喜爱的信号，还有政治交流的完美操作。然而，当时的人们，包括富兰克林本人，都意识到时髦肖像和玩具之间的界限是非常脆弱的。这两者的关系就如大众偶像和孩子的洋娃娃之间的关系。名人既有让人不可抗拒的吸引力，又是别人嘲讽的对象。

肖像都市文化有另外一面，更具嘲讽的意味：漫画在整个18世纪的繁荣。漫画不仅仅针对名人。它涵盖了社会或宗教的各种类型的人物，比如威廉·霍加斯（William Hogarth）的作品，还有反犹太人的漫画。它当然也没有放过文化和政治生活中的知名人士。英国的漫画发展尤其迅速。霍加斯把他的高贵文字变成了讽刺漫画，但占领了18世纪下半叶的伦敦城的，全是讽刺性的猛兽图案，粗俗且荒诞。[57]政治家、贵族、文化名人都是被公开嘲笑的对象，他们身体的缺陷（被刻画得滑稽可笑）、他们性生活的放荡（真实的或虚构的）都是人们或多或少猥琐玩笑的对象。詹姆士·吉雷（James Gillray）和乔治·克鲁克沙克（George Cruikshank）只不过是英国公众偏爱的漫画家中比较有名的两个。

艾玛·汉密尔顿（Emma Hamilton）原名艾玛·里昂（Emma Lyon），诠释了名人视觉文化的双面性。这个年轻女子出身贫寒，刚开始只是伦敦一家妓院的妓女，最终却成为18世纪末英国女人中肖像最多的人之一。她先是给詹姆士·格雷厄姆（James Graham）当模特，那是一个江湖骗子，组织一些性别方面的演出和讨论会。后来她成了上流社会很多绅士的情妇。1782年，她当时的情人查尔斯·格里维尔（Charles Gréville）请乔治·罗姆尼（George Romney）为她画了一幅肖像。罗姆尼是雷诺兹的主要竞争对手。画像取名为《感性》（Sensibility），获得了很大的成功。之后复制的版画也一样。从那时起，她超过200次在罗姆尼面前摆出姿势让他画像。随后几年里，在好几幅有名的画像中，她被描绘成纺纱工的形象。[58]与一般女演员不同，艾玛不是因为有名而被画，而是因为被画而有名。她的名气首先来源于她的脸，其次才是她的名字。

艾玛出名的第二个阶段是源于她与纳尔逊（Nelson）勋爵的关系。1791年艾玛与驻那不勒斯的大使汉密尔顿勋爵结婚，这使她有机会结识波旁王室。1793年，她在那不勒斯碰到了纳尔逊，便成了他的情妇。当时有很多漫画刻画她的三角家庭：

她的丈夫（那位年老的大使）、她的情人（民族英雄），还有她
自己。纳尔逊死后，汉密尔顿夫人也逐渐失势了，好几幅漫画
讥讽她身体的丰满。弗里德里希·雷伯格（Friedrich Rehberg）
在1794年创作了一系列艾玛·汉密尔顿的肖像画，展现她不同
的姿态，古式的雕像更凸显她的美丽与优雅。然而，13年之后，
詹姆斯·吉雷画了12幅木版画，滑稽模仿之前弗里德里希·雷
伯格画中艾玛的样子：过度肥胖，身材走样。[59]

　　传统的政治漫画，比如路易十四的政敌给他画的漫画，在
根本上是与官方肖像对立的。但针对名人的漫画却与名人的其
他画像之间存在着更为复杂的关系。有时，比如在吉利的作品
中，它们是赤裸裸的讽刺漫画。但它们也会只是为了彰显人物
的正面形象。比如女演员和交际花的漫画总是展现她们的美丽
以及她们激起的欲望，这些漫画有时也是简单粗暴的色情暗示。
反之，在传统肖像规则看来违规是少数情况的时候，很难平衡
有价值的画像和讽刺性的画像。这种情况就如同我们之前看到
的胡贝尔画的伏尔泰的自然画像。费内的可敬老人并不接受这
样的画像，他认为那是一种让人不舒服的讽刺，以至胡贝尔自
己也怀疑是否冒犯了他的模特，且损害了伏尔泰的名声。名人
肖像的多样性，尤其是那种不显高贵的方式，蜡像或用于日常
用品，随时都有可能把名人变成嘲讽对象的风险。

　　因此，漫画与名人之间的关系是模糊不清的。今天也是如
此，在法国，对一个名人而言，把有他脸孔的小玩偶做成"布
袋木偶"，既是一种不幸，也是一种认可。然而，以名人为特

色的木偶戏却正是于18世纪中期在塞缪尔·富特尔（Samuel Foote）的指引下诞生了。他本人也因为在干草市场的表演中形象的模仿而从18世纪40年代末开始出名。他的成功基石就是他模仿的人物的名气：他灵活运用了他们的社会地位，尤其是在报纸上预告演出并制造一些幽默。他丝毫不会为嘲笑他们感到纠结，比如他会嘲笑加里克的矮小身材和加里克众所周知的名利心。[60]有些人则不看好自己名气带来的这一新变化。塞缪尔·约翰逊就曾警告过塞缪尔·富特尔，如果他把自己做成木偶小人，那就小心自己的棍子。塞缪尔·富特尔之前的确有这样做的打算。1773年，塞缪尔·富特尔导演了一出木偶戏，包括了当时的很多名人。一时间，公众的热情被《绅士的杂志》的报道大大激发出来。[61]根据霍拉斯·沃尔波（Horace Walpole）的信，加里克曾试图花钱收买富特尔，好让自己不要出现在"木偶戏"（原文英语puppet show）中。但这并没有阻止富特尔在回答一位女士关于木偶是否和真人一样大的问题时这样说道："哦，不，夫人，远远没有加里克那么大。"[62]富特尔也同样攻击伦敦的贵族名人，把金森（Kingson）公爵夫人搬上舞台。她因重婚官司而成为伦敦市民的谈资。

著名人物的漫画只有以公共领域所有的表现方式（视觉的或文字的）呈现时才有意义，构成了他们的公众形象。凯蒂·费雪，是18世纪英国有名的交际花之一。雷诺兹在1759年至1765年为她画过多张肖像。她那张脸很受追捧，甚至还用来装饰可以滑入手表的小圈纸（watchpaper），但同时却有12

本小册子讽刺她：《凯蒂·费雪小姐的少年冒险》、《著名的凯蒂·费雪小姐的历险记》以及《凯蒂·费雪小姐的杂记》等。这些小册子，有些是出于好玩，有些则恬不知耻，但都表现出雷诺兹所画肖像的性暗示。这也是凯蒂·费雪成为流行文化人物的原因，她的名字甚至都出现在了童谣里。[63] 她自己早在1759年3月，当时雷诺兹的画作还没有公开展出，发表了申明，谴责将她的脸公开暴露在公众面前的新闻报刊和版画商店。"她被公开刊物粗暴对待，被版画商店大方展览，并且最重要的是，一些邪恶、无知和愚蠢的坏人，为了愚弄公众，竟胆敢出版她的回忆录。"[64] 人们可能会想，这样的抗议是真诚的，还是这只是一个早期的广告工具，旨在帮助她开启公众事业，并催生她酝酿中但日后谣言重重的名气？

"今天的英雄"

在英国，许多报纸都聚焦于上流社会和文化界的人物新闻。最有代表性的就是1731年创刊的《绅士杂志》。那里既有报纸文章的重复，文学和政治新闻，也有关于时尚人士的流言。它完整的名称叫作《绅士杂志，抑或商人情报月刊》。这一名称表现了其意图涵盖各个公众阶层的想法，既有世俗精英阶层，也有构成伦敦新兴资产阶级重要组成部分的商人和贸易商。[65]

同类型的杂志还有1769年创办的《城镇和乡村杂志》。这是一本厚厚的月刊，读者可以在里面看到各种杂七杂八的东西：欧洲政治状况、一些关于重要历史人物的文章、演出和新书预告、读者来信，以及许多关于伦敦生活的逸事。《城镇和乡村杂志》有一个栏目做得很成熟，专门披露上流社会人物的秘密情史。每一期都有一幅"头对头"的画像，一个男人和一个女人的肖像面对面出现在杂志上，旁边是关于他们之间关系的详细介绍。主人公的名字往往通过省略几个字母的方式隐去，但仍保证大部分读者能辨认出来。这份杂志就这样利用上流社会人物和表演世界以及这些故事撩人心弦的特征玩起了图片和文字的游戏。1780年1月的那一期甚至还在扉页放了一张插画，画中一个盛怒中的女人手里拿着《城镇和乡村杂志》，杂志上则是关于她情感生活的最新报道，旁边还有梅西耶和德莫穆斯（de Momus）嘲讽的目光。如此，杂志把信息和讽刺也结合起来了。[66]

政治报刊和一般新闻报刊也逃不过这种变化，且越来越注重公众视野中人物的个人生活方面的谣言。那个时代的报纸很少有现代意义上的记者，它们的信息来源基本上是读者，或者雇人按篇章付费撰写，或者来自那些有兴趣对当下的丑闻发表观点或者公布时下轰动新闻的人。因此，大多数报纸都混合了广告、谣言、各种意见和表现出操纵舆论的企图。报纸杂志不是把专业人士和信息专家的说法传给读者，而是伦敦社会各种阶层公众言论的回音箱。[67]这样，它们帮助公众形成了一致和明确客观的观点，也就是广告的作用。而消息、泄露的秘密和谣言在社会关系网中的口头传播则保证了上流社会的严密结构，他们在公开刊物上的出现有助于建立一个公众读者群，他们既是新闻的演员，也是观众。

英国的情况可能比欧洲其他国家显得更特别一些，因为那里的新闻业更发达，出版自由度也更大。在法国，由于书报查禁令，最主要的文化杂志《法国信使》也只能乖乖报道一些官方事件，发表一些诗歌和新书的节选。为了绕过禁书令，很多书报都是在法国境外出版的，但它们针对的首要是政治新闻。1777年，法国第一份日报《巴黎日报》诞生了。尽管它取得了很大成功（它一下就有2500份的订阅量，后来涨到5000份，经常是前一天夜里还在赶着印刷第二天一早的报纸），但仍摆脱不了禁书令下的老样子。它与政界和改革者都有联系，目标读者群包括上流社会和资产阶级（商人、自由职业者），它想成为巴黎居民之间"可亲的通讯员"，并尽可能覆盖最大信息量。在其1776年10月的发起书中，报纸的发行人宣布他们愿意为读者提供名人的消息。但是，这份起初轰动一时（几个星期之后，这份报纸中断了，经更严格的审查之后得以重新发刊）的《巴黎日报》逐渐变得更传统与更小心翼翼，内容也只限于一些文学新闻、新的商贸广告、演出预告和有教化的故事。

在这样的情况下，关于名人的传闻只能出现在其他地方，尤其比如以手写的方式出现。公众对此期待很高，《文学共和国秘史》的巨大成功就可以说明这一点。此书的内容发表在1777年至大革命这一段时期，它共计36卷，时间跨度从1762

年到1787年。一直以来，史学家们都对它很感兴趣，不断研读其中的文献。最近，人们对它展开了更系统的研究。[68]它当时的出版情况仍然是个谜。一直以来都错误地认为出版者是小路易·德·巴沙蒙（Louis Petit de Bachaumont），但其实此人根本与之无关。事实上，它有可能是由两位多题材作家皮当萨·德·麦罗贝尔（Pidansat de Mairobert）和穆弗尔·德安格维尔（Mouffle d'Angerville）"手写"而成。这些手稿当初在巴黎秘密传播。其中最令人好奇的一点是，最初几卷出现在它们内容相关事件发生二到十五年之后。这几卷在1777年印刷，但内容涉及的年份却是1762年至1775年。兴致勃勃的读者把它们买回去，却发现里面的内容都是过时的。这一时间差随后慢慢缩小，后面的几卷一般比内容涉及的事件发生时间滞后一年。对于一本传播和重复新闻的书而言，这样的时间差仍然令人疑惑。但这种情况丝毫没有影响到法国公众如饥似渴的贪婪，主要还是因为他们没有像英国人那样有那么多资源。当然还有当时媒体的节奏与我们已经习惯了的现在媒体节奏之间存在的差异。另外，《秘史》成功的因素之一是它描绘的是都市文化和世俗生活中的"时髦"事物，讽刺公众对事物、事件和人物强烈却短暂的一时迷恋，所以它的事件错位有可能反过来强化了这些杂志的吸引力。编者们在对待这些热点事物时抱有一种矛盾心态，因为这些东西既是他们批判的对象，也是公众的兴趣所在。这无疑也拉长了时间距离：读者所读到的是已经过时的热点，或者已经被遗忘了的名人传闻。因此像巴黎那样的大都市，社会模仿效应越来越严重。[69]

　　《秘史》最吸引人的一点是它展示给读者名人生活不可告人的一面。这些东西在官方出版物，比如《信使》甚至《巴黎日报》上是找不到的。编者对他们的这种行为也进行了辩护，认为他们谈论的人物已经出名了，只不过这些名人希望有人为自己打更多广告，因而这根本没有违背他们的愿望。"我们只写那些已经丑闻缠身或者以丑为美的人。我们用他们的愚蠢和粗暴来教育后人，我们只是满足了他们想激起喧器、保持人气，并成为当下主角，一言以蔽之，不管通过任何方式，不管付出任何代价而成名的极端愿望（似乎就是这样）。"[70]这样的辩解让我们联想到当代的一些小报，它们自称只是表现狂和名人文化的映射，它们与明星之间保持着模糊暧昧的关系，它们假装蔑视他们，却又一直为好奇的公众报道他们私生活的消息。[71]所用的词汇明显地揭示了关于名人的新话题，完全不同于荣耀带来的名气，名人希望激起公众的好奇心，首先想要让自己被不断谈论，制造喧器。《秘史》记载的、提供和评论的名气是一种媒体现象，完全与名人的现实功绩无关。"今天的英雄"这一调侃的提法更显示了需要时间沉淀的英雄模式向转瞬即逝、肤浅喧器的名人模式的转变。这也同样揭示了出版物态度的模棱两可，它们既是正在生发的名人文化的同谋者，又是批判者，它们一边假装谴责名人文化，一边又鼓励促进它的发展。[72]

　　这种矛盾心理揭示了启蒙时代公共领域"批判"定义的不足。《秘史》的成功不在于公众使用批判理性的要求，而在于出现了一批好奇的公众或消费者，名人的生活，他们的脸孔和他们的事迹成了公众的消费对象，成了一种商品。在《秘史》中，名人的商品化使之获得了与文学新闻、政治丑闻以及世俗趣闻同等的地位。关于绘画学院展览的评论也逃不开演艺圈的文学故事、花边新闻和各种谣传，尤其是演员们之间的爱情故事。因此，直到伏尔泰去世之前，《秘史》一直在写他的生活逸事、他出版的书或冠他名字的作品、他接见的访客，等等。他在书中出现的频率远远高于其他任何人，达668次。

从被引用的人的名单，我们可以知晓当时哪些人最有名，他们的社会地位参差不齐。在15位提及次数在100次以上的人中，有作家（尤其是那些跟是非与丑闻沾边的作家，比如卢梭和兰盖，当然后面那位首先应该是律师，他涉及多起热闹非凡的案子，《秘史》中有其相关记录）、政治家（内克、莫布、某些亲王，比如奥尔良公爵和阿图瓦伯爵）、教士（陷入王后项链事件的不幸的枢机主教罗汉）和女演员（比如科莱罗小姐）。相反，在文化生活和巴黎上流社会中扮演重要角色的人物，由于他们抛头露面不多，因而很少被《秘史》提及，比如首都主要沙龙的主人，那些贵妇人。杰弗林（Geoffrin）夫人和内克夫人在所有卷宗中只出现了20来次，远远不及科莱罗小姐（103次）、歌剧演员苏菲·阿尔努（Arnould）（87次），还有女演员洛古特（Raucourt）夫人（71次）。[73]

女演员（也包括少数男演员：莱坎，出现了50来次）的这种出现频率并没有让我们感到奇怪。这证明了她们在新兴的名人文化中占据的重要地位。在《秘史》中，她们提供了各种永恒素材：从文化趣闻，到新戏剧传闻，再到丑闻谣言，最后是女演员的各种秘密情史。关于科莱罗小姐和洛古特夫人，既有对她们表演才艺的颂扬，也有对她们无法证实的放荡私生活的详细记叙。[74]这种双重的好奇心源于公众对女演员的兴趣。但它也激发了，或者至少伴随着，从崇拜到窥淫癖的固定转向。

报纸关于名人的各种报道中，关于名人死亡的是最多的。我们甚至可以据此得出出名的标准：如果一个人的死讯公布在报纸上，那他肯定是名人。但还得回到原来的问题：从什么时候报纸开始刊登名人的死讯，而不单单是君主或政府官员的死讯？死者传略最早作为新闻题材出现在报纸上是在复辟王朝时期的英国，当时是为了致敬斯图亚特王朝的忠实拥护者。随后在18世纪初期有个叫作《邮政天使》（The Post‑Angel）的奇怪期刊，四个栏目中的其中一个专门用来讲述刚刚去世的人的生活和死亡，有玛丽王后、基德（Kidd）船长和1701年在伦敦被施以绞刑的苏格兰著名海盗。[75]《邮政天使》只存在了两年。而正是从18世纪30年代开始，死者传略体裁的报道越来越多，尤其是在《绅士杂志》上，每个月会有贵族信件向读者讲述死者丰富多彩的生平。

1767年，法国出现了一份新的期刊，专门刊登死者传略，名字就叫《法国已故名人录》。它的老板查尔斯·帕里索（Charles Palissot）在几年前因攻击哲学家而出名。他想通过这份期刊展现那个时代已故名人的传奇。"诗人、演说家、历史学

家、画家、雕塑家、音乐家、建筑师、著名男女演员等，所有
终其一生在本世纪中受到重视的人，都将在这里接受人们的赞
美和哀悼，还能够激起那些想要在同一领域中脱颖而出的人的
效仿。"这样看来，死者传略似乎雷同于伟人颂歌。但此二者却
也有不同之处。死者传略更强调刚过世的名人与公众（读者和
编者）之间存在的同时代关系。帕里索通过死者的家人和朋友
获得其生平"逸事"，他说道："人们将会看到我们谈论的著名
人物是跟我们同时代的人，也许我们直接认识他们当中的大部
分人，我们见证了他们的行为所产生的不同社会反响。"[76]传统
的杰出人物可能会因为时间距离而更容易成为一种伟人范式。
但这里涉及的人物与之不同。他们在时间上离我们很近，甚至
就是我们的同代人。名人死亡就这样成为一个新闻事件，加布
里埃尔·塔尔德（Gabriel Tarde）这样认为，即把同时代人的注
意力集中到相同的事物上，形成一种具有集体意识的公众群体。
名人死后传略对读者的吸引力不在于名人的成功，而在于在某
个时代标志性人物去世后关于他曾占据公众好奇心的精彩人生
的回顾性叙述（"我们见证了他们的行为所产生的不同社会反
响"）。《法国已故名人录》的成功反而害了它自己。18世纪80
年代，它被《巴黎日报》收购。当时《巴黎日报》已经有了公
布死讯的栏目《讣告》，但并非真正的死者传略。

死者传略涉及各种各样的有名人物，艺术家、学者、有名
演员等等。这些人在生前就已经出名，在各自领域享有很高的
名声，他们死后被视为知识和文化生活中重要人物、有可能被

追授身后荣誉的候选人。当然，像卢梭和伏尔泰（他们在1799年的《名人录》中）确实获得了身后荣耀。但其他人[比如在后一卷中出现的安托万·德·劳雷斯（Antoine de Laurès）和德·马龙（de Marron）夫人]却渐渐被人遗忘了。这些在书报上发表的讣告，不同于科学院院士在院士逝世时宣读的学术颂词。书报上的死者传略的判断标准不在于死者属于某个学术机构，也不在于他在某一社群中的名声好，也不在于编者对他才华的个人评价高，而在于他的名字已经被读者熟知，才会让人们在他死后有兴趣去读关于他生平的叙述。报纸一般也不刊登最伟大的艺术家或最伟大的学者的讣告，而是只刊登那些在生前就已经被人们谈论过的人的讣告。这些人的范围提前就可以知道，就是公众所知晓的"有名人士"。

讣告与报刊存在着根本的联系，因为它需要通过报刊快速传播。因此它也完全区别于另外一种一直以来都与死亡相关的写作体裁——墓志铭。[77]墓志铭虽然存在时间很长，但它只对一部分有限的读者群可见，这些读者还必须亲自来到刻有铭文的墓碑前。相反，讣告的传播范围要广得多，但是印刷在报纸这样一个短暂的媒体上，存在时间有限。墓志铭直接面向后人，简明扼要地根据一个人对后人有什么样的模范作用而总结了他的人生。讣告以叙述的形式出现，面向同时代的公众。公众其实已经对死者的大致情况有了一定了解，但他们想知道他生平的更多细节，他们也想在共享这一共同的新闻时感受自己作为公众一分子的存在。

私生活、公众人物

通过讣告，报刊媒介抛弃了围绕逸事和日常传闻的传记写作方式。而且传记写作已经被名人文化彻底改变了。在那之前，国王、圣人和杰出人物的生平叙述都是遵循一个原则，就是要符合荣耀题材的典范。因此内容都是通过伟大功勋和重大成就来展示其高尚人生。这种生平写作题材（颂词、圣传、赞美词、葬礼祷告）有一个共同之处，它们都是感化教益性质、情节雷同的陈词滥调。

18世纪末出现了讲述重要人物生平的新方式。最早使用"传记"这个词的是约翰·奥布里（John Aubrey）。他撰写了一系列他同时代人的小传记。[78]但奥布里却没有为自己撰写。这《略传》是一个世纪之后别人为他写的传记，并取了这一名字。因此，尤其是在18世纪，伴随着对如何书写人生的激烈思考，传记作品向既作为一种文学体裁又作为一种编辑体裁转变。这种新的传记写作方式不再局限于伟大历史人物，而是包括了各种各样可能引起人们兴趣的人。它不再局限于公开行为，而包括了各种私人故事，甚至隐私。这些内容的选取不是为了教化读者，而是根据是否能曝光一般情况下公众无从知晓的东西。主要的革新之处在于这种传记的目标：描绘单个个体的独特人生、个性中的矛盾，从而以这种或那种方式探究他的真实内心。

传记的崭新书写方式与现代小说的出现密不可分。现代小说认为所有人，甚至是那些最卑微的社会角色，都值得书写。[79]众所周知，这一变化最明显的一点是"英雄"一词含义的转变，它变成小说的主要人物，即使从这个词的传统含义上讲，它也与英雄无关。传统的文学体裁以打造人物行为和性格的典范作用为根本。与此不同的是，小说假定读者会先入为主地对某个与他们相似的人物的生活中不重要的细节感兴趣。情感小说在法国、英国，随后在整个欧洲大获成功：从理查森（Richardson）到歌德，中间还有卢梭。欧洲的核心文化认为读者能进入小说人物的内心情感世界，这是一种明显的新现象。这种情况从17世纪后半叶就开始显露迹象，比如《克莱夫公主》的成功就正是基于公众对了解一个特殊人物的内心和情感世界的兴趣。[80]之后有《克拉丽莎·哈洛》（Clarissa Harlowe）、《新爱洛伊丝》和《少年维特之烦恼》，这些小说的成功使这种新现象变得普遍：成千上万的读者用他们的涟涟泪水表达他们对小说中人物的家庭不幸和情感纠结产生的共鸣。狄德罗在他的《歌颂理查德》中做了以上总结。小说的这一变化是18世纪文化史的一大特征，它孕育了弥漫于欧洲精英阶层的"情感"文化。它也使读者熟悉并喜欢历史故事和传记的叙事方式。[82]有一位作者很好地诠释了这一新的传记写作方式：塞缪尔·约翰逊。他是《生活》一书的出色作者，而他本人也成为18世纪最有名的传记对象：詹姆士·博斯韦尔（James Boswell）为他写了《塞缪尔·约翰逊的一生》。

约翰逊以一部大师级的作品开始他的作者生涯——于1744

年出版了《理查·萨维奇的生平》。萨维奇是一位诗人兼悲剧作家，与约翰逊是好朋友，死于不幸。尽管萨维奇在诗歌方面才华横溢，但他的一生却放荡不羁，嗜酒如命，杀人欠债，最后还进了监狱。他是伦敦生活放纵的人们中的标志性人物，诗人和杀人犯的合体，他不是一个杰出人物。约翰逊为他作传也不是为了树他为楷模；他反而毫不遮掩或删减他的缺陷、过错和恶习。对约翰逊而言，这是他对一个朋友，一位绝境中的战友致以敬意的方式，同时也是为了把握像萨维奇那样，腹有才华却陷入堕落的命运的复杂性。当然，道德角度的观察也不是没有，但完全与楷模、榜样之类的字眼无关。像这样的故事的道德作用是向人们展现人生的多面性，既有才华又有缺陷，既有成功又有失败，直到最后的痛苦结束。这也对传记作者的评判能力提出了很高的要求。没有人能评判萨维奇，把他写成一个伟人也不会比把他写成一个罪犯具有更大意义。约翰逊笔下的萨维奇首先是一个必须被理解的传记奇人，可以对他感兴趣，被他感动，但却不能对他无动于衷。约翰逊本人也强调自己与他写述生平的那个人之间的个人关系，强调自己所写的是作为好朋友才知道的东西。《理查·萨维奇的生平》的撰写依靠的是作者耐心搜集的文献，但尤其重要的是作者亲自直接了解到的东西，这是他作为见证者为萨维奇作传的主要理由。

约翰逊之后还多次强调传记写作中私人生活秘事的重要性。传记对道德的关注并没有消失，但之后传记中个人真正价值却体现在"日常生活的细节"[83]中，这更能展现人物的个性与成就。这一重要且深远的变化，注重个人私生活的真实性和趣味性，而不仅仅是个人公共行为的叙述。在约翰逊看来，公共和私人层级的逆转反映了什么是人类生命的价值。在18世纪传记走红的情况下，这一个人私事重要性的提升主要是回应公众想通过目击者来掌握名人隐私的愿望。

约翰逊的观点得到了其他人的认可。在这一点上，他最忠实的门徒无疑就是他的朋友兼传记作者詹姆斯·博斯韦尔，此人正因为是他的朋友才成为了他的传记作者。博斯韦尔在约翰逊身边生活了20年，这期间他认真记录他的行为、言论、日常生活的琐事，为撰写他的传记做准备。这本传记号称是"最真实的文学写照，甚至让人产生幻觉"[84]。博斯韦尔出生于一个非常好的苏格兰家庭，喜欢异想天开，讨人喜欢，但他也因自己的消沉和空想，常常自恋和痛苦。他一直在寻找一个可以让自己寄托情感的可敬人物。在完成了爱丁堡的学业之后，他开始环游欧洲，并不断拜访启蒙时代诸如伏尔泰和卢梭的名人们。在各种恭维讨好之后，他与卢梭关系密切，甚至到了勾引他的女伴特蕾莎·莱瓦斯（Thérèse Levasseur）的地步。随后，他被科西嘉的爱国起义吸引而去了那里（卢梭不久前才大大夸奖了这一起义）。在那里，他碰到了帕斯卡尔·保利（Pascal Paoli）。帕斯卡尔·保利刚开始瞧不起这个记下他各种事情的苏格兰年轻人，因为他怀疑他是一个间谍。但后来他们成了好朋友，保利是博斯韦尔最积极的辩护人。回到大陆后，博斯韦尔出版了他的第一本书，这也是他的第一次国际性的成功：《关于科西嘉》（*Account of Corsica*）既是一部科西嘉岛的历史，也是一篇游记和对保利热情洋溢的颂歌。[85]博斯韦尔把传记写成报道的样式，而且不介意把自己也写进去，使保利闻名于整个欧洲。

回到英国之后，博斯韦尔发现约翰逊既可以做朋友，也可以成为他写作的对象。这让他把对名人的迷恋、他的多愁善感和他对弥漫伦敦的都市新文化与人种学的观察兴趣结合起来了。[86]他的《塞缪尔·约翰逊的一生》出版于1791年，是一部大师级作品。它同时是对约翰逊这位作家致敬的丰碑，也是博斯韦尔与约翰逊之间友情的见证。博斯韦尔在此书中首先力图展现的是约翰逊的个性，避免吹捧，而且并不掩盖他那些不光彩的地方。通过长篇的谈话，他让读者深入了解这位作家的日常生活。他毫不介意把自己也写进书里，作为约翰逊的朋友和作传者出现，使自己也成为他所写的故事中的一个历史人物，同时也是一位调查员，通过向那些认识约翰逊的人提问来完善他的回忆。因此，他与约翰逊之间的亲密关系是他写作合理性的基础，这样的人物生平不是从一个道德观察点出发写成的，也不是以某一感恩社群的名义写成，而是根据一个与约翰逊一起生活的崇拜者的亲身经历而写成的。早在1784年约翰逊去世时，博斯韦尔就急忙公开了他们两人去赫布里底岛的旅行日记。其中有约翰逊在地理、文学和哲学方面的思考，这是那本书成功之所在。而博斯韦尔只是更多地讲述了他们两人的旅行。《塞缪尔·约翰逊的一生》是基于人物日常生活见证者的写作方式和重建独特个体的完整性的传记领域的结合。这显然是以约翰逊的名气和公众的好奇心为基础（公众是博斯韦尔明确的述说对象），但这也涉及传记写作概念的深刻变革。

《塞缪尔·约翰逊的一生》已被列入文学杰作之中。但这座丰碑不能掩盖18世纪名人传记的多样性，传记已经成为一种真正的写作体裁。英国的戏剧演员们再次成为首要目标。17世纪末就已经出现了演员的传记。但更多的关于舞台上重要人物的传记则是从18世纪30年代开始出现的。他们的传记有时被写成小说体裁，获得了极大成功，有时还与讽刺丑闻紧密相联。[87]在法国，由于新的禁书令，这种写作类型显然属于讽刺性小册子之列。本身就是演员的迈耶尔·德·圣-保罗（Mayeur de Saint - Paul）搜集并记录了很多名人逸事，集中发表在他的《闲置专栏》（Chroniqueur désoeuvré）（1781年）和《最高的飞行——首都主要剧院的间谍》（Le Vol plus haut, ou l'espion des principaux théâtre de la capitale）（1784年），副标题让读者联想到这些剧院的简史，丰富了哲学观察和娱乐故事。

除了戏剧演员之外，另一类著名人物，尽管其社会地位低下，甚至是臭名昭著，仍然是传记作品写作的对象：这类人就是罪犯。公众对强盗和罪犯的生活感到好奇并不是一件新鲜事，但这种好奇心不再停留在偶发事件和假消息的层面。[88]这让人想到1721年被巴黎警察逮捕且被判刑的卡托什（Cartouche）。从被逮捕到死亡，他在监狱度过了6个月的时间。在这期间，他试图越狱，但又被抓回去。同时有很多相关的故事和图画在公众领域传播开来。对卡托什感兴趣大部分是由于警方在刻意打造一个危险的黑帮领袖、有组织犯罪团伙头目的完全负面的形象方面的行动和努力。相反，巴黎民众对此的反应则是把他想象成一个慷慨正义、骁勇无畏的正面形象：劫富济贫、敢于挑战警察。我们可以看到相对传统的民间谣言的产生机制，是基于一种反对权力的共同文化，但该事件首先揭示了在摄政时期的巴黎获得名气的新形式。在卡托什审判期间，当时他本人已经做好被判入狱的准备了，巴黎的剧院却上演了两部戏。10月20日，意大利剧团演了一出短剧：《阿勒干－卡托什》（Arlequin－Cartouche）。该剧的剧本已经找不到，内容可能是基于巴黎公众对强盗角色的熟悉而以此展开的一系列即兴表演。《法国信使》这样评论道："人们谈论太多关于卡托什的事情了，以致没有人不知道这是一个26岁左右的年轻人的名字，他是一个以盗窃和谋杀而闻名的强盗团伙的领袖，他机灵敏捷、勇敢又狡猾，多次逃避警察追捕……"[89]

第二天，法兰西剧院也上演了一出马克－安托万·勒格朗（Marc－Antoine Legrand）同时期发表的戏剧，名字就叫《卡托什或小偷》。根据巴比耶（Barbier）律师说法，这出戏吸引了"数量惊人的人群"，直到演出了13场之后被警察叫停。怎么理解这一迟来的审查呢？这出剧的上演原本可能是出于当局想要抹黑卡托什的需求，同时也把他们追捕他的功劳搬上舞台，结果却引起了观众对卡托什的喜爱和同情，这是让当局始料不及的。[90]所以要理解这一意想不到的转折，他们本来想呈现给公众的是一个危险的罪犯，最后这个人却引起了公众的共鸣。一

些历史学家喜欢在政治文化方面对此进行解读：大城市里志向
高远的强盗，是欧洲所有大城市里反抗君主制度下城市和警察
秩序的象征。[91]但是，很难理解的是，很多证据表明，这种热
潮已经触及了各个阶层的巴黎人，包括那些已经从警察头衔的
政策中获得一切的人。我们可以反过来这样推测，巴黎公众对
卡托什的兴趣更多的是来源这位名人带给他们的好奇心和同情
心，而不是对犯罪行为的政治认可。《信使》的摘录很好地指出
了针对卡托什的言论之自我维护和渐增性。观众们纷纷去剧院
看把他搬上舞台的戏，因为他早就是大家谈论的焦点。这些戏
以及讲述他生平的文字作品成功的一大原因是，它们都维护了
巴黎人们共有的作为公众的感情。这些人在相同的时间对相同
的事情感兴趣，接收相同的消息，观看相同的演出。1721年底，
出现了《卡托什的生平及其审判》[92]一书，讲述他被捕的情况
而且展现他在囚牢中的样子的版画也出现了。有些版画雕刻师
用的是旧的盗匪的肖像，但做得更精细些，以说服买家，那是
"在囚牢真人面前画成的真实的卡托什的肖像画"[93]。最骇人、
最真实的形象无疑是卡托什被处决之后，刽子手在家里向参观
者收费展出的尸体。德斯努（Desnoue）先生随后做了一个蜡像
的面具，也用于展出供人观看。[94]

　　卡托什的名气并不仅仅局限在巴黎或法国范围内。在德国
也有他的各种肖像画。勒格朗的戏剧也被翻译成英语和荷兰语。
在英国，这完全符合了当时新的罪犯文学的语境。因为那里的
罪犯文学也注重有个性的强盗人物，与以往坚持描写团伙现象

的传统文学不同。杰克·谢帕德（Jack Sheppard）和乔纳詹·维尔德（Jonathan Wild）是英国18世纪20年代最主要的两个有名的罪犯人物。前者在偷盗时被捕，几次试图从新门（Newgate）监狱逃脱后变得有名气。1724年10月，英国的报纸浓墨重彩地报道谢帕德被捕的细节。随后的那个月里，《晚报》（*Evening Post*）公布了两幅表现他在监狱中状态以及他逃跑路线的版画（每幅售价6镑）。再次被捕后，他在1724年11月被判22年的监禁。就在判决宣布的那天，一本疑为达尼埃尔·笛福（Daniel Defoe）撰写的小册子《杰克·谢帕德生平记叙》出版了。[95]

　　1750年开始，罪犯生平成为热门的写作题材。马德林（Madrin），一个走私犯，在他被捕和被判刑的那一年，即1755年，有好几部他的传记出版。还有一部戏剧，叫作《马德林之死》，当年8月份在马赛演出，距离他在瓦朗斯（Valence）被施以酷刑不到3个月。[96]这些罪犯的生平，有时具有教诲性，有时引人共鸣，却都用人物罪恶和不幸的人生震慑住了公众，也迎合了话语和文本激起的公众对有名盗匪的好奇心。《路易–多米尼克·卡托什的生平和审判》一书的作者早已指出了公众"不可思议的贪婪"：

　　　　公众以一种不可思议的贪婪接受关于卡托什的一切。单单是因为出现在书或剧本扉页的这个有名歹徒的名字就足够卖掉一本，而且可以神奇地成功吸引另一个来买。另外，还不仅仅是在法国可以看到对这种

商品的好奇心。在荷兰、英国和德国，那里的人们和
巴黎人、法国人一样殷勤：杂志不会说关于卡托什的
其他事情，除了说他继续行窃，警察搜查无果。他本
人其实是非常感激人们这样说的，人们也喜欢这种比
什么都模糊不清的新闻。人们喜欢看这个小偷的故事
尤其是因为故事中都是一些特别的回忆、他的审判场
面以及包含整个巴黎都从他口中听到的一切故事，而
这位不幸者以此使前来看他的人们感到开心。[97]

公众无法抑制的好奇心、官方信息的敷衍、想揭开当代名
人真实故事的欲望：名人修辞学似乎早已蓄势待发。对于犯罪
分子来说，他们对公众的吸引力逐渐加深。他们既让公众感到
反感，又无法抗拒他们的诱惑力，既在道德上谴责他们，又暗
地里羡慕他们选择了一种另类的人生，敢于违抗民事法律，有
时是道德原则。正如几年之后一本关于另外一个有名罪犯亨
利·奥古斯特·特鲁莫（Henri Auguste Trumeau）（一个卑鄙的
下毒人，他身上根本没有侠义盗匪的那种英雄主义）的传记写
的那样："所有人都有一个自然的愿望，想深入罪犯的内心，揭
开他的阴谋，看到他的大胆并弄清他犯罪的过程。"尤其是他们
的死，特别能吸引读者。所以这本传记的作者同样也用了"欲
望、贪婪"这样的词汇："我们怀着强烈的欲望去思考不同的团
伙和各种各样性格的囚犯对死亡的恐惧和面对它的态度。"[98]

通过逐渐减少道德考量，注重对个人独特生平的"狂热"

好奇心，根据传记叙事的线索组织文献材料，始终坚持人物性格的真实性，这些罪犯生平开启了从传统的流动兜售文学向新的传记体裁转变的模式，这就是"私生活"传记体裁。在18世纪下半叶的法国，这种体裁特别流行。它迎合了公众渴望看到新闻报刊上没有的内容的需求。这些"私生活"一般是从政治诽谤和秘密文学的角度来研究的，它们首先重新定义了传记写作。[99]不同于那些直白的抨击性文章和时而色情的文字，比如代弗农·德·莫伦德（Thé veneau de Morande）的《戴护胸甲的报商》（Le Gazetier cuirassé），"私生活"提供了一种模糊的阅读方式，它更多地基于好奇心，有时甚至是同情心，而不是谴责。特别是当它明确成为传记的一部分时，它不是一群朝臣的淫秽故事的堆积（就像讽刺性小册子那样），而是讲述著名人物的生平。

　　与文艺复兴以来世俗传记的主要写作对象是杰出人物的生平不同，"私生活"指的是同时代的人，他们有的还活着，有的刚刚过世，而不是过去的重要人物。它以生活逸事、家庭私事和小细节，而不是值得纪念的功绩为写作素材。它针对的不是道德典范，而是好奇心。正如它的名字所显示的那样，它主要以公众和私人的对立为基础，目的是要揭露女性和男性公共人物生活中隐藏着的部分。有些人生活在公众眼中，这一想法构成了它的叙述和编辑逻辑。指导原则是这些男人和女人也有私人的生活，只是隐藏起来了。这从一定角度解释了他们的公开行为，或者至少说明了他们的个性，因此必须向好奇的公众展示。

这种把"私生活"作为编辑体裁的兴起恰恰与"公开"和"私人"这一对概念的演变相一致。17世纪，公众指的是整个政治体系。延伸出去，被认为"公开"的是，那些正式代表这个政体的人的行为，也就是说，以政体名义行事的国王和行政法官的行为。只有国王有权"公布"或公开。从这个角度来看，公众的对立面不是私人，而是作为一个个体而不是身为政治成员的"个人"。在17世纪下半叶，尤其是18世纪，两个方面的演变深刻地改变了这个词的含义。公众开始指代在剧院看戏的观众的整体、出版作品的读者，或广泛流传的新闻接收者。[100] 文化史学家依照尤尔根·哈贝马斯的直觉，坚持认为，这种演变赋予了公众一种评判能力，一种合法性，用以评估悲剧性事件的价值、新闻的真实性、嫌疑人的罪行和政策好坏。按照哈贝马斯所说的文学公共领域政治化的过程，首先诞生了文学大众，然后才产生了公众舆论。[101]

来自这种新的公众概念的另外一个演变是：所有人类行为的公共层面和私人层面之间出现区别。公众不再与个人对立，而是与私人对立。私人，也就是说属于家庭的、亲密的、隐私的范畴。现在，在所有人都知道的事情和隐藏起来的事情中间有一条界线，即秘密的界限。公共事物指的是人人都能接触到的（尤其是借助印刷术）讲话和广为流传的图像的主题。相反，私人的东西却不为人所知，可能因为没有人对其内容感兴趣，也可能是被故意隐瞒。相比公共事物，作为人类活动的一个维度，"私人"是人类活动领域一个新的类别。在旧制度末期，好几部作品努力把它写成历史性的文字。[102] 在这两者之间，还有第三类，它涵盖了少数人所知的"社交性"消息，在某些圈子里流传，但不是所有人都能接触到的，不是因为它们被故意保密，而是因为它们的信息传播渠道受到限制。[103]

在这个相对于私人而非个人的公众新定义下，任何个人，甚至是最卑微的人，都有可能拥有公共生活。例如，他只要成为媒体报道中花边新闻的主角就可以了。相反，国王现在却要求私生活的权利，以逃避常任代表和公众的眼睛。对于同一个人来说，私人与公众之间的边界并不是固定或密封的。在19世纪，资产阶级社会需要很长时间的努力来稳定和自然化这条边界。随后，20世纪，隐私得以从法律上获得保障。[104] 不可否认，像性或家庭生活这些似乎属于私人范畴，而政治行为或印刷品显然是属于公共领域。但是由于公共与私人之间的区别不是因为活动领域之间性质的差异，而是以信息为对象的广告的宣传程度之差异，因而这种区别总是不断变化。今天无数关于政治生活中男女隐私权之合法范围的辩论就证实了这一点。

"私生活"存在的前提偏偏是要向公众承诺公开私密的东西。因此，它提出了两个合法化的论说。第一个表明，私人行为揭示了公共行为的隐藏动机。第二个指出，名人的生活是完全可以公开的，因为它们让所有好奇的人都感兴趣。基于反对这种宽泛的名人观，开明的法律在很久以后才承认"隐私权"不等同于对诽谤的遏制。

　　大部分的"私生活"都遭到了批判，甚至饱受争议，而且针对的是政治人物。但是情况也并非完全如此。比如1788年，在布丰（Buffon）过世几个星期之后，出现了《布丰伯爵私生活》一书。作者是奥德骑士（Le chevalier Aude），他曾在布丰过世前的最后两年时间里做过他的秘书，急切地想公开这位伟大的自然主义作家的一系列私密故事。这位作家在其生命的最后几年时间里声名显赫。他的《自然历史》是那个世纪出版业最大的成功之一，报纸上也经常卖他的新画像。[105] 在回到自己在蒙巴（Montbard）的田庄后，他一边继续写作，一边接待访客。奥德在书的开头就给出了他的写作主题："我斗胆在这里呈现给诸位的，仅仅是布丰的私生活：他的道德、习惯、行为和家规。"[106] 读者在书中找不到任何对布丰作品的评论，或任何关于他成就的思考，只有他个人生活中的私密细节，包括性生活。"只要他一提笔，我就会悄悄退下；但我会安静地在外面等他从书房出来，以便观察这个刚刚还在思考生命普遍性并预测无穷未来的人，会跟他的朋友、家人、代理人和神父谈些什么。他什么都聊，睡觉醒来的时间、穿衣的方式、饮食、他的名言、他的爱情，或者如果你们更喜欢的话，他的享乐；因为他只相信这些。"奥德还强调，这些名人逸事将会吸引那些"喜欢把自己跟一个名气鼎盛到整个欧洲的目光都聚焦在他身上的人做比较"的人[107]。

　　结果是奇怪的：在给故事一个传记基调的经典开头之后（"乔治·路易·勒克莱克，蒙巴的领主布丰伯爵……1707年9月

7日在蒙巴出生"），作者把最普通的琐事与最有威信的评价放
在一起，把布丰抓捕侵扰隔壁城堡的老鼠的方法，和俄国女皇
以及普鲁士亨利王子对这位伟人的赞誉放在一起。我们也能了
解到他早上起床的方式和对年轻妓女的喜爱，我们还能发现约
瑟夫·奥德和内克尔夫人之间关于布丰的通信。这样一个内容
不协调的整体，尽管对提高布丰的声望没有多大帮助，却声称
对"科学的欧洲刚刚失去的一位不朽人物"有利，这个人同时
也是"最好最温柔的丈夫、朋友和父亲的典范"，作者则"有幸
能接近他"。[108] 这样的一部"私生活"没有任何政治或绯闻目的。
它有一个前提，布丰是这样一个名声显赫的人，任何与他有关
的事情都是公众先入为主感兴趣的对象，他们也期望这些事情
能由一个直接目击者讲述出来。

　　在这之前的三年，玛丽·让·赫罗·德·塞舌勒（Marie
Jean Hérault de Séchelles）曾出版过一部类似的传记，以她在蒙
巴的旅行为基础，低调地取名为《拜访布丰》。我们可以在其中
发现关于这位有名学者的日常生活的细节描写：他的作息安排、
每日菜单、午休时间，以及他喜欢的聊天主题。约瑟夫·奥德
（Joseph Aude）在出版《布丰的私生活》时则描写得更详尽。赫
罗·德·塞舌勒的作品并不掩饰对布丰的崇拜，但这不是赞美，
而是准确地描述了他的工作习惯、他喜欢的笑话类型，并且毫
不犹豫地把作家的某些缺点也写进去，特别是他有点荒谬的虚
荣心，使他更易被人理解。[109] 最重要的是，作者慢慢地把他与
布丰个人之间的关系变成了该书的真正主题。作品的末尾写道，

当作者几个星期后再次经过蒙巴附近时，布丰张开双臂欢迎她，并且亲切地亲吻他。

因此该书是对布丰私密生活的描写和对他们二人之间情感关系的悄悄叙述的结合，仿佛后者是作者所书故事真实性的保证，抑或它才是该书的真正主题。与布丰后来因学术作品而获得的荣耀不同，布丰的名气既是他私生活公开的结果，也是关于他的著作的成果。名气不是布丰的财产，而是一种关系：无数的读者与他之间关系总和，其中大部分人只是靠想象与他建立关系，有几个大胆的则直接见他本人而建立了关系。

在最后几行，赫罗·德·塞舌勒说写这些东西只是为了回忆那些特殊的时刻。这当然只是这样说说的，因为作品出版时布丰还活着。然而还有一些没有作者署名的出版物，尽管叙述者以虽匿名却富有个性的特殊方式来介绍。毕竟他的直接体验以出卖名人私生活为前提。通过公开自己的拜访经历，赫罗·德·塞舌勒大大激发了公众的好奇心，并树立了一个证人、好奇者和朋友的形象，帮助每位读者以最理想的角度来进入人物角色。公众对布丰成就的崇拜激起了他们想见到他的欲望，不是为了成为他的门徒或跟他学习自然哲学，而是为了了解他的个人生活，成为他的朋友。这种拜访的形式摆脱了学术访问的传统，而是以旅游为目的，名人成了一道不容错过的风景。由于这些拜访是名人文化的一部分，它们必须以故事的形式供人分享，就像"私生活"或报纸上的名人逸事这种形式，通过目击者具有优先权的眼睛公开著名人物的私密生活。

　　这些多样化的作品让同代人私生活的细节大白天下，并不一定是作品追着名人跑，作品也制造名人。尤其当司法案件成为真正的公共事件时，情况就是如此。1770年至1780年间，律师撰写的回忆录成为一种成功的写作体裁。他们借鉴了情节剧的模式，长篇大论地描写因司法挫败而出名的人的私生活，常常涉及婚姻或财务，以及他们的官司引起的轰动。[110] 与"私生活"不同，这些回忆录都直接与司法诉讼有关，他们也常常写一些不知名的人。公开的力度是案件的核心，也使案件成为"著名事件"，但是它引起了由各种回忆录提供素材的公众争论。这些回忆录一唱一和，相互赋予对方审批的权力，最终由它们直接与公众沟通。这些争论的激增使得戏剧的主角，至少在几周之内如此，成为能引起公众好奇心的著名人物。在旧制度末期的新政治文化背景下，私人道德的政治维度是不容否认的。不难看出，公众对回忆录的热情不仅是基于他们的政治反响，而且还因为这些已经公开的私生活具有像连载小说那样的吸引力。因为好奇心、共鸣或谴责共同把读者吸引到事件各种对立的叙述中。

　　私人和公众关系的演变是18世纪后半叶的一大特征，与之相随的是出名方式的转变。当时的人们已经对此有过大量评论。声称掌握了永葆青春的秘诀，最后在王后项链事件中受到牵连的意大利冒险家卡洛斯特罗（Cagliostro），是这样向读者解释他曾经说过的话："因为他在某段时间吸引了所有人的目光，所以他的出身、他生活中的各种事件、他诈骗的方式和他的官司（这可能就在刚刚永远地决定了他的命运），这些都能激起普遍的好奇心，人们再也不会怀疑他的私生活是那么热烈地被渴望。"[111]
新闻的短时性、对神秘人物的集体关注、普遍的好奇心、公众对私生活的渴望：所有名人话语的特色元素都以开场白和评论的形式聚集在这里。名人专题正在开启序幕。

第四章

从荣耀到名气

《百科全书》中没有"名气"这个词条。这个词还太新了。但是我们经常可以在让－弗朗斯瓦·马尔蒙特尔（Jean‐François Marmontel）（剧作家、文学评论家、记者、法兰西学院院士，启蒙时代的标志性人物）的笔下找到关于"荣耀"的注释。他首先试图区分荣耀和其他意思相近的概念——尊重、仰慕和名气，这些词都与集体对个人的评判相关：

> 荣耀是好名声的最高表现。
>
> 尊重是一种安静的个人情感；仰慕，一种快速活动，有时是暂时性的；名气，广泛的名誉；荣耀，全体认同的最辉煌的名誉，因人们的普遍仰慕而持久。
>
> 尊重以正直为基础；仰慕，是指道德或相貌方面的出众或崇高；名气是与众不同，能让大部分感到惊奇；荣耀，卓越神奇之事物。[1]

这样的分类，也是一种层次递增，从最普通的到最稀有的，从个人的尊重到普遍化的荣耀。马尔蒙特尔展现了他所有的修辞功底，但也显露出一些尴尬。读者很容易得出尊重和仰慕之间的共同之处：它们都是对某个人优点的评价，一个比较适中，另一个比较强烈。他还设想了它们与荣耀的不同之处，即后者是对一个出类拔萃的英雄的肯定。但是读者在这一分类中却很难弄清楚名气的位置。如何区分"广泛的名誉"和"辉煌的名誉"？"与众不同"和"卓越神奇"之间又有何不同？对此，读者无从知晓。因为后面的内容只涉及荣耀，一个古老得多的主题。他试图通过与"假荣耀"做对比而重新定义荣耀。"假荣耀"是指征服者和坏国王的荣耀，与之对立的是真正的荣耀，即建立在高尚道德和伟大功绩基础上，而且服务于"公共利益"的荣耀。我们可以在这里看到启蒙时代的社会伦理，作者努力想保留其中的一部分。[2] 因此，这篇文章的主要目的是把传播荣耀的责任归到文人身上。因为他把哲学家的道德权威与诗人的理智力量结合在一起，作家则负责传播伟人的荣耀：由他来辨别真正的伟大，并指挥举世赞叹的"万众音乐会"。我们知道，他对名人不太满意，因为名人源于公众的好奇心，他们的标准更为模糊。但不管怎样，这个词还是出现了。名气的实质到底是什么？它代表了什么价值？它与荣耀之间的关系又是如何？

名誉的传播

"荣耀"在《百科全书》中的重要性让人惊讶。历史学家们往往认为启蒙哲学家们对荣耀和英雄进行过激烈的批判。出于对自尊的批判和对激情的日益反对，他们可能建立起了一种基于社会道德、"软交易"和实用性的伦理，对立于英雄主义虚假的威望。[3]从贵族伦理到资产阶级道德，英雄处于风口浪尖，并很快被伟人取代。伏尔泰有一段话，经常被用来论证欧洲文化中发生的转变：

> 一百场战役对人类来说没有任何意义，但是我跟你们讲到的那些伟人却为尚未出世的人们准备好了纯粹和持久的愉悦。连接两片海的运河船闸、布森（Poussin）的一幅画、一部优秀的戏剧、一个真正的发现，这些都比各种宫廷的编年史和各种运动关系更珍贵一千倍……在我看来，伟人是排在第一位的，而英雄在最后。我把所有在实用性或美学领域有杰出贡献者都称为伟人。外省的劫掠者只能算是英雄。[4]

事情似乎很明显了：伟人已经取代了英雄；实用和美感，平淡却合理的价值观代替了荣耀，这听上去好像有些咄咄逼人。事实并非如此，就像马尔蒙特尔的文章证实的。甚至在伏尔泰眼里，英雄伟业也远没有失去其全部威望。荣耀一词，当然就人们理解的意义，正是启蒙时代的词汇。[5]

在伏尔泰的那段话里，我们还能感觉到一种张力。他所宣扬的实用和美感的价值观体现了一种平衡、稳重的理念。而布森的名字却与优秀卓越和伟大艺术家紧密相连。张力就存在于这样的价值观和这个名字之间。伏尔泰没有把英雄和外省劫掠者与普通公民、高效的谈判者或家庭的好父亲对立，而是把他们与伟大学者、伟大画家、伟大作家，总而言之，把他们与"伟人"对立起来。这是一个定义新形式的杰出人物的问题，一种新的人群，由于他们的才能和他们的成就超越了同时代人，因而值得留在人们记忆中的人。同时，现代意义的天才也开始出现了，他将和崇高审美一起在浪漫主义时代大放异彩：一个完全脱颖而出的杰出人物，能够创造不朽的作品，发掘大自然的秘密或对历史进程产生影响。[6]伟人形象绝不是英雄荣耀主题的对立面，而是在"推翻英雄"[7]之后的一种重新定义、重新表达，也许甚至是伟人名誉的恢复。在17世纪后半叶，英雄主要就只指奥古斯丁学说的道德家和冉森派教徒。

伟人保留着传统英雄形象的不少特征。他是一个杰出的人，与众不同，是一个非凡的世俗化的化身；他唤起的崇拜使他成为一个模范人物，体现着一个社会的价值、一个效仿的典范；他受到的崇拜基本上是身后的。谁会在活着的时候就住到先贤祠中去呢？伟人只有去世之后才能被称为伟人，这是自英雄和圣人起，西方文化历史中关于荣耀主题的一个典型特征。阿喀琉斯的命运，这个英雄式荣耀的奠基人形象就是建立在勇士的"美丽死亡"基础之上的，他宁愿年纪轻轻就在战斗中死去，也不愿意过普通人的生活。[8]他的荣耀与歌颂他功勋的诗歌是分不开的：荣耀从一开始就是一种回忆，通过纪念一个英雄的伟大事迹，来建立一个共同的统一体。英雄，直到死亡，都是共同价值的最高化身。年纪轻轻死去，但却永垂不朽，英雄是一个限阈的形象，一个既因才能和功勋而杰出，又是典范的人物形象。这一英雄形象是西方文化的永恒标志，表现为许多英雄史诗，以及关于光荣征服者君主的回忆，尤其是亚历山大和恺撒。

伟人，这一启蒙时代更文明的英雄，不再效仿阿喀琉斯和亚历山大，因为勇者的功绩不再是衡量伟大的标准。[9]取代力量和勇气的是智力或艺术才能，以及对公共利益的贡献。军事上的伟大仍然是被提倡的，如果他是为国家服务的话。往后人们用来做对照的是底比斯的救世主、反抗斯巴达人压迫的埃帕米隆达斯（Épaminondas），和亚洲的征服者亚历山大。[10]但是不管什么情况，衡量什么是真正的荣耀的原则没有变，那就是随着时间慢慢流逝，人们的热情没有消退，之前的预测没有推翻，保持原样。取代英雄史诗的是颂词，它风靡了整个18世纪，而且总是身后的。人们歌颂死去的院士，但更歌颂过去的伟人。文人们正是在这里找回了他们的教化作用：公布新的荣耀标准，设立美德头衔，宣布伟大艺术家的排行榜。安托万·莱昂纳多·托马斯（Antoine - Léonard Thomas）是这方面无可争议的专家，并将此理论化。[11]19世纪初，黑兹里特（Hazlitt）仍然以抒情诗的表达方式把已故伟大诗人的荣耀和总是遭人怀疑或受人争议的活着的诗人的小名气做对比："荣耀是对死者的奖励，而非对活人。荣耀的大殿建在坟墓之上，祭坛的火焰被伟人的骨灰点燃。"[12]

一致认可的正当的身后荣耀，与随时波动和任意的当代人的观点之间的对立是一个古老的话题。西塞罗（Cicéron）已经区分了广泛持久、用于奖励美德的身后荣耀，和那种不自然的、短暂的、有时建立在不良群众基础之上的名誉。[13]这种基本的区别不断被人文主义者重提，他们努力通过重新激活西塞罗和普鲁塔克（Plutarque）的遗产，努力在杰出人物的身上找到一种良性模仿的道德。因此，敬仰名人生平的彼得拉克一直不断地思索荣耀的合法性，他坚定地认为名声与荣耀是对立的。名声是一种单纯集体观点，它很有可能因嫉妒和阴谋而被改变。而荣耀则是只有在伟人死后才有的奖励。他这样说道："你希望大家都来称赞你的作品吗？死吧。死亡是一个人得宠的开始，是生命的终结却是荣耀的开端。"[14]他又说，古代最伟大的人物不仅在活着的时候并不曾享有荣耀，而且如果回到尘世，他们也会受到批评和嫉妒。

因此寻求荣耀是合理的，因为它鼓励道德的提高，但是前提条件是要完全无视同时代人的观点。如果说这个已经成为道德哲学司空见惯的主题直到18世纪才得到了这样的共鸣，那是因为它回应了教会的批评，教会认为这种世俗荣誉是一种"虚荣"，并对此加以谴责。它认为唯一有价值的荣耀是上帝的荣耀。更晚一点的时候，这一主题还经受住了现代哲学家发起的批判，比如霍布斯，他进一步谴责荣耀和自尊，把它们贬低成自负和自恋。[15] 对于所有想在历史上留下自己名字的人来说，重要的是要在关于虚荣的谴责声中为自己辩护，表明这种抱负与流行的虚假声望毫无共同之处。彼得拉克也反对这种"过早地受人赞美的欲望"，他赞成真正的荣耀，即追求后人评价的道德刺激物。[16] 狄德罗则在与雕刻家弗拉高内特（Falconet）的频繁联系中激动地提及这种对身后荣耀的赞美。"哦，荣耀的价值是不可估量的！"不仅追求荣耀是合理的，而且荣耀还是伟大艺术家或者只是有品德之人唯一应该追求的东西。它会促使人们展现其才华中最光彩的部分，流传给子孙，不受同代人偏见的左右。"这一嘈杂的人群，鱼龙混杂，乱哄哄地挤在剧院正厅，对着一部杰作吹口哨，搅得大厅里灰尘飞扬，还要去翻剧本以决定是坐下来欣赏还是加以责难。"狄德罗认为，只要有可能，就该避免在活着的时候暴露在公众面前，同时还在努力争取只有未来才能确保的荣耀。针对那些只看到虚荣心的人，他在最后是这样反驳的："有什么比看到有人为我们的民族增加一个伟大人物的名字更愉快的事情了呢？"[17]

同样，杰出人物的作品集，从保尔·爵弗（Paul Jove）到18世纪的肖像大工程，都重视作为身后评价的荣耀，不同于简单聒噪的名誉。这些文集的形式各种各样，艺术家和作家都有一席之地，现代人和古代人并存。甚至在查尔斯·佩罗（Charles Perrault）的《杰出人物》中，都没有严格意义上的同代人。至

于18世纪至19世纪整个欧洲崇拜伟大人物的中心场所，主要是
建造的死者纪念堂，从威斯敏斯特的牛顿墓到巴伐利亚州的路
易一世德国瓦尔哈拉遗迹，还有法国大革命期间从圣吉纳维耶
夫教堂变身过来的先贤祠。[18]伟人成了民族英雄，但需要时间
的沉淀。

　　尽管有这些使伟人更能被人们理解的措施，但相比过去的
战士英雄，启蒙时代的伟人还不符合名人的新机制。当然，可
能会出现这样的情况，一个著名人物在他活着的时候就被他的
崇拜者视为一个伟人，使他未来的荣耀提前来到。比如就像我
们之前看到的，伏尔泰的例子，尽管过程是困难的。但是，大
部分的有名人物并不一定以先贤祠和威斯特敏斯为人生终点：
有名气的女演员、强盗、歌手或作家，他们的名气往往很短暂，
他们在道德方面的贡献也往往很受争议。关键在于，伟人的荣
耀，由于是以时间距离为基础，建构出的不同于公众人物的名
人荣耀，所以导致伟人是唯一能够确保一致倾慕的人物。荣耀
无法帮助人们理解名气的现代驱动力，也就是公共好奇心和新
闻的短时性。从定义上看，它只能与这些东西保持距离，因为
它极度不信任任意波动的观点。马尔蒙特尔认为名气是"广泛
的名誉"，更接近于西塞罗和彼特拉克在他们那个时代所说的名
誉，即名声的社会建构。尽管如此，它规模空前，一句话说，
它令人不安。

　　在传统社会中，个人的价值在很大程度上取决于他的家
庭、邻居和认识他的人对他的评价，即他的声望。这甚至也是

荣誉的原则：个人根据道德标准和其社会身份要求接受评价，反过来又对社群中的每个成员进行统一控制。尽管荣誉在追求崇高的意识形态中发挥了重要作用，它却不单单是精英价值观。从中世纪末期到18世纪，不管是宫廷还是最小的村庄，荣誉都成了欧洲社会监管的基本要素。因为荣誉取决于别人的评价，因此，当它受到指控时，它必须通过决斗或赔罪，一种刻意的表示来捍卫自我。[19]

荣誉是名声中最引人注意的一个方面。但是名声体现在各种各样的形式中。日常聊天、谣言传闻、流言蜚语都会在社群中传播关于某一个人的信息，对配偶、工人或邻居的品质，对他们正直或同情的评价，从而形成一种公共观点。从12世纪开始，在教皇的推动下，在意大利的公社，在法国和英国，神职人员和学者赋予这种名声一种司法职能。即通过司法调查确定某个嫌疑人的名声，一切可能认识他的人所知道的关于他本人、他的行为和道德的东西。名誉以当地社交活动为基础，也许因审讯而更被强化，它是某一社群对其成员的公共看法，是通过谣言传闻和风言风语体现出来的个人评判的强烈社会化运作的结果。但是，从定义看，它也有局限性，基本上与相互认识和口头表达相关，总是以道德评价为导向。[20]

有时候，个人的名声在其活着的时候就超出了他原本的社群和社会团体范围。这种情况在媒体欠发达的社会中比较少见，因为信息的传递比较慢。它包括某些战争领袖、成功的传教士、伟大的宗教改革者，也许还有一些智者。因此，贝特朗·杜·盖斯兰（Bertrand Du Guesclin），一个布列塔尼小贵族，在14世纪成功地创造了令人印象深刻的职业生涯，获得了法国警察的职位。这得益于其军事能力和"世界上最棒的骑士"的声望。这一称号是由吟游诗人传唱，并通过"贝特朗·杜盖斯兰之歌"得到广泛传播。该歌曲是法国宫廷的一位教士在贝特朗·杜·盖斯兰去世之时所作。[21] 然而，当人们提及贝特朗·杜·盖斯兰的fama（名誉）时，当时的法文文本中出现更多的是renommée（名誉）一词，用以指代他的名气。这一词语与荣耀有着非常明显的区别，它不能用来指代普通出身之人的世俗功勋，而是名声的延伸，大大超出了当地范围，并在整个法兰西王国传播。因此，像贝特朗·杜盖斯兰那样广泛传播的名声，或更晚一些在16世纪识字欧洲人中普遍知晓的埃拉斯姆（Érasme）的名声，在最低程度上预示着18世纪正如我们看到的名气机制的产生。它似乎避开了名声的地域和人际限制，涵盖各类杰出人物。这就是"renommée（名誉）"一词的含义，在古代神话中它指的是负责广播新闻的女神。名誉在16—17世纪常常通过长着翅膀的女人和它代表名气的图像与杰出人物联系在一起。它接近荣耀，几乎成为它的同义词，同时它也避开了基督教的禁忌，尤其是当涉及士兵或艺术家的世俗名誉时。在《瓦萨里的一生》（Vies de Vasari）的书名页，印有名誉以及其他例子的图案，这本书是专门歌颂伟大艺术家的。但是，名誉的不足之处正是在于它的模糊性：它没有区分死后的名誉和活着时候的名声。18世纪，这个词语较少被使用，其含义显得过时，常常被用作荣耀的同义词。但是我们仍然可以在马尔蒙特尔的文章中看到它的模糊性，那里名誉被当作一个一般概念来定义荣耀和名气，反而使这两者之间的区别更加晦涩。

想想新事物

面对在他们眼皮子底下兴起的出名的新形式（有时他们自己也是这些新形式的对象），18世纪的作者们并没有一样合适的工具。他们不但没有合适的词来指称，更尴尬的是长期以来跨文化传统留给他们的共同特征、道德模范和论据围绕名声与荣耀之间的对立打转，不断被重申和修改。但是，全体认可的客观的死后荣耀与名声的地域性和任意性是不够的。名声的势力规模空前。活着的人，有时并无甚才华，也比已故的人更知名，歌剧院的女舞蹈演员的肖像画挂在巴黎的桥上：这依然只是一种名声吗？还是已经是荣耀了？或者是其他东西？另外，这种成名是可遇不可求的，公众舆论难道不是朝着一种正面价值变化吗？我们是否应该坚持藐视公众舆论？相比在生前就看到自己受到同行和公众的认可，人们是否会继续偏爱无法享受的身后名誉？

查尔斯·比诺·杜克洛（Charles Pinot Duclos）是最早试图回答这些问题的人之一。让我们来打开他的《本世纪风俗反思》一书看看，该书是1751年的畅销书。[22]这本书是关于人类激情和行为的道德传统的思考，但同时也符合时代要求。比起刻画典型特征的个人画像，他更喜欢群体画像，并用社会学的方法来分类："文人""美好心灵""财务人士"。他用永恒的准则代替了对实践和方法的当代演变的诊断。该书的标题完美地诠释了这一愿景。反思：我们正处于测试领域，展现了一种观察和反思的无系统方式。风俗：这是启蒙时代羽翼未丰的社会科学的关键词，在人类学领域[约瑟夫·弗朗索瓦·拉菲塔（Joseph François Lafitau）的《相比早期阶段美国野蛮人的风俗》]、历史学领域（伏尔泰的《风俗论》），或者道德哲学领域（约瑟夫·弗朗索瓦·拉菲塔的《风俗》）皆是。作为狄德罗和卢梭的朋友，杜克洛的作品是启蒙运动的道德和社会思想的象征性文本，处于道德哲学和社会史前史的交叉点。他的目标是通过观察建立"风俗学"[23]。有时，文本也的确因在这一明确的目标和规范性愿景，与哲学折中主义之间摇摆不定而苦恼。这也许解释了思想史学家对杜克洛不怎么感兴趣的原因，杜克洛既没有孟德斯鸠的严谨，也没有赫尔维什或霍尔巴赫的激进。相反，如果我们试图理解18世纪名气的新形式所面临的问题，这种理论上的模糊性以及强烈的观察意识就是该书的全部亮点。

杜克洛的基本预设是，社会并不单纯由物质关系所组成，同时也由象征性的关系、人们彼此之间的看法所组成。"出于相互需要的需求，人类注定要生活在社会中：从这个角度讲，所有人都处于一种相互依赖的关系中。但物质需求并非是唯一连接他们的东西：他们需要一种道德存在，而这取决于他们对彼此的看法。"[24]在一个社会认同不怎么稳定，平民比贵族更富有，风俗习惯与"这个国家中次要的另类事物混淆或等同"[25]的社会中，自尊并不一定会提升社会地位，每个人都试图控制他人对自己的印象，但通常是徒劳的。换句话说，在一个迅速变化的社会中，身份和社会等级不再像过去那样明显，特别是在大城市中，名声机制显得尤为重要。特别是在以下两个领域，名声已经成为决定性因素：在文学领域，某个人的成功可以使其跨越任何社会阶层的障碍；在上流社会，一个殷勤之人的名声可以为他开启进入重要沙龙的大门，尽管那里的嘲笑对他而言是不可磨灭的耻辱。

在文学和上流社会这两个领域，杜克洛知道自己在讲什么。1704年出生于布列塔尼一个小资产阶级商人家庭的杜克洛，成功变身为启蒙时代文化生活的重要人物之一、成功作家、皇家史官、法兰西学院院士，并在1755年成为它的终身秘书。这一辉煌的历程为他开启了进入宫廷的大门（他在1750年作为史官获得了享有"正门通道"的权利）。杜克洛把这一切归功于他史学家的名声、他的放荡小说的成功，以及他设法进入的贵族圈的保护。在到达名誉顶峰时，他能够敏锐地注意到名声的重要性，这使得这位年轻的省级资产阶级能够受到国王的情妇蓬巴杜侯爵夫人的亲切接见。

杜克洛的名声与名誉是典型的二元对立。名声仅限于同行和邻居的有限圈子，这是道德判断的结果，与个人的美德、他的正直以及对法律的尊重有关。他正直吗？对社会有用吗？是一个好父亲、好丈夫吗？是个好商人或好医生吗？等等。杜克洛把一个人的名声等同于他所"亲自认识的人"对他的"评判"，但他清楚地知道这种评判是社会化的，以信息、传言的流通和公众对个人的看法为基础。因此，名声的不稳定和矛盾的性质始终是地方性的，"在一个地方有一种名声，在另一个地方有另一种名声"。反之，名誉在空间和时间上都是广泛的，尤其在死后，而且只涉及特别的某些人，其中有些是因为其社会地位（王子肯定属于这一范围），有些是因为其才华（大作家、大艺术家）。名誉不再是美德范畴，而更接近于"辉煌"，因而它更类似于英雄和伟人的荣耀。名声有多不稳定，名誉就有多被认可："名誉相当持久且稳定，而名声几乎永远也不会如此。"[26]

当涉及优先选择出名的这种或那种形式时，杜克洛显然就不那么确定了。名誉有它的辉煌和普遍性。同样，政治家必须为名誉而牺牲名声，应该看到大作为会为他争得后代的敬仰，而小动作只能带给他短暂的爱慕。这也是，正如我们所见，文人的传统立场。然而，如果说名誉更耀眼的话，它却更难以触摸。我们只在想象中享受它，它更多的是一个已知的名字而不是这个人的真正价值，"名誉在很多情况下只不过是人们对一个名字音节的敬意"。此外，它没有人们想象的那么普遍，"从数字上看，有多少人从未听说过亚历山大的名字"？

就其本身而言，名声本身往往是任意的，因为它不太依赖对优点的直接评价，而是依赖于集体意见（模仿、时尚、谣言），集体意见不是掀起热潮就是无理抵制。"名声如何建立起来、如何遭到破坏、如何变化，以及这些动作的幕后主使是什么样子的，没有什么会比这些更让人对名声敏感。"那些凭借自己的地位或影响力而享有名声的人不一定是最有道德或最好的法官，"但这些才是名声的评委！这些人的情感被鄙视而观点又受重视"。甚至有人认为意见的形成是有策划的："有人计划好要建立一种名声，并且拼尽全力。"这些名声最不明确的地方在于它们并不总是虚假和人为的，因为它们也反应优点。因此，无论从哪个意思层面讲，一个好的名声绝不可能一点实质性的东西都没有。[27]

为什么个人的名声不可能是别人对其评价的综合？杜克洛所提出的问题是，名声并不仅仅是个人评判的简单机制（通过这一机制，一个人可以认识到另一个人的优点）。名声是一种集体判断，因此它依赖于意见社会化的机制，无论是自发的还是被操纵的。尽管他从名声的定义出发，把它看成一种熟人之间的评判，他们相互"亲自"认识，但是他选取的用来说明名声之任意性的所有例子却都涵盖了更广泛的范围，其裁判员是"公众"，或者是无人称代词"on"①，又或者是"公众舆论"。然而，公众是一个模糊的群体，他们"心血来潮地制造某种名声出来"，一旦让他们发现阴谋诡计，他们会非常厌恶；但他们又很容易被愚弄和迷惑，被困在自己制造的魔幻中，"常常会出现

---

① 法语中，无人称代词on，表示人们、大家、有人。——译者注

这样的情况，公众对自己制造的名声感到惊讶，试图去寻找原因，却又找不到，因为它并不存在，所以只好给自己创造的幻象添加更多的仰慕与尊重"。[28] 公众不再仅仅是阴谋诡计的被动接收器，也是名声制造过程中新的集体行动者。

杜克洛提出的问题如下：当我们超越名声的有限性，即那些直接认识你的人的看法和评判，进入更广泛的社交网络和社交性的媒介领域，比如印刷文字传播主导下的报刊社交新闻栏目，抑或文学名声圈子，那些批评者、中间人和阴谋集团，如何确保"公众"的判断符合个人的优点或缺陷？名声的不稳定性、舆论的随意性导致了双重后果。从公正的角度而言，如何确保公众好感的公平分配？[29] 在个人行为层面，个人该如何评判其公众名声？从何时起，他想在当代人中成名的欲望成了一种危险？

从名声和名誉的传统对立出发，杜克洛发现他那个世纪的社会转变极大地扩展了名声机制，而名誉机制却没有得到同等程度的扩展。当一个人的举动广为人知，不但被那些"亲自认识"他的人知晓，也被那些读过报纸，其言论构成人们开始称之为公众舆论的人知晓时，我们仍然可以继续谈论"名声"吗？难道不应该找到一个更合适的词来指代吗？

从1751年的第一版开始，第三个词出现了几次，用以指代一种非常普遍的名声，或者一种初步成形的名誉，又或者甚至是一种有名的通用术语，这个术语从未被明确定义，它就是"名气/名人"（célébrité）。1764年的增修版试图更清晰地区分

名气、名声和名誉。章节的标题甚至也改过了。原本是《关于
名声和名誉》，后来改为《关于名声、名气、名誉和尊重》。[30]
从一开头，名气就并列于四个词语中。1751年的版本这样写道：
"想在人们意识中占据一席之地的欲望催生了名声和名誉，这两
种强大的社会驱动力有着相同的起因，但并不完全相同的方式
和结果。"这句话后来改成："想在人们的意识中占据一席之地
的欲望催生了名声、名气和名誉，这些强大的社会驱动力有着
相同的起因，但并不完全相同的方式和结果。"[31]然而，这一章
的内容几乎没有改变，就好像杜克洛已经明白，名气这个词正
是他寻找的指代大都市中越来越多的媒体关注名声的现象，他
一直对名气在那个时代的语言中的频繁使用感到敏感，却没有
能够赋予它真正的坚实性。

本章中少有的关于名气的一个段落则特别有意思。杜克洛
想象出一个人被一群"不认识他的人"包围，并"在他面前呼
喊他名字"。对他而言，以一种匿名的形式和专有名称的广泛传
播为前提的社会体验，似乎必定是令人愉快的，"他会愉快地享
受他的名气"。[32]名气的特点是名人（知道人们在谈论他）和被
其他人谈论的某个人（他们并不直接认识这个人）之间存在不
对称性。当然，从我们当代的标准出发，甚至在某些方面，从
18世纪的标准出发，在某种程度上，这是一种不完整的名气，
因为这位著名人物的形象并没有以与他的名字相同的速度传播，
或者不足以使他得到确切的认可。我们也可以很清楚地看到这
样一种造出来的名气所带来的乐趣：做自己名气的旁观者，成

为谈话的对象和唯一知道它的人，自恋地满足与吸引其他人的注意力却不用忍受他们不好的地方。

但是，杜克洛加了一句奇怪的评论："如果他不想让自己出名，那是因为他有不出名的权利，而且有选择纯粹感情的自由。但是，如果他完全没有可能让自己出名，那他的感觉不再那么好，也许他的状况会更痛苦，他会听到人们在谈论别人而不是自己。"在这个小小的虚拟场景中，著名人物的快乐完全凭他自己的自由，他控制着局势，他喜欢不对称，并且他随时可以通过让自己被认出来，即公开自己就是人们谈论的那个对象，把他的名气转变为仰慕。另外，在相反的情况下，他会失去控制，他会被锁定在旁观者的位置，但这是一个被动的旁观者，排除在表演之外，无力改变演出，而公众则完全成了演出的主人。但是，由于媒体渠道过多，无法让名人被每个谈论他的人都"认识"，这里这种虚构的且似乎不大可能的假设是名人体验的核心。尽管没有明确说出来，杜克洛针对的，或更确切地说，他含混不清地表达的，好像不再是需要面对咖啡馆里的谣言，而是需要面对匿名读者公众的名人状况。"他会听到人们在谈论别人而不是自己"：结论是引人注目的，因为这种深刻的异化感和无法与已经成为著名人物的那个自己保持认同的感觉，将成为作为社会体验的名人批评的重要主题之一。我们将会看到这一点。

与此同时，在芒什海峡的另一端，塞缪尔·约翰逊开始了《漫步者》（*Rambler*）的冒险。在伦敦定居十多年，约翰逊仍然没有真正像他自己梦想地那样进入英国文人圈子。但他正在编撰的《词典》将很快使他成为伦敦知识界的重要人物。从1749年到1752年，他出版了一本期刊，每周两次发表一篇关于道德主题的文章。他的文章描写现代大都会伦敦的道德风俗，以大量引用和他自己具有讽刺意味的思考为特色，受到广泛好评，并且被其他报刊转载，之后还汇编成卷再版。和杜克洛的《风俗反思》一样，《漫步者》当中的文章也是已经化身首都文学生活观察家的外省作家们关于都市新运动的思考。这些文章描绘了道德传统，并与社会运动、心理大智慧和间离效果努力的描写相结合。另外，杜克洛首先为世俗公众写作，将上流社会作为特别分析的对象；约翰逊面向的则是更多无差别的公众，即报纸和咖啡馆的读者，他描述了都市社会中更加前卫的消费革命和公共领域转型。[33]他并不寻求建立一种实用的道德观，而是为了使古人的智慧更适应他那个时代的社会。他自己也受到古人智慧的滋养，并以一种别人无法模仿的认真精神和讽刺心情在研究它。

《漫步者》中的不少文章都是关于文学名人。名气的不确定性使作家，以及军事家或政治家都屈从于从中获取大量财富。当然，经典主题是幸运之轮和寻求荣耀带来的虚幻快乐。但约翰逊以他自己的方式重新诠释它，因为在他的笔下，可疑的性格和往往短暂的名气并不在于拥有尘世的虚假荣耀，而在于当代社会公众认同的分配条件。文学名气不再是同行评判的结果，比如文学圈子内部，也不再是作家和王子之间选择性关系的结果，比如宫廷资助。大多数情况下，它取决于"突如其来的公众"或过分追求新奇的爱好。[34]

但是，不单单公众反复无常，判断标准不稳定，名气本身也因竞争者众多、公众关注度有限而不牢靠。[35]为了说明这种普遍的评判，约翰逊大致描绘了当时伦敦社会人们追逐名气的场面。他想象出了一位作者，急于想知道公众对他的书有什么看法，在城市里四处走动，搜寻报纸上的信息，窥探咖啡馆里的对话，最后痛苦地发现没有人在谈论它。约翰逊饶有兴趣地把这位深信自己的书之重要性的兴奋又急躁的作者和他周围人们谈话主题多样性（一场斗蟋蟀的比赛、一个扒手、某人的破产、一只失踪的猫、一只跳舞的狗……）进行对比。[36]文字的讽刺性在于它把那个作者所认为的书之重要性和占据公众注意力的事物之微不足道之间的对等性揭示出来了。这位作者狂热地寻求公众的注意力，暗地里却又鄙视他们。在他眼中，这些谈话主题根本微小之极、不足挂齿，但他却愤怒地发现这些话题竟然是自己的竞争对手。

约翰逊用讽刺和洞察力来剖析这个矛盾。他注意尽量不贬低人们对名气的渴望，认为追逐名气是为了获得荣耀。在他的整个职业生涯中，他都声称追求名誉是完全合法的。令他感兴趣的是，当一个人不仅要寻求同行的认同，还要寻求公众的认同，而且发现自己陷入了争夺名气的竞争时的心理制约因素。这个教训也许也是约翰逊对自己的一个警告："一旦一个人把成名看成幸福的必要部分，他就给了最弱小最胆怯的邪恶阻止（如果不是撤回）他实现其想法的权力。"[37]在这句话中，约翰逊用的是celebrity一词，而非fame，也许是为了再次强调这是一个关乎当代名气的词，是一种严格的舆论现象。因此，该文本通过公众成功的问题重新诠释了荣耀激情的古老主题，并开启了另一个具有广阔前景的主题：公众作为比以前的文艺事业资助者更反复无常更专制的主体出现了。作家在他们开始从宫廷系统中解放出来之后，好像又陷入了更严重的依赖之中。约翰逊知道，文学生活的新机制强加了对成功的狂热追求。他认为，这种对名气的渴望与受人尊重的愿望不同：它首先表现为听到别人谈论自己、制造传闻、占领公众且唤起他们的好奇心的需求。追逐名气的作家要求由匿名的读者群体构成的公众给予他一个称号，尽管他还远未承认这一群体的合法性，尽管他更看重其兴趣而非其尊重，其好奇心而非赞同。

约翰逊在一篇书信格式的文章中更进一步对名气做了心理学和社会学的描述。这封信显然是虚构的，由一位年轻作家寄出，他刚刚出版了一本书，但又为此懊恼不已，因为让自己的才华暴露于公众面前给他带来了不幸。[38]这本不幸的长篇小说是一部关于公众认可危险性的滑稽小杰作。开篇生动地描绘了开幕典礼的场景，卢比肯（Rubicon）的成功：印刷书本的出版。约翰逊在前一篇文章中才表扬过英国的出版自由，而这里印刷出版犹如地域，一旦有人以自己的名字出了书，那他就不会再回来。随着这本书的出版而来的焦虑和兴奋在作者接下来要面对的东西面前几乎一文不值。热情的访客让他感到沮丧，他在感恩宴中慢慢破产，同时也失去了对时间的掌控。接着，他会发现同代人的嫉妒。在咖啡馆里，他的话被曲解，他失去了坦诚聊天的乐趣。甚至他的朋友见了他也要躲，因为他的优越性和名气太过招摇。"我生活在这个城市里，就像沙漠中的一只狮子，或者是磐石上的一只雄鹰，对于友谊和社会来说太大了，因不幸的出类拔萃和可怕的优越感而遭受孤独。"[39]他本人也难以忍受这样的伟大，或者说至少是别人附加在他身上的这样一个形象。名气成了一种负担。但还有更糟的：因为担心被不法出版商剽窃，或者未经他的同意散播他的肖像，他就像一个被通缉的人一样活着。他的心理平衡受到自己成功的威胁。

> 您一定在教皇和斯威夫特的书中读过，多少有才能的人在渴望利用他们作品的盗版书商的唆使下，被人抢劫了壁橱和书房。显然，商店里现在在卖的各种人物版画，您并不会怀疑它们是因为这样的目的才被摆出来，而当一个人的名字使其肖像画变得可售卖时，他的外表似乎早就被盗了。这些考虑使我保持警惕。当我发现很多人在观察我的脸，他们的好奇心证明他们很想把我画下来时，我并不感到欣慰。我立马离开那个我当时所处的屋子，但我在其他地方也会遇到类似事情。有些人可能会被追逼，而我则被围捕。我有充分理由相信11位画家在尾随我的脚步，因为他们知道第一个能抓住我的人会发财。我经常换我的假发，

戴上我的眼镜，希望能够欺骗他们。因为这是不公平的，您知道吗，他们卖我的画像，却不跟我分享收益。

约翰逊以此为乐，但只是点到为止。他的描述侧重于名气的新载体，特别是廉价肖像版画的兴起、印刷品的空前扩散，以及新型都市社交角色，例如小酒馆或咖啡，那里的聊天会催生远远超出了个人人际圈的公众人物。他强调名气的商业价值：作家变成了想利用他名字的书商和想获得他肖像权的版画商的财富源泉。名字和脸：这是构成他人眼中个人身份的要素，是个人独特性和公众身份之间的接合面，却沦落到商品的地位，受到不道德的商人利欲心的威胁。书的走红不但没有改善作者的处境，反而使之沦为商品，处境变得更糟。名气迫使著名人物东躲西藏，孤独又躲闪，不断变换住址，贴身藏着自己的手稿，因害怕被认出来而不敢跟任何人说话，也因为害怕写的信会被曝光而不敢写。他的多疑慢慢针对所有人：他怀疑他的家人和朋友偷他的手稿，前者是为了钱，后者则以"公众"的名义行事。

约翰逊完全颠覆了人们传统的赞美模式。作者的不幸（遭受同代人的不公正对待，追寻一种活着的时候无法享受的虚幻荣耀），不再是人生的失败，而是名气本身造成的，名气是负担，是祸害。我们也可以从中看到基督徒对虚荣的谴责，但这样会曲解约翰逊的本意，他的讽刺和洞察力使他对公众认可的社会条件特别敏感，他也已经在英国首都观察到了其中的变化。

因此他以几乎滑稽的方式归纳了名气的"坏处"。因自己的书的成功而断了与朋友的联系，然后被迫孤独生活，在贪婪追逐名气之后又想像摆脱诅咒一样摆脱它。因成功而与世隔绝这样一幅偏执狂的名人肖像画，似乎以非凡的预见性宣告了让－雅克·卢梭的到来，这更加令人印象深刻。

在18世纪中叶，约翰逊和杜克洛都意识到了大都市中公共空间的变化而导致名人的新形式正在产生，与名气和荣耀都不同。他们的直觉认为，名气是一种强大的矛盾体：一方面它是成功的标志，他对作者——更广义上说，对所有为公众生产产品的人——有着强大的吸引力；另一方面，它同时也是不确定的，缺少合法性的，因为它以广泛的匿名公众群体的评判为基础，而评判标准却变化不定、模糊不清，缺乏保障。它特别危险，而且本身可能就是一个可怕的陷阱。更意想不到的是，这一直觉将成为正在开始发展的名人话题的组成部分。

名气

18世纪中叶，这并不完全是个新词，但它却正开始拥有我们现在认为的含义。在上一个世纪里，它的使用非常罕见，并且仅仅涉及官方仪式的庄重特征。安托万·福尔梯也尔（Antoine Furetière）给它做了如下定义："盛况，壮丽，让事件有名的仪式。"他举了个例子："教皇特使的到来是一种盛况。"他又补充道："这个词太老了。"拉布鲁耶尔（La Bruyère）在使用这个词时也是表达庄严仪式的意思："他嘲笑在庄严仪式上人们把贡品送到庙宇去的孝敬之意。"这句话的讽刺意味源于该词的词源，表示一个经常出入的地方的意思，也暗示着孝敬比虔诚更招摇卖弄。在古典拉丁语中，celebritas指的是很多人出现在一个地方，有一群人参加的聚会之庄严性质，所以有人群和群众的意思。相反，这一词语几乎没有普通的名气之意，只有在celebritas famae中才有这个意思。只有几个非常孤立的作家很晚的时候尝试给它一个绝对用途的意义，但徒劳而终。在中世纪，除了极少数例外之外，它也很少有这个意思。因此，当这个词出现在法语中时，它只表示仪式或节日的庄严。相反，拉丁语中的形容词celeber却已经用来表示某个地方、某个事件或某个有名的人。法语中，"cèlèbre"（有名气的）一词很早就有这个含义，与"illustre"（杰出的）"fameux"（著名的）意思接近。用"cèlèbre"来指代某个人的名声大的用法在18世纪20年代才低调出现。人们在《波斯人信札》中发现了这个词被用来指代一种广泛却又未成形的名声，"几天前我在那个乡下房子里发现两个在这里名气很大的学者"。[40]这个词语出现在马里沃（Marivaux）和克莱比隆（Crèbillon）的笔下。杜克洛在1751年使用它时，它还相当新。然而，主要的词汇数据库显示，在接下来的几十年里它将变得非常普遍。比如，ARTFL-FRANTEXT数据库显示，1750年之前它几乎不被使用，但是1750—1760年，它的出现频率稳步增加，还出现了一个高峰，1770—1790年间又相对平稳。[41]依赖谷歌图书数字化语料库的Ngram浏览器软件提供了类似的结果：1730年前的频率几乎为零，之后稳定上升并在1780年出现第一个峰值，然后在1812年出现另一个较高的峰值，随后出现长时间的衰退。就相对频率而言，1750—1850年这段时间显然是法国出版物中该词的出现高潮。（见表1）[42]

表1　法文出版物中"名人"一词的出现频率

该词语的扩散伴随着其含义的演变。1750—1760年，这个词仍然停留在与"名声"接近的含义上，它好像指代一种快速传播的名气，还带有一些可疑成分。例如，哲学家的对手用这个词来谴责他们认为被滥用的对手的名声。在《伟大哲人信札》中，查尔斯·帕里索（Charles Palissot）嘲笑："这些先生们不断相互吹捧，并且在他们的作品中相互炫耀名气。"[43]在同一时期，弗朗索瓦·安托万·舍弗耶（François Antoine Chevrier）却在谴责那些在家里公开招待客人的家庭主妇："那些想要短暂名气的作者就应该去这些人的家里读他们转瞬即逝的作品。"[44]名气的消极含义指的是一种自我推销的形式，一种时尚知识分子群体的人为策划广告。

1760—1770年，这个词失去了部分消极含义，而具有一种特殊性。"名气"与"公众"的好奇心联系在一起，并对好奇的对象产生很大的约束力。《秘史》中使用的"名气"一词一般都是这个层面的含义。我们也能在各种通信往来中找到这个词。朱莉·德·蕾比纳斯（Julie de Lespinasse）给吉贝尔（Guibert）的信中写道："您的才华招致了您的名气。所以放弃您的命运，并告诉自己您不是为了温存和情感所要求的那种甜蜜而秘密的生活而生的。"[45]这里的名气不再是指短暂和可疑的名声，而是和杜克洛所指的一样，一种声誉，它是如此重要，以至于与私人生活都无法相容。请注意朱莉·德·蕾比纳斯用的清清楚楚的矛盾表达："招致了您的名气。"名气不只是一种属性，它也是一种条件，它改变了人们的生活方式，甚至是一个人的社会地位。因为自己的才能而成为公众人物，成为公众永久好奇的对象，这可以让自己地位提升但也让自己感到痛苦，也可以改变个人的"命运"。人们对名气有了新的认识，认为它是成功和才华所带来的后果，有一种提法很精辟地总结了这个意思："名气的弊病。"比如，我们可以在狄德罗《一位父亲和孩子的聊天》中找到这样的提法。[46]这也是杜弗雷农（Dufrénoy）夫人在1812年出版的书《女作者》的副标题。[47]

在英国，关于这个词的变化有类似的地方也有不同之处。跟在法国一样，英语中celebrity最初所指的也是仪式的盛况，慢慢地它有了新的含义，尤其是在18世纪50年代，指代演员或作家的声誉。我们发现该词也出现了相对频率的高峰（见表2），只是相比在法国稍微有点时间差，在英国是19世纪初。

表2 英文出版物中"名人"一词的出现频率

然而，英语中还有另外一个词：fame，其含义更宽泛，因为它即包含了法语中célébrité一词的含义，有时也仅仅指代名声或同一个作者的长久荣耀。17世纪，弗朗西·培根（Francis Bacon）在其《关于名望的论述片段》中以谣传的口吻使用了这一词语。而在其《学习的进步》中，该词又被用来指代学者的威望。[48]塞缪尔·约翰逊的《词典》——18世纪英语词汇注释——中，并没有明确区分这两个词，它们的注释很雷同。约翰逊甚至还在celebrity条目旁边写下了celebriousness这一词条，并把它视为fame和renown的近义词。如果说，从长远看形容词famous相对更占上风的话，celebrious，尤其是celebrated常常被用来指代有名的人，这也显示了语言使用上的某些混乱。更早一些的时候，由于使用上的多样化，fame作为celebrity的近义词一度替代了它的用法。Fame将继续指代比荣耀更合法的媒体名气形式，直至现代英语。词汇用法规则因此而变得更复杂。

"才能的惩罚"

杜克洛和约翰逊在18世纪中叶就已经试图给能激发公众无穷好奇心的名人下一个定义。三十年后，这个词被大量使用，这种现象也在增多，并开始改变文学生活的状况。对于总是能够快速分析自己的社会状况的作家来说，名气成为他们反复考虑的东西。有些人却贬低渴望名气的虚荣，认为那仅仅是让别人谈论自己。就如悲剧家维托里奥·阿尔菲里（Vittorio Alfieri）谴责法国译者用直译法译成"简单又短暂的名气"，并建议他按规矩译成伟大作家的身后荣耀。[49]

其他一些没有那么尖锐的人也在试图理解广告媒介带来的这一新事物。他们当中，奇论家尼古拉·尚福尔（Nicolas Chamfort）在理清名气的多重含义方面占有重要地位。关于名气，他有一些著名格言，其中有一句是这样说的："名气是被不认识你的人所认识的好处。"但这句话却经常被误读成："被你不认识的人认识的好处"，更简单地强调名人和公众之间信息的不对称。然后，名气就被定义为名声链上超出人际认识圈的延伸。但尚福尔的原话更深刻，其高度矛盾的表述捕捉了两种认识形式之间的差距：媒介化的间接认识能让人们凭一个名字，或者一张脸而辨认出一个个体，以及了解到一系列关于此人的故事；亲自直接认识需要一种直接的相互关系。这句格言立马引发了一个问题：那些没有直接认识他却又知道他的人，他们会知道著名人物的什么东西呢？一个名字、一幅图像、某些谣传、一次演说，总之就是公共领域中流传的一套媒体化的映射，与人物本身只能保持遥远的关系：这些才是我们可以称之为公众形象的东西。著名人物，被不认识的人认识，只不过是一个名字、一个故事主角（如果不说他是幻想对象的话）：他存在于杜克洛所描述的幻想"听到别人只谈论他自己"的那个人身上。尚福尔所选择的"好处"一词的讽刺意味是毋庸置疑的。这个备受追捧的名气是一个诱饵，它创造了一种人为的情况，它反映了"被不认识你的人所认识"这一表述看似矛盾的特征。对名气虚伪特征的谴责主要是因为个人关系的真实性与间接媒介关系的虚假性之间的对立。尚福尔从这里开启了对表演社会的漫漫批评，并预见到了广告对于异化的不切实际的批评。

然而，尚福尔与名气之间的关系也更个性化，且以世俗和文学的成功为前提。与杜克洛和德·马尔蒙特尔一样，尚福尔也是凭文学方面的成功开启职业生涯的。从克莱蒙-费朗（Clermont‐Ferrand）到巴黎，他取得了学术比赛的成功，得到了伏尔泰的支持和贵族阶层的强大保护，获得戏剧方面的巨大成功，甚至还有法兰西学院的席位。此人在刚刚步入40岁年纪的时候，名气就已经唾手可得了。他享有令人羡慕的地位、相当可观的收入。他是一个时髦的青年人，并即将成为一名成功的作家；他可以在其导师伏尔泰或他的朋友博马舍的基础上，泰然思考如何获得比他们更高的名气。但后来事情有些变化，我们无法确切知晓厌恶或幻灭是如何严重摧毁了尚福尔的志向，以及他对世俗快乐和文学荣耀的喜爱。他放弃了孔德亲王的优厚资助，停止出入沙龙，归隐乡下并停止出版，从文学界长期退隐。与几年之后卢梭的退隐不同，尚福尔并没有引起什么轰动，也没有什么惊人的理由，他始终保持沉默，与其说退隐，不如说是逃离。直到法国大革命爆发，才打破了尚福尔的沉默，激发了他的革命热情。在悲剧性的自杀未遂之后，他在恐怖统治期间死去。

关于尚福尔为什么要放弃出书，还有很多可以讨论的地方。[50]依我看来，最主要的还是在于尚福尔对于公众和公开性的思考，他敏锐地意识到作者必须要遵从公众的意见，即使他不承认他们在品位方面具有权威性。尚福尔的批评不在于公众作为评判主体的存在，而是在于公开性的动态性和成功的虚假性。尚福尔有很多尖刻犀利的格言，他颠覆了名气是衡量一个人才能和成功标准的看法，而是把它视为一种惩罚。比如，"名气是一个人的功绩给他带来的责罚，才能给他带来的惩戒"。[51]又比如，"他用统治了文学界10年的语气说道：文学名气在我看来似乎是一种诽谤，它的危害尽管还没有达到紧身衣的程度，但迟早会的"。[52]这第二句话敏锐地预见了19世纪在文学领域权力化和大众文学繁荣的背景下"象征性财富经济"的兴起。公共成功似乎与为艺术而艺术的主张和先锋文学相矛盾。[53]名气成了无耻下流的标志。

在1784年写给罗马神父的一封信中，尚福尔再次肯定了自己对孤独的选择，并向他的朋友透露了他在职业生涯初期关于荣耀的梦想和现实中的名人机制之间的差距的思考。文学生活的体验，成功带给他的嫉妒和憎恶，以及这种"不幸的名人躁狂症"颠覆人际关系的方式，所有这些体验都让他明白："我有多热爱荣耀，那我就有多憎恶名气。"[54]

作为尚福尔的同代人，路易·塞巴斯蒂安·梅西耶是另一位关注文化生活转型的细心观察者。他们相互认识，并且常常在戏剧社碰到。梅西耶从1783年开始陆续发表的《巴黎图景》不仅仅是巴黎大众生活的极致描绘，也是世纪末大都会文化生活新现象的反思，尤其是梅西耶本人能亲眼见证的文学和戏剧圈子。[55]他比其他人更强调名气带来的束缚。他看到自己的私生活总是处于众目睽睽之下。他在《关于文学和文人》中别具讽刺地写道："一个漂亮女人的生活还不如一个著名男人的生活受到关注。"[56]这就说明作家的威望，尽管他们缺乏具体的社会地位，但却引起了普遍的兴趣，并受到精英和大众的追捧。但这其中已经提出了尖锐的质疑，这一比方也并不一定是奉承。在《巴黎图景》中，他多次重申这一点，公开批评名人新文化。其中在最具揭示力的一章中，他批评了法兰西剧院的观众在每次首场演出结束后要求见作者的习惯。照理说，这种始于伏尔泰的新做法应该会让梅西耶感到高兴。因为他和他的朋友博马舍都是要求提高戏剧作者权利，反对演员特权和包厢绅士控制的倡导者。[57]但事实上，这一章却非常尖锐地批判了这一新现象。在梅西耶看来，这种做法体现了一种令人不快的转变，从对戏剧本身的乐趣转移到了想见作者的欲望，从作品转移到了作家身上。观众对作者的表面认可，在其他人看来可能是因为作家被奉为圣人的崇高，可在梅西耶看来却是对作家的贬低。因为这样做并没有把作者视为权威或创作者，而是把他变成了观看对象。

通常，在一出戏剧表演结束之后，他们（观众）就会大声喊出"作者"，好像是为了给刚刚的演出加一出剧一样，无法想象地疯狂与顽固。他们的叫喊暴露了他们性格中的粗暴和不道德：无礼地要求别人答应本可以有权拒绝他们的事情。他们的喧闹不断升级，直到"受害者"被带到舞台边缘才罢休，而此时他们的掌声也只不过是一种侮辱罢了。

这种做法就像用手打人耳光，用鞭子抽人身体一样，其结果是肯定的：公众的敬意成了一种侮辱的形式。它强加给作者一种有害的混淆——他的社会存在和道德存在之间的混淆。社会存在已被缩减为公众眼皮子和掌声之下的身体和面孔。"我想不通怎么会有那些屈服于观众狂妄呐喊声而不自重的作者。公众怎么不觉得每个作者都有权拒绝他们的疯狂骚动，因为他的作品和他的人之间是没有关系的？他们该评论的是他的诗句、文章，而不是他的相貌、穿着和举止。"[58] 我们可以想象，梅西耶并不认同《伊莲娜》演出结束后观众向伏尔泰致敬的方式，在他看来那只不过是一个不光彩的笑话。

梅西耶很清楚地看到，在公众庆祝作者成功的背后，实际上存在着从作品到作者和从作为艺术家的作者到作为个人的作者的双重转变，他的现身不过给演出增加一点乐趣而已。公众

不但混淆了作品和作者，而且还让后者沦为好奇的对象，演出
的附带延伸。在这种看似集体崇拜的喝彩（那些"掌声"）中，
作者的自由和尊严被剥夺。喝彩只不过揭示了观众将作者简化
为一个角色的咄咄逼人的愿望。梅西耶不支持这样的仪式，表
面上是在向作者致敬，实际上却纵容了公众的暴力和狂躁，以
及将所有事物变成供他们消遣之用的愿望。因此，我们才能理
解这一尖锐又极度矛盾的句子：那些"掌声也只不过是一种侮
辱罢了"。

第五章

名人的孤独

卢梭的例子既堪称典范，又具有特殊性。《新爱洛伊丝》的作者不仅是全欧洲启蒙时代最著名的作家之一，他激起的好奇心和热情有时蔚为壮观，他也是第一位评论自己名气的人之一。一直为公众形象的问题所烦恼的卢梭在其信件和自传文字中开始对这样一种他认为"致命"的名气进行社会哲学式地偏执狂热地深刻反思。特别有据可查的是，卢梭的经历为我们提供了名人机制中心的重要观察视角，这使我们能够理解一位作家的命运，他对自己会在第二天突然成为公众关注的焦点感到猝不及防，而之后的二十年中他成了当时最有名气的人之一。卢梭没有感到丝毫的享受，他把这种名气看成一种考验、一种诅咒，它迫使他生活"在巴黎中央，比小岛上的鲁滨孙还孤独，并且还常常被人群围堵，防止他与任何人交流，让他失去一切社会交际活动"。[1]如何理解这样一种矛盾呢？

"名气之祸"

　　和他之后的很多人一样，卢梭也是突然成名，一夜之间被推到了公众舞台的中央。在18世纪50年代初期，《论科学与艺术》还未获得成功之前，卢梭只不过是众多妄图努力跻身巴黎文学界的作家之一。他只有一篇没有收获任何成功的论文——《论现代音乐》，和一部从未上演的歌剧——《殷勤的缪斯》。他的音乐标记系统，他本来对此抱有很大希望，却没有赢得法兰西学院的选票。而他的才华却招致了拉莫（Rameau）的愤怒和蔑视，后者阻挡了他接受资助和进入宫廷的大门。甚至他在1743—1744年担任威尼斯大使馆秘书的经历也以惨败告终。幸运的是，他成功获得了农场主妻子杜宾夫人的秘书职位，并赢得了她女婿的信任，他是杜班·德·弗朗哥伊（Dupin de Francueil）财政部的接待人。另外一件稍微带有希望的事情是，他的朋友狄德罗刚刚交给他一个任务，写几篇关于音乐的文章，用于编纂一本百科全书（当时只是一个模糊概念）。总而言之，他的职业生涯非常像一位普通的自学成才的外省法国人，来到巴黎想出人头地，但他的名声并没有超越狭小的文学圈子。

　　然而这一切在1751年发生了翻天覆地的变化。《论科学与艺术》的巨大反响使他获得了第戎学院奖，名声大振。从1750年12月起，莱纳尔（Raynal）神父就在《法国信使》上陆续发表了不少章节，之后完整版本出现在1751年，引起了很大争论。轰动效应显著，无法与以往学院演讲的普通成功方式同日而语。[2]狄德罗写信告诉他从未存在过"类似的成功先例"。有不少人试图驳斥卢梭的《论科学与艺术》，包括波兰前国王斯坦尼斯拉斯·莱什钦斯基（Stanislas Leszczyn´ski），这就更激起了大众好奇心，并给卢梭提供了调整立场的机会。几个月之后，他成了一位声名显赫的作家。德·格拉菲尼（de Graffigny）夫人，她本人也是成功的小说家，因见到他而欣喜万分："昨天我结识了卢梭，他的奇论和对你们国王的回应让他名气大增。"[3]《财务报》（Trévoux）在几个月之后也提到卢梭之论引起的"轰动"，一种跨界的轰动。当时还在日内瓦神学院读书的安托万·古尔（Antoine Court）也试图加入反对卢梭之论的"庞大队伍"中。[4]

从那时起，卢梭再也无法阻止自己成为文化新闻的主角。后一年，他继续发表回复其对手的文章，让人演了他的剧《自恋的男子》。尽管该剧的演出以失败告终，但他仍然把它出版了，还加上了一个很长的序，有四十多页。在序中，他为自己辩护，效果跟他预期的差不多：重新点燃了他激起的公众兴趣。几个月之后，他的歌剧《村里的占卜者》在枫丹白露成功上演。卢梭通过一系列反对法国音乐、反对戏剧、反对他曾经的百科全书派朋友的论战，实现了自己新生名气的利润价值。最后，在18世纪60年代初期，出版界的真正事件《新爱洛伊丝》的空前成功，以及1762年巴黎议会谴责《爱弥儿》和《社会契约论》的出版引发的丑闻使他的名气达到巅峰。

　　因为面临被捕，卢梭只好离开法国避难。这开启了他一连串的流亡历程，真正说得上是"名气之祸"[5]，他本人也很喜欢这样的说法。他既是一位成功的作家，也是一位公众人物。他的生平在所有的杂志中都有详细的讲述，他的肖像画出现在各种媒介中，并且受到许多他的崇拜者的热烈追捧。18世纪60年代中期，卢梭毫无疑问是和伏尔泰齐名的当时最有名的作家。当时的欧洲报刊不会放过任何一个他的最细微的举动。他的作品被翻译成英语，在英国受到热议。英国的报纸，比如《批判评论》《每月评论》，还有《伦敦纪事报》或者《詹姆士纪事报》，频繁地给它们的读者报送卢梭的消息。[6]1765年，当日内瓦的麻烦不仅使他成为文学界的名人，还使他成为政治界的有名人物时，人们每周都会读到卢梭的文章。[7]当时还有年轻人往他莫蒂埃（Môtiers）的家中扔石头，《伦敦纪事报》特别重点地报道说，"有名的让-雅克·卢梭差点就被三个男人谋杀了"。[8]几个月之后，《爱弥儿》的作者踏上了英国土地，这引起了一场真正的媒体骚动，尤其是英国的报刊都认为卢梭是欧洲大陆政治和宗教不宽容政策的牺牲品。但公众更感兴趣的是他的生活经历和个人性格的独特之处。"每个人都渴望见到这位因自身独特性而陷入困境的人，他有时会现身，但很少，而且穿得像个亚美尼亚人。"《公共广告》这样报道。[9]至于把他带到伦敦并且还没有与他断了联系的大卫·休谟，他不知道自己是否应该对英国媒体对卢梭的相关细节做出的报道感到惊讶还是惊叹："他的任何情况，甚至是最微不足道的，都会被拿来报道。"[10]卢梭的狗苏丹丢了，这样的事情第二天就会见报！[11]1766年，当他来到伦敦，去剧院观看加里克的演出时，他自己却成了当晚最引人注目的焦点。所有的报纸都在谈论这一事件，描绘赶来见他的人群，强调他的出现激起的好奇心，这种好奇心比他亚美尼亚人的穿着引起的好奇心更强烈，说他坐在剧场的第一排，很惹眼，甚至可以说很轰动。

二月初，《伦敦纪事报》发表了一篇卢梭的长传记。传记特别突出了他对出名的不看好。毋庸置疑，卢梭是《秘史》中提到最多的人物之一，出现了180次以上。他的作品当然也被提到和评论，但编者的好奇心和兴趣点最主要的还是集中在他生活中的曲折。《秘史》及其读者似乎对卢梭所遭受的迫害、他与当局唱的反调、与曾经的朋友发生的争执很感兴趣，但最让他们着迷的是对其性格的无止境推测。[12]因此，当他在圣-皮埃尔岛上流亡时，《秘史》肯定地说："他所蒙受的迫害抹杀了他的想象力，他变得比以前更野蛮。"[13]而当卢梭在1770年回到巴黎时，他们照样从他第一次走出摄政王咖啡馆开始就记录了他的行踪。他们对《爱弥儿》的作者无视理论上总是对自由构成威胁的人身通缉令，公然现身"自己给自己打广告"的行为感到惊讶。"让-雅克·卢梭厌倦了默默无闻和不被公众关注的状态，于是回到首都，几天前出现在摄政王咖啡馆。在那里，他很快被众人围住。我们这位愤世嫉俗的哲学家以非常谦逊的态度面对这一小胜利。他并没有被众多的观众吓到，而且还在谈话中自嘲了自己的习惯。"[14]

卢梭回到巴黎是一件大事。[15]他的第一次露面吸引了一群渴望看到这位著名人物的爱看热闹的人。在《文学通信集》中，格里姆（Grimm）用一贯的讥讽笔调刻画了当时的热潮："他多次出现在王宫广场的摄政王咖啡馆里，引来了大量围观人群，群氓甚至聚集在广场上等着看他从那里经过。我们问了一些人他们在那里做什么，他们都回答说'是为了看到让－雅克'。当我们再问他们让－雅克究竟是谁时，他们说自己什么也不知道，只知道他会从那里经过。"[16]"让－雅克"已经成为一个空洞的词，一个宣布一场稀奇表演和不断吸引人群前来观看的集结号，一个不仅与卢梭的工作脱节，甚至与他的人也脱节的广告口号。他的名气已经成为一种纯粹的永真式的自行维护现象，那里只有兴奋的"群氓"，即最无知最缺乏批判性的公众，他们只想见到有名人物，不管他是什么样的。杜德芳（Du Deffand）夫人也嘲笑卢梭这堪称通俗喜剧的"演出"，她同样也用了"群氓"这样一个贬义词，并讽刺地把这个词的意思扩大到所有仰慕这位作家的人，包括上流社会的许多人。"我们来看看让－雅克……这个人的表演可以与尼古莱（Nicolet）相媲美。当前对这一表演感兴趣的是具有优秀思想的群氓。"[17]但是，卢梭很快就不再去咖啡馆了，因为当局提醒他只能在容许范围内出现。[18]

在这最后一个时期里，卢梭完全符合一个著名人物的角色，把自己藏起来，在首都的正中心想办法隐姓埋名。"卢梭的名字在整个欧洲闻名，但他在巴黎的生活却很隐秘"，让－巴蒂斯特拉哈普（Jean - Baptiste La Harpe）在给俄国大公爵的信中这样写道。[19]无数渴望见到他的拜访者必须得要点花招，但在他的不信任面前又倍感挫败。克洛伊（Croÿ）公爵表达了他一直以来想见这位有名却又难以见面的作家卢梭的愿望："很久以来，我都想见见这位著名的让-雅克·卢梭，我从未见过他，他隐匿在巴黎已经有三年了。以前大家都知道他会去一家咖啡馆，人们赶着去那里看他，后来他不再去那里了，大家觉得很难有机会跟他攀谈。"[20]他原本希望通过里涅（Ligne）王子介绍认识，但后来自己独自前往位于普拉特里耶（Plâtrière）街上的作家家中。他受到了家常款待，还与卢梭进行了两小时的植物学讨论。

卢梭的公众形象从那时起表现出拒绝名气的一面。他不仅仅有名，他还因不想有名而有名。他不再发文，声称不再看书，满足于在抄写乐章中过简单的生活。他经常回绝好奇的来访者和仰慕者。以至于他的众多访客想尽办法为了见他一面，有些人给他带去了乐谱供他抄写，另一些人，比如里涅王子，假装不认识他，好消除他的不信任。就这样，拜访卢梭成了一种真正的文学素材，巴黎旅行游记，以及后来的回忆录都含有相同的元素：卢梭简朴的生活、拒绝谈论他的书籍、他的敦厚和孤僻、特蕾莎·莱瓦斯的低调存在，最后当然还包括受到迫害的卢梭所坚持的信念。在几年之后的大部分叙事中，尤其是卢梭去世之后和他的《忏悔录》出版之后，很难区分出哪些是真实的，哪些是杜撰的。

德·让丽（de Genlis）夫人在她的《回忆录》中描写了她

1770年秋天与卢梭见面的情形。她首先勾勒了一个喜剧场景，她把卢梭当成一个扮演他自己的演员，然后他们开始了友好和振奋人心的对话，对话突然中断，卢梭指责她把他带到了剧院展示给观众看，并且她也和观众一起看。这样一个既敏感又善良，但又多疑的人物形象与他的名气之间保持着一种几乎病态的关系。这也完全符合最后几年亲眼见过卢梭的人所集体认同的印象，而卢梭本人也刻意迎合这样的印象。这些叙事的最主要作用是使会见卢梭成为每个回忆录作者必须要写的东西。甚至连装配窗玻璃的小商贩，与德·计丽夫人完全两个社会圈子的雅克·路易·梅纳特拉（Jacques Louis Ménétra）也讲述了他与卢梭的偶遇。他们一起散步，卢梭在咖啡馆里引起了人群骚动，好奇的路人为了一睹《爱弥儿》作者的真容而爬上咖啡馆的桌子，咖啡馆的老板因心疼他的大理石桌子而很生气。[21] 至于在巴黎逗留期间没有想要去会见"著名的卢梭"的阿尔费里，当他1771年写作《回忆录》时，不得不为自己做些辩护。[22]

尽管卢梭一直保持沉默，不发表文章，也不露面，但他的名气丝毫没有减弱。1775年，在没有他认可的情况下，他的喜剧《皮格马利翁》（Pygmalion）在法兰西剧院上演，凭借作者的名气大获成功。这一点，小说家路易·弗朗索瓦·梅特拉（Louis François Mettra）看得很清楚。"《皮格马利翁》还将继续受欢迎。我再重复一遍，是让–雅克这个名字使这个几乎跟戏剧不沾边的潦草之物闪闪发亮"，他在《文学秘密通信集》中这样向订阅者解释。[23] 任何细微的事情都会被新闻报道，比如像卢梭在《一个孤独漫步者的遐想》中记录的某些场景：他在梅尼尔蒙坦特（Ménilmontant）被一条在马车前奔跑的狗撞倒了。所有的欧洲报纸都在报道这一新闻和它引起的焦虑。比如人们可以在《伯尔尼报》上读到："11月8日来自巴黎的消息，几天前卢梭从巴黎附近一个叫梅尼尔－勒－蒙坦特（Ménil le montant）的地方返回途中，一条丹麦大狗朝他六匹马拉的马车疾速奔跑，使他跌倒……这位有名人物最后被送往家里，人们一直为他担心。整个巴黎都密切关注这件事情，人们不断地亲自前往或派人去他家中探望，就为了知道他目前的身体状况。"《阿维尼翁邮报》甚至错误地宣布了他的死讯，这让卢梭说不出滋味地享受了阅读自己讣告的特权。[24]当他第二年真的去世时，关于他的《忏悔录》出版的各种传闻证明他的名气并有任何消退。众所周知，接下来的几年是卢梭荣誉的巅峰时期，他被尊为伟人，朝圣者们不断地去埃尔梅诺维尔（Ermenonville）瞻仰，他的作品全集被出版，最后以1794年他的棺木进入了先贤祠告终。这段历史，更广为人知，却不是名气的历史。而是身后荣耀的历史，是他的文学、理性和政治成就的历史，这已经是卢梭主义历史了。[25]

在他的一生中，卢梭的名气是他身份的一部分。无论是嘲笑他对出名的爱好，还是反过来同情他的命运，都要把卢梭与名气这个在当时还很新的词联系起来。早在1754年，卢梭在日内瓦期间就引起过很大关注。药剂师兼日内瓦文人让－巴蒂斯特·托洛（Jean - Baptiste Tollot）证实，观察者的兴趣从卢梭本人转移到他的名气，以及有能力锁定公众目光的有名人物所散发的魅力。

> 我只想说说一位真正的精神人物，他的作品引起轰动，但他却喜欢默默无闻，丝毫不想成名，反而想偷偷削弱自己的名气，想甩掉身上招摇的标签。总之，这样的人只有著名的让-雅克·卢梭，他凭借观点的奇特性、人格的力量和下笔的勇气，吸引了公众的目光，他们把他视为一个稀罕的现象，对他产生了极大的好奇心。……整个日内瓦都像我一样想见到他，从统治者到主教，所有人都争先恐后地想去好好看一下这个来自巴黎的人。这个人在巴黎树敌不少，但别人的仇恨和嫉妒却反而更为他的名字增添了光彩。……他应该自己告诫自己，并不是所有爱看热闹之人都在巴黎，但人们就是想仔细看看这颗有时消失，有时又被乌云遮盖的星星。[26]

如果说星星的比喻预告了20世纪明星（star）的称呼，那么在接下来的几年中，大部分构成卢梭名气特点的元素都已经存在了。作者特别强调这样一位把奇谈怪论自圆其说、引起争论的奇特之人所激起的贪婪好奇心。他的名字就会引诱人们渴望见到他，甚至端详他。这种狂热还导致一些针对公众膨胀的好奇心，而非针对作家本身的批评。卢梭没有受到刻意引发这种狂热的任何指责，反而被认为是竭力想保持低调。

托洛（Tollot）是最早用这些词汇来描写卢梭名气、争相在路上围观他的人群、给他写信或拜访他的仰慕者的人（而卢梭自己却全力想过一种谨慎又隐秘的生活，他的努力当然是徒劳的）。他（指托洛，译者注）并非最后一人。卢梭的大部分朋友和仰慕者都不断地重复这种不讨人喜欢的名人话语，而卢梭本人正如我们看到的那样，只在闲暇时才会理会。所以当他向德·舍农索（de Chenonceaux）夫人抱怨那些冒昧到访的客人时，得到的回答是这样的："这就是名气的祸害之处，而且依我看，还不是一个小祸害。"[27]在差不多同时期，卢梭的朋友德莱尔（Deleyre）在报上读到卢梭的不幸，感到震惊的他给卢梭写信："亲爱的朋友，当我想到你的才能与美德竟然带给你那么大痛苦时，我就为你的名气而悲叹。……对这六个月以来他们给您造成的烦恼我是多么愤慨，在我从报纸上看到这些之前，我根本不知道！"[28]至于伯尔尼人尼克劳斯·安东·科尔赫伯格（Niklaus Anton Kirchberger），他愿意给卢梭提供一个避难之所，"我亲爱友善的朋友，来我家里避难吧，只要您喜欢，您想待多久就待多久，我发誓肯定会让您摆脱名气之扰，至少从它折磨人的角度讲"。[29]报纸甚至也作出了回应："这位有名人物，厌倦了被人们谈论，好像想去乡下隐居，过无声无息的生活。"[30]

这样一种强大而持久的名气之源泉是什么？起初，特别是在18世纪50年代，卢梭的名气是因为他善于利用奇谈怪论和知识分子游击队员老练的感知力来挑起绯闻和争议。《论科学和艺术》的首次成功在很大程度上是因为卢梭反对他那个时代最根本的观念，即哲学家和他们的大多数对手所共同认可的观念——艺术进步和风俗演进之间的关系。他的论点引起了反感和争议。"这种悖论难道不是他跟公众开的一个玩笑吗？"斯坦尼斯拉斯·莱什钦斯基（Stanislas Leszczyński），他最早的对手之一这样质问道。在笔战之后，他与曾经的朋友达朗贝尔、狄德罗争执，还隔空与伏尔泰发生了争吵，并关系破裂。

卢梭思考他同时代人之恶的孤独漫步者的浪漫形象已经盖过了他不可否认的论战天赋。早在1752年，他就通过发表一个教唆式的傲慢序言来补偿《自恋男子》的失败，并借此机会回复他所有的批评者。他在其中肯定地说："这本书里写的不是我的戏剧，而是我自己。尽管我感到反感，但我有必要说说我自己。"在他的《论科学与艺术》所激起的论战接近消停之时，卢梭又通过重申自己的观点，并再次猛烈攻击对手而让争论重新爆发。他谴责学者们捍卫他们的学科就如同以前的异教徒捍卫他们的宗教一样，就为了保住他们的权威。

后一年，他的《法国音乐通信》犹如一颗实实在在的炸弹。卢梭不满足于捍卫意大利歌剧，他还展开了对法国音乐的全方位攻击，其剧烈程度令人惊讶。[31]因此，几周之后，当人们在《文学通信》上读到卢梭"刚刚向巴黎的各个角落开火"这样的句子时并没有太惊讶。"从来没有一场争论像这样沸沸扬扬、喧哗闹腾。"[32]歌剧院的音乐家们甚至因为这样一场轰动而决定烧毁卢梭的人像。对于一个在两年前还是无名小卒的作家而言，这足够证明了他名气之盛。

《法国音乐通信》引起的轰动不仅在于卢梭的审美立场，更在于因他对法国音乐毫不妥协的驳斥所激起的爱国主义公愤。这一点还强化了此后一直伴随卢梭的自相矛盾的人物形象。一个刚刚成功地创作了《村里的占卜者》，一部人人传唱的法国歌剧的人，怎么会突然之间转而谴责法国音乐呢？让人惊讶的还有卢梭似乎与当时知识界的各个阶层都格格不入，尤其是1755年《论人类不平等的起源和基础》的发表和1757年与百科全书派的突然决裂。激进的立场、煽动和论战倾向，甚至愤慨的味道，这些元素构成了必定激起公众好奇心的烈性鸡尾酒。在18世纪50年代，卢梭在很多方面表现为自我推销的广告典范。

1762年《爱弥儿》出版之际，《秘史》用以解释人们对此书期待的原因，仍然是作者自相矛盾的形象（他的口才成了煽动性文章的助力），"这部作品，被预告被期待，因作者以极大的智慧汇聚了他既优雅又有毅力的写作天赋而更能激发起公众的好奇心。人们指责他的怪论。他名气之盛在某种程度上应该归因于他所使用的诱惑艺术。他从走上这条路以后，才开始因自身的与众不同而知名"。[33]

朋友让-雅克

　　然而在那个时期，卢梭的名气正在慢慢镀上一层新的色彩：这位天才作家所激起的好奇心是毋庸置疑的，但公众对《新爱洛伊丝》作者的爱恋之情也在慢慢产生。这部发表于1761年的作品取得的成功是惊人的。尽管作家和评论家的态度常常不冷不热，甚至是蔑视，但公众却趋之若鹜。"从来没有一部作品引起了比这更令人震惊的轰动。"路易·塞巴斯蒂安·梅西耶在刻画公众的热情时这样写道。该书的第一版出来后马上被抢购一空，书商只好分页借给读者。甚至那些没有读过这本书的人也跟其他人一样为之热情澎湃。年仅16岁的恰尔托里斯卡（Czartoryska）公主，当时正好在巴黎，她也马上被这股潮流所吸引，定制了一批小说中的人物模型。"我什么也没看过，也从未读过卢梭的书，但大家不停地在谈论《新爱洛伊丝》，而且所有的女人都把自己想象成朱莉。所以我觉得我也应该跟她们一样。"在朋友帮助下她获得了一次拜访卢梭的机会，她是抱着"观看一种新奇之物，一个奇观的急切心态"[34]前往的。

　　当然，也有很多人读了小说，并实实在在地受到了情感冲击。"开始的头几页就已经让我极度兴奋……白天的时间都不够我拿来看这本书了，我只好晚上也看，一次次感动，一次次震撼，终于读到了圣-普乐（Saint-Preux）的最后一封信，我不再哭泣，而是像一头牲畜一样叫喊"，这是《秘史》中记录的一位名叫蒂伯罗的（Thiébault）将军的回忆。[35]《新爱洛伊丝》的出版是阅读史上的一个界碑，因为读者们会把自己的读后感写信告诉卢梭。卢梭从此成为情感导师，一个操道德言语的人，他的作品有让读者在流泪的同时变得更好的力量。年轻的查尔斯·约瑟夫·庞库克（Charles Joseph Panckoucke），当时是鲁昂的出版商，立马给他写了一封满怀激情的信：

> 您神圣的作品，先生，是吞噬之火，它渗透了我的灵魂，强化了我的心灵，启迪了我的心智。很长时间以来，我都放任自己像浮躁的年轻人那样幻想，我在寻找真相中失去了理智。……必须要有一个神，一个强大的神才能把我从悬崖峭壁上拉回来，而先生您，您就是刚刚完成了这一奇迹的神……您温柔贤惠的爱洛伊丝将永远是我最神圣的道德准则，她将得到我所有的狂喜，我所有的爱和所有的祝福，而您，先生，我要献上我最高的敬仰和尊重。我喜欢您和您杰出的作品，所有有幸读您作品的人都会在书中得到您的指点，他们会朝更完美、更有爱的方向发展，按照一个好人该有的最基本的品德来行事。[36]

这是那个时代典型的情感风格，在这样夸张的表面下，还必须看到众多读者阅读《新爱洛伊丝》时纯粹的道德和精神体验。在那之前，卢梭是一个监察员，谴责现代社会的各种弊病。现在他成了一名指导员，为读者开启通向道德新生和幸福的道路。从这封信还可以看出人们把情感转移到作者身上，而这授予了作者写作的权利，甚至激起他的写作欲望。他们之间的联系不再只是出于好奇心和钦佩之情，它首先是一种感激之情，"永远感恩"的情感。当作者一提笔，这种感情就会引导读者吐露真情，在情感上和道德上模仿小说中的人物，那里眼泪和怜悯会提升人的美德。

因而我们可以想象，当时外省年轻的出版商庞库克也无法完全不在意，他也激情颂扬这位成功作家。但是这种真情吐露并不是某些奉承爱好者的偶然行为，在小说出版之后的几个月内卢梭收到好几百封类似信件。这种信件是如此多，几个月内好几百封信，以至于卢梭用"大批量"来形容，而且他还准备把它们发表出来。[37]可惜的是，并非所有的信件都保存下来了，但我们所掌握的那些就足以证实这种同时针对作品和作者的热烈情感。最引人注意的是大量的普通读者，有时是匿名的。其中一位感谢卢梭给予他六年来享受的"唯一的美好时光"。他在小说中看到了自己的处境和不现实的爱情写照，"如果大海的辽阔不会像把我和我的朱莉分开那样把你与我分开，我会多么开心呀！我一定会扑上去抱住您，千万次地感谢您从我这里夺去珍贵的泪水。也许有一天我会与您认识，我一定会找到办法"。[38]

当然，也有一些读者保持一种更平静，甚至批评的语气。皮埃尔·德·拉罗什（Pierre de La Roche），一个住在伦敦的日内瓦人，就曾写过一些长信，逐词逐句地讨论这部作品。这种不带情感性的做法本身就是有可能的，就因为卢梭并不是一个简单的作者，他是一个人人都可以跟他说话的公众人物。大多数时候，读者们都会写信给他、感谢他，尤其是要向他证明这本书给他们的生活带来的变化。让－路易·勒顾万特（Jean - Louis Le Cointe），尼姆的新教徒，认为是他发现了"美德的魅力"。在给卢梭写信时，他在自己与这位伟大作家之间的现实距离和因小说而产生的情感上的亲密之间迟疑不定。"我知道我所有的冒失，我谴责自己；但您越值得我尊敬，我的心就越无法抑制兴奋地想要向您坦白您所创造的崇高的感情。"接着他更加推心置腹地讲述从别人那里听来的关于他日常生活的消息："您对年轻妻子的真诚依恋让我们了解了两个人共同生活在一起的简单依靠是最温柔的感情。在28岁就有了四个孩子，我将以您为榜样。"[39]

并非所有的读者都直接给卢梭写信，尤其是当一些人是在该书出版若干年之后才读到的。马农·弗里潘（Manon Phlipon）曾以罗兰夫人的身份在大革命中扮演了重要的政治角色，《新爱洛伊丝》出版时，她才7岁。但是在18世纪70年代，她为作者痴迷，她熟读了他的书，并梦想有一天能碰到他。"我很生气你竟然不喜欢卢梭，我对他的喜爱已经无以言表"，她在给最好的朋友的信中这样说。"谈起这位优秀的让－雅克，我的灵魂就会被感动、变得活跃和温暖：我能感觉到自己活力重生，对学习、对各种真与美的热爱。"她是一个坦诚的宣教者，她坚持用自己的热情去感染别人："我很惊讶你竟然会对我对卢梭的热爱感到惊讶。我把他看成人类的朋友、恩人，我的恩人。"她还这样说过："我知道它们（他的著作）是我拥有的最好的东西。他的天才激发了我的灵魂。我感到它让我振奋，助我提升，使我高尚。"[40]

因阅读卢梭的作品——《新爱洛伊丝》和更早时候的《爱弥儿》——所引发的激情就这样表现为对卢梭个人的爱慕。而这种情感更因卢梭的不幸遭遇，以及报纸上关于他的厄运和接连不断的流亡的报道而更剧烈。显然，最终只有一个结论，那就是卢梭受迫害，被迫孤独隐居。"迫害和人们的不公正导致卢梭不再相信他们的诚意。他在所有的国家都受折磨，被他曾经以为是朋友的人以一种更尖锐的方式背叛，而他的灵魂能感知他们的龌龊却无法巧妙地揭发他们；被他那个忘恩负义的国家迫害，而他曾经为它争光、给它启示、为它服务；作为嫉妒和恶意的目标，隐居成为他看似唯一可以想到的避难方式，这不让人匪夷所思吗？"卢梭的粉丝很快从爱慕他的作品转变为无条件捍卫他的人。

在一篇里程碑式的文章中，罗伯特·达东（Robert Darnton）描写了卢梭的其中一位读者，拉罗谢尔的商人让·兰森（Jean Ranson），他与纳沙泰尔（Neuchâtel）印刷学会主任保持定期通信。他向兰森订书，但同时也借机向他打听"朋友让-雅克"的消息。尽管兰森从未碰到卢梭，他却把卢梭视为一个熟悉的人，一个亲近的朋友，通过阅读他的书，也凭借报纸和信件中提供的关于他的消息，他与卢梭之间建立了一种远距离的亲密关系。达东表示这种态度符合卢梭式心灵语言修辞的阅读新习惯。因为读者在卢梭的小说或其他著作中发现了一些似乎在刻画卢梭本人的生活并阐释他主观性的元素，读者又反过来被引导着超越了文本，文本只不过是一个开启读者对作者的崇拜和爱慕的序幕。"因此，卢梭主义的影响很大程度上归功于卢梭。他讲述的都是对于读者而言最亲密的感受，并鼓励他们去发现隐藏在文本后面的让-雅克。"[41]或者说，让-雅克并没有隐藏起来，因为卢梭已经很有名，而且毫不介意出现在公共场合。因此，这种情感阅读模式的成功在逻辑上导致读者与作者本人之间保持着诱惑关系。然而，达东首要关注的是建立一种基于旧制度文化下的和"今天几乎不可思议的心理世界"的民族志方法阅读史，他把卢梭及其读者之间的情感纽带描绘成一种对我们今天而言是陌生的情感抒发的神秘心理："法国大革命期间的卢梭式读者以一种我们无法想象的热情投入到文本中，对我们而言，他们就好比维京人喜欢劫掠，或者巴厘岛人害怕怪兽一样古怪。"[42]但是，当《哈利波特》新书的出版引来无数人在书店门口排队几个小时，戴安娜王妃或迈克尔·杰克逊的去世又使他们悲伤的粉丝汇集在一起哀悼时，我们能说这种情感依恋真的完全陌生吗？

卢梭读者们的反应没有那么"天真"，或者那么具有异国情调。正如通常人们所认为的那样，大部分人并不相信朱莉和圣-普乐真的存在，他们对卢梭关于信件真实性所保留的暧昧态度津津乐道，因为这种做法在当时已经很常见了。许多读者就跟今天的读者一样，喜欢在阅读时寻找关于作者本人的蛛丝马迹，他们相信卢梭是从自己的情感曲折中受到了启发，才想象出人物的命运并刻画得那么生动。因此，人们对角色的兴趣和怜悯已经转移到了卢梭身上，他塑造了角色，而且人们认为，只有当他自己有过类似经历之后才能塑造角色。情感小说的目的是通过认清角色的道德困境来感染读者并形成一种美德感染形式。这有力地推动了针对作者的情感转移机制。[43]

卢梭的读者所表达的热情，他们不顾现实距离想要与卢梭建立一种亲密的、友好的精神联系的愿望，并不是古老或非理性的思想特征，而是倡导情感抒发的作品和文学交流新形式的共同作用结果。庞库克笔下的宗教词汇，即众多读者使用的道德和精神转移词汇绝不能被曲解。这里讲的不是一种"迷信"或几乎神秘的放弃，而是构成公众的个人与同时代的名人之间建立关系的一种新方式。他们把名人当成导师或虚拟的朋友。这种不同强度的关系可能具有强烈的情感和道德因素，尤其是当一位著名人物，比如卢梭的例子，通过他的作品和个人生活给读者提供一些"重新调整自我"的方法时。[44]

许多读者通过卢梭的作品与他编织起来的关系就属于这种幻想的友好亲密关系。让-兰森的信件很清楚地体现了这一点。他并非一个充满激情和狂热的年轻读者，而是一个理性的商人，但是他在"朋友让-雅克"的书中找到了健康的道德规范。"让-雅克写的关于配偶、父亲和母亲义务的所有内容都深深影响了我，我向你们保证，它将在许多方面作为一项规则为我所用，在那些我可能被需要的场合。"这既不是要认识一个不太可能的人，也不是一种迷信，更不是虚拟与现实的混淆。兰森把卢梭视为一个远方的朋友，既真实又虚构，作为自己的导师。正是出于这种亲密和善的关系，他才会对让－雅克其人产生"强烈兴趣"，多次向让－弗雷德里克（Jean‐Frédéric Ostervald）打听"朋友让－雅克"的身体状况。在卢梭去世之时，他大声喊道："所以，先生，我们失去了崇高的让－雅克。我因从未见过他也未听到他讲话而难过。……求求您告诉我您对这位著名人物的看法，我总是关心着他的命运，而伏尔泰却总会激起我的愤慨。"[45]

正是卢梭的名气、他作品的情感和道德力量，以及人们对他不幸的同情这三个因素的结合导致了读者行动上的转变，他们在不认识卢梭的情况下给这位名人写信，表达自己的情感和想碰见他的愿望。也许没有人比瓦尔省的一个身份卑微的人表达过更强烈的感情，他声称他的灵魂体验过对他而言"最美丽的激情"，他每个星期都坚持给卢梭写信，直到卢梭接受并回复了他。"如果卢梭不存在，那我也没什么想要的了。他存在，我就觉得我还需要什么东西。"[46]至于钟表商让－罗米利（Jean‐Romilly），他会把卢梭的信来回看上几个月，并毫不掩饰地承认卢梭作为一个想象的朋友在他日常生活中所占据的地位，甚至到了痴迷的程度：

　　我不能再耽搁了，必须要与您谈谈。我渴望告诉您我与您之间的所有想象的对话，这个想法出现已经有将近两年甚至三年了。您应该知道，无论我起床、睡觉或散步，您总在我脑海里。而且当我在跟喜欢您或不喜欢您的人谈到您时，我感觉我不是一个人。[47]

　　卢梭和德·拉图尔（de La Tour）夫人之间十年的通信展现了作者和他的一个崇拜者之间如何建立关系，一种既感伤又有趣、既不对称又脆弱的关系。德·拉图尔夫人出身穿袍贵族，与丈夫分居，《新爱洛伊丝》出版时她31岁。她并不是一开始就主动想与卢梭通信的。她的朋友贝尔纳东尼（Bernardoni）夫人在给她的信里半开玩笑半认真地向她保证，她能认识另一个与书里的女主人公具有一样品德的朱莉。他们就这样玩起了一个游戏：贝尔纳东尼夫人扮演了调皮的媒人和忠实朋友的角色，并很快消失了，德·拉图尔夫人则扮演了心切的爱慕者，而卢梭刚开始也并没有表现出不屑，他们三人也可以构成小说三重奏。之后，在卢梭和德·拉图尔夫人之间开始了持久的通信，直到十年之后卢梭强行中断。德·拉图尔夫人是要求最多的一个人，她不断地给卢梭去信，不断地打听他的消息，告诉他自己的兴趣和焦虑，一遍遍地读他的书（"我的朋友，我必须把我的开心事告诉您：我已经第七遍还是第八遍读《新爱洛伊丝》了，比读第一遍时更受感动！"[48]），写各种激情洋溢的评论，提各种冒失的问题。卢梭用友善，甚至温柔的笔调给她回复（"亲爱的玛丽亚娜，您受苦了，我投降了。我能想象您满含泪水的漂亮双眼"[49]），但他回复很慢，甚至长时间表示不信任。不管怎么样，他仍给她写了60多封信，把这种临时故作风雅的殷勤话变为书信往来的友情。[50]

德·拉图尔夫人并不满足于一读再读卢梭的作品，或者梦想朱莉和圣－普乐的爱情，她给"亲爱的让－雅克"写了一封封长信，哀求他尽早回复。她的热情促使她在卢梭受到攻击时为他辩护。所以，1766—1767年在卢梭与大卫·休谟争论的高峰时期，她发表了一篇匿名诽谤文章，旨在为卢梭辩护，之后又写了第二篇。卢梭去世时，她又重新提笔记录自己的回忆，并给艾力·弗雷龙（Élie Fréron）的《文学之年》寄去了全部信件，随后又以《为他雪耻：朋友眼中的让－雅克·卢梭》为题出了一本书。[51]德·拉图尔夫人并不是第一个对卢梭从个人仰慕发展到公开称颂的人。庞库克在《新爱洛伊丝》出版时表现出的激情我们也是有目共睹的，他也在几周之后在《百科全书报》上撰文反驳伏尔泰的玩笑。

这里所要揭示的，是人们对卢梭名气反应的复杂性。他不再只是一位以奇谈怪论吸引读者的成功作者，也是"敏感灵魂的导师"，是伟大的情感小说的作者。他的读者们一遍又一遍地阅读他的作品。他还是一位受迫害的作家，从法国到日内瓦再到瑞士，他被迫不断逃亡，去寻找一个庇护之所。除了他的不幸遭遇和怪癖所激起的好奇心（爱热闹的人因这种好奇心而聚集到他经过之处）之外，在"让－雅克"和他的读者们之间还存在一种更深的感情——同情和渴望亲密、爱慕和感激之情。对于他的读者们而言，其中兰森、庞库克、马农·弗里潘和德·拉图尔夫人都是其中比较典型的，不管认识或不认识，卢梭都不仅仅是一个时尚人物，而是一个虚构的朋友，他们时刻准备着同情他或捍卫他。矛盾之处在于，名气和更广泛的大众文化表现为矛盾的两面：一方面卢梭的读者每个人与"朋友让–雅克"之间的关系都具有个性化和特殊性；另一方面，那么多的读者往往能以相同的方式去感知这种关系。

公众对1766年卢梭与大卫·休谟之间争吵的反应证明了他们对著名人物的依恋。休谟在巴黎上流社会的好朋友和保护者——卢森堡夫人和德·布弗勒夫人——的请求下，答应给在法国和瑞士受到严重迫害的卢梭在英国找一个庇护所。不幸的是，这两个人之间的关系很快破裂了。卢梭以为休谟与自己敌人同谋，拒绝了休谟为他争取到的乔治三世的膳宿费，最后给休谟写了一封犀利的绝交信，信里充满了尖刻的指责。这让休谟很沮丧，很焦虑，他立马写信给霍尔巴赫和达朗贝尔，把信的内容告诉他们，并征求他们的意见。这一愚蠢的做法其结果就是他们两人之间的争吵引起了巨大轰动，先是巴黎沙龙的特定圈子，在那里卢梭的对手感到由衷地快乐，之后在新闻界也传开了。两个男人之间的私人矛盾成为一次文学事件，一场真正的公开争吵。这一事件对卢梭的影响久久不消，而且使他失去了强大的保护者的支持。

我在其他地方已经描写了这场争吵的社交机制和重要性。[52]但在这里还是要强调一下它的公众热度，它鼓动卢梭不知名的读者们提笔为他辩护。休谟本人惊呆了："我难以想象把一个私人故事告诉给一位绅士会在整个王国瞬间传播开来。就算英国的国王宣布对法国开战，也不会那么突然地成为人们聊天的主题。"[53]然而，休谟和他在巴黎的朋友们的策略是不公开对卢梭的不满，避免与他进行公开争论，因为这可能会损害休谟的形象，其结果是危险的。他们希望维护自己在上流社会的沙龙世界和特定圈子里的名声。那里，人们本来就对卢梭百般中伤，再加上休谟在巴黎期间获得的没有污点的"好大卫"的名声，卢梭在卢森堡夫人、德布弗勒夫人以及其他卢梭的保护者心中的形象必然遭到损害。但是事情的处理似乎变得容易了，因为卢梭选择了沉默，拒绝回答那些要求他解释的人，除非是为了痛苦地嘱咐他们不要干涉他们的事情。

休谟的朋友们犯了一个错误：他们低估了卢梭的名气。他不再只是首都文学小圈子里的一个角色，而是一个公众人物了。几天之后，休谟写给霍尔巴赫的信里面的片段被广泛散播，远远超出了上流社会的圈子，引起了"公众喧嚣"。不到一个月，报纸纷纷报道这一事件，首先是《阿维尼翁信使》发表了一篇文章，随后英国报纸报道了。比如《圣詹姆斯纪事报》就在1766年的夏季和秋季刊登了一系列关于这场争吵的文章。[54]面对这些关于他与卢梭决裂的宣传，休谟被迫改变策略。他深信自己的正当权利，为了结束谣言，他要求朋友们公开信件，包括卢梭那封指责信，他还在信后附了他自己的评论。然而，与他的期望相反，这一"简短的陈述"并没有通过证明卢梭的忘恩负义和疯狂来结束这件事情，反而重新激起了争议并引起了许多反应。我们之前说过，德·拉图尔夫人提笔为让－雅克辩护。但她的文章只是为匿名作者写的《为让－雅克·卢梭辩白》添油加火。很多卢梭的仰慕者都通过小册子和写信的方式为卢梭辩护。

卢梭写给休谟的信，在休谟看来纯属胡扯，但被许多读者当成作者无辜、真诚和受迫害的证明。这封信使用了《新爱洛伊丝》的情感和双曲风格，有些段落甚至重复了圣－普乐的句子，所以它更显示出感召力。[55]让－雅克和圣－普乐之间的同一性是小说在1761年受到欢迎的原因之一，如今五年后，这一因素重新发挥作用。让－雅克·卢梭，《新爱洛伊丝》和《爱弥儿》的作者，和公众形象"让－雅克"几乎完全被混淆了。后者是由整个集体印象打造而成的，这集体印象中有些是新闻报刊传递的，其他则是经作者的作品呈现出来的。卢梭在巴黎文学界的相对孤立，甚至他的沉默，拒绝回答或捍卫自己，使他在公共舞台上重新获得优势，因为这些似乎证明了他的诚意。在他的爱慕者眼中，卢梭跟其他的作者都不一样，他不会为自己的名声而战，他是一个受着煎熬的敏感之人。"我并没有真的活在这个世界中，我不知道发生了什么事情，我没有党派，没有合伙人，没有阴谋。"这是他7月10号写给休谟的话。[56]但是，他有庞大的读者群，他是他们的"朋友让－雅克"。《为让－雅克·卢梭就与休谟先生争端一事辩白》的匿名作者声称在卢梭给休谟的信中"除了看到一个美丽、慷慨、精细且太过敏感的灵魂之外，别无其他。而卢梭的作品，尤其是他的行为让我们看到的正是这一点"⁵⁷。在强调了自己并不直接认识卢梭之后，他总结道："谁会质疑卢梭是不得不如此对待休谟先生，谁会质疑他在这一事件中展现了一个美丽、精细、敏感的灵魂，一个迎难而上的无畏灵魂？啊！哪个正直的人会因为这一事件而疏远卢梭？反过来，哪个正直的人不渴望与这样一位坦率至诚、值得尊重的人做朋友？"⁵⁸同样的情形，另一个匿名作品，《观察休谟先生和卢梭先生之间发生的争端的简洁陈述》，一本长达88页的小册子的作者，几乎一字一句地剖析了休谟对卢梭的指责，并且以完全有利于后者的方式干净利落地对这"两位著名人物"之间的争端下了结论。他的理由是卢梭在日内瓦和巴黎的敌人策划了一起阴谋，而休谟有意无意地成了他们的帮凶。他两次强调自己只是"通过作品"认识卢梭的，但他声称自己也是他的"朋友"。这些不同的小册子相互回应、相互助阵。《观察》的作者评论道："在我完成《观察》时，出来一本小册子（即《为让－雅克·卢梭辩白》），但它错误地以为卢梭的朋友们都被打倒了；我见到过一些我认识的人，他们不动声色、静观其变，他们坚信自己朋友的正直和诚信，他们也学他一样保持沉默。我之所以要打破这种沉默，是因为正直的人们之间不该是彼此不相干的关系，而且人们也不能指责一个陌生人有所偏袒。"卢梭的捍卫者们就这样构成了一种有选择性的社群。这一社群不是一个派系，他们与以休谟为中心的那个被指责集体密谋伤害让－雅克的群体不一样，他们是作家的朋友群，一般只是通过他的作品认识他，深信他的清白、他的诚意，以及他所遭受的迫害。他们认为自己的无名身份证明了他们不偏不倚的立场，并认为他们参与公共事务的行为客观公正，因而可以一直进行下去。

休谟和他的朋友们，以及他们之后的一些历史学家都对卢梭获得的公众支持以及争端事态的转折感到惊讶。[59]他们原本想在文学圈和上流社会中暗地里损坏卢梭的名声，结果发现自己卷入了一场公共争论，这让休谟心里十分苦涩。毫无疑问，在他们眼中，按照上流社会的准则，卢梭完全是有过错的一方，因为他在没有证据的情况下就充满恶意地对他的保护人发起挑战。然而，大部分公众却不这么认为。休谟、霍尔巴赫和达朗贝尔的战略坚持世俗性原则，即在特定圈子中通过聊天中的恭维客套表达一系列社会习俗（礼貌、保护……）。于是，他们开始质疑公众。霍尔巴赫男爵一向在沙龙中表现得非常谨慎，但其文字却又非常激进，他写信给休谟说："公众一般不会正确判断由他们当裁判的争端。"而达朗贝尔则警告说："在这样一群叫作公众的愚蠢野兽面前展开一场书面辩论总是不会让人愉快的，常常还是有害的。他们最好什么都不要问，也不要提任何比他们更优秀的人。"[60]霍尔巴赫还总结说，最重要的是要引起"明理、没有偏见之人的重视，只有他们的评判才是文雅人士渴望听到的"[61]。但是这一策略与另外一条新生的原则相冲突，名气的原则。他们本来试图把事件控制在一定范围内，可是这一原则立马使他们的企图无效，并为卢梭赢得了匿名却广泛的支持。

事件一开始导火索是休谟为卢梭从乔治三世那里争取来的膳宿费。15年以来，卢梭一直公开宣称拒绝任何资助和任何关心，所以这一次让他感到尴尬了。事件变得相当混乱，但似乎如果在卢梭改变想法之前秘密授予他资助，那他应该也会同意的。无论如何，最后卢梭相信，休谟提出的这个请求，只是为了让他处于一个不可能的境地，迫使他自相矛盾，并让他被抹黑。在卢梭看来，这才是问题的重点，这样的事情是拿生命道德开玩笑。在休谟和那个时代大部分上流社会的人看来，那只是一个借口。正如涂尔格（Turgot）向他保证的那样："世界上没有人会认为帮卢梭争取资助是为了羞辱他。因为除了他之外，没有人会想到这笔资助会让他蒙受耻辱。"[62]但是，日内瓦的读者们知道应该坚持什么："卢梭忘恩负义！事实证明他不是。卢梭有骄傲感，这是可能的。但这种骄傲让我们超越了财富，让我们以自己的劳动为生，让我们摆脱各种卑劣的奉承，这是一种值得尊敬的骄傲。不幸的是，它在文人身上已经很罕见了！"[63]《为让-雅克·卢梭辩白》在作者这样呐喊道。这里最关键的东西，是卢梭在文学领域的奇特立场，他藐视普遍的规则，渴望树立一个非典型的公众人物形象。这种塑造典型公众形象的努力本身就是其名气中一个强大的因素。

个性、模范与名气

有一点是卢梭的诋毁者和阿谀奉承者共同认同的：他的行事与别人完全不同。他的公众形象是绝对奇特又独一无二的。他的敌人们叫他疯子，但他的朋友和爱慕者却认为他是一个敏感而无与伦比的人。而他自己，众所周知，他把这一存在层面上听到的古怪观点变成了《忏悔录》中的核心思想，"我与任何一个我见过的人都不同，甚至我敢说，我与世上任何人都不同。如果我不够好，至少我是不同的"。[64]但是，这种独特性，即卢梭人生轨迹的独创性，通过"让-雅克"的形象在公共空间强有力地投射出来。卢梭并不满足于不同，所以他让它变得广为人知。

对树立一个独特的公众人物形象最有帮助的是，卢梭在出版了《论科学与艺术》之后，刚开始出名时，对自己进行了著名的"个人改革"。他把自己的生活方式与自己的原则相结合，打破传统的赞助形式和旧制度下作家的生活方式。卢梭放弃了他在杜邦·德·弗兰克伊尔（Dupin de Francueil）的秘书职位，抛弃了上流社会的服饰习惯，拒绝礼品和资助金，并选择通过抄写乐谱来谋生。通过这样的方式，他向公众和自己展示了不同于精英阶层的独特一面。[65]

在评估后果之前，我们必须认真对待这一开场行为。卢梭要求一种示范性生活，这实现了几项功能。一方面，这保证了卢梭自己的真实性。这个决定是悠久的知识和道德传统的一部分。这个传统可以追溯到古代哲学，并在文艺复兴时期重新活跃起来。根据这一传统，哲学不仅仅是一种教义问题，而是一种道德问题，一种模式生活，努力实现更真实、更正确的生活形式。[66]卢梭在《一个孤独漫步者的遐想》中也讲过："我看到很多人在学术上比我更哲学化，但他们的哲学对他们来说是如此陌生。"[67]卢梭反对把哲学视为对世界的简单认识，或一种智力活动，他捍卫一种更加个人化的思想观念，首先是自我认识的操练和改进方法。另一方面，通过哲学和道德范例的展示，卢梭还想确保他的哲学话语之可信度，特别是他向同时代人提出的尖刻批评。他不断重复：能够决定思想真实性的，是作者为真理牺牲一切的能力。还有一句暗示性的话："如果苏格拉底死在床上，今天人们会怀疑，他只不过是一个聪明的诡辩家。"[68]

《忏悔录》是卢梭轰轰烈烈进入文学界的标志，它既是理论也是自传，卢梭在其中写道："如何接受这些严厉的原则？（我刚刚以非常不相称的状态接受了这些原则），别怪我不怀好意，这就好比让财政总监去宣扬无私和贫穷！"[69]这一说法值得我们停下来好好思考它的含义：是否是为了维护其原则的可信度，而使它们不受肤浅评论的影响，或避免受到嘲笑？这一含义也正是卢梭选择的核心，尽管他表现出对理论和道德一致性的担忧，他还总是担心自己产生的公众效应。根据读者阅读时的心境，宽容的还是批评的，我们可以从不同的角度解释这种多义性。首先，我们认为卢梭所声称的典范性必定有两面性。作为与自身的关系，道德考虑，它在根本上是一个私人问题。作为一种教学论据，为了加强自己作品的分量，它又必定是一个公共问题。其次，在第二种情况中，即不那么友好的读者，可以说这种典范性的考虑首先对应的是吸引公众注意力的考量。结果是一样的：对真实性和一致性的主张不仅仅是个人的私密体验，自我的一项孤独劳作。它一开始就被卢梭推到幕前，在《村里的占卜者》成功之后，通过拒绝皇家膳宿费这样类似的惹眼举动来声张，或者不管什么场合都选择一种不协调但实用的着装，一种阿拉伯长袍，卢梭自己称之为"亚美尼亚穿着"，用以显示他对惯例和社会约束的蔑视，选择一种简单的生活，远离奢华，接近大自然。这一装束成为公众人物"让–雅克"的一个标志，他的对手怀疑他是"做作狂"[70]。

关于典范性的关注，其特征之一就是完美地展示了公众的积极性：卢梭骄傲地公开自己的想法，在书上直接署上自己的名字，而不是使用化名或者笔名。霍尔巴赫男爵在出版自己关于无神论的论文时使用的就是化名，而且他的个人生活也一直不为外人所知。伏尔泰一贯用的都是化名，即使大家都知道那就是他本人，只是表面上是另外的名字。而卢梭呢，就连自己未经授权出版的作品，他也不愿采取任何哪怕微小的措施隐藏，生怕大家不知道那是他的作品。[71]

同样，在爱尔维修的《论精神》引起公愤和《百科全书》被取缔仅仅四年之时，卢梭发表了《社会契约论》和《爱弥

儿》，并坚决地署上自己的名字。人人都可以实实在在地从中
看到一种对公众的煽动。他拒绝匿名，而且表面上的匿名的做
法激怒了当局，使他们对他更加严厉。巴黎大主教的训谕明确
批评了他，1762年6月9日议会对《爱弥儿》的判决也是如此：
"这本书的作者丝毫不担心说出自己的名字，他应该一下子就这
样受到追捧，而且重要的是，既然他已经让自己出了名，那司
法部门应该用他来树立一个例子。"[72]卢梭选择在自己的书上署
名，让自己的名字显眼，确确实实很能引起议论。伏尔泰无法
理解卢梭为何不愿低调一点，并指责他这样做让整个哲学圈子
都承受风险。他在《给德·博蒙先生的一封信》的副本边缘写
道："为什么你要写上自己的名字？可怜的家伙。"[73]这一谴责
既具战略意义，也具有道德意义，更具有社会意义。"可怜的家
伙"在伏尔泰口中指的是靠笔杆子过活的作家，他有时也称之
为"文学下等人"，不同于主流社会中很懂得如何在公众面前优
雅表演的作家。

然而，对于卢梭而言，在作品上署名的行为是作家最基本
的政治责任。[74]他在《给德·博蒙先生的一封信》（德·博蒙即
巴黎大主教）中，尤其是在《山中书简》中都阐释过这一点。
《山中书简》写成于日内瓦政治冲突困境的背景下，是回应特龙
钦（Tronchin）检察官，以及之后日内瓦小委员会对《社会契
约论》之谴责的檄文。[76]卢梭认为有署名的书不能被当作匿名
书同等对待，而应该具体看待。对一本有作者署名的书的评判
不能只看文案，必须也要对作者的意图有所观照，因此也暗示

了一种合乎法律程序的操作。此番论证分两步走。首先，卢梭通过谴责匿名作者的虚伪对他们加以讽刺："不少人甚至有这样的习惯，为了给自己脸上添光而承认这些作品，但同时又拒绝让自己的名字登上封面；同一个人在另一个人面前是不是作者，这取决于他们是在审判席上还是在晚宴上。……通过这种方式，安全对虚荣而言毫无价值。"[77]随后，他要求为自己辩护。他解释道，由于他署名了而且为自己的文本负责，就没有可能把他的文本和他的人分开。可能受到评判的不单单是文本本身，还有作者写作的行为和意图。"当一个笨拙的作者，也就是说一个知道自己责任，并想要履行其职责的作者，他认为不该对公众说任何他没有承认或表态的事情。但是公正的原则不应该把有荣誉之人的笨拙视为一种犯罪，而应该希望以另一种方式让它继续。公正的原则希望人们不要把对这本书的评判与对作者的评判分开来，因为作者署名的初衷也是希望人们不要把它们分开。公正的原则希望人们直到听到作者的回应之后才对作品做出评价。"[78]这一强调作者知识和惩戒责任的理论，其基础是作品和作者的不可分割性。但很显然，这样的主张意味着将作者转变为公众人物，因为一旦他出版了一本书，他"表明自己要做出回应"。

这里，责任的主张也伴随着对成名的渴望。在《山中书简》中，关于荣誉的词汇无处不在。卢梭强烈谴责委员会"扼杀了他的荣誉"，"甚至在他署名的作品中通过刽子手令他绝望"。整个文稿都是在正直的作者和下流的刽子手之间的对抗中进行的。前者坚持要在自己的作品上署名（我们也可以说他的署名为书增添了荣誉），而后者则通过取缔他的书来获得荣誉。"当人们烧毁一本书时，刽子手在干吗？他是否会玷污这本书的页面？谁曾听说过一本书还有荣誉？"这种与文学作品有关的荣誉有时以作者自豪主张的形式表现出来，比如卢梭就发表《给达朗贝尔的信》一事写信给他的印刷商马克·米歇尔·雷伊："不仅仅是您可以让我出名，我的名字放在那里本身就是一个招牌。"[79]这里人们很容易看到一种广告策略，它以丑闻的尖锐意识和作者的名气为前提，本书将对此进行考察。

　　以前为了谨慎起见或为了尊重精英价值观，往往会隐去作者的姓名。而现在的做法却是将它放在最显眼的地方。卢梭甚至还在《新爱洛伊丝》第二版序言中公开表态：

　　当一个正直的人跟公众说话时，应该藏起来吗？他敢发表那些他不敢承认的东西吗？我是这本书的责任人，我的名字将作为责任人出现在书上。

　　N：什么？您要署名？

　　R：署我自己的名字。

　　N：什么！您要署上您自己名字？

　　R：是的，先生。

　　N：您的真名吗？让－雅克·卢梭，每个字都写出来吗？

　　R：让－雅克·卢梭，每个字都写出来。[80]

当然了，最后第一版的封面上只出现了卢梭两个字，对于一本小说而言，这样操作实属罕见。在真诚和透明的评判背后，卢梭展现了他的自豪，或者可以说是他的狂喜，甚至招摇，同样也是一种蔑视和挑衅，卖弄自己与正统文学规则的决裂。这个姿态也与他讨厌贵族人物或上流社会作家的态度一致。写作既不是工作也不是业余爱好，而是一种责任，甚至是一种使命，社会和公共事业的使命。卢梭经常重复并强调这样的论调[81]，在这里却显得很讽刺。这旨在将卢梭的名字与他的作品联系起来。卢梭执着签署自己的名字，拒绝使用化名，这不仅仅是作者个人的立场。它从对身份的自豪宣称转变而来，与自我评价不可分割，既是社会性的，也是个人和权威性的，名字就是保障。甚至在被当局迫害期间，卢梭仍然拒绝化名出行。在《爱弥儿》被查禁之后，他的朋友达尼埃尔·罗干（Daniel Roguin）希望接他到伊弗东（Yverdon），他写信说："关于隐姓埋名，我不想使用任何其他人的名字，也不想换名字……我就是这样的卢梭，我要一直当卢梭，不管有什么风险。"[82]

这些不同的因素（拒绝膳宿费和礼物，蔑视上流社会的礼仪规矩，选择不同寻常的穿着，坚持使用自己的真名）构成了一个体系，它们塑造了让-雅克这个人物，他不仅是一个有才华的辩论者或感伤的小说家，而且是一个奇特的人物，他似乎不符合他那个时代文学世界的任何习惯。这种奇特性不断地引发关于卢梭的话题：这种奇特性是真诚和真实的吗？还是仅仅只是一个姿态，一个吸引公众关注的手段，抑或是一个广告策略？

关于这一点，不走寻常路线的格里姆要比弗里龙走得更远些。后者在1954年谴责卢梭"疯狂地在世界上制造事端"。前者在晚几年之后却把他描绘成"诡辩和古怪的著名作家"，还讽刺性的加上一句："古怪的角色总是属于那些有勇气和耐心去表演它的人。"[83]

其他人的讽刺有过之而无不及，他们谴责卢梭病态地渴望名气的欲望，更谴责他一边对此否定一边卖弄炫耀。杜德芳夫人给乔伊瑟尔（Choiseul）公爵夫人写信时说道："这是个疯子，如果他是故意犯下贬低自己的罪行，就算那会让他上绞刑架，我也不会惊讶，因为他会认为那样会提升他的名气。"[84]因此，即使卢梭在他生命的最后几年拒绝公开露面，也依然引发了这种类型的解读。里涅王子讲述了他在普拉特耶尔大街上与卢梭的会面："请允许我披露一些真相，虽然有点苛刻，但这正是他渴望名气的样子。我记得我跟他说：'卢梭先生，您越是躲藏，就越受到关注；您越是孤僻，就越会成为公众人物。'"[85]与前面的引文不同的是，这几行字是几年后才写的，可能是在大革命中，而里涅认为它可以追溯到一段清晰的历史。不变的是，这一文本和其他文本一样，揭示了在18世纪末期名气是人们思考的一个多么重要的问题。同时它还表明，我们所认为的与当代公共媒体空间过度相关的现象在当时已经非常敏感：对某一级别的名人而言，公开表明拒绝任何广告可能会成为吸引公众好奇心的绝佳方式。

成名的烦恼

卢梭并没有让同时代的人去剖析他成名之事，而是进行了自传体式的自我剖析。作家在社会声誉与自身命运的反思中感到迷茫，这不足为奇。然而，成名意味着公众认知的转变，卢梭是第一个明确思考这一问题的作家。而这一层面评论家们鲜有提及，或许是因为它被阴谋与迫害的动机所掩盖，没有即刻呈现出来。但是，正如我们所见，当他被所有人都认识，并且首先要推出一个公众形象时，于是，与真正的卢梭截然不同的"让·雅克"同时产生了。它与名人本身既对立又相似。卢梭以噩梦般的幻觉模式描述了成名特有的异化机制，也就是说：与自己原本形象的剥离。

卢梭一度渴望成名，长久以来，这近乎成为一种极其强烈的欲望。他在《忏悔录》中承认：年轻时多么渴望成名，一到巴黎就千方百计想要成名，但是后来他觉得名气反而成了一种烦恼。卢梭一直想要一条通往成功与荣耀的途径，希望他的音乐记谱法能够让他获得成功："我坚持要在音乐界进行一场革新，以这种方式最终在艺术界扬名，在巴黎名利双收。"[86]卢梭在十年后终于有了名气，他以《论科学与艺术》一举成名，他觉得这首先是对他个人价值的肯定："对我这样的无名作者而言，公众不期而至的青睐是对自己才华的第一次真正的肯定，但直到那时我内心深处对此仍不确信。"这一新的名气对他而言就像是完成革新的绝技："我明白其中的一切好处，这对我决定要做的事情有帮助，我认为在文学圈有点小名气的抄谱者应该不会缺少活干。"[87]我们发现一个明显的悖论：卢梭决定抄写乐谱，以这样的一种体力劳动作为生计，放弃文人的生活方式，但他希望他的文学名声能够吸引顾客。当他在1770年又开始抄写乐谱时，这一矛盾更加引人注目，当时他正式放弃了所有的文学活动并谴责了名人的机制。来找他的大部分客户一心想要能够接近这位离群索居的名人。

矛盾是显而易见的。文人参加各种沙龙并总是受到有权势贵族的保护，卢梭决定打破这一模式，他的成名摆脱了世俗的条条框框。他不借助于有限的社交建立名气并确保文人的职业生涯，相反，他依靠公众的拥护与支持。正如我们所知道的他与休谟之间发生的争执，卢梭这么做并非不合逻辑，尽管他绝对不可能明确地承认那是因为他渴望借此出名。然而，在一篇大概写于1760年初但未公开的文章中，卢梭这样描述自己："我更喜欢人们说它的不好，然后有更多人来评论它。"[88]卢梭所说的"回归纯粹的热爱"首先表现为广告方面的出色表现。人们如何评论他一点不重要，重要的是人们在谈论他并且经常谈论他。"如果被看作一个普通人，我宁愿被所有人都忘记。"[89]此时，自尊心不是指想要被尊重，更多的时候表现为渴望自己被公众认出来，成为公众热议的对象，这就是"名气"的准确定义。卢梭认为，如此定义的"名气"需要想方设法维持。"假如我只是任由公众在一段时间内热议，那么应该担心的是：热度过后公众不再议论了。"[90]

　　然而，卢梭很快就觉察到名气的危害，可能使任何一种最简单的人际关系都不可能再真实，归结于一个程式：一旦有了名气，再无真正的朋友。[91]名气使他与朋友渐行渐远，招来忌妒甚至迫害。名气迫使他面对虚假造作的人际关系，在真正的他与其他人之间，不可避免地存在着一个名人的"他"。因此，对于秉持新的名人文化价值观的人而言，卢梭的这一观点常常变成了他遭谴责的理由。诸如崇拜者来访之事，卢梭抱怨并不愿意在莫蒂埃接待太多的来访者：

> 以前来见我的人，都与我有着天赋、品味和理念方面的共同点，因此他们的造访理所当然，而且他们首先让我关注的是我能与他们聊起共同话题。但是在莫蒂埃（原文如此），情况完全不是这样，尤其是来自法国的访客。他们多数是政府官员，或者其他与我没有任何文学共同爱好的人。有些人甚至从未读过我的作品，却几十上百次地来拜访并欣赏杰出、著名、非常著名的人物、伟人，等等。

　　空洞的话题、虚伪的奉承，这些拜访本应该是珍贵的鼓舞，可对他而言却变得很可憎。让他觉得厌烦的是，这些访客的到来并不是出于共同的爱好，或因经常阅读他的作品而对他由衷欣赏，而是出于一种不正常的好奇心。在卢梭眼中，这种好奇心或多或少有点秘密监视的感觉，"人们觉得这样的谈话让我很无趣，但他们却似乎对此兴趣浓厚，这是因为我很坦诚，我会毫无保留地回答他们想要我回答的问题"。[92]

而几千公里之外的伏尔泰，却兴高采烈地接待来自欧洲各地的访客，而且他也完全清楚他们将在以后的通信中、晚宴中迫不及待地讲述这次与伟大作家见面的经过。卢梭蔑视这一切，往坏的说，他认为他们是最阴险的间谍；往好的说，他们是前来观看表演的好奇者。在成名的后果和开始让他感到烦恼的迫害之间有一种越来越理不清的关系，尤其是在他不得不从一个庇护所逃往另一个庇护所的那几年期间。他将一切关心的行为视为威胁或嘲笑，毫不掩饰地回绝他的来访者。他是一个特例，但也值得我们找寻书面证据：拉罗德·德·圣-哈翁（La Rodde de Saint‐Haon）公爵夫人曾经热切地希望能拜访卢梭，但却遭到他无情回绝："我没有办法满足公爵夫人的要求，对此我感到很遗憾，但我绝对没有与她想见到的那些人相同的荣誉，而且我也从来不是他们的样子。"面对她的坚持，他指责她"两封信中泛滥和过度的赞美"，这些赞美"对我而言就好比是最热情的迫害的特别表现"。此外，他也拒绝被当作观看对象："那些想看犀牛的人应该去集市，而不是来我家里。所有对这种带侮辱性质的好奇心的嘲讽都只不过是我的另一种愤怒，我不需要对此表现出什么恭敬。"[93]

这种不接受表现为在他感到受到威胁时随时采取粗鲁且几乎侮辱性质的坦诚态度，结果与卢梭所说的其仰慕者想见他的两种情况相联系：阴谋和不公正的好奇心。如果说第一种情况与卢梭的个人特质相关，那么第二种情况则触及名人机制的核心，也就是说把名人转变成一种展示品。犀牛的比喻生动地预见了19世纪表演行为的盛行。当时各种各样被当作动物一样展示的人和异国情调的样品都被暴露于公众的好奇心之下。因此，严格地说成了一种"集市现象"。然而，这一比喻远不如现实中的犀牛本身滑稽可笑。这里指的是著名的犀牛克拉拉，它1741年被带到鹿特丹，随后在将近20年中在整个欧洲巡展，从柏林到维也纳，从巴黎到那不勒斯，从克拉科夫到伦敦，成了一个真正的国际明星，书籍、绘画、雕刻都以它为题材，它为它的主人带来了不可估量的收入。克拉拉在1749年时曾在圣-日耳曼市场展出，当时卢梭可能也曾见过。1770年，位于凡尔赛的国王动物园中来了一头新的犀牛，再次引起轰动。这也使得关于克拉拉的记忆也重新复苏。来访者的烦扰是那10年期间卢梭文字记载中的主旋律，他们就像去看一场演出一样来看他，虽然他们并不是为了监视他、看他的过失，或嘲笑他。贝尔纳丹·德·圣-皮埃尔当时与卢梭走得很近，是亲历者，他的话值得我们引用：

> 各色人等都来拜访他，我不止一次看到他很直接粗暴地回绝了其中的某些来访者。我跟他说：不知我的造访是不是也跟那些人一样不合时宜呢？您与他们有很大不同！那些人来看我是出于好奇心，是为了能在别人面前炫耀见过我，是为了看看我生活环境的细

节，最后是为了笑话我。我又说：他们来也是因为您有名气。他不开心地重复：名气！名气！这个词让他恼火：名气已经让这位敏感之人变得很不开心了。[94]

很难知道这件逸事是否真实，但它至少是完全可信的，因为它符合那些年里卢梭的真实反应。令人惊讶的是贝尔纳丹很强调"名气"这个词，卢梭自己也反复提起这个词。而正如我们所见，这个词在当时还是个新鲜词语。贝尔纳丹说的"名气已经让这位敏感之人变得很不开心了"这句话巧妙地揭示了：名气作为一种社会条件，意味着处于该种状态的人必须要有一种娱乐能力，要得接受自己表演一个角色同时又与身边的人保持距离的现实。然而，从这个角度看，卢梭完全没有这种能力。相反，这个敏感之人是和每个人都关系非常密切的人，他期望每个对话者都能以他的独特性和真实性来认识他，从而充分投入情感交流。

卢梭成名的背后是被大众传媒公共领域发现的沉痛过程。值得注意的是，卢梭一直以来都被一种强烈的被认可的愿望所驱使，不同于空幻的阅读（这只是想从他的作品中寻找孤独的感觉、对自尊心之虚伪的谴责或在自恋中寻找幸福）。也许我们可以从心理学或社会学的层面为他开脱，但毫无疑问，这种需求是他的生活动力之一，也是他哲学著作的主要主题之一。[95]他的道德哲学和政治哲学的一个重要部分就是寻求出名的方式，以便达到社会关系的和谐和公正，而不是每个人自尊心之间的竞争和无限制的名望之争。

卢梭想出名的愿望有紧密相连的两方面，必须加以区分。第一个方面似乎是社会认可的需求。这让他，一个自学成材的钟表匠的儿子，热切地寻求巴黎贵族社会的尊重和友情，并坚信在配膳室和仆人一起吃饭绝不是不光彩的事情。凭借其知识价值，卢梭在《忏悔录》中非常愉快地讲述了几个场景，都是关于他如何凭借自己的思想和天赋在社交场合战胜了强于他的对手的。[96] 这一愿望导致人们怀疑他虚伪：这位猛烈攻击贵族特权和上流社会伪装的骄傲人士，是如何重视与卢森堡元帅、孔蒂王子和布弗雷公爵夫人之间的情谊，最后却在吉拉丹（Girardin）侯爵的领地结束生命的？难道卢梭只是一个冒充高雅之人？事实上，这种出名的要求与经典的暴发户综合征有很大不同。暴发户综合征渴望被认可为统治阶级的一员，其完美的典型形象是资产阶级绅士。卢梭并不向往某种社会地位，他并没有声称想要加入某个社会团体，不管是贵族、上流社会，还是"文人"。因此，他的愿望与出名的第二个方面密不可分。这个方面是私密的、个人的，与他的知识、艺术或社会价值不怎么相关，更多地与善良和天真相关。少了一些社会因素，多了一些道德因素。它并不表现为需要被人们崇拜和尊重，而是希望被喜爱和同情。

卢梭渴望出名的双面性解释了他性格和态度中的显著矛盾：骄傲和感伤的奇怪混合，荣誉和泪水的紧密结合，喜欢丑闻又渴望被爱。他所构建的渴望出名的现代性也来自这里。对于垄断声望和社会尊重的社会精英来说，他不希望自己被视为他们当中的一员，而是希望自己与他们不一样。当时大部分作家都希望被上流社会认可，所以他们娴熟地掌握了那些社会规则，根据伏尔泰"成为文人之前首先应该成为上流人士"的原则把自己打扮成上流社会的完美人物。然而，卢梭却企图通过展示自己的奇特性，甚至自己对这种生活方式的蔑视来同样获得这个社会对他的尊重。在《忏悔录》中，大部分的社交成功场景都是基于这样的原因：卢梭坚持自己的原则，并获得人们对他的才华和无以复加的奇特性的认可，这种认可中的喜爱、感伤和纯粹的社会因素一样多。举个最明显的例子，那就是《村里的占卜者》在枫丹白露的演出。《忏悔录》中的相关描述结合了两方面的因素：演出很成功，公众对卢梭表达极大的崇拜和为他喝彩，然而他自己却拒绝遵守宫廷的穿衣规则，他不修边幅，"留着大胡子，假发也乱糟糟"。因此，他的成功不仅仅是一个简单的艺术或社会成功，它不单关乎他的作家天才，同样也跟他的真实性有关。真实性让他既能陶醉于音乐，同时又能在任何场合坚持自我（"为了始终做我自己，如果不按照我自己的想法来选择，我会在某些场合感到羞愧"[97]）。

我们可以清楚地看到这样一种希望被认可的愿望所带来的困难。它将传统的社会认可形式和另一种新形式（这种新形式以对自我奇特性和独特主体性的肯定为基础）在一个不平等的社会中结合起来。在这个社会中，人们获得的尊重基本上是由他们所处的地位来决定的。新的独立自主、独特的主体性的肯定。首要方面是群体性的，其形式是加入这一群体。那里的精英阶层会承认新来者，把他视为群体内部的一员，把他吸纳进自己的沙龙，认真对待，并给予他获得社会尊重的外在象征。这是16世纪根据生活方式默认的贵族化机制，也是18世纪融入上流社会的机制。第二方面是私密认可，几乎必然是个人之间的、主体之间的，如果可能的话，最好在直接互动的两个个体之间。他理想中的形象是建立在感情关系上的，甚至更好的是建立在爱情与同情共存的温情之上。《新爱洛伊丝》可以理解为这个主题的一系列变体，从表兄妹朱莉和克莱尔之间的几乎孪生友谊到朱莉和圣-普乐在放弃了彼此之后混合了尊重、爱和温柔的情感特征。这就是为什么在《忏悔录》中有名的快乐场面总是被描绘成摈弃了通常的社会机制、情感渗透占主导的时刻，在这种时刻女性扮演着至关重要的角色。博森瓦尔（Beuzenwal）夫人家里的客人请卢梭在配膳室吃饭，卢梭当即给他们念了一首诗，然后他们就再也忍不住，流泪了。她的女儿，布罗格利（Broglie）夫人立即把他想象成一个"幸运之人"[98]。《村里的占卜者》的女性读者陶醉在一种甜蜜而感人的情绪中无法自拔。而感动到流泪的作者也急不可待地"渴望用他的嘴唇去搜集被他所激起的美味泪水"[99]。但是，这些场景都是虚假的，是幻想出来的感人场面，或者至少是十分罕见且短暂的。因为社会规范使得这种集体和感性的融合极不可能。

理想的，同时又是社交的和亲密的认可方式，也就是文学，它使作者受到读者的密切关注，又抓住了他们的个性。卢梭建立了一种理论，一种情感的、道德的和阅读的理论。[100]对他而言，阅读应该有一种帮助读者迅速且真实地进入作者情感世界的能力。只有这样，作者才能既是一位才华出众的知名作家，同时又是受到众人爱戴的情感人物。但是从阅读到认可的过程是读者心中情感的转变。读者可以根据自己的情感来评判作者的情感。这儿有一种重言式①的循环：卢梭的书提升了读者的品位和敏感度，用道德感染他们，他们证实了作者真实的善良；反过来，也正是因为作者的真诚才能产生如此效果。这一点不断被提及，尤其是在《被看作让-雅克的卢梭》中：读他的书并不是为了从中找出不足或逻辑矛盾，而是以自身的读者情感来评判作者的情感和道德。这一阅读理念并非卢梭一人所有。我们可以在大部分情感小说中普遍找到。但卢梭赋予它一种特殊的转变，即从书信体小说变成自传性质的写作。卢梭在情感阅读理念的基础上（当时只涉及虚幻小说）增加了自我真实性文化。[101]

卢梭认为，阅读可以直接把作者与读者联系起来，因此可以摆脱所有传统社交形式。在传统社交形式中，人与人之间的关系以评价的社交性为基础，也就是说，是一种声望机制。这是人与人之间亲密接触的理想基础。沙龙中，人们通过外表、对某些世俗技能的掌握、分享的艺术、好的谈吐、优雅的赞美，或者别人的说法来判断他人。人们总是通过自己给别人的印象

---

① Tautologique，又称"重言式"，是逻辑学的名词。命题公式中有一类重言式。如果一个公式，对于它的任一解释下其真值都为真，就称为重言式（永真式）。——译者注

和别人给自己的印象来评估一个人。然而，由于过于敏感的天性或过于愚钝的社会性，卢梭从未掌握过社交互动的规范，缺乏及时性和灵活性。"如果我既不能隐藏自己的缺点，也无法改变自己，那我希望社会是另外一个样子。"[102] 在社交生活中，每个人都被关注，同时也在关注着别人，他的自我感觉和别人对他的感觉之间的差距是极大的。当人们说他看起来很糟糕时，卢梭立马补充："我拿来写作和隐藏起来的部分是最贴合我自己的部分。展现出来的那个我，人们永远不会知道他的价值，甚至不会有任何怀疑。"[103] 因为太出名，他必须得隐藏起来。但是不露面的话又怎么证明自己的价值和存在呢？所以得写作。依靠书籍来证明真实的让－雅克的存在。

我们也就明白，这种亲密认可的社交场景，卢梭和他的读者之间的感情融合，就是一个上流社会女性读他的一本书。比如，在《忏悔录》的一个场景中，塔尔蒙公主放弃参加舞会就因为她开始阅读《新爱洛伊丝》，她宁可躺在床上在读书中度过夜晚。卢梭对此十分感动，因为"我始终相信，没有第六感，人们就无法对爱洛伊丝产生如此鲜活的感情，这第六感很少人有，而没有它的人也无法读懂我的感情"[104]。更妙的是，他可以大声朗读自己的作品，无须掩饰：因为阅读有一种可以消融社会阶层压力的能力。在上流社会的权威人物卢森堡元帅夫人面前，他经常不知如何说话。尽管如此，他还是能够每天早晨跟她面对面，为她朗诵《新爱洛伊丝》，并且取得了意外的成功："卢森堡夫人痴迷于朱莉和作者；她只跟我说话，只招待我，整天跟我甜言蜜语，每天要拥抱我十次。她总是想要我坐在她的旁边，有时候当有些老爷想坐那个位置时，她就会说那是我的位置，让他们坐到其他地方去。"[105] 很难不在这段文字中观察到阅读效力的理想呈现：卢梭通过文学作品吸引到了卢森堡元帅夫人，并赶超了其他老爷的风头。卢森堡元帅夫人的情感迷恋直接从小说转移到了作者本人身上。在某一时刻，卢梭的荣耀高于餐桌上的任何人，尽管他愚笨且不善交际。在阅读的魅力下，社会性认可和情感认可相融相合。

这一阅读模式是《忏悔录》写作的基础，卢梭既想借此为自己辩护，说服他人像他那样行事，也想以此激发起一种因同情和共鸣而产生的快速情感认可。正是在这个意义上，人们必须去阅读那著名的开场白，独特地混合了他的骄傲和谦逊的开场白。卢梭的用意是"揭示[他的]内心世界"，不仅要说他做了什么，还要说出他的想法和感受（"我能感觉到我的心"）。其中有一段声明如下："无数的大众永远聚集在我周围：让他们听我的忏悔，为我的可耻而痛苦，因我的苦难而脸红。让他们当中的每一个人都发现，自己的心带着相同的诚意来到你的宝座脚下；然后只有一个人来跟你说，如果他敢的话：我过去比这个人好。"[106] 卢梭并不想要比其他人更好。他宁愿想象如果每个人都付出了诚意和透明的努力，那么比较这一问题本身也就失去了存在的合理性。没有人敢说"我更好"，因为这会没有任何意义。只有平等和独特的个体，没有任何可比性，但会相互感动。人与人之间的评价将让位于共鸣（"他们脸红"），和同情（"他们痛苦"）。

这里并不是要评论这样一种观念。它不但以反省和受内心情感影响的真实"自我"神话为基础，同时也是基于这样一种理念：有可能与"众人"分享这个自我，让它进入到他们当中，但并不奢求他们超越社会表象或放弃他们的狂热来评判。卢梭是第一批将基督教主题与上帝眼中的灵魂透明分开的人之一，目的是创造一个浪漫的主题，即人的内心的透明。但必须要强调阅读应该具有的主体间关系的即时性。反之，所有长期威胁到这种幸福的是各种媒介和中介（作家、记者、好奇者、八卦者、俗人），他们夹在他和他想被认识的人之间。由于这些中介成倍增加，场面不再是认可，目光也不再是对真实性的认可，他变成了一个展示的对象。"表象"超过了"内心情感"。[107]我们知道，对于卢梭来说，名气的戏剧性在于公共领域中他的图像和演说的倍增，这些建立了他的公众形象，并在他和其他人之间竖了一道屏障。既然人们通过这一公众形象来认识他，那么他们其实不再看得到真实的他，而只能看到卢梭拒绝承认的这一形象。如何知道人们所表达的钦佩、爱恋、同情是针对他还是针对这个想象中的人物？这个人物是由广为传播的所有表达构成的，它们有可能是善意的或者是恶意的，书面的或具象的，口头的或视觉的（谣言、新闻文章、版画）。所有人都在谈论他，但没有人听他说话。所有人都在关注他，但没有人能看见他。所有人都知道他，但没有人认识他。这正符合了尚福尔对名人的定义。

早在1764年，卢梭在后来成为《忏悔录》的序言的文字中这样写道："在我的同时代人中，很少有人的名字在欧洲更为人知晓，而其本人却更为人不知……每个人都通过自己的幻想来勾勒我的形象，却从不担心正版前来戳穿谎言。在大千世界中有一个卢梭，而另一个隐匿起来的卢梭却与他一点也不像。"[108]这段简单的文字完美地呈现了名气机制之间不可避免的紧张关系——名字的闻名和人物形象的扩散，还有与本人无关的浪漫神话之间的关系。《论科学与艺术》的最初成功在他看来是公众品位对他才华的内在感受的肯定。在成名初期，公众形象似乎与自我意识之间存在契合。但是，很快卢梭就发现自己形象和演说的扩散导致人人都通过幻想来勾勒他的形象，他不再希望这样一种契合的存在，于是迅速让自己与之拉开距离，直到完全脱节："另一个……与他一点也不像。"我们当然可以在这些文字中看到一种骄傲的表达，它以两种形式同时表现出矛盾和互补：一个欧洲的名人和一个逃脱如此多目光的如此伟大的奇人。但最重要的是，有必要看到对媒体社会特有影响的深刻描述，尽管这在很大程度上是直观的，卢梭是最先有这种体验的人之一。一个人非但可以同时被知晓和不被认识，更可能因名气而被误解。[109]名人本身因为自身名气而感觉被剥夺某些东西，害怕被认出本来的样子，各种各样的"形象"把他们与世界隔离开来，使他们处于孤寂的境地。20世纪，这将成为名人大众文化的普遍现象："我有财富和其他更多东西，我的名字出现在街上每一个地方。然而，我只是想寻找真情。"[110]

卢梭在选词用词方面从来不随便。当他写道"每个人都根据自己的幻想来构思我的形象，毫不惧怕正版前来戳穿谎言"，"正版"一词，有很多含义。[111]它既可以指真货与假货层面上与复制品对立的原版（来源），也可以指真实的卢梭（这才是"正版"），这是其他人绘制其形象时最终参照的样本。同样，他的"隐匿"也是相对于"大世界"，即上流社会而言的，并非指向公众。想象的虚假形象广为扩散，而这显然依附于世俗社会中精英阶层内部的名声。之后，在《一个孤独漫步者的遐想》中，他继续沿用这样的对立，而且形式上更激进："就算我的形象和特征、我的性格和天性，在人们中间不被特别关注，我仍然生活在他们中间。"[112]是名气让他孤独，因为它阻止了他与一切真实人类的沟通。这里指的已经不是大世界了，而是整个人类。同时，卢梭不得不放弃通过写作来对抗名气产生的效应。《忏悔录》曾经一度是失败了的，残酷得令人失望。卢梭选择的小圈子内的读者并没有做出预期的反应。"大家就这样读完了我的书，并且都沉默了。艾格蒙特夫人好像是唯一一位感动的人，她明显触动了，但她很快就恢复了，并且与其他人一样保持沉默。"[113]没有哭泣，也没有人表现出对让-雅克不幸的同情。卢梭从中得出的结论是他的设想是泡影。他以后也永远不会再继续写了。

被看作让-雅克的卢梭

在1770年代初期，卢梭放弃继续写作他的《忏悔录》。但他并没有放弃与迫害和诽谤他的事情作斗争，他觉得自己是受害者。因此他花了很多精力写了一篇复杂而又引人入胜的文章——《被看作让-雅克的卢梭：对话》（以下简称《对话》）。这篇文章在很长时间内都被外界评论所忽略。这篇文章在他去世之后被公开，1780年至1782年间，这篇文章甚至让他的崇拜者都感到窘迫，并被其他人认为是他"疯狂"的证据之一。[114]确实有些东西因他奇怪和阴暗的一面而让人气馁，卢梭似乎放任自己发泄对所遭受的迫害的控诉。这篇文章的形式令人惊讶，它由三个人物之间的三段对话构成。其中一个人物叫"卢梭"，这是作者的代言人，但并非其复制品。另一个人物是"法国人"，一个没有什么性格特征的人，也没什么心理或个人经历方面的特别之处。他们的交流涉及的是第三个人物"让-雅克"，《新爱洛伊丝》《爱弥儿》《论科学与艺术》的作者。和其他人一样，那个法国人认为让-雅克是一个不怀好意的坏蛋，公开揭发企图破坏自己名声的阴谋，却从不就此与他商量，好像让-雅克已经被判有罪，却没人告诉他罪在何处，也不允许他为自己辩护。阴谋变成一件众所周知的事情，一项合法的有益于公共健康的事业。如此建构起来的反常形势，在"法国人"口中却出奇平淡。卢梭就为让-雅克辩护了，他前去见让-雅克。

这导致了法国人怀疑阴谋的合理性，并决定读一读他的作品，显然之前他一行也没读过。这一关键的举动成功地让他相信让–雅克的无辜。"是的，我跟您一样感知他，并支持他，只要他是以这个名字命名的书的作者，他就应该得到好人的心。"[115]但这一启示（这是一个意外）并没有在公众中引起任何关于他声誉恢复的情况。这两个人决定在他们之间保守让–雅克无辜这一秘密，他们都认为在整体都对他有敌意的大环境下这一秘密发挥不了任何作用。他们只想与让–雅克一起生活，并给他带去安慰。

这样非常简短的总结并没有客观反映这篇文章的复杂性，这中间蜿蜒曲折，既有严谨的架构，又有一系列重复、离题甚至乏味的情节，当然也夹杂着某些雄辩的文字。最令人难以置信的假设却展现出如此的连贯和精确，以致读者有时难以接受这样完完全全像"疯狂推理"的东西。对话的设置可以让作者多次介入，有注释，还有第一人称口吻的开场和评论。这样的设置还可以借法国人之口向读者描绘各种旨在孤立让–雅克并伤害他的阴谋和操作，同时又从不告诉他到底是谁在指责他。因此，经常受迫害的事实不是一种怀疑、假设，或甚至是指控的形式，而是一件尽人皆知的事情，剩下的无非只是要确定它是否合理。这篇文章的根本目的是想找到对应这种"整个一代人""全体一致"驱逐让–雅克的不真实现象的逻辑原因。[116]

因此，这篇文章围绕的主题都是与禁闭、黑暗、监视和欺骗相关的。迫害导致让–雅克被一种无边无际的沉默所包围，一切行为能力被剥夺。《被看作让－雅克的卢梭：对话》就是这样详细地，甚至不知疲倦地描绘了让－雅克的孤寂，他已经成为对手的玩物，成了"绅士们"策划的普遍联盟的受害者。我们可以从中发现作者最阴沉的执念、那些无法穿透的黑暗、他身陷其中的迷宫、所有迹象的歪曲。"我们发现一种办法，能让他在巴黎感到比在洞穴或森林里更可怕的孤独，人与人之间没有交流，没有慰藉，没有建议，没有光亮。"[117]这种黑暗总是与无处不在的阴谋相关联，而且不仅仅只限于他的敌人，几乎包括了所有人。在题为《先前写作的历史》的后记中，卢梭再次以自己的名义说话，延续了偏执的风格，承认文本的不可接受性。他打算把一些手稿交给几个他还信得过的人，但那几个人后来都背叛了他。"很久以来曾收到我专门寄的信的那些人都不理我了，向周围那些人袒露心扉那就相当于把自己交给了敌人一样，对于这些，我怎么能装聋作哑？"[118]绝望之下，他决定去圣母院寻求解脱，但最后却发现门紧闭着。他头晕目眩，愤愤嘀咕，心想是不是该放弃所有成名的希望，连上帝也似乎"在助长人类伤风败俗的做法"[119]。人们无法想象还有比这更具象征意义的被迫害妄想症——上帝也是阴谋的一分子！那就绝对没有可能突破这个包围圈了。[120]

如果说《对话》在许多方面与《忏悔录》一样都是在自我辩护，那么它们的方式是完全不同的。米歇尔·福柯是第一个发现这篇文章之重要性的人，他是这样定位二者之间的关系的——"反忏悔"[121]。第一人称的叙事方式让位于对话形式，这促成了表述的突破。卢梭不再尝试讲述自己的内心世界。相反，他努力从外部世界观察自己，想象自己敌人的目的，在他看来这些目的都不可能是真的。他还把自己想象成是一个完全客观公正的观察者，或者是一个心怀善意的读者。"必须要想一下，如果我是另一个人，我是通过哪只眼睛来看像我这样的人的。"[122] 这样的想法显然不太现实，但可以看出对卢梭而言，主要问题已经不再是他的内心情感，不再是想要证明自己头脑清楚，而是想要弄明白别人为何对他有如此评价，公众舆论复杂且不正当的机制。公众舆论具有极其消极的含义。它似乎是出自所有强权、中间人、舆论制造者精心策划的结果。这篇文章沿袭了卢梭惯常采用的对名声的世俗机制的批评，但也有更进一步：它不单单是受到质疑的上流社会的判断，也是公众的一致意见。"公众舆论"不是一个文人们可以像其他当代作家一样抗议专制和独裁的公正法庭，而是一种允许小型组织团体存在的霸权机制，那些小型组织团体经常散播虚假信息，迫害无辜人民。因此，针对让－雅克的阴谋实施者囊括了"伟人、作家、医生（这并不难）、所有有权势的人、所有谄媚的女人、所有经认可的团体、所有有管理权的人、所有管理舆论的人"[123]。

强权人物的影响没有普罗大众大。那个法国人还巧妙地提醒卢梭说："当您是唯一一个与所有人不同的人，那您计算投票还有什么意义呢？"卢梭是用一种模仿和恐吓的评论语气来回复的："人们没有办法不欺骗公众，公众完全是被强权、权威或舆论所控制，而控制他们的人一致同意应该像支配聋子一样支配公众，所以他们完全在状态之外，无法参透其中的秘密。"[124]
这里的公众舆论并非单纯意义上的政治概念——卢梭脑中从来
没有政治意义上的这一概念，它涉及的是道德问题。它并不是
指对公共事务进行批判性审议的结果，而是对个人名声的总体
评价。[125]卢梭使用的术语与杜克洛给他的非常接近（杜克洛是
直到18世纪70年代初仍长期钦佩他并与他保持友谊的为数不多
的作家之一），当时他正在考虑名人新机制影响下名声链延伸的
不可控性。因此，精确地讲，这里的"公众舆论"指的是公众，
这一并非直接认识卢梭，却对他有一致态度的，由众多个体组
成却没有个性特征的大众，对卢梭的印象，也就是我们所谓的
人物形象。但是，在他看来，这一形象是如此变态，以至于完
全颠覆了所有的价值观，把一个无辜的人变成了罪犯的样子。
"如果透过这样受到蛊惑的眼睛来看，那么苏格拉底、阿里斯蒂
德、天使，甚至上帝，都会成为一个地狱般的怪兽"，卢梭毫不
犹豫地做出这样崇高傲慢的比较。[126]

　　所以，公众的眼睛是"被蛊惑"了，也就是说被欺骗了，
就好像是中了巫术一样。巫术这个词从词源上讲指的是魔术，
首先是一种欺骗，一种幻觉。这就是该词在18世纪的普遍意
义。但是，这个词更现代的意义也已经存在，更多的是指诱惑
而不是魔法，其内涵意味着公众不仅被呈现给他们的虚假形象
所欺骗，而且被诱惑和征服，以一种复杂的感情来对待它。表
现这种模糊性（公众是受骗了，还是对提供给他们的幻影感到
高兴？他们是出于善意还是出于恶意而犯错？）正是《对话》

这篇文章的写作意图，也是卢梭脑中新的思考。在此之前，尤其是在《忏悔录》中，他虽然揭发敌人的阴谋，但对公众却是信任的，相信读者的善意。作品的成功至少有这样的好处，即让他确信自己的才华并使他相信大量的读者可以直接感触他的思想。在《山中书简》里，他乐观地断言"公众根据理智来评判"，且他接受他们的感激。[127]

　　大约在1761年，《忏悔录》还未发表，但在一些片段中，卢梭写下了一些关于他继续写作的令人相当惊讶的话："正如我在世上成名一样，我向世人展示那个原本的我，我所失去的比获得的多。"[128]未来《忏悔录》和《对话》的作者怎么能写下这样的话？事实上，他当时确信他的名气让他很受欢迎，公众舆论也对他有利。"我是如此奇特的一个人，每个人都喜欢把我放大，我只能依靠公众的声音；它比我自己的赞美更有用。因此，听从自己的内心，让别人谈论我比我说自己更讨巧。"[129]当他写下这些话的时候，卢梭把宝押在"公众声音"和他自己打造的奇特性这两张王牌上。

　　然而，在《对话》中，公众的这一形象就完全颠覆了。他们不但不再支持卢梭，还成为众多阴谋背后的推动力。为了搞清楚自己周围令人难以置信的一致意见，卢梭开始指出有些恶意读者别有用心。他们读他的书，唯一的目的就是想找出其中的矛盾和错误。这一推断引起了惨烈的后果。只要这种阴谋是由外部一小群可识别的敌人（哲人、有权势的人、世俗人士）发起的，那就永远可以呼吁读者与这样的圈子决裂，伸张正义，抗议世俗判决。这也是《忏悔录》的写作目的。因为对读者的怀疑，卢梭放弃了一切希望、一切外在联系，这一点在圣母院事件中强烈表现出来。这篇文章深入批评了舆论，舆论不但受人操控，还按人们的预期发展。在谴责舆论制造机制方面，那个法国人又添了一句看破一切的论断："公众被欺骗了，我看明白了，我也懂了，但是他们喜欢这样，而且不喜欢看到自己幻想破灭。"[130]

公众轻信盲从，他们喜欢这样，并且乐此不疲。他们从大量虚假人物形象中找到一种奇怪又不正常的满足感。这已经成为一个中心主题。我们可以很容易从中看到关于名气机制的描述。每当涉及名人，公众"并不想更好地了解全部"[131]，他们很乐意接受不现实的谣言。围绕名人的广告是公共领域不带批评性的一面。令人吃惊的是，卢梭当时就预见到了媒介体质下的大众舆论批评，这也是20世纪后半叶反复出现的社会批评主题。他们当然也以自己的方式这样做着，也就是说，对个人奇特性和个性化进行极端描写：

> 只要谈到让－雅克，就没有必要在人们散播的事情上增添任何理性或真实性的考量。事情越荒谬可笑，人们越深信不疑。如果达朗贝尔或狄德罗声称卢梭现在有两个脑袋，第二天所有看到卢梭走过大街的人都会很清楚地看到他真的有两个脑袋，而且人人都很惊讶为什么没有早一点发现这个畸形人。[132]

　　我们必须严肃对待这种看似滑稽的现象，因为它展示了一个容易上当的可操纵的公众舆论的形象，当涉及名人时，它失去了所有的批判意识。卢梭谴责的无所不在的阴谋清楚地表明，名气本身导致真实的名人与公众所认为是真实的名人形象之间的差距越来越大。《对话》多次明确地把让-雅克的"名气"与他所遭受的迫害联系在一起。"因让-雅克而闻名的卢梭说，他相信自从不幸成名以后，他所有生命中的灾难都是阴谋的结果。"[133] 卢梭为让-雅克的命运感到惋惜，"成名没有带给他任何好处，反而使他不断受人质疑、侮辱，忍受痛苦和诽谤"[134]。

　　当然，为了描写迫害形式下的名气，卢梭过度抹黑自己的公众形象。一切形式的好奇和钦佩都会变成敌意。"钦佩首先是叛徒的口号。就像在把你撕裂之前老虎露出的看似微笑的表情。"在他向圣-日耳曼公爵披露各种阴谋的信中，他写下了这样的话。[135] 正是妄想的本质促使这位受人敬仰和喜爱的作家相信自己被众人憎恶。但是，一旦人们意识到问题的核心，也就是说与他名字相关的公众形象、演说、文章和图像的扩散超出了他的控制范围，他也无法在这些东西中找到自我，人们就会明白最终这些图像对其是有利的抑或不利的都已经不重要了。这些图像令他痛苦，因为它们暗示着"让-雅克"成了一个独立的公众人物，是横在卢梭和他的同代人之间的一个屏障。偏执妄想让他将名气描写得特别险恶，他把一切好奇心，甚至钦佩都当作仇恨和蔑视。他也让人格外注意到个人名字在公众中的传播导致的个人声望和无法实现的个人之间亲密认识的突出矛盾。太有名了就会变得无法辨认，并且会失去一切真正的情感联系。伯纳丁没有说错："名气让这个敏感之人变得不幸。"

《对话》有一个序言，关于这本书的主题和写作形式。序言中明确了该书的中心思想和卢梭把自己的不幸归咎于其中的敌对主体："公众。"这个词在有几页中出现6次，而且总是作为施动者，是诽谤的行为者，而不仅仅是作为诽谤的被动接受者。文章一开头，卢梭就提醒读者注意"过于确信自己正当权益的公众"，并声称在此基础上，他更反对"公众令人难以置信的盲目性"。让－雅克就是"被公众拿来当作歪曲诋毁和诽谤消遣对象的结果"。因此，《对话》的目的便是"从（他）的角度来检查公众的行为"。也有一些其他词汇被用来表示"公众"这个意思，以表明卢梭对少数对手之阴谋的谴责并不少于对"整个巴黎、整个法国、整个欧洲"或"整整一代"、他的"同时代人"对其一致敌视的谴责。"同时代人"一词，从第一次出现开始，就表明了卢梭生前所获得的名气的短时性。卢梭从未对身后问题感兴趣，即使身后问题有可能是对同时代人不公正对待的补救办法之一。失信的公众被虚假的图像和谣言所蒙骗，无法理性沟通。面对他们的评定，卢梭只能寄希望于在未来为自己平反。他宁愿回归自己："难道我收到的这种舆论的虚荣只是为了把自己置于他们的枷锁下，丧失了我灵魂的平静和内心的安宁？如果说人们希望看到的是一个与我不一样的我，那这跟我有什么关系？我存在的本质难道是从他们眼中而来？"[136]这种对不可改变的真实性、自我的独立性的坚定和对他人眼光的漠视，将在《一个孤独漫步者的遐想》中再次出现。它建立了一种灵魂哲学。[137]但这是次要的，重要的是它是对广告新模式下媒体倍增效应的回应。它艰难地区分出自己坚持的自我形象和其他人为之塑造的形象，区分出卢梭和让－雅克。"他们用自己的方式造出了一个让－雅克，那是徒劳的，卢梭将永远保持不变。"[138]

歪曲形象

在《对话》的序言中，卢梭指出了"卢梭"和"让－雅克"之间的分歧："在这些谈话中，我自行加上了我的姓，但公众却认为应该把它拿掉。而平常我的名字只被叫了三分之一，也就是洗礼时的那个名字，他们喜欢只叫那个名字。"[139]所以，公众的错误在于把卢梭"缩减"到只剩一个名，几乎只是一个绰号，他自己用两个大写字母J来表示，这指代的只不过是一个虚假人物。与这样的缩减相反，卢梭打算把自己的名字具体到姓，这是他社会身份的象征，也是公认的作者姓名。显然，他的名已经成了卢梭的"公众"名字，与他的媒体形象相连，尽管他是最具个性、最奇特的人，是一个无法替代的个体，而非一个谱系中的一员。像这样用名来指代公众依恋、共情的名人的做法后面一直存在（玛丽莲、约翰尼、猫王……）。当然这强调的是私人宣传，正如我们所看到的那样，它是名人文化的核心。事实上，"让－雅克"不但是卢梭的敌人最喜欢的名字，也是他的朋友和崇拜者，甚至是文学史家喜欢的。他们经常毫不犹豫地使用这个名字。他们这样叫他，不仅是想要向作者表达他们的依恋之情，也是想要向世人展示他们的情感。拉罗谢尔的商人让·兰森急切地要得到"朋友让－雅克"的消息。这种用名字直接称呼自己同代人的方式是我们从未见过的，它揭示的是远距离外对亲密度的渴望，以及著名人士和他的粉丝之间的熟悉程度。

这又是卢梭自己的宣传和广告策略，一旦他的名气达到某种程度，这些策略就开始与他唱反调。因为如果说"让－雅克"这个名字逐步地成为新闻媒介和读者心中用来指代他的名词，那么主要就是因为他自己把他的这个名放在姓前，用以区别其他的姓卢梭的人。这一点许多人不知道，但很多证据证明卢梭在最初成名时考虑到了这一点，尽量不与其他姓卢梭的人混淆，尤其是诗人让－巴蒂斯特·卢梭，正如他在《忏悔录》中指出的那样："有个名人他跟我姓一样的姓。"[140] 他另外还虚张声势地写道："有些作者把诗人卢梭称为生命中伟大的卢梭时，就相当于在自杀。当我死后，诗人卢梭将是一位伟大的诗人。但他不再是伟大的卢梭。"[141] 确实，当卢梭在18世纪50年代初声名显赫时，人们对让－巴蒂斯特（1741年去世）的记忆仍然很深刻：他不仅跻身最伟大的法国诗人之列，他纷乱的个人生活，其中大部分是他的流亡生涯，也引起了极大的关注。1753年，在列日省（Liège）出版的《名人卢梭历史回忆录》正是让–巴蒂斯特参与的。但是与其他的卢梭引起了混淆。1750年，当第戎学院奖打算将他列入名人名单，《信使》主编雷纳尔（Raynal）写信给他请他"打开他的钱包"时，卢梭抱怨着回复道，人们错误地把他当成诗人，就因为把他与另外一个同姓人混淆了（可能是皮埃尔·卢梭）：

> 有件事情很奇怪，我之前只发表过一件作品，而且肯定与诗歌无关，但今天人们却执意把我当成了诗人。每天都有人来恭维根本不是我写，而且我也没有能力写出来的喜剧和其他诗句。就因为我与那些作品的作者有着一样的名字，这项荣誉就落到了我头上。[142]

把自己的名放在姓前可以避免使用"先生"的称呼，这是卢梭讨厌的一个称呼，他以此来明确表达自己与他的对手不一样的态度，他们的身份都是通过他们的头衔、职位来定位的，而卢梭在姓前加上自己的名，以便更清楚地表明自己的纯粹、独立和奇特。比如我们可以想想《致达朗贝尔的信》的标题页（我们曾经提到过）："让–雅克·卢梭致法兰西学院达朗贝尔先生的信……"之后，在《忏悔录》中，他有时以第三人称"让–雅克"来指称自己。卢梭是第一位只用自己的名来指称自己的作家，并非是公众想忽略他的姓。因此，这是他自己的宣传，甚至广告策略和名气赖以存在的情感依恋机制联合作用的结果。

对卢梭而言，去除了姓的后果不单单是他沦为"让－雅克"这样一个公众人物，而是整个他耐心建造起来的作家形象受到了威胁。在《对话》中，他所受迫害的其中一种形式，是不经他本人同意的各种关于他作品的盗版和伪造版本的出版，甚至还有一些作品署了他的名，但事实上他根本没有写任何一个字。而他自己的作品却因此难以辨认："你们知道我的作品可以被歪曲到何种程度吗？……无法消灭它们，最狡辩的解释也不足以按他们的意愿来诋毁它们，但它们已经有了伪造版，这种起初似乎不可能的做法，最终成了公众最容易实现的纵容。"[143]在这段可怕的文字描述背后，很容易看到18世纪书商的普遍做法，他们随时出版非法版本的流行作品，并且不假思索地使用有名作者的名字，以他们的名义出售平庸的作品。这就是成名的代价。正如德·舍农索夫人曾经写信告诉卢梭巴黎出版了他写给奥什（Auch）大主教的信，而她觉得是假的，语气中显然带有嘲讽意味："是名气给您带来了从未享有过的荣誉。"[144]卢梭是名气的受害者，但在《对话》中，这些事情被说成了阴谋：有人伪造他的作品，使他变得无法辨认（有人"歪曲"了他的形象），有人试图给他制造丑闻来诋毁他。他断言，当他停止写作时，他的敌人会"不断地为他写一些乱七八糟的书，这些书只与写出它们的笔相称，所以他的敌人们会特别留心这些书会不会配不上他们署上去的那个名字"[145]。卢梭的署名策略旨在凸显他的名字，使之与他的个人和作品紧密相连，现在反过来帮倒忙了。这种处理名字的方式是对卢梭个人及其荣誉的讽刺。

　　名人因名气的矛盾性让自身陷入了一个陷阱。名字既是对独特个体的指称，标明的是个人身份，同时也是一种更公众的东西，支撑的是名人的知名度。卢梭希望将他作为作者的名字和他本人联系在一起，使得他发表的文章就是他主观性的直接表现，反对有许多中间人、编辑、校正者、书商、评论家，即商业战略与知识价值交织在一起的书报界的存在。面对他与读者之间倍增的媒介，卢梭选择了一种极端的解决办法，也就是说否认一切署了他名字的书和文章。他甚至在1774年发表一封带有手写签名的公开手写信，信中他"声明一切已经出版的或即将出版的，署的是他名字的，新书或旧书，不管是什么领域，不管是假的还是以最残酷的手段篡改过的、曲解的或伪造的，他都否定，其中有一部分不再是他的作品，而另一部分则是被错误地归属于他"[146]。手写签名是他姓名的保障，而不是书封面上印着的名字，那个名字是会让人有所猜疑的。我们想到了卢梭为了寻求不可能的真实性之悖谬。[147]因为这份声明本身也有可能是"在他不知情的情况下被印刷出来的"[148]，他也担心可能会被伪造。所有的写作都偏离了它的目标，"他想法中要做或要说的事情的一个有利的方面，他应该预料到一旦被赋予执行的权利，那肯定会对他产生影响并致命"。因此，圈套的最终本质就是在作者试图为自己辩护时更加牢固地抓住了他，这构成了对著名人物状况的有效隐喻，他们失去了对自身话语和行为被公众重复和解释的控制权。为了证明自己的正当性，要反驳一个人对他的看法，仍然要玩舆论制造者的游戏。现在剩下的就是保持沉默和一动不动，努力"根本不采取任何行动，不接受任何人给他的建议"[149]。

　　当他谈到他的书被伪造时，歪曲形象一词很自然地出现在卢梭的笔下。问题的关键的确是他对人们为他设定的广义上的"形象"的控制权。显然，狭义上的形象，他的脸部特征，是一个敏感主题。卢梭并没有逃脱名人视觉文化的发展规律。在他成名初期，《论科学与艺术》发表几个月之后，由莫里斯·钢蛋·德拉图尔（Maurice Quentin de La Tour）画的彩色粉笔画像就已经在1753年的沙龙中展出了。虽然卢梭非常欣赏这幅肖像画，但他在很长时间内拒绝复制版画，直到1762年才同意他的出版商和朋友来印制。从那之后，无数卢梭的版画被复制和出售。他自己努力保持对他公众形象的控制，比如建议《新爱洛伊丝》的出版商杜亨（Duchesne）定做一幅他身着亚美尼亚服装的肖像画。但很快，他发现自己的努力是徒劳的。他开始担心自己的肖像被不断扩散，放在报纸上销售，而且销售额不容小觑。陌生人写信来向他索要肖像画，比如来自尼姆的某个叫拉里奥（Lalliaud）的人，寄给他三幅木版画，为的就是要让他指出其中最像他本人的那一幅，因为拉里奥想要为他的图书馆建一尊大理石半身像。某一刻，卢梭真的被诱惑了，因为他相信从中看到了"与我灵魂格调一样"的信号，但很快他的幻想就破灭了。随后他指责拉里奥让人雕刻了"一幅可怕的肖像画，还刻意刻上我的名字，好像它真的与我有某些相似之处一样"[150]。

对自己面部肖像大量被扩散的焦虑不断增加，在《被看作让-雅克的卢梭》中集中针对1766年由艾伦·拉姆齐（Allan Ramsay）绘制的肖像画，以及已经印刷出来的版画。这幅肖像画是卢梭在英国逗留期间应休谟的请求（在他们的争吵之前）请画家所画。拉姆齐是他那个时代最好的肖像画家之一，他制作了一幅休谟和卢梭肖像的双联画。卢梭的崇拜者大多由衷喜欢这张图像，就因为它展示了他们想象中的卢梭，身穿着他的亚美尼亚服装，头上戴着一顶裘皮帽，神情凝重而忧虑。这幅肖像画与休谟形成了鲜明的对比，画中充满了世界上所有人向往的幸福光彩。[151] 人们可以质疑拉姆齐的真实意图和可能蕴含的讽刺，但毫无疑问他掌握了卢梭的某些性格特征，而且他的画符合了很多同时代人心中的《爱弥儿》作者的形象，那个敏感且忧虑多疑，放弃了世俗奢华的人。[152] 许多版画都是根据这幅画所制作，且大获成功。这也证明了这幅画本身的成功以及公众渴望拥有卢梭肖像的愿望。大量印刷品在英格兰以及在欧洲大陆上广为流传，包括座右铭"生活的真相"（vitam impendere vero），受到卢梭崇拜者的欢迎，他们觉得画得很像。

但这不是当事人的看法，他极度讨厌这幅肖像画，何况版画更加重了阴暗和焦虑的色调。1770年初，在接受布雷特先生和夫人的访问时，卢梭得知布雷特夫人有他身着亚美尼亚服饰的版画。他愤怒地说道："请您离开我家，这幅画是为了贬低我，羞辱我，我永远不想看到一个有能力的女人看到它，喜欢它，保存这座代表我耻辱的纪念碑；和她一起用餐，我宁愿死。"[154] 几个月后，他的朋友德拉图尔夫人写信告诉他，她已将一幅根据拉姆齐所作画像制作的版画挂在秘书桌上方，"就像一个虔信者在他的祈祷室上方挂上一幅圣人图像一样，他可以对着它做最虔诚的祷告"[155]。卢梭为此非常生气，一年多的时间里都不再与她联系。二者之间的误解是显而易见的。一方面，卢梭虔诚的崇拜者为拥有他的画像并仔细保存着这维系他们之间亲密感觉的画像而喜悦，即使崇拜者们也懂得画像的正当用途而保持态度上的庄重（要特别注意，虔信者的形象既虔诚又讽刺，德拉图尔夫人补充道："唉，除了它之外，我不会再受其他影响。"）；另一方面，卢梭本人却只从中看到了这种做法羞辱他的一面，他的反应不是剧烈的反抗，就是沉默回避。《对话》中也有很多涉及这幅肖像画的内容，从开始作画到它最后成功，整个场景都是卢梭受折磨的情景。在他看来，这完全是某种阴谋诡计的结果，借以传播他"可怕的独眼巨人"形象。

由于休谟的纠缠不休，让-雅克只好被迫同意了。他们让他戴上了一顶很黑很黑的帽子，穿上了一件暗棕色的衣服，让他站在一个很暗的地方，就在那里，为了把他画成坐着的样子，他们叫他站着弯下腰，一只手放在一张矮桌上，这样的姿势使得他脸部的特征因紧绷的肌肉而改变了。如此谨慎画出来的画像应该不带什么奉承意思，如果它忠于原型的话。你们已经看过那幅可怕的画了，只有没有见过真人的人才会觉得它像。在让－雅克逗留英国期间，这幅肖像画就被做成了版画，在他本人还没有看过版画的情况下就被公开在各地售卖。他回到法国后才知道自己的肖像画在英国被公开、被赞美、被奉为油画和版画的杰作，尤其是在相似度方面。他最终还是毫不费力地就看到了这幅画，他颤抖着说出自己的看法：每个人都在嘲笑他。[156]

事实上，没有人愿意相信这幅肖像画是阴谋的结果，正因为如此《对话》中的人物也认为它是成功的。但这对于卢梭来说，是一个真正的谜，完全不可理解：他的同时代人怎么会如此欣赏一幅在他看来是在诋毁和贬低他的肖像画？肖像画在他不知情的情况下广为传播，而且超出了他的控制范围，这本身对卢梭而言就是一种考验：他的公众形象不但在外貌特征方面，同时也在心理特征方面实体化了，这是与他密切相关的。拉姆齐把他画成了一个历经痛苦的严肃男人形象，但是卢梭却认为自己首先是一个情感丰富的人，有着一颗能软化别人的温柔的心。其他作家也很难在他们的肖像画上辨认出自己。狄德罗就曾责备让－巴蒂斯特·梵洛（Jean Baptiste Van Loo）把他画成了一个"老风骚"，而不是一个哲学家。[157]对于卢梭来说，这个考验更加残酷，因为赝品广泛流传，并且他对自己的公众形象问题产生了尖锐的、更加剧烈的敏感性。此外，这幅肖像画与他和休谟之间的争吵有关，他借此制造一个阴谋论并不奇怪。他发现名人机制背后是人们有意识的"歪曲形象",用没有任何相似之处的虚假图像取代他的真实特征。于是,《对话》就清楚地提到了名气与阴谋之间的类似处:

> 法国人:请您不要这么在意这些没有意义的细节好吗?一幅肖像画画得难看或不太像,这是世上最寻常不过的事情了。每天都有人在雕刻、仿造、伪造名人的形象,如果没有这些粗糙的版画,没有人能获得像您一样的成就。
>
> 卢梭:我同意。但这些扭曲了的复制品是贪婪的坏工人的作品,不是杰出艺术家的作品,也不是热情和友情的结果。它们没有在整个欧洲被大声赞美,没有在公共报纸上做广告,没有装饰着玻璃和框架在公寓里展示;它们在码头上腐烂或放在歌舞厅的房间里和剃须店里积灰尘。[158]

在这段文字中,卢梭描绘了肖像版画存在的某种社会场景,它们以极低的价格在码头出售,而且由剃须店发行。他并非没有注意到名人画像市场的出现。但他用难以令人信服的方式将其排除在外,再一次将名人的影响归咎于所谓的阴谋。他的其中一条理由是关于他肖像的广告,"极尽铺张地在报纸和杂志上发布"[159]。这是事实,但也有市场的广告需求和该行业内商人的利益因素。对卢梭而言,根本问题是他在公众图像中的形象被剥夺,他的相貌被扭曲——一个独特个性人物给他的亲近之人在视觉方面的转变，他被暴露在所有人的眼皮子底下，而且他还没有任何办法。面具不是为了隐藏自己无动于衷的面孔而戴，而是其他人为了不再必须看见您而强加在您头上的。同样，通过具体化，媒体画的形象与理想的肖像相对立，只有他才能用文字的力量和对原型的深入了解来勾勒。"这是此人的唯一肖像，完全根据自然及真实状态绘制，也许真的存在这样一个人，有可能永远不会存在。"他在《忏悔录》开头这样写道。拉姆齐绘制的肖像中，卢梭表情阴沉，身着亚美尼亚服装，引起了卢梭极大的不满。这是很值得注意的。他看到的，是代表批判姿态的可能性本身，一如他所认为和捍卫的，受到了名人机制的破坏。正如我们所看到的那样，他所有的批评概念都与真实性的要求有关，与示范性的必要性有关，而这种示范性并不只满足于发表言论（不管多么刻毒），还要"将一个人的生命奉献给真理"（vitam impendere vero），这也是卢梭所选择的座右铭。这一批判介入的概念回应了"直言"（parrhèsia）的传统，即追求真理和实话实说的勇气，米歇尔·福柯阐述过它的内涵。[160]在古代，最引人注目的直言者之一是愤世嫉俗者，特别是第欧根尼（Diogenes），一个哲学家。他的学说完全包含在他的行为中，通过谴责社会习俗的人为性，以简单粗暴的方式揭露真相的本来面貌。有关第欧根尼·拉尔修（Diogène Laërce）一系列逸事的记载在现代很有名。第欧根尼是哲学人物的极端代表，他生活在桶里，在公共场合进行自慰，而且无视亚历山大大帝的反应。这是通向理性极限的过程，哲学家的生活成为一种战斗和批评话语的形式。亲身演绎，让自己身处城市中心，成为道德异端的化身，第欧根尼自愿用行动来谴责礼仪的过度行为。

卢梭经常被他同时代的人——不管是敌人还是崇拜者——比作第欧根尼，这并不奇怪。[161] 他本人虽然从未明确表态，但在其作品中却毫不犹豫地提到了第欧根尼，尤其是多次重复第欧根尼手持一盏灯时说的那句话"我在寻找一个人"。难道这还不够清楚吗？他的同时代人在他眼中已经失去了高尚。[162] 但卢梭因名气跻身名人行列却遭人怀疑他的真诚度。当人们把他与第欧根尼做比较时，常常是持怀疑的态度，认为他只不过是一个模仿者，一个假的第欧根尼。伏尔泰就曾疯狂地说过"第欧根尼的猴子，你简直就是自己在惩罚自己"。这是他写在《论人类不平等的起源》一书的空白处，正好对着卢梭批判"热衷于谈论自己"和"因出众而愤怒"的那段文字[163]。这样的批评往往来自那些怀疑卢梭装成犬儒主义者的人。面对这些批评，卢梭不得不为自己辩解。他抗议道，选择抄写乐谱并不是"为了模仿爱比克泰德（Épictète）和第欧根尼而进行的朴实和清贫的作秀，正如向各位绅士所保证的那样"。[164] 但他自己很清楚自己的处境模糊不清。他发现"直言"，公开展示真实的他和他的诚意，在18世纪已经媒体化的世界中是矛盾的。他的奇特之处激发了公众的好奇心，甚至热情，但这似乎是一种威胁，因为这使让–雅克变成了一个他无法自我辨认的角色。无论他做什么，名人的逻辑太强大了。"我觉得那并不像人们想象的那样容易变得清贫和独立。我想继续我的工作；但是公众不乐意。"[165]卢梭如果不当贪婪的公众消遣娱乐的对象，那他就无法逃脱成为上层人物玩物的命运。如果典范生活的公开展示已经不再是社会批判的武器，而是好奇的目标和广告素材，那么如何区分因不公正而反叛的真正哲人和寻求名气的机会主义者？故而，我们可以如此理解这样一种奇怪的矛盾，一个令人钦佩甚至深情爱慕的作家，却不停地把自己紧闭起来，认为自己是各种仇恨的对象。卢梭主义的奇怪之处并非他是读者和作者之间的情感共同体，而是后者从起初渴望建立情感共同体，到后来想方设法摆脱它这样一个事实。我们从中看到的不仅仅是一种心理病理学，还有对成为好奇心对象，成为表演者的焦虑，以及不断重申真实自我的忧心，还得面对永无止境的各种决裂。

当然，并不是所有的名人都会变得偏执。因此，《被看作让–雅克的卢梭》或通信中和《一个孤独漫步者的遐想》中的类似文字不能代表任何东西，除了卢梭的荒谬行为，主要指妄想，以及他将亲密认可和公众认可之间的差距扩大到极限的天分。在第一种情况下，我们可以像许多人尝试过地那样把他的作品当成记录卢梭心理病理学（或者如果我们也可以说成他的偏执狂病症）的文本来阅读；在第二种情况下，我们把他的作品当成哲学小说阅读。这两种情况中，他的作品围绕的都是一个具有极端独特性的人，即一个把他最真挚的崇拜者视为可怕间谍的遭受迫害的急性综合征病人，或者说一位杰出的作家，卡夫卡和德波的先驱。

　　所有这些对历史学家有用吗？我希望我已经能让大家感受到卢梭的生活和作品是如何回应他的成名经历的了，尽管他的方式有些激进。他的同时代名人已经开始描绘和评论这样的成名过程了。再重新想想杜克洛，想想他听到人们在谈论自己却不能表明自己身份的痛苦境地，"这就好比听到人们在谈论另一个我"。而莎拉·西顿斯则被好奇却不受欢迎的崇拜者困住，他们肆无忌惮地盯着她，不让她回家。从名气中看到了某种"惩罚"的尚福尔决定退出文坛。特别值得一提的是塞缪尔·约翰逊的文章，里面写到成功和成名导致了一个年轻作家的偏执狂症。从这样的背景看，卢梭的执念似乎就没有那么奇怪了。当然，为了更好地凸显成名给成名者本身带来的暴力，他用迫害和诽谤来指代。他还让这种暴力变得无法辨认，因为的确很难从"一致以活埋他为乐的统一的一代人"[166]中区分出哪些人是他的崇拜者；但同时这种暴力又是可辨认的，因为其中的关键都有很详细的描述。这种荒诞不经的描述（如果我们愿意的话也可以说成妄想）并不疯狂，它就像是一种揭示暴力潜在性的极端仿效，也就是名人生活的负担、异化和歪曲。如果单单被人们谈论这一个事实对名人而言就是暴力，那么被人们说好或者不好，被他们喜欢或讨厌，这都有什么关系呢？在卢梭所描绘的梦魇里，一个对自己形象失去控制的人成为观看自己表演的观众，他的形象还是别人给他设计的。

　　在卢梭去世后，很多人造谣说他是自杀的，仿佛这是他混乱和孤独人生的必然结果。这个推测很可能是假的，但并不荒谬。20世纪的许多明星都自杀了，可以看出名人这个今天看来最令人羡慕的群体，作为社会成功的标准，有时会承担着巨大的心理和现实痛苦。也许是因为他有能力将这种痛苦转化为作品，卢梭懂得如何逃避与他之后的众多明星[从玛丽莲·梦露到库尔特科本（Kurt Cobain）]一样的悲惨命运。然而，他依然与他们站在一起，两个世纪之遥，在他崇拜者的嘈杂人群中孤零零地，在无数的让-雅克式的人物漩涡中反对自我感觉的解散，就像自己被剥夺了一样。

第六章
名人的权利

　　自带天资聪慧光环的波拿巴将军在雾月 18 日的夜晚，在西耶斯（Sieyès）、哥哥吕西安（Lucien）以及穆拉特（Murat）男爵和德斯塔尔（de Staël）夫人的帮助下，最终到达了权力的顶端。德斯塔尔夫人因铺天盖地的波拿巴的名字而感到惊讶："这真是革命以来的第一次，每个人都听到了一个正确的名字。之前的人们认为制宪会议做了这样的事情：那就是建立一个民族国家并通过制定公约来进行管理；但现在人们谈论更多的是这个权力之上的男人，他通过削弱别人使他们变得一文不值，并且借此机会来巩固自己的权力和名气。"[1]

　　在写下这些话十年之后，在帝国的鼎盛时期，德斯塔尔夫人仍然关注着皇帝的浩大威望。[2]她从这位政变者的身上预见了奥斯特利茨（Austerlitz）战争的胜利，并已经透过波拿巴看到了拿破仑。比政治施暴更可怕的是"名人"实施的暴政，即一个人的非法垄断，也就是将他以外的所有人都置于死地。更重要的是，德斯塔尔夫人更愿意用这个词来形容波拿巴的出名，而不是荣耀之类的那些关于皇帝及其军事和政治胜利的词汇。从波拿巴主义的普及到 19 世纪的文学，这确实是一个英雄

244 | 公众形象：名人的诞生（1750—1850）

式荣耀的主题，这种爆炸式传播产生的影响令人难以置信，并不断唤起人们对它的思考。黑格尔甚至也将拿破仑塑造成一个伟大人物的形象，这个形象体现了时代的绝对性——"世界精神"（esprit du monde），并且给他的种种行为赋予了崭新的历史意义：英雄和伟人。³拿破仑的荣耀似乎与传统军政融合的荣耀趋于一致，这种模式涵盖了西方历史从古代的英雄传颂到现代君主国的统治者的整个过程，以及新模式下的众多伟人。⁴然而，这并不是德斯塔尔夫人所选择的词汇，也不是关于出名的表述。德斯塔尔夫人通过强调波拿巴的名气，来凸显他的名字在他同时代人之间拥有名气地位这一客观历史事实。以这种方式描述的内容，并不是通过将单一的个人原则引入集体领导的核心活动来吸引公众注意力，而是对阿科勒（Arcole）征服者的权力表示五体投地的钦佩。德斯塔尔夫人并没有像司汤达、黑格尔和其他许多人那样，在历史沿袭下盲目追随亚历山大和恺撒等伟大的征服者，通过赞颂他们来续写波拿巴的辉煌。但是她开创了一个新纪元：一个人能够在他一生中吸引所有同时代人的注意力。

追随着拿破仑的脚步，我们参与到了名气的契约当中。在古代君主制度当中，当权者并没有把他的名气当成是一种赌注来看待：国王是因为国王本身的身份而闻名，但这种名声并不能成为拥有权力的充分必要条件，这是君主制的基本规则和神权来决定的，并通过加冕典礼来继承发扬。国王或多或少地受到人民的喜爱，但这是一种若隐若离且虚无缥缈的感觉，除了难以用具体的普世标准来衡量之外，也无法通过其他方式来增加或减弱他的权威。他的名声可以通过文学上的赞美或画家的讽喻来逐渐积累，但从本质上来讲，拿破仑的名气与历代君主的名气有着截然不同的两种属性。由于地位的不平等，王室赞助人和艺术家之间的交流变得更加富有成效。

革命时代的到来深刻地改变了政治权力对意识形态的理解。从18世纪中叶开始，君主遭受到了前所未有的公众批评，这种批评舆论促成了一个新的原则：民意舆论。王室成员的地位发生了翻天覆地的变化，新的名人文化逐渐蚕食了传统的君主代议制观念。与此同时，在英格兰，存在一种以议会为中心的自治政治制度，同时它也受到新闻界的广泛支持，因此像约翰·威尔克斯（John Wilkes）这样的人的道路生涯有机会成为实现。这位自由与独立的先导者，被伦敦人视为偶像——他们喊出了"威尔克斯和自由"（Wilkes et la liberté）的口号，但他也是一个放荡不羁的人，他离经叛道的丑闻也引起了同时代人的好奇关注。之前服务于一个被激进反对声浪包围的政府，最终是他的名气把他从监狱解禁并成功获得支持选票。他的名气和与之相对的批评声在欧洲大陆上像野火一样蔓延，特别是在流亡法国的两年中。[5]在这位绝世独立的浪荡激进分子身上蕴藏着一种能力，他试图将英国的政治舞台变得更加公开平等，以服务于自由和民主，最终他创造了一个新的政治形象。这个形象源于民众的支持和公众的好奇心，但仅限于18世纪下半叶的英国社会。因为上流社会内部的丑闻是伴随着公共政治逐步而艰难的展开而显露的。1760—1770年，每天都会有新闻媒体对政治丑闻和外交丑闻进行揭露批判，以至于像伊恩（Éon）骑士那样具有争议的人物都会遭到不少媒体的曝光。首先将他对法国大使的袭击与威尔克斯支持者的声援联系起来，之后又不断以透露国家机密为威胁，随后又杜撰出一种新的性身份，使整个欧洲深陷于无端猜想的混乱之中。[6]18世纪末在大西洋两岸的革命加速了对这位新的政治人物的肯定，并为他的发展提供了无尽的可能性。随着人民对君主的认识和了解，权力化身问题成为现代实践民主的风险因素之一。于是名气机制起到了很大的制约作用。

波拿巴采取政变夺取政权，可能仅仅是因为意大利的战争英雄别有用心地策划了一场精心包装的胜利，之后他就变得更加声名显赫。他的军事实力为他赢得了极大的威望，但他很可能会面临共和党人对天命军人及其军事能力的不信任。因为督政府的代表们担心他会对名气胃口大开。其中一位警告说："对于25岁至31岁的年轻人来说，很有可能受到名气的诱惑。他超越了5万共和党人，用了两个月的时间征服或者说控制意大利全境。这种做事的激情本是值得赞扬的，但我希望不要导致公共事务的崩溃。"[7]波拿巴的目的是维护他的个人名气，尤其是通过报纸来捏造并宣传他的功绩，特别是《致意大利军队的一封信》（Courrier de l'armée d'Italie）和《波拿巴和正直之人的日记》（Journal de Bonaparte et des hommes vertueux）这种类型的文章。而且为了编造他智慧过人，他也承诺在他返回巴黎后参加所有研究所的会议。在战胜意大利的欢呼声中，巴黎的剧院为他的炒作发挥了至关重要的作用，廉价的版画向众人展示他的桂冠，诗人们为他唱起赞美的诗篇。在这次大规模的宣传中，波拿巴成为第一位运用媒体宣传的将军，其结果是：警方的报告证实了这位年轻将军在巴黎居民中的受欢迎程度。[8]即使当他离开埃及时，这种在公众舆论中长期存在的观念也使他成为一个至关重要的人物。正是这种史无前例的名气使斯塔尔夫人感到震惊。

在拿破仑之前的其他人物，如：华盛顿、米拉波（Mirabeau）、拉法耶（La Fayette）以及罗伯斯庇尔（Robespierre）在某种层面上也涉及了个人权力的问题，以及通过个人权力吸引并控制他人的种种问题，并以此名义获取民众的支持。因此，名气逐渐流行开来，这是一种集体的统一形式，既是政治上，也是情理上对公众的依赖。人气（popularité）与名气不同，这并不是政治标语，其实它是一种具有代表性的判断。此外，广告对于一个人的影响可以使人缩短其做出判断的时间，这是一种好奇心驱动的能力。政治人物受欢迎的程度反映了名气媒体机制的优点：所涉及的"人民"（peuple）既不是一个管理主体，也不是一个抽象的对象，而是一个政治上的公众对象，个人接收到的信息，如文本和图像，都是由好奇心驱使的，兴趣和感情引起的变化影响着政治人物的决断。作为文化领域的名人，其受欢迎程度却始终存在着一种矛盾关系，受到政策预期的影响，通常被人们认为是一种不纯粹的决断。当然有些人很早就知道如何操作；然而其他人已放弃了这个评判准则，通常被很多关于主权性质或代表形式的理论所淹没。然而，这种普及原则的出现却是18世纪后期民主革命的一个主要特征，并深刻地影响和改变了权力化身的问题。

为了了解这些跨越了半个世纪的政治名人，我们将追寻四种具有标志性的命运：法国王后玛丽·安托瓦内特成了红极一时的时尚王后，她是君主代议制被动摇的象征；米拉波是革命中最受欢迎的人物，他是一位真正的政治演员，正如他所愿，他的死最终引起了轩然大波；华盛顿是美国式民主的创始人之一，然而他却喜欢隐姓埋名的生活；最后，我们将在统治层面的另一端找到一个叫拿破仑的人，他最终被流放到了圣赫勒拿岛（Sainte-Hélène），令人匪夷所思的是他的名气完全未受到任何影响。毫无疑问，这四种特殊的命运，或者说四个观察角度，可以让我们理解名气所引发的政治转型，人民或公众在其间成了全新的合法准则。虽然每个人都面临这一新的情况，但他们不同的适应方式和抵制方式，比理论上的思考更能说明政治进入媒体化时代所带来的冲击。

时尚的受害者？

玛丽·安托瓦内特与她同时代人相比并不算幸运，比起她的后世之人来说也好不了多少。她似乎无法在政治谴责和感性同情之间做出抉择。前者不知疲倦地重复相同的诅咒，后者把她描绘成不公正的受害者、牺牲者形象。但无论是背叛还是殉难，我们都无法轻易地解读这个肤浅年轻女子的命运，正如她没有能力洞悉民众生活的真正变化一样。相反，社会在18世纪末期却发生了巨大的变化。然而，20年以来，玛丽·安托瓦内特又一次引起了历史学家的注意力。他们更多的是关注她当王后期间的各种文学作品，而非她本人的所作所为。这项工作表明：在革命期间，由"邪恶王后"[9]引起的强烈恨意怂恿越来越多的人对她进行政治和色情方面的打压。不忠、女同性恋、乱伦：王后成为所有幻想的化身。为了寻求革命的政治理想，历史学家把民众对王后的普遍不满，更广泛确切地说，把君主制瓦解归咎于这些诽谤性文章。这些小说家会通过抹黑王后来摧毁人民对王权的忠诚。然后，他们强调两性关系攻击的政治意义和象征意义。当王后诱人的身体证明女性被排除在再生政治之外时，色情就成为了一种政治武器。这些作品的优点是从图书馆存放禁书的地方获取文本，因而本质上是政治性的解读。[10]这些不被我们重视的宣传小册子会破坏君主制度的合法性，并体现了雅各宾共和主义从本质上对女性的鄙视。欲加之罪，何患无辞？

让我们回溯到1789年之前。那时候，反对玛丽·安托瓦内特的宣传小册子实际上很少，危害性不大，更重要的是没有被广泛分发。因此，重要的并不是把革命时期的状况归结为王后的影响，当政治激进主义、王后的鲁莽行事和新闻自由结合在一起时，抨击性的小册子就泛滥了。在革命之前，大多数具有攻击性的书籍都瞄准路易十五和他的情妇们。[11]一涉及他的名声，警方就会保持警惕：通过收买或想方设法地删除那些丑闻，并且这种方式似乎在一定程度上成功地限制住了攻击性行为。革命前的大部分宣传小册子都被囤积到1789年才开始流传，也就是在巴士底狱被袭击和发现警察的秘密保存物之后。[12]例如，《关于玛丽·安托瓦内特私人生活的历史随笔》（*Essai historique sur la vie privée de Marie - Antoinette*），可能是在1780年代初写成的，直至1789年才取得了巨大成功，并产生了非同凡响的轰动。

同样地，1779年在英格兰出版的《夏洛和多纳特之爱》（*Les Amours de Charlot et Toinette*），直到革命开始时才真正在法国出版。除此之外，如果这首诗描述的是王后和阿图瓦（Artois）伯爵之间的秘密爱情，不能被王室警察所接受，那么它在创新方面则就把笔墨更多地放在了王后的情欲之上，而不是放在对王后政治角色的谴责上。这本宣传小册子让读者看到了被偷窥者和偷窥者的角色，而不是被丑闻包围的公众角色。玛丽·安托瓦内特被她的国王丈夫忽视，在阿图瓦伯爵的陪伴下，沉浸在淫乱的后宫乐趣之中。在色情文学解放之后，这首诗通过描写情爱场面，以极大的共鸣唤醒读者的欲望，且不带任何厌恶情绪。在这方面，文学与革命小册子不同，因为后者通过更暴力和更明确的政治性贬低手段来攻击色情王后。《夏洛和多纳特之爱》之类的文学作品更多是针对王后本人，这种好奇心针对的是她的私生活甚至色情生活，抑或是一种迷恋，那么公众的渴望和批判混杂在一起。但是这始终是一个未解之谜。法国王后一直以来都是如此位高权重，并受到严格礼仪的保护。她是否会成为色情欲望的对象，成为一个利用色情吸引眼球的公众人物？

为了理解丑闻和色情文学这些作品，我们必须接受这样的一个现实，不要把它们看作君主制倒台和玛丽·安托瓦内特被砍头的警钟，而是揭示艺术家、妓女和王室情妇私人生活的动态连续作品。因为在这些作品中王后的地位真正发生了转变：她被认为与女演员杜巴丽（Du Barry）夫人处于同一阶层。《关于玛丽·安托瓦内特私人生活的历史随笔》，以一本依靠真实事件揭露光鲜表面的史书的名义出现。其开篇就比较了杜巴丽夫人和玛丽·安托瓦内特这两位"著名女性"，她们都利用阴谋和放荡而贬低了身边软弱的国王。对比之妙趣就在于：交际花和法国王后之间相似。她们最大的共同点就是"过分的宣传"。"第一位让巴黎小巷和十字路口的人乃至全世界都震惊的是她令人厌恶的放荡，她的宣传只限于可能的范围之内。玛丽·安托瓦内特也同样放荡，同样洋溢着激情：男人、女人，一切都是她喜欢的，一切都是适合她的。她的笨拙和冒失无意间给她的行为带来了杜巴丽想要的宣传。"[13]

无论是主动还是不经意的宣传，广告成了《关于玛丽·安托瓦内特私人生活的历史随笔》的重要工具。王后已经成为一名妇孺皆知的公众女性，与交际花和女演员一样，她们的性生活成为所有披露内情的文章的目标，这也证明了人们想知道更多关于她的秘密。我们意识到私人和公众的转化，一个名人将自己的秘密公开使得暴露私人生活成为合法的事情。从18世纪中叶开始，报纸对世界文化名人的讨论就成了一个重要的话题。此后，引人瞩目的事情是：王后本人也是名人世界的一部分，人们对于丑闻的好奇心与对丑恶宫廷的政治谴责旗鼓相当。

这种对私人生活的宣传并非只针对玛丽·安托瓦内特，也不只是法国特有的情况。同时期，在英格兰，乔治三世的病情被新闻曝光，但并没有向读者透露更多有关细节。然而身为王位继承人的威尔士王子，他的情感经历则成为了小说家们讽刺的主要对象，但这并不妨碍英国君主制度的发展和完善。[14]在19世纪头20年，被丈夫虐待的卡罗琳（Caroline）王后被指控通奸并被迫流亡，意外地成为一个公众人物，其反对者针对这一点对其进行穷追不舍的攻击。中产阶级集结工匠和工人进行激进抗议来表达对宫廷丑行恶德的不满。然而卡罗琳的个人魅力激发了大众的热情，由于她这种贫贱相融的态度较为暧昧，所以未能找到合适的政治蓝本。王后的支持者和反对者之间发生了舆论战和街头冲突。激烈的对抗使最激进的改革者和民间活跃分子感到惊慌，甚至有些媒体抛出沙文主义的立场，最终诱发了君主制模式和传统价值观的对立。在英国流行的这些文章和漫画在1820年卡罗琳流亡归来之时达到高潮，可并没有带来君主制度的灭亡。这表明，公众对王室家族私生活的好奇心、丑闻风气的出现，与该机制本身并不产生矛盾。[15]

在当时的法国，宫廷的声望从文化角度讲更高了，从政治角度讲却更残酷了，这一变化也是随着王后开始作为王室代表而发生的。玛丽·安托瓦内特从来没有严格遵守法国宫廷的规章制度，尽管她母亲玛利亚·特蕾莎（Marie - Thérèse）女王对其劝导，但她认为这种仪式性的礼仪太过死板，已经过时了。对于之后要成为年轻王后的太子妃来说，这些规则只不过是冠冕堂皇且形同虚设的限制。她讨厌被王室规矩束缚。但她的母亲认为，在她的任性之中混杂着一丝轻浮和懒惰。"当涉及一些重要议题之时，她会感到焦虑不安，甚至并不想做出相应的思考和行动。"[16]但是，撇开个人性格不管，玛丽·安托瓦内特的确与她的时代相称。她经常与周围年轻的贵族们分享对私人生活的爱好，对友谊和亲密关系的向往，以及这种感性而矫饰的情感。那些欣赏她对宫廷生活做出的改变的人们，使她变得更加自由，于是王后证明了自己的选择。特里亚农（Trianon）毫不掩饰地表示，她希望可以逃离宫廷的监视，用她自己女仆康庞（Campan）夫人自己的话说："纵享隐私乐趣之甜蜜。"其《回忆录》详细介绍了玛丽·安托瓦内特在凡尔赛宫内建立起的另一个伪凡尔赛宫的事实，那是一个受世俗社交规则支配，而不是受王室礼节限制的空间。[17]玛丽·安托瓦内特喜欢和她的小圈子在巴黎的酒店和她们的乡村别墅中享受高贵轻奢的王后生活：参加晚餐，一起玩游戏，表演社交戏剧和欣赏小型音乐会，觥筹交错，相见甚欢，她们的笑声此起彼伏。然而，王后和她朋友的生活"完全没有任何代表性"。[18]这也是一个很大的成功。在路易十五长期统治下，离开凡尔赛的年轻贵族再次蜂拥而至，并发展出了新的规约。玛丽·安托瓦内特不是一个粗鄙无知的怪物，而是一个年轻的贵族，她更倾向于享受私人生活的便利，而不是屈服于宫廷生活的约束和限制。

这种抛弃传统君主代表且和王室礼仪背道而驰的行为，背负着被批评的政治代价。1790年，宫廷的皇家管家加布里埃尔·塞纳可·德·梅勒汉（Gabriel Sénac de Meilhan）做出了详细分析。在18世纪末，他写道："宫廷发生了巨大变化。"推行这种更加自由且非正式的礼节规则正是为了效仿巴黎的沙龙。

> 王后被劝说摆脱那些繁文缛节，她被描绘成一个充满自由和信任的社会中的魅力女子，她很高兴在这个社会中，用她的魅力而不是通过传统的政治手段来获得更多的赞赏……王后在没有预知后果的情况下，凭借她的个人直觉，从她的宝座下来与朝臣一起生活在小圈子当中，在王宫和在王室其他人家中，与男人一起吃饭。在一个熟人社会中，这种生活方式的危险性显而易见。君主与臣民之间的巨大距离缓慢地削弱

了人们对君主的尊重。对于那些从来不跟男人接触的王后们而言，这种现象就更明显了。她们稍有一点点随便，就很容易被误解。[19]

这篇意义重大的文章清楚地指出了这些新行为的政治后果。以亲近为基础的不拘礼节代替了以距离为基础的"永久代表"，王后为君主形象带来了危机。塞纳可·德·梅勒汉不言明地用来与1780年代这种宫廷模式作对比的，是路易十四的统治模式，君主制下礼节仪式政治化操作的理想形象，或被理想化的形象。国王的生活是完全公开的，因为他一直代表着，且永远都会代表君主的权力。因此，拉布鲁耶尔（La Bruyère）给出了观念上的口号："国王只缺个人隐私。"路易十四也拒绝了裴立松（Pellisson）鼓动国王允许把他的个人生活搬上舞台的计划。甚至连提及国王私生活也是一种政治反常现象。国王就是不应该有隐私。

把国王个人吸纳进王室大家庭表演中的做法具有双重作用。在朝臣和臣民的眼中，它展现了君主的独立，并且代表着君主制度的绝对权力，他的服装与其他人不同，这也是权力的象征性标志，更何况他处于社会的中心。这个非常特殊的位置使他能够淋漓尽致地展示权力，但也可以作为平衡精英阶层和不同群体之间的重要润滑剂。因为国王是一个独立的人，他不属于任何一个党派。从这个政治角度来看，路易十四是完全清醒的。他在《给太子的备忘录》中写道："我们统治的人民，只会通过一些外部表象来形成他们的判断，无法渗透到事物的本质。他们通常以优先级和排名顺序来衡量他们对君主的尊重和服从。对于公众来说，重要的是他们只受一个人的统治。对公众来说同样重要的是，担任这一职务的人应该比其他人高贵得多，任何人都不能与他混淆或比较。人们也不能剥夺哪怕一点点其领导人区别于其他人的优越性，否则国本将受到损害。"[20]

在《宫廷社会》（La Société de cour）一章中，诺伯特·埃利亚斯（Norbert Elias）提出了一个关于国王地位的理论。[21]他表明，宫廷礼仪是维护主权者掌握统治权的一种有力工具，只要掌权者愿意完全屈从于此。路易十四的能力在各方面都与那些魅力型领导者截然不同。他们的权威靠的是胆大、冒险的成功。这使得他们在自身周围形成了一个热情拥护者集团，而他们也为这些人提升了社会地位。但是，路易十四不依赖任何个人魅力或特殊天赋，他拥有的只是认真履行职责的能力。这就是为什么他基本上保持沉默和被动，任凭宫廷里周围的人骚动不安，他的威严与距离与朝臣们的不安形成鲜明对比。国王不是领导者，而是主人，这激发起人们的尊敬和爱戴，而不是好奇心或同情心。对于一个朝臣来说，想要全盘抄袭路易十四的模式是完全没有意义的。

通过完全服从礼节仪式的规定，路易十四确保了不同精英之间的平衡，并衍射出一个完整的公众形象，从某种意义上来看，他个人已经消失在了君主身份之后。玛丽·安托瓦内特表现出了相反的态度。她拒绝繁文缛节，所以她戳破了这种表面上看似平衡的紧张关系，出现了由波利尼亚克（Polignac）及其亲属领导的小圈子。君主的身份让位于女人的角色，还有她的友情、憎恨，以及她的随心所欲和欲望之中。通过回避必要的仪式，来体现她不再公开代表君主制；她与某些阿谀奉承者亲近的同时，也冒着和其他朝臣缩短距离的风险。

当然，玛丽·安托瓦内特不是国王，但在君主制度的背景下，王后的角色也显得至关重要。[22]除此之外，玛丽·安托瓦内特既不是第一个也不是唯一一个突破人物角色设定的人。路易十五曾经巧妙地利用他曾祖父的仪式，在"小公寓"（petits appartements）中保留了相对自由。相比之前的玛丽·特蕾丝，玛丽·莱丝卡更无法忍受宫廷的束缚，她是王后私密生活的开启者。几十年后，路易十六和他的兄弟们——阿托瓦（Artois）和普罗旺斯（Provence）最终都成了女王的拥趸。玛丽·安托瓦内特绝不是宫廷中的维新派，更不是无耻的革命者。由于国王是一个极度敏感的人，她的所作所为都被国王看在眼里。对此，她并非无动于衷，她也试图去了解这种复杂的心态：渴望尝试新鲜事物却害怕做出改变。然而以往的宫廷社会一去不复返了。

玛丽·安托瓦内特这种隐匿的爱好完美地反映了她对礼节的反对，这就是私人想法和公众人物的现实之间的矛盾和对立。有几次，她决定观看位于巴黎的法兰西剧院和歌剧院的演出。隐姓埋名当然毫不奏效，王后立即被人认出。但是这样的乔装可以使王后不必忍受相应的负担，可以完全放开地享受她的声望，当时她的声望是很高的。这是《秘密回忆录》（Mémoires secrets）对1775年某个这样的晚会的评论：

正如先前发出的通知，王后昨天来到了歌剧院。S.M.是乔装打扮而来的，因为完全没有正常情况下王后出行的排场。她在舞台对面的二等包厢里坐下。当然有人对她的到来表达了必不可少的敬意。也就是说，巴黎市长布里萨克公爵和演绎卫队指挥官彼隆早就发现了标有S.M.的马车车门，以及走在前面手拿火把把王后带入包厢的向导。S.M.由夫人、先生以及阿图瓦公爵的陪同。她一到就受到了来自公众的热烈掌声和诚挚的欢呼声。S.M.也三次行屈膝礼来表示同应。夫人也模仿她行了礼，两位公主没有准备好，先生走到她们中间，也行了三次屈膝礼，随后落座的阿图瓦公爵了行了相同的礼。你无法想象如此美丽的画面。

这种"隐姓埋名"的尴尬做法清楚地表明这只是为了掩盖王后私人出行的自欺欺人的假想，尽管公众仍然向王后表达了"必不可少的敬意"。王后扮演了两种角色。首先，她是人气很高的年轻王后，也是当红作曲家格鲁克（Gluck）的保护人，而且格鲁克的《伊菲革涅亚》也在当天上演。其次，然而，她坐在二等包厢，而不是皇家大包厢，这表示她只不过是一个比较受欢迎的观众而已。公众"诚挚的欢呼声"是给谁的？给王后还是给玛丽·托瓦内特，这位谦虚地拒绝皇家大包厢的优雅年轻女子？对于这种模糊性，剧院是一个理想的场所，因为聚集在那里的公众同时有政治人物、王后周围的朝臣和全体观众。这是在观察中表达他们的赞同和拒绝的公众。上述引文中来自权力当局（即来自巴黎市长和警卫指挥官）的"必不可少的敬意"与来自观众"诚挚的欢呼声"隐隐形成对比。这表明，对统治者的敬意在转向对年轻女性的喜爱。玛丽·安托瓦内特与她的叔嫂在包厢里的表演跟凡尔赛宫的礼仪毫无关系。当然没有人会为王室的出现而鼓掌。王后并不是标签规定的角色，而是自我设定的一个公众人物形象，就像当红作家和戏剧演员一样。在歌剧院观众的掌声中，玛丽·安托瓦内特成了所有人的焦点，他们的目光从舞台上移开，聚集在她的包厢里，就像三年后在法兰西剧院伏尔泰的加冕仪式上那样。人们很容易把这些逆转的命运相提并论，或者更确切地说，是一场闹剧：一个作家像国王一样被庆祝，他的半身像还在舞台上接受加冕；还有一个王后，被誉为特殊人物。但我们也不要扯太远。在那个时候，在隐姓埋名假想的影响下，最重要的是王后地位的某种模棱两可，同时代的人可能对此没有明确的意识。

《回忆录》的编辑可能对这些新做法感到困惑，他还谈论了王室屈膝礼的仪式，就像当女王和王储开始向歌剧院观众致敬时，很难给这种姿态贴上标签或加以细化。当扮演阿喀琉斯的演员在第二幕的时候，把一句歌词"唱吧，庆祝你们的女王"，改成"唱吧，庆祝我们的女王"时，情况就变得更加复杂了。其效果立竿见影："所有的目光一下子都聚焦在了S.M.身上，合唱完成了，又重复了几遍。王后看到这种情形感动不已，阿图瓦伯爵夫妇也激动不已地鼓掌，我们看到她欢乐的泪水夺眶而出。"歌手和公众对王后的政治认同不会产生距离感，反而会安抚年轻女性的情绪，她流下了眼泪，表现出对当时情况的高度敏感，因为格鲁克的《伊菲革涅亚》在公众中激起了情绪的爆发。玛丽·安托瓦内特在这里开创了一个掌权者的典范：远离个人崇拜，不设个人特权，用发自内心的情感和同理心与人交流。

在其他场合中，玛丽·安托瓦内特更加关注如何摆脱繁文缛节的问题，以充分感受年轻贵族无忧无虑的乐趣。她曾好几次去参加歌剧院的舞会，包括这一次她通过匿名伪装的体验。显然，这个消息一旦泄露出去，必然会引来众人的谣传，影响王后的公众形象。"她以为她一点都没有被认出来，不像在其他聚会中从她进入大厅的那一刻起，所有人都认得她。一些人假装不认识她，却总是会在舞会上设计一些故事，让她感受乔装的乐趣。"[23]我们必须认识到女王的这种不被承认的愿望，这是名人文化的一个固有的愿望，因为她试图摆脱自己的形象，打破不对称，这种不对称意味着立即得到所有不认识的人的承认。显然，这种愿望是空想。王后的面孔即使在面具下也很容易识别，即使乔装打扮，周围人也能将她一眼识破。玛丽·安托瓦内特发现有很多当代名人，他们试图隐藏自己，但最终还是不可避免地被人识破。这里的隐姓埋名，依靠的是舞会参与者的殷勤。

然而这种秘密操作的方式具有一定的风险性。玛丽·安托瓦内特的微服私访引发了众人或好或坏的评论。年轻男子在舞会上与王后谈过话后，以匿名方式和化装舞会许可的随便讲话口吻吹嘘说自己曾引诱她；其他人，比如和蔼可亲的洛赞公爵（Lauzun），就想象自己会爱上她。"我看到了她的期望，因为王后曾要求某位先生在剧院打听第二场节目是否会有推迟。"康庞夫人回忆道。[24]因此，这种恶毒的谣言正在开始玷污王后的声誉。玛丽·安托瓦内特通过暴露自己的私人身份，改变了她的公众地位，这是从君主代表制向大众媒体偏移。然而重要的不是所谓的流氓行为，也不是政治上的流言蜚语，而是以下事实：法国王后，一个谨慎、傲慢、孤僻的人，成了众人幻想缩影，就像一个女演员或歌手，这是一种欲望的幻想，而她在王室却如此位高权重。距离的保持（因为，王后依然是王后）和亲密的诱惑两方面的结合让玛丽·安托瓦内特冒着风险成为第一个魅力四射的公主。

玛丽·安托瓦内特的形象更接近于戏剧或文学界名人的形象，这也归功于她对时尚的热爱。在成为恶王后之前，她是时尚达人的偶像，她对衣服和装饰品充满热情，热衷于奢侈发型的传播和推广，这种行为激起了玛利亚·特蕾女王的反感。[25]法国王后有史以来第一次没有求助宫廷的理发师，而是从巴黎带来了技艺娴熟的雷欧纳德（Léonard），他以伟大企业家的身份前往凡尔赛，成为所有上流社会中的知名人士。至于设法赢得王后信心的时尚商人萝丝·贝尔丁（Rose Bertin），她凭借广告使其在皇宫的生意取得了巨大的成功。[26]上流社会的所有女士，当然还有富有的资产阶级，都想穿得像王后一样。萝丝·贝尔丁本人也拥有了一定名气，部分是由于传统的皇家恩典，也有一部分是因为她是一位新人，有着精湛的技艺。像其他艺术家以及其他天才工匠一样，她能够将富有创意的才能和自我推销进行有机的结合，成为为商业服务的公众人物。然而，萝丝·贝尔丁懂得将自己的信誉和名声与王后联系起来，这一点与其他类似者不同，比如被称为"伟人托马斯"（Le Grand Thomas）的让·托马斯（Jean Thomas），一位有名的泼辣牙医，在该世纪上半叶就成名的人物，轰动一时，还比如韩波侬（Ramponneau）。[27]因此，萝丝的形象与宫廷的小圈子息息相关。法国王后与巴黎的时尚商人之间这种利益联结的关系是有颇有成效的利益联盟，但它也具有一定的局限性。

我们仔细观看，王后对装饰品的喜好，只是一种针对奇闻异事和美妙风景的喜好，这也说明她是一个具有传奇色彩的人物。事实上，在18世纪末期，时装流行潮流的系统出现显示了面子文化的剧烈演变。[28]在第一次消费革命覆盖的大都会中，穿衣方式不再受社会地位和传统思想的支配，而是在模仿中不断演进不断创新。通过将这种时尚文化融合在一起，让巴黎的女装商人成为吸引人的供应商，并毫不犹豫地接受各种创新，玛丽–安托瓦内特吸引了所有人的目光，成为众人争相模仿的对象。[29]与传统的君主代议制相比，这一差距在这里显而易见。君主、国王和王后，他们的衣服相互区分开来。但是玛丽·安托瓦内特的一切都被模仿。

这种对时尚的品位，包括最华丽最炫耀的形式，使王后的形象更加接近于女演员。她对演艺圈的兴趣助长了社会大众的流言蜚语。因此，对鲁考特小姐（Raucourt）（这位悲剧演员因品行不检点而遭到指责）公开的不断支持也损害了王后的形象，人们将她与其他人，如：女演员、女歌手和交际花联系起来。这在宣传小册子上有所体现，并在革命前夕一触即发。"最优雅的巴黎人绝对不可能比王后更会打扮。"[30] 毫无疑问，玛丽·安托瓦内特意识到了这种危机。因此，从18世纪80年代开始她选择了一种更加朴实无华的衣着风格，抛弃王室徽章和奢华的礼服，以自然和朴素的原始之美作为天然装饰。但这种演变只是时尚步伐上的快人一步，她的服装之后不仅被一些伟大的贵族们模仿，而且被所有想要变得时尚的女性争相模仿。

她抛弃传统的君主代表制度，更倾向于塑造一种简单和亲近的形象，这些也体现在王后的肖像画中。玛丽·安托瓦内特对于第一幅描绘她到达巴黎时的肖像画并不满意，她穿着宫廷服饰，甚至穿得像一个臃肿的雕像。于是她急于寻找一位能够致力自然形式流派的画家。最后她发现了伊丽莎白·维杰·勒布伦（Élisabeth Vigée - Lebrun）。从1779年起，这位女画师就为王后画了几幅突显她相貌特征的肖像画。如果说王后的第一幅肖像画仍然是宫廷的肖像画，因为画面中出现了许多王室特征，包括小心翼翼地放在垫子上的王冠和路易十五（Louis XV）的半身像，那么之后的肖像画都聚焦在王后本人身上，试图突出她的绝世美颜和独特地位。但这种简单主义并不是没有风险的，因为它总是威胁到君主制度的威望和君主代表制的习惯条例。事实上，离两个世纪之前为致敬玛丽·德·美第奇（Marie de Médicis）而创作的伟大肖像画已经过去了很长时间，那幅肖像画奠定了美第奇王后的主权地位。维杰·勒布伦于1783年在法兰西学院的沙龙展出王后身穿一件简单的白色平纹衬衫的画像，遭到当时负面新闻全面轰炸。那件衬衫是从萝丝·贝尔丁开始流行的风格，也是玛丽·安托瓦内特喜欢在特里亚农穿的衣服[31]。批评人士看到王后代表王室公开露面，在学院的沙龙上以如此简单的妆容、内衣饰品把私人生活展现得一览无遗。薄纱连衣裙外面只是披上了一件简单的衬衫，一部分公众认为王后是穿着内衣让人作画的。还有一个更加严重的事情是，画里完全没有代表国王或王室的东西。因此，王后代表着她个人的思想，自主、自由地选择穿搭并乐在其中，完全不像法国的王后。具有讽刺意味的是，特里亚农本是为王后提供的一个私密空间来保护她免受宫廷的监视，而维杰·勒布伦所作的王后肖像画却将在此私密空间的王后形象公开在沙龙的众多参观者眼前。维杰·勒布伦应该撤回这幅画，找一幅更合适的来代替，王后应该穿着非常经典的丝绸连衣裙，好似一束玫瑰花。

　　然而，薄纱裙却受到了追捧。尽管批评者嗤之以鼻，肖像画最终与公众见面。[32]它以"王后的裙子"（robe-à-la-reine）为名，从19世纪80年代开始，在很大程度上受到欧洲贵族们的模仿，成为那个世纪末城市精英女性的形象。这幅肖像画所引发的政治丑闻并非不可逆转，恰恰与此相反，玛丽·安托瓦内特得到了时尚界的认可。时尚不仅仅是一件服装，它是一种整体的生活方式，一种对于自由和简单的憧憬，对社会约束的敏感度的前瞻性，这在图片中得到证实。玛丽·安托瓦内特因此成为一个不再是古典意义上的君主代表制公众人物，而是由名人文化界定的新人：一个人的特点是公众监督和评论的产物。

在18世纪80年代初期，这种转变对她来说并非不可能，她最终取得了成功。相比路易十六满足于前人种树后人乘凉的生活，面对那些无聊的工作想努力适应却又感到恐惧而言，王后还是应该庆幸自己逃脱了一种患得患失却又令她焦虑的乏味生活，一种被密切关注并被禁锢的命运，沦为为王室生王子的工具，变得无聊不堪，或者一味奉献。然而，1783年的肖像画批评运动标志着这种处境的逆转。玛丽·安托瓦内特在公开暴露自己的时候，冒着煽动所有批评的风险。这正是人们攻击她挥霍无度、偏袒奥地利、绯闻不断的原因。这些批评并不是新鲜事，但它们却势不可挡，而对于这位现代公主来说，优雅和独立思考的能力却被无情地削弱了。她的公开曝光使自己变得不堪一击，这个事件占据了她生命中的大部分时间，不久之后就产生了恶毒的谣言。

次年，即1784年，项链事件使王后蒙受耻辱。这个故事不止一次被提及。让我们来回顾一下，冒险家德·拉莫特（de La Motte）夫人成功地让枢机主教罗昂（de Rohan）相信，王后希望得到一条珍贵项链，那是路易十五不久之前为杜巴丽（Du Barry）夫人订购的，而由他作为中间人对他有很大好处。为了说服枢机主教，她甚至安排一个假的玛丽·安托瓦内特在凡尔赛花园里与之见面。但事情终究还是败露了，本来就丑闻缠身

的女王更加想把罗昂告上法庭。这无疑是把自己置于公众面前
接受审查，因为那是一个公众舆论掌握司法裁定的年代，律师
的陈情书也是一种强大的共鸣器。诉讼引发了公众极大的热情。
对于王后的形象来说，这种影响更加具有破坏性，这种情况通
常与对她的指责有关：她对饰品的热忱以及对于礼节的反抗（红
衣主教罗昂怎么会相信王后会在半夜独自散步？），她甚至在舞
台上扮演一个假扮王后的年轻女子尼古拉乐盖。玛丽·安托瓦
内特是第一个看起来很像王后的王后！

　　王后的公众形象受到无可挽回的损毁，但是在革命时期，
诋毁事件的规模还在进一步扩大。玛丽·安托瓦内特没有准备
好理顺整个事件，并没有采取任何措施来止损，也从来没有试
图去顺应这种潮流。然而，这并非一个不可能完成的任务。至
少这就是安托万·巴纳夫（Antoine Barnave）所想的，他希望
说服她帮助温和的革命者稳定新的政权。1791年6月在她出逃
失败，并在瓦伦斯（Varennes）被捕之后，他给她写了几封信，
劝她通过发表声明来表达接受宪法的意愿，并表现出支持君主
立宪制度的亲和形象。他写道："在革命的动乱和暴力发生之
后，人们需要欢度佳节，娱乐身心和宣泄情感。除了王后本人，
还有谁能更好地引领这些？难道她从来没有拥有过这种人气
吗？如果舆论发生了变化，至少她从未置身事外，只要心脏还
没有完全冷掉，总是有机会让它重新跳动的。"[33]巴纳夫鼓励王
后去争取"人气"（popularité），这是一个生命力长久的政治概
念。它重新赋予王室合法地位，前提是要与新的掌权者——人

民建立起情感纽带。这是政治的活力源泉，因为它以敏锐情感和情感依恋的形式为基础。在巴纳夫看来特别适合被女性激发出来，只要她表现出对革命的支持。其余的事情只是一个政治问题，或者说是广告宣传的问题。"我们会尽一切努力让她重获人气。"他承诺道。[34]

正如人们所知，王后当初不想听到这样的建议，或者她不相信自己有能力重获人气。但是，正是因为君主制合法性的原则本身在旧制度末期动摇了，革命只能从已经开了口子的地方入手。从"国王即原则"（roi‐principe）到"国王只是一个人"（roi‐personne），从君主制古老神圣的合法性到与身系人民幸福的温厚慈父形象，路易十六既是见证人，也是受害者。[35]这一变化的结果是将王权的合法性建立在国王的个人美德基础之上，从而鼓励对个人、对人类权力持有者的赞扬或批评。而"人气"已然成为民主政体中政治化身的新标准。但国王和王后却不再是其中独有的参与者。

革命中的人气

对于这种新兴转折的重要性，另一位与玛丽·安托瓦内特同时期的人已经完全弄清楚情况了。米拉波是大革命初期的伟大政治人物，米什莱（Michelet）谓之"革命的声音"，但米拉波本身却是不受史书欢迎的。大革命的记载保留了米拉波对德雷厄·布雷泽（Dreux - Brézé）的反驳：米拉波自豪地把人民意志与刺刀对立起来，努力阐述国家主权原则，且毫不质疑代表们的决定。但是历史学家们并没有关注于米拉波的惊人命运。生性多疑、贪污腐朽、唯唯诺诺，米拉波看起来是很可疑的，而且他常常让人想到他的这一反驳，联想到大革命的刻板印象，仿佛他的角色就仅限于这种初期形象。

然而，将近两年时间里，他成了国会中最受欢迎的发言人，公众眼中的革命化身，他的死被视为一个悲剧。米拉波甚至还不止于此：他是民主政治的第一位明星。他的经历展示了一个丑陋名人、衰落的贵族、放荡的作家和靠写抨击文章赚钱的人，向一个史无前例的政治明星转变的过程，当然前提是他有代表人民主权新原则的无可否认的能力。人们经常把他生活的两方面加以鲜明对比，即旧制度埋没的政论家和大革命催生的政治家。[36]除了大革命造成的顿挫，米拉波的整个职业生涯证明了他有着取之不尽用之不竭的才能。革命为他提供了一个施展才能的舞台和美好前景。

当国会在1789年5月举行会议时，米拉波已经成了一个公众人物。41岁时，出身普罗旺斯贵族的他成了文人和经济学家，出版了畅销书《人类之友》（Ami des hommes），名声大噪。米拉波父亲刚刚去世，那是一位雄心勃勃的作家和一位自封加冕的慈善家，而且还是一位对自己儿子紧追不放的暴君。他的去世仿佛是要留给儿子一条自由之路。的确，米拉波也很早就过上了放荡和冒险的生活。他自己的莽撞和他父亲留给他的倔强与仇恨好几次将他送入监狱。他很快就把批捕他的密函看成了专制的象征。一次又一次的打击让他与显贵生活决裂了，原本他可以过自己的日子，享受虽然没落但仍风景如画的贵族生活。他的名气开始于1782年他与妻子打的那场沸沸扬扬的官司。其妻子是艾克斯（Aix）议会贵族的继承人，他出人意料地凭着自己的大胆和鲁莽追求到了她，并在其他正式追求者的眼皮子底下与她结了婚。在此期间，他被关在茹堡，后来与一个老议员的年轻妻子一同逃到荷兰避难，随后又被逮捕，并在文森的地牢里待了三年。当他走出监狱时，他试图挽救那些仍然存在的东西。这场官司让米拉波与普罗旺斯整个上流社会对立起来。他自己为自己辩护，对抗其妻子家族请来的23名律师。米拉波第一次展现了他惊人的口才。但是官司的结局指定是失败的，但也是成功的。因为这是米拉波精神上的成功。官司引起了轰动。它使普罗旺斯在6个月期间都热闹非凡，而且到处都有人在谈论此事，远至巴黎。米拉波的辩护词引起了众多关注，其中值得一提的是，王后的兄弟斐迪南大公。一位证人回忆起米拉波的状态和公众对那些急于看到或听到的人群表现出的"热情"。[37]当然，他的父亲抱怨这种丑闻似乎会增加他儿子的能量："他巴不得在这里，在蓬塔尔利耶（Pontarlier）省制造轰动。"[38]

自我毁灭、脱离家庭、通缉犯，米拉波成为18世纪末众多文学冒险家之一，通过出版文学作品为自己积攒人气：色情书籍、订购书籍、政治宣传小册子、或多或少能读懂的汇编，他火力全开。他对秘密批捕函的抨击使他成为成功的文字编辑者。1783 年一部名为《我的转变，或自由的本质》（*Ma conversion, ou le Libertin de qualité*）的色情小说匿名出版，《秘史》（*Mémoires secrets*）很快将他披露出来。"让人感兴趣的是每个人都想到了文森城堡的囚犯：米拉波伯爵。"[39] 在没有财富和等级的情况下，他让自己出了名。

如果米拉波像大多数同时代的人一样，为文学名气而着迷，那么他会越来越深陷于政治当中无法自拔。在反对专制主义的写作中，他梦想着成为外交家，此外，多亏了应当局要求写的政治宣传小册子，他幸存了下来。卡隆（Calonne）雇用他与对手辩论，然后派他去德国访问。但就算米拉波是一个著名的炙手可热的测谎仪，他仍很少受到尊重。与其说他声誉好（réputé），不如说他出名（connu），所以他被上流社会边缘化。[40] 他的名气带有丑闻的气息；在一些思想激烈碰撞的狂热分子之间，比如他在文森遇到的萨德（Sade），以及专业的辩论选手，比如兰盖（Linguet），他既不招人喜欢也不讨人厌，属于一种混合型人格。1788 年，他再次与内克（Necker）对抗，而后者重新掌权，且似乎达到了最受欢迎的顶峰。然而，他的朋友尚福尔鼓励他说："在这种场合如此聒噪地谈论自己，根本不值得，你应该把力气用在战斗的那一刻。"[41]

政治局势确实发生了变化。米拉波是最先了解这种局势并能很好适应的人。1787 年，他转而反对卡隆，发表了一份反对金融投机的宣传小册子，这使他获得了巨大的成功，但也使他不得不在列日（Liège）地区避难几个月。然后他拒绝了蒙莫林（Montmorin）部长提出的反对议会的提案。1788年5月，他采取了应对危机的措施，做出了一个抉择：他想成为民族之人（l'homme de la nation）。三级会议的召开也证实了他的信仰，告诉他可以开启新的职业生涯。"这是该国在24小时内所迈出的历史性的一步。啊，我的朋友，你会看清这个国家的真面目，才能终究也是权利。"[42]

　　普罗旺斯的竞选活动展示了他的政治才能，以及他行事大胆、精力充沛和善于宣传的特点。他于1789年1月抵达艾克斯，用他自己的话说这是具有"爆炸性"的消息。[43]在获得外省的席位之后，他在贵族大会上从一开始就支持第三等级的呼声，他还发表了两篇反对贵族特权的伟大演说，并在一篇演说中巧妙地把自己描述成人民意见的倾听者，把自己与马吕斯（Marius）和格拉茨基（Gracques）相提并论。在议会那里得到了人气上的肯定之后，他回到了巴黎。[44]此时的局势更加恶化，几乎到了叛乱的边缘。农民和城市的反对声浪成倍增长，政治形势似乎受阻。但米拉波可以利用自己到那时为止仍然含糊不清的名气浑水摸鱼。他在艾克斯受到热烈欢迎，人山人海，大家都在呼唤他的名字，然后热切地将他迎接到马赛。他沾沾自喜，甚至可能有点夸张地向该省总司令卡拉曼（Caraman）伯爵说："想象一下，12万人涌上马赛的街道，如此勤劳和商业化的城市就这样浪费了一天：1—2个路易租来的窗户，马匹也是同样的价格租来的，马车本来只用棕榈树、月桂树和橄榄树树枝装饰；人们亲吻车轮；妇女把她们的小孩当祭品一样呈上来；从普通群众到百万富翁，12万张选票，大家欢呼雀跃，高呼国王万岁！这个城市中最杰出的400—500名年轻人走在前面，300辆马车跟在后面，这就是我到达马赛时的场景。"其他证据也证实了他的这次成功，但米拉波了解这种自我宣传的限度。令人印象深刻的是，几天后，卡拉曼让他平息暴乱者。米拉波写了《米拉波致马赛人信》（ *Avis de Mirabeau au peuple marseillais* ），张贴在城里安抚民心，从而体现了他的政治手腕。几个星期后，他被选为艾克斯和马赛的第三等级代表。

因此，在革命的前夕，米拉波沸沸扬扬的丑恶名气已经变成了一股政治潮流。对于一个落魄的贵族来说，是一种永久性的叛逆和放荡，但他认识到进行深刻的政治改革的必要性。在普罗旺斯人的眼中，米拉波的威望在于他对贵族既庄严又敌视的态度；他的威望得益于他精英的传统以及他反抗绝对主义和特权所引起的共鸣。他既是慈善家的儿子，也是一个边缘人，这使得他能糅合旧的贵族戒律和新的民主原则，将模棱两可的名气变成政治人气。不要误解，这种嬗变是很少见的。米拉波的特点就是：高贵和叛逆，心系贵族和平民，他无与伦比的口才，使他挖到人生中的第一桶金。但是，这并不是很完整的评价。如果他的自我推销和政治上的权宜之计为自己赢得了许多选票的话，那么他并没有遏制人们，尤其是巴黎知名人士，对他存在偏见。在三级会议开幕仪式上，他的名字引起了同样多的掌声和喝倒彩声。"羞辱和蔑视向他证实了他拥有的是怎么样的一种名气。"[45]

　　三级会议为米拉波提供的不仅仅是一个舞台。他的每一场演讲都能引起轰动，嘲笑变成了掌声。他超越他的同事成为人们最愿意聆听的人之一，也是能够回复大会意见的人之一。当他于1791年去世时，他累计在大会发表了439次演讲，使他成为这一时期最多产的演讲者。他也是最有影响力的人，尽管许多国会议员对他公开演讲的效果持怀疑态度。[46]

　　米拉波的力量来自于他的对君主立宪制的政治信仰，以及与众不同的口才。但演讲者也是舞台上的傻子，他身体肥胖，脸上布满天花，头发像狮子一样，声音像打雷。他的丑陋是一种资产，因为他把这看成权力和能量、不屈不挠的决心、人民无法抗拒的意志的象征。"当我摇动我可怕的脑袋时，没有人敢打断我。"他骄傲地说。[47]米拉波清楚地意识到革命政治中固有的戏剧性。从三级会议的第一周开始，第三等级代表就聚集在凡尔赛宫的一个巨大的房间里，他们已经习惯了被围观。这些围观之人往往纷繁嘈杂，有助于烘托气氛，使代表们的辩论更激烈，也改变了议会固有的交流形式。演讲者对自己的同僚表达了很多意见。1789年10月转移到巴黎后，国民大会在杜伊勒里宫的马奈日（Manège）大厅举行会议，这是一个在革命前夕举办过赛马的大厅，其中包括两个观众席。单有精彩的论据还不够，还要让别人在这个巨大又吵闹的圆形赛马场中听到自己的声音。米拉波当然知道如何进行表演。在他最终成功发表了演说之后，喜剧演员莫磊（Molé）来祝贺他，并开玩笑地补充说他丢掉了他的职业，因为他可以在戏剧演员中拥有伟大的职业生涯。将他这样比较的人并不在少数，尤其是把他的政治天赋同喜剧演员进行比较。这种比较，不管来自朋友，还是敌人都有共通之处。米拉波意识到自己的戏剧潜力，并格外注意这项能力。他毫不犹豫地在观众面前重复讲话："有这样一群虚荣的人，他们很高兴听到自己的名字，并且喜欢重复自己的名字；他们假装自己是对话的一方：米拉波伯爵将会回答您，等等。"[48]

我们是否应该对米拉波的政治口才和戏剧性格感到惊讶？确实，我们不自觉地认为大革命的国民公会是相当严肃的，就好比政治（更不用说在民主现代化的摇篮里的革命政治）是非常严肃的事情，根本无法与喜剧演员的戏剧效果相比。实际上，正如美国历史学家保尔·弗兰德兰（Paul Friedland）所表明的那样，政治辩论的方式非常具有戏剧性，他们采取表演的形式向媒体和国家的公众展示。观众可以像在剧院里一样鼓掌吹口哨；他们有时会打断发言人来表达自己的情绪。即使在像国王的官司那么重要的会议期间，根据"宪法"的规定，观众也有权在他们的座位上享受着这种权利。[49]

这戏剧性可以通过理论层面来做出具体的解释，通过政治表演和文艺表演来寻找相应的联结。但它也更简单地体现了两种极受欢迎的表演之间的差距，这些表演引起了公众的关注。革命初期倍增的剧院越来越被视为重要的政治筹码，为国家的文化复兴和革命提供政治上的服务。至于国民议会，它是新的商议场所，那里上演着国家集体的未来以及令人兴奋的表演，其中的主要活动家是真正的明星。如此强调这种相似性，并不一定要像伯克（Burke）那样以讽刺革命中的丑角的方式来贬损革命的伟大性，而是要提醒一点，即这场政治奇观并不是当代的转型，而是公共表演和民主辩论发展的一个至关重要的因素。民主的公共空间并不是用抽象的审议取代君主仪式的方式来实现的，而是通过另一种表演方式，那里公民既是演员又是观众。因此，政治也需要观众。

在这个新的背景下，名气是表演界和政界的混合声望。米拉波是革命推动者和天才喜剧演员的化身。许多记载可以证明他的天赋和他的好奇心。"陌生人点名指出要找到他，如果我们听到他说话，我们会很高兴，他那些为人熟知的话成了我们的格言。"[50] 但是，除了米拉波的观点之外，他的名气也有直接的政治功效。所以，在革命初期，每当需要动员的时候，他的名字总是被巴黎人提起。从1789年夏末，在关于皇家否决权的辩论中，想去凡尔赛反对否决权的人群声称是米拉波的主意。"米拉波伯爵的名字表现的是一种集结归顺。我们认为他的生命处于危险之中，因为他想推翻这种可恶的否决权，即皇家否决权。"布里索（Brissot）在《法国爱国者》（*Le Patriote français*）中这样打趣道，他当然知道米拉波实际上是赞成否决权的。这事件表明这个名字已经成为一个专有名词，它象征着革命的进程和国家的利益。[51] 几个月后，米拉波的名字变得更加出名，艾蒂安·杜蒙（Étienne Dumont）惊讶于有人称他们的马为"米拉波"，这真是一项巨大的胜利。[52]这个逸事被看作是一种简单有趣事件，因为米拉波的名人效应恰恰涵盖了所有这些先验的灵异现象。他是一位倾尽其所有影响力的政治家，一位人人都想看到并为之鼓掌的演讲者，一位引起大众好奇和获得大众信任的公众人物，一个过度争议的角色，一个与权力同义的专有名词。

1790年，米拉波的政治名气达到顶峰。约瑟夫·博兹（Joseph Boze），这位普罗旺斯现代画家为他制作了一幅巨大的全身肖像画，它的雕刻复制品立即在《国家公报》（*La Gazette nationale*）上公布，其中规定该画可以在画家的工作室中供参观者随时欣赏。[53]无可否认的是，米拉波仍然是一个具有争议性质的人物，他有着不合理的生活方式并树了许多敌人。但在公众眼中，他显然是当下最有名的政治家。每天都有一群陌生人在他的门口等着他，可谓门庭若市，大家觉得"因为看到他过得很高兴所以自己也会开心"。尽管他的贵族头衔已经被废除，但他仍然是每个人的米拉波伯爵，"不仅是那些支持者的，也是广大群众的"，他的朋友艾蒂安·杜蒙毫无贬义地说。[54]所以，当有一个记者直呼其名时，米拉波对之大声斥责，认为这会"使欧洲陷入混乱"。

在米拉波的影响下，文学和戏剧界发展起来的名人机制侵入了政治领域。一个人因为自身的独特性和天赋异禀获得了一种政治力量，这是基于他激起的公众好奇心和依恋、他集结新的情感集体的能力。那么如何根据知名和受欢迎的程度来定义这一新形式的权力呢？即将迅速根植于人心，并且永久保留在政治词汇中的是"人气"（popularité）这个词。在18世纪，这个词指的是个人的口味或品味。1788年，费罗德（Féraud）的词典再一次将这个词定义为影响流行的词汇，并且指出："这个词具有积极意义，它表示领导者对人民的爱，而不是人民对领导者的爱。但费罗德还注意到这个词出现了被动用法，他谴责这是受了英语的影响。"[55]所以这个后来成为我们的习惯用语的词在当时就已经处于萌芽状态了。随后在革命期间盛行。当时的人们用它指代米拉波或拉法耶（La Fayette）受欢迎的程度。内克的女儿德·斯塔尔夫人，甚至指责米拉波盖住了他父亲的光环。

当时的人们意识到了这样一个现实，即革命领导人对于政治推动和普及的重要性，但这个概念对他们来说仍然有点神秘。1791年，由温和派爱国主义者撰写的革命报纸《爱国者之友》为这个难题写出了一篇伟大的文章：《什么是人气》[56]这篇文章首先把"人气"定义为"公众青睐"（faveur publique），这是一个更为常见的词语，它是古典政治词汇的一部分。这位受欢迎的人是人民青睐的对象，就像曾经国王青睐的对象一样。在这种比较下，人们品味略显消极。接下来整篇文章力图把人气与公众舆论对立起来。前者是基于民众的过度激情，甚至是对民意的操控，它属于集体性的狂热，突发而短暂。舆论也被称为"公众评价"（estime publique），那是基于理性和持久性的判断。"舆论总是或多或少地经过思考，可人气从来不是。时间加强了舆论的发酵，舆论几乎总是能成为历史的观点；时间也能破坏人气，但没有一个人能够坚持到死亡。"

我们可以看到，这样的对立使文化领域中名气和荣耀的交替也出现在政治秩序中。这里涉及一种舆论现象，前者是基于庞大数量的狂热集体，当中一部分充满激情且任性的人必然失败，而后者则是会进行理性反思的"智者"。后者"几乎总会成为同时代的主宰者，因为后代会对他们进行判断，他们不会被自己的光彩所迷惑，而是做出自己的理性决定"。我们逐渐发现了对强大而短暂的名气之误导性影响的批判，以及对公众评判和身后荣耀的真正功绩的赞美。尴尬的事情并不少见。一方面，我们如何区分这两个公众：一个轻易就会向有名人士表达喜爱，另一个则平静地甄别他们的优点？如何调和人民主权原则，特别是选举原则，如何解答人民群众的偏爱是武断的、带有欺骗性的，就跟王子的喜好一样随意无常这一疑问？文章从启蒙乐观主义的经典视角提出了解决方案：真正的公共空间的发展应该让人们形成一个更公正的判断。新闻的自由，"通过启蒙人民"，将它变为真正的公众。"我们不能被欺骗，人气会改变方向。掌声的影响越强烈，议会的影响力将不断减少。"这很乐观，但显然是虚幻的，因为媒体的发展既为名人机制服务，也用于远距离的评判：报纸读者很少不受狂热集体的影响。另一方面，文章引发的第二个谜团仍未解决。如果人气"什么也不是，绝对不是"，既不是真正的爱国情感，也不是对好人的尊重。如果人气可以通过随便什么方式就能获得，甚至是最不光荣的方式，如果"人们既拥有它又普遍鄙视它"，那为什么它受到如此迫切地追捧？如何解释它是民主政府最强大的驱动力？作者混淆了道德秩序和政治秩序，公众尊重道德和政治秩序，政治家的过人之处以及普通人的权利。让我们宽恕他，因为两个世纪以来民主主权理想与民众支持的现实之间的紧张关系不断地引起政治思想家的尴尬。它与古典政治思想中的"人民"的概念的关系，如同人与树的关系。普通百姓和全体人民之间的传统政治思想观念的二义性，以及米拉波本人当时强调的紧张关系都是类似的。议会的问题，更多的是一种难以解决的紧张局面，它困扰着19世纪"群众与民族"之间的所有政治思想。"一方面，受到激情刺激的民众，尤其是没有受过教育的人群大幅增长；另一方面是理智的主体，这是一种平静的意识形态。"[57]这种对立并不是严格遵循社会性的，它并不把人名与精英对立起来，而是一种社会学现实，即饱受偏见和充满激情的个体存在，和一种政治理想，即民主主权的理性主体。在民主理论框架中，这种思考人民、大众和人气的模式在今天仍然是所谓的民粹主义思考的核心。

　　然而，"人气"还没有被建构为一种政治理论。它成了媒体和民意调查实践的工具，被用来衡量集体参与对于个体的周期性演变（"人气评级"）情况，但似乎可能因为这个原因遭人质疑。哲学与政治社会学喜欢代之以公众舆论的概念，尽管面临众所周知的困难，可能是因为它从一开始就作为一个合法的民主价值而建，或者因为它不涉及只有政治角色的判断，而是一个人口头的所有意见和判断。当涉及政治人物引起公众情绪激动变化的能力时，则牵扯到"超凡魅力"[①]的概念。由马克斯·韦伯（Max Weber）提出的社会科学词汇不是基于传统或对法律和行政法规的一种权威引用，而是基于魅力一直保持其原有的神学尺度甚至有一些超自然的意味，个人必须做出让步并对其服从。魅力主要适用于权力独裁者或革命的先知，它在民主社会并不陌生，因为权力的化身意味着领导者的存在，他们自己的权威超越了对选举权的简单虔诚或职权的威望。[58]但是，这种超凡魅力在政治中取代已有的人气并不是没有可能：魅力来自权力，来自权威，它重现了对伟人的思考，即那些通过让人们服从他而创造历史的人。魅力从一开始就被视为一个严肃的、高度政治性的对象。人气是一个比较模糊的概念，它不是权威，而是一种名声，它也并非魅力四射，而是转瞬即逝的依恋。在政治领域和文化世界，甚至是在娱乐界的夹缝之间，这是一个有争议的价值观，更是一种脆弱的权力。它可以支持当权者，但是并不能保证顺从。有多少拥有人气的人无法将这种名气变成可持续的政治行为？

对于名人来说，人气确实是短暂的。内克在1789年夏季如此受欢迎，但仅仅在一年之后就默默无闻地离开了法国，根本无法影响革命的进程。拉法耶特也有同样的经历。在革命初期很受追捧，但由于他的错误选择而浪费掉了这个政治资本，他

---

① 这里的"魅力"指神授的超凡能力，领袖人物感人的超凡能力。——译者注

无从在国王和议会之间做出选择，直到1792年夏遭到所有人的排挤，被迫逃往奥地利，等待他的是数年的监禁。1824年至1825年的美国之行和1830年7月的革命期间，他得以重拾公众对他的信心，但却付出了40年的等待。[59]

米拉波对于自己的政治人气从来都没有过多的关注，但是从他在1791年4月去世以后，他的人气得到社会各界的一致肯定。他的去世是一个重要的事件，成了社会各界争相关注的焦点。尤其是在1791年3月底宣布米拉波的病情以来，巴黎人就对他的健康状况充满了好奇和担忧。"一天24小时都有不计其数的探望者在他的门前聚集。"一向很少同情别人的德·斯达尔夫人这样说道。[60]卡巴尼（Cabanis）和另外两名医生每天都会亲笔写一些信来向众人公布他的病情，这些公告也会在报纸上印刷发行。"从公布病情的第一天起，米拉波的疾病就已成为公众关注的焦点。每天都会有人通过各方渠道来获取他的病情。有几家报纸也在谈论他的死将带来何种损失。他的病房被访客挤满，并受到来自社会各界的慰问和关怀。你能听到街上的行人和公共场所的群众都在讨论他的病。即使是每天数次公布他的病情，也不能使社会大众感到安心。"[61]

米拉波本人身患急性腹膜炎并饱受折磨，但是这并没有阻挡他对自己人气的关注。他要求打开窗户去听取从街上传来的"公共谣言"。忍着病痛接待他的访客，对待每个人都是笑脸相迎。"他认为自己受到社会各界广泛关注，他不停发声，表现得像国家舞台上伟大而高贵的演员。"杜蒙说道。观察细致的塔列朗（Talleyrand）非常清楚："他的死亡就像是一场戏剧。"[62] 即使像生病和死亡这样私密的事情也是如此，对于像米拉波这样出名的人来说，所有与他有关的事情都已经不再是秘密，这一切都是戏剧化的产物。当然，每一个垂死之人在离世时总会引起一些关注。米拉波去世时也同样如此。但是不同的是，关注他的公众不只有几个前来认真地收集他遗言的熟悉的人，而是整个国家的人们每天都会在报纸上看到一个痛苦的故事，这种痛苦既没有历史先例，也没有戏剧性的转变，而是一部名副其实的媒体连续剧。《法国爱国者》每天都会为米拉波的逝世祭上美文，人们认识到"公众对与他有关的所有事情都非常感兴趣"。[63]

　　4月2日米拉波去世的消息宣布之时，大家的情绪都特别激动。巴黎政府下令哀悼8天并停止所有娱乐节目。制宪会议决定将圣-吉纳维耶夫（Sainte‐Geneviève）教堂改造成"法国先贤祠"（Panthéon français），以安葬杰出伟人的遗体。首都的部分地区也组织了自发的追思大会。在圣-马塞尔（Saint‐Marcel）的郊区，圣-维克多（Saint‐Victor）营部大会决定从4月3日起哀悼8天。然后，哥白林①（Gobelins）的工人为他守灵。最后，圣-吉纳维耶夫的工人们在教堂的地下室举办了追悼仪式，用他们自己的话说，"最贫困阶层的人们"希望向"他们的恩人"致敬。[64]每个省都举办了类似的活动。[65]在巴黎，博

---

① 哥白林是巴黎一家生产挂毯和纺织品的工厂。——译者注

泽（Boze）立即发出了新的命令，对米拉波的肖像进行重新雕刻，就是为了"让全世界都知道有一位法国巨星刚刚陨落"。

葬礼的壮观程度超出了所有同时代人的想象，尤其是在没有事先决定游行顺序的情况下。人群自发地会面，组成各支游行队伍。《巴黎日报》（*Journal de Paris*）描述了这番集体场面："一直到圣-乌塔斯（Saint - Eustache）大街上，几乎可以在街道的各个角落看到所有的巴黎市民。死亡从来没有吸引过如此多人的关注，如此宏伟却令人沮丧的奇观。"[66]这里重要的是，惊人的词汇竟然如此自然地在记者的笔下出现。米拉波的一生是一次永恒的表演，充满了夸张和热闹。他的死并不能掩盖这种戏剧的外表。但追悼会也有政治意义，也就是革命中的伟大日子：通过第一位伟人的去世，公众发现他们是一个政治集体，每一个成员都分享同样的时间和情感，看到这一悲惨和可怕的景象。[67]米拉波的死亡让人想起了人类生命的短暂和脆弱，加剧了人们对革命的未来的担忧，革命的工作似乎受到威胁，并加强了人们共同生活在一起的感觉，这是历史上的一个独特时刻。

实际上，人们可以质疑巴黎人在听到米拉波去世和看到祭奠仪式时的真实感受。我们可以像米什莱那样说，"痛苦是巨大的，也是普遍的"[68]，"在拿破仑之前，世界上有发生过如此重大的祭奠仪式"吗？我们还有其他什么材料？除了目击者、记者和同时代人对这一场面的描述。我们从他的死亡可以了解到：关于新闻媒体的报道，我们不能只从字面意义上去理解，而是需要从内在去探究。新闻传播旨在创造历史事件，并让众人认可该事件的"历史"重要性。[69]媒体将这件事情公之于众，并产生一连串的连锁反应，这就是当今娱乐社会的一个重要特征。然而驱使大家曝光米拉波之死的力量更为惊人。

我们不能夸大对这些证词的批判。既然不同的渠道都能传来相同的声音，这就说明大部分人都是自发的。但也会有一些投机主义者借此机会浑水摸鱼，许多记者和宣传人员利用政治家的死亡提升曝光度，目的是从中捞取利益，出售书籍和报纸，谎称他们是革命的拥护者。他们装作旁观者对此事高度同情却暗中操纵着事件的发展，让观众误以为已经见证了历史。事实上，在很多事件中，情感的共融并不占据主导地位，而是通过好奇心和参与感来驱动的。如果说1791年春天的法国人对米拉波的政治行为的判断有分歧，那么至少所有人都认为他的命运非常重要。游行之后的巴黎人并不是唯一关心这位著名男子的死亡的群体，正如《乡村之叶》（*La Feuille villageoise*）中的一篇文章所证明的那样（这是一个在农村发行的廉价报纸，但是广受群众喜欢）："这个国家的人民经常听到米拉波先生的话，他们一定很想知道并看到他临终的细节，而我们所做的一切只为满足于大家的好奇心。"[70]自1789年夏天报纸的销量呈爆发式增长以来，新闻界一直强调这种由好奇心而产生的驱动力量：对事件进行连续评论，为读者提供一种身临其境的感觉并实时分享给他们新鲜的革命政治资讯，读者甚至包括那些不能亲身参与巴黎日常生活的人们。[71]

　　过去半个世纪以来，政治死亡仪式依靠的是国王的双重实体理论，这是中世纪的法学家设计的一套关于解释不朽灵魂和永恒权力合理性的法则，由恩斯特·坎托诺维茨（Ernst Kantorowicz）提出，并由拉尔夫·吉斯（Ralph Giesey）深入研究。[72]但米拉波并不是一个统治者，没有人会希望他拥有一个不朽的躯体。他的死亡并不是一个政治仪式，人们不可以像在皇家葬礼仪式中那样宣读宪法条文。这种模式产生了一种不确定性和随机性：议会似乎在群众和自己的利益之间纠葛不清，也不会被集体激情的极端表现所影响。相比两年后马拉（Marat）的去世，米拉波的死亡引起的既非恐惧也非报复欲望，而是人们面对自导自演的戏剧的情感与好奇心的交融。[73]米什莱已经意识到这些葬礼的形式过于戏剧化。除了引人注目的必要联想，他还用到了这样的话语："不祥的预感""闪烁的火把"等，他还写道："街道上、林荫下、窗外、屋顶，甚至树上都挤满了前来悼念的群众。"米拉波的葬礼是这场人生公开表演的最后一幕，人们既是观众，也是主要演员。

　　然而葬礼也通过其他形式延伸，这也证实了政治和戏剧之间的差别。奥兰普·德·古热创作了《香榭丽舍大街的米拉波》（*Mirabeau aux Champs - Élysées*），从4月11日起就在意大利剧院上演。随后该剧院又上演了《米拉波魅影》（*L'Ombre de Mirabeau*）。同时，费多大街的剧院也吸引了很多观众前来欣赏《米拉波在他的床上病逝》（*Mirabeau à son lit de mort*）这出剧。[74]他的去世也推动了大量出版物的出版，这些出版物证明尽管他是一个受欢迎的人，但并不是每个人的观点都是一致的。他的对手不会轻易放过他。马拉指责他背叛了革命，并在《人民之友》（*Ami du peuple*）上发表了一篇充满敌意的文章，邀请人们为"他最大的敌人"之死而欢呼。[75]一本名为《米拉波的狂欢和遗嘱》（*Orgie et testament de Mirebeau*）的宣传小册子传言说他死亡的原因是滥情染上了性病。有一位出版商看到了其中的商机，收集整理出版了关于他死亡的文章、演讲文案、宣传小册子和歌颂他的诗歌。这本小册子的特色是诋毁米拉波的名声，其中还有他的政敌写的文章，售价30苏。[76]

在米拉波逝世后出版的许多出版物中，有两本值得特别关注，因为这表明了他的政治人气融合了名人文化中的许多元素。第一本与米拉波的死亡有直接关系，因为这是他自己的医生卡巴尼发表的关于他病情的文章。卡巴尼当时年仅34岁，执政府和帝国时期名扬医学界和哲学界，他和米拉波是通过爱尔维修（Helvétius）女士的沙龙会上的朋友介绍认识的。他们最终成了朋友，并帮他治病。在米拉波去世几周后，卡巴尼出版了一本书名为《关于米拉波疾病和死亡的日记》（*Journal de la maladie et de la mort de Mirabeau*），详细记录了米拉波去世前几周的情况。很明显，卡巴尼首先是寻求一个能够宽慰自己的理由，因为始终有一些人责备他没有能够治愈这位伟人，而其他人则怀疑他是投毒者，甚至要求举行公开的验尸。[77]但是这些消息都是空穴来风。我们应该以一种连贯且深入的眼光看待卡巴尼的自传。这是一个惊人的故事，因为读者不知道米拉波受到心绞痛折磨的细节，同时也描述了他每天24小时都会受到最好的医疗护理，全书主体是医学的基调，有时还有纯技术的描写，但也留给读者情感的空间。正如卡巴尼自己所承认的那样，米拉波是他"最崇拜的人"，开始这"残酷的叙述"对他而言也是一种情感折磨，卡巴尼的"灵魂被这场巨大的灾难中的细节所震慑"。如此，这位政治人物生命最后的细节，甚至他的恐慌，都通过一位享有特权的目击者——既是医生也是朋友——的眼睛以传记的形式展现在公众面前。从中我们再次看到了目击证人的角色，其重要性体现在名人传记新的写作形式中。当然还有另外一种理解，即以纪念友情为由而做出这种不得体的行为（指记录病人的痛苦等各种细节，译者注）。理由是米拉波的生活本来就是在"公众舆论舞台"[78]展开的，他的痛苦本身就是完全公开的，因此他的死亡也无法成为一个私人事件。

几个月后，另一本书的发表引发了一场丑闻。在巴士底狱发布的警察档案中，最出名的巴黎公社检察官皮埃尔·曼纽尔（Pierre Manuel）发表了米拉波在文森地牢被监禁时写给苏菲·德·摩尼（Sophie de Monnier）的信。[79]这些激情洋溢的信件展现了投身政治之前米拉波的情感生活。曼纽尔（Manuel）希望诱导公众对米拉波私人生活产生兴趣。为此，他写了一个特别夸张的"开场白"。以捍卫"米拉波的名声"为借口，他谈及到了他浪漫的性生活，为了更好地吸引期待窥探米拉波隐私的读者，于是就撰写了这样的文章。"谁向我透露了这些秘密？亲爱的读者，读者们，如果你们不能像我一样从加布里埃尔（Gabriel）的信里猜到些什么的话，我会抱怨你的。"该出版物的真正目的就是揭露被作者称为"革命的救世主"的小秘密。为了给读者制造更多关于能够了解更多秘密的错觉，曼纽尔甚至公布了这对情人写信用的暗语。[80]

米拉波的家人试图在夜里从出版商那里偷取手稿和其他证据来制止该出版物的发行。出版社将其家人告上法庭，而且通过报纸回击，并声称获得并公开"加布里埃尔的信件"的目的是"尊重这个入驻到法国先贤祠的人"。在主教俱乐部的一次讲话中，曼纽尔声称要坚持公开透明的原则（"公共社区应该像玻璃一样透明"），他借助公开性的革命原则，利用公众对名人私生活的好奇心，为自己的生意赢得高额利润。"人民、公开和不信任！这就是你们自由的保障。"[81]1792年1月，等不及司法判决的他出版了一批书信集，成为出版界的一次巨大成功。但这也引起了一部分新闻报刊的批评。例如，《海报》（*Affiches*）就声称曼纽尔是想利用著名的米拉波来获取眼前的苟且利益。[82]

这位伟大演说家的盛大葬礼和他或多或少丑闻性质的爱情生活之间有很大的差距。传统的史学观点证明了这种现象。一方面，所谓的政治史就是伟大的革命时期发生的事件；另一方面，所谓的文化史就是针对其文学作品或政治文案的研究。即使在革命时期，他的存在对于整个社会来说也是一种凝聚力。米拉波受欢迎的程度取决于他在众议院的政治优势以及他的政治对手对他浪漫生活方式产生的好奇心。米拉波和其他的政治英雄都是一样的，他们都是明星。

毫无疑问，仓促地决定让米拉波入驻先贤祠是一个失败的计划。这也是米拉波极度受欢迎的最佳证明，他死后引起的声浪久久不能平息。只有在革命遇到困难的时刻，才能体现他的重要性。从逻辑上，他可以从众多伟大人物之中脱颖而出，是在18世纪后半期通过强化这种英雄事迹而实现的。伏尔泰也紧随米拉波入驻了先贤祠。但是，带着这种痛失伟人的情绪来参观的人，并不能保持客观冷静。与他同时代的人肩负起后代人的角色，因为没人料想到革命进程如此之快。米拉波去世一年半后，有人发现了一个对他具有致命性的打击，那就是他与国王的秘密信件。英雄成了叛徒！米拉波的半身像在格罗夫（Grève）广场被拆毁，曼纽尔发起了一个议会并在12月24日公开对他提起诉讼。差不多一年之后，众人都觉得他不再是一代伟人，于是根据公约的决定，将米拉波的尸体从先贤祠撤出，并由几周前去世的马拉取而代之。[83]伟大人物的政治名气和政治人气的持续时间总比不上身后荣耀来得持久。

米拉波在生前就已经激怒了其他议员，他们想尽各种办法阻止他掌握太多支配权力，尤其不能让他成为内阁成员。他去世之后的披露使革命者更加警惕某种形式的个人崇拜。对过于明显的野心的不信任，再加上恺撒主义的幽灵，甚至是"个人偶像崇拜"的危险，是革命政治文化的主要特征。热月革命中，这种文化因谴责罗伯斯皮尔派的"独裁"而重新活跃起来。[84]对革命英雄的崇拜倾向于崇拜集体英雄，如巴士底狱的攻占者、瑞士老城堡军团为自由而献身的烈士（如勒帕莱蒂埃、马拉、查尼尔）。他们虽然已经死了，甚至不知名，比如共和二年殉难的孩子，芭拉和维亚拉，但是公共安全委员会却在积极宣传这些死后英雄。革命领袖自己也不相信名气。罗伯斯皮尔一点都不想让自己成为舞台上的表演者，当然他其实也没有什么私生活。他不借助任何名气的机制就实现了思想上自下而上的统一。但也许他也享受了真正的人气带来的好处，即使这一点很难判断。他以此为荣，使其成为一种政治论点。他无情地谴责追求"人气"是实现个人野心的危险方式。这位他自认为是革命化身的真正革命者放弃积攒人气，因为他拒绝奉承和欺骗人民。

只有马拉，也许是因为他记者的身份，也许是为受压迫者辩护的形象，是真正有人气的人。只是他的人气比米拉波的更模糊不清。因为《人民之友》（*L'Amidu peuple*）杂志，他在革命公共空间无所不在，他对竞选许诺有敏锐洞察力，他的外貌也使他成为一个可以立即识别的公众人物，他爱憎分明。马拉之死是一个引人注目的名气转换案例。正如我们所知，马拉本身也是大卫（David）制造的英雄崇拜对象，最后他却以一般失败收尾。但是毫不知名的夏洛蒂·科黛（Charlotte Corday）却在一夜之间成名。她的行为立马被媒体记录和评论，她的肖像画被传播开。她很快从报纸上的政治专栏转移到了花边新闻栏目。她在1793年9月的审判被详细记录，这位被告用她的自信、仪态和美貌吸引了公众。她的肖像画成倍增长，那些原来为马拉制作版画的人现在却在为他的刺杀者服务。几个星期之前还完全不为人知的夏洛蒂·科黛成了一位真正的名人。她是旧制度下有名罪犯和革命英雄的奇怪结合。[85]

总统是一个伟人

　　法国革命者一直对政治名人的影响持谨慎态度，表现出对任何个人化权力的极大不情愿。另外，在大西洋的另一边，年轻的美利坚合众国鼓励人们都去崇拜乔治·华盛顿（George Washington）。今天，我们很愿意用集体崇拜的眼光看待这几位"开国元勋"：华盛顿、杰弗逊（Jefferson）、富兰克林（Franklin）、亚当斯（Adams）和汉密尔顿（Hamilton）。但历史学家已充分明确表明，18世纪末期，第一位的威望遥遥领先于其他几位独立战争的主角。我们可以很容易看到这一明显的现象：没有什么比这场战争的英雄成为美国最有名的人物更自然的事情了。华盛顿成为独立战争和美国国家化身的方式相当神秘。没有什么迹象表明他会扮演这样的一个角色：华盛顿天资拙劣，内心淳朴且很诚实，不是一个伟大的军事战略家。在对抗法国人和其印第安盟友的七年战争期间，他从未获得过在英国正规军服役期间梦寐以求的工作。即使在独立战争的时候，除了战争初期在普林斯顿成功但有限的行动之外，他的主要功绩少到屈指可数。然而，这位可敬但缺乏魅力和天赋的人物，在他生前就创造了令人印象深刻的英雄主义历程。[86]这个弗吉尼亚种植者，殖民民兵的前战士，在40年后成为美洲的偶像，最后成为一个世界著名人物，成为点亮政治流行的另一种形式。华盛顿没有米拉波的戏剧天赋或政治宣传能力。他非凡的名声源于他的军事荣耀，以及他的政治态度，尤其是他身上拥有能够展现新国家所需的英雄人物事迹。然而，尽管华盛顿的政治威望一直停留在相当传统的层面，比如公共生活和私人生活之间的区别非常明显，但他还没有能够完全摆脱政治广告的宣传。华盛顿的名气是多种原因混合产生的，但他一直试图将其框定在个人名誉之上，这也是他同时代人的一个基本价值观念。既是荣誉、赞颂和公众崇拜的代名词，也是追求伟大荣耀的原动力。

华盛顿于1775年被任命为大陆军总司令后，爱国运动的领导人就围绕他的名字和形象进行了一场激烈的宣传活动，以便为造反提供一个标志性和自愿的形象。各个地方都能听到他的名字，将他的肖像广泛发布在各种媒体之上，报纸把他那些细小的事情当作前所未闻的功绩来热情报道。庆祝活动是为了纪念他的卓越才干举行的，公众游行每年都在他生日那天举办。作为时代的标志，他的形象被用于这场运动之中。洲际大会主席约翰汉·考克（John Hancock）在1776年委托查尔斯·威尔逊·皮尔（Charles Willson Peale）绘制了一幅油画，这幅油画在整个战争中被不断复制，直至成为美国革命最著名的画像之一。约翰·考克（John Hancock）和其他爱国领导人从一开始就意识到，他们需要一个能够替代国王的人物，以便争取独立战争的胜利，这也是传统的政治框架的一部分，其标志就是强大的权力化身。从乔治三世（George III）到乔治·华盛顿，从君主制到共和国的这段时间，国父的身份被他们广泛宣传，也就是一开始的总司令。

1776年12月特伦顿（Trenton）和普林斯顿的战斗结束后，华盛顿展现了他的真实勇气，他的理想没有受到任何限制。如果历史学家大多都对其实际军事能力持怀疑态度的话，那么当时的人们都视他为英雄，认为他是"这个世界上最伟大的将领之一"，正如1777年《弗吉尼亚公报》（Virginia Gazette）上写的骄傲文字，当时他的服务行为还停留于极其低调的状态上。[87] 伴随着最后胜利的，不仅仅是他的壮举，还有他能够在1778年冬季中维持一支军队的能力，使得华盛顿在殖民地人口中拥有了威信。军事形势似乎毫无希望，而且大陆军队没有受过良好训练，食不饱力不足，被疾病摧残的可怜群众已经设法撤退到平原。华盛顿来自宾夕法尼亚州南部的福吉谷，华盛顿立马表现出了抵抗和组织的精神，坚决拒绝放弃。他是那个从来没有怀疑过胜利的人，虽然在当时看来胜利的希望微乎其微。[88] 几年后，当切萨皮克湾（Chesapeake Bay）的胜利宣告美国人获胜时，没有人忘记那最初艰苦的几年。华盛顿当时是一位带领着未经训练的士兵的将军，他们穿得不好，装备也很差，无惧于当时世界第一强国，但最终还是落得惨败。

让他的同时代人感到震惊的不止他的军事能力，还有他在签署和平条约后回归平民生活的选择。18世纪的人们，受到古典文化的滋养，对英国革命记忆犹新，威胁共和国的是军事领导人的个人力量。通过拒绝恺撒和克伦威尔的命运来重振辛辛纳图斯（Cincinnatus）的神话，华盛顿赢得了世界眼中的双重胜利：人性和历史。这一决定完全符合他在战争中的态度，一直忠于国会。尽管如此，他还是非常巧妙地上演了一出戏，特别是1783年12月的辞职仪式更是广为流传。放弃权力使同时代人感到震惊，并使华盛顿获得了一个新的名号，即无私的英雄。战争的胜利使他成为爱国和美德的化身，这是一种完美的勇气和优秀的气节。[89]

他在1787年同意参加制定宪法，并在当选美国第一任总统时参与政治管理，只是为了强化这样一个人物形象，即他如此迅速地将自己的私人生活奉献给这样的事业。一旦他的军事目的达成，他就会回到他在弗农山的庄园。华盛顿之所以能体现这种共和党的英雄气概，那是因为他可以代表18世纪后期美国文化中两种价值观的完美平衡：一方面，受古老的共和主义的滋养，奉献于公益事业。另一方面，对权力的不信任，清教徒文化和贵族精神使他选择平静的农民生活。他的政治观念被认为是一种优越的价值观，因为它从未被野心湮没，但总是以牺牲自己为代价。华盛顿是一位"沉默的英雄"，他巧妙地描绘了他对和平的渴望，并将这种政治美德发扬光大。

从欧洲，特别是从法国来看，这位美国将军似乎完全回应了启蒙运动作家所塑造的伟人的理想。即使在战争结束后，尽管他的名声被富兰克林（Franklin）的名声所湮没，但华盛顿激起了人们对他的钦佩。1778年，在伏尔泰的要求下，巴黎表彰他一枚勋章以资鼓励。[90]然而，由于当时欧洲没有华盛顿的肖像，因此在勋章上刻的是一个臆造的形象。这就是跨越大西洋的名气，名字和他的壮举比照片传播得更快。战后，华盛顿的声誉远远超出了人们的认知。1781年12月，在约克镇（Yorktown）战役结束两个月后，皇家宫廷糖果制造商杜瓦尔（Duval）先生推出了"华盛顿糖果"。[91]然后，法国人出版的关于美国独立战争的故事，也有助于普及华盛顿的形象。[92]修道院长罗宾（Robin）在1782出版了他的竞选搭档伯爵罗尚博（Rochambeau）将军的书籍——《罗尚博伯爵军队的出征》（*Campagne de l'armée de M. le Comte de Rochambeau*），其中有包括对华盛顿的长篇详细介绍，以及他所有的能力、军事天赋和个人修养。罗宾有点天真的赞美来源于他与将军直接接触时华盛顿给他的印象："我看到的华盛顿是一个灵魂人物，是有史以来从未遇到过的伟大革命者。我努力地观察他。"[93]但罗宾不仅介绍了华盛顿的伟大和自己与他相遇的经过，他还介绍了他的革命激情，公众对这位新大陆英雄几乎狂热的崇拜："他认为上帝在这片大地上播撒慈悲。老人、女人、孩子们都以同样的热情奔走呼告，来庆祝这位伟人的到来。他在成功之后来到城市，我们点亮公共路灯只为庆祝他的到来。美国人这种冷酷的民族陷于麻烦之中，但有一个人来拯救他们，那就是华盛顿。"[94]这种溢美之词逐渐成为风尚，从此对新大陆伟人的访问成为欧洲人踏上美国之旅的重要一步。布里索（Brissot）1788年在弗农山进行了3天的访问，并对这个令人钦佩的"著名将军"转变为一位"善良的农民"表示钦佩，此外还被他的谦虚和无私所感动。[95]在革命期间，布里索经常用这个政治爱国的神话来表达人气所向的主题。1797年，丰泰内斯（Fontanes）发表了一篇讲话，他提出华盛顿是法国共和国领导人的榜样。

华盛顿在美国和法国都有这样的声誉，那是因为他成功地让自己成为一个谦逊英雄的形象：不得已才为公共利益牺牲自己的隐私。此外，他的书信集出版商们发现，20世纪的华盛顿对自己的公众形象过分在意，甚至每做一个决定都要左右权衡，以免其后果会对他的名声产生什么影响。这种自尊心完全不符合现代辛辛纳图斯的神话。同样，一些传记作家想要让华盛顿名声扫地，让他看起来是一个渴望得到认可和荣耀的雄心勃勃的人。用约翰·费林（John Ferling）的话说，第一任总统"为荣耀而疯狂"，他认为华盛顿是一个狡猾的政治家，装作淡泊名利的样子，其实只是为了更好地实现他的目的：获取权力。[96]

如果说这本书的用意是要将华盛顿的形象抹黑的话，它运用的工具是野心的时空错置法。它往华盛顿身上投射了一种原本并不存在的政治人气观念。对华盛顿而言最重要的是他的名声，他的同僚对他的看法。他是弗吉尼亚殖民精英中最典型的代表，是继承了英国贵族的生活方式和价值观念的富有种植园主。华盛顿很早就引入了绅士特有的礼节规矩，并且他一生都以完美的毅力坚持恪守这样的规则。他讲话语气有时傲慢冷漠，但他的不卑不亢令他的同时代人印象深刻。这也是华盛顿用以获得其社会地位的强大自我约束力的结果。[97]华盛顿很早就认识到需要在弗吉尼亚殖民精英中赢得同龄人的社会尊重。他也经历过军事声誉的动荡。七年战争中他的声誉曾受到质疑，当时他被指控处决法国军官朱蒙维尔（Jumonville）。后来，他总是小心翼翼地维护自己的声誉。

独立战争结束后，在他的名人效应下，他对自己名声的关注到了一个有点可怕的新层面。作为一位公众人物，华盛顿不能再只是对抗谣言以维护自己的社会地位，他还必须谨慎地控制那些除了知道他的名字之外对他什么也不了解的人们的想法。他似乎开始想要这种由他激起的公众崇拜，尽管并非真正喜欢。而且，他非常关心他作为公众人物的形象，还有自己留在史册上的痕迹。这正是"名人"这个词的含义，对一个公众人物的敬意如此蔓延、如此一致，似乎预示着要变得名垂青史。但这也是非常脆弱的，因为他受到错误决定、谣言或诽谤的坏话，以及战败或不详话语的摆布。毫无疑问，华盛顿最具特色的个性就是：谨慎、克制、冷静和自我控制。当某些历史人物被当众激怒时，当他们的口才足以激发他们的热情时，华盛顿似乎心甘情愿地"沉默寡言"，沉默就是他的武器。[98]因此，他在每一个重要决定之前都犹豫不决：对他的名声会有什么影响？即使作为新世界的英雄，华盛顿依然受到精英阶层传统思维的影响，个体的社会价值是通过同时代人给予他的尊重来衡量的。

换句话说，华盛顿是一个重视荣耀的人。在他看来没有什么比荣誉感更重要，这就是他的社会价值观。在这一点上，他不是一个革命者，他与公众舆论的关系同米拉波或威尔克斯

（Wilkes）完全相反。丑闻使他感到震惊。跟在一个以荣誉为中心的社会中长大的每个人一样，他非常清楚社会尊重不是一种自发的现象，一个绅士有责任做正确的事情，但也必须尽可能地控制别人对他的印象。对华盛顿来说，就是要捍卫他的军事荣誉并宣传他作为总司令的历史角色。战争结束前的6个月，尽管战斗的结果仍然不确定，尽管美国司令部遇到财政困难，但他曾让国会雇用一个秘书小组来复制他所有的军事通信记录。28卷文档被送到弗农山庄园。[99]他回归平民生活几个月之后，他的前助手大卫·汉弗莱斯（David Humphreys）建议他写《回忆录》，但是他拒绝了，并声称他没有那种天赋。因为他不想让自己暴露于风口浪尖之下。[100]下一年，汉弗莱斯又回来了，并且亲自帮他写。与此同时他也在巴黎待了很长一段时间，为华盛顿的英明神武写了一首诗，并接受了许多催促他撰写伟人传记的仰慕者的邀请。"请放心，您在欧洲享有很高的名气"，为了说服他，他写信给华盛顿。[101]后者接受了，毫无疑问，他很高兴自己能够在欧洲赢得显赫的声望，他的名字在那里很有名气，而在7年战争期间知道他名字的人却寥寥可数。

然而，为了不让汉弗莱斯受到束缚，华盛顿让他留在弗农山，并给他提供自己的档案作为他撰写回忆录之用。[102]这样做符合双方的利益。大卫·汉弗莱斯将拥有大量的文档供他处理，并将被视为"家庭成员"一样对待；而华盛顿可以控制工作的进展。事实上，他认真地对手稿进行了注释。可是未来的传记却没有一点进展。[103]毫无疑问，汉弗莱斯并不是最佳人选，他缺乏智慧和才能。因此，很可能，汉弗莱斯与欧洲公众的期望之间的差距也很大。欧洲已经开始了新形式的传记写作，也就是要提供有关华盛顿将军性格和私生活的逸事。而华盛顿将军想要公开的是关于他在独立战争期间，特别是在七年战争期间的军事行为的故事，但不涉足家庭生活。在华盛顿看来，他的名气与欧洲盛行的受广告和丑闻支撑的名气完全不同。没有什么比成为戏剧演员或时尚作者更让他感到可怕了！但他也没有受现代意义上的政治野心所左右：在他生命的这段时间里，他主要关心他的军事声誉和他作为绅士的荣誉，这绝不是为了确保他的人气。他期待的是功勋人士的开明意见以及后人的客观评价。

当然，汉弗莱斯的工作也有可能是因华盛顿入职总统而中断。华盛顿后来发现，特别是在他的第二任期内，他的名气并没有保护他免受党派政治新形式的影响，即当下这个年轻的共和国正在发展的政治形式。1793年他重新当选，华盛顿仍然非常受欢迎，但政治环境发生了翻天覆地的变化。旨在加强联邦政权和推动工业化发展的联邦党人与亲法派以及更执着于乡村美国理念的民主共和主义者之间的决裂使矛盾激进化并转向对抗。由约翰·杰伊（John Jay）与英格兰谈判达成的和平条约瞬间化为乌有。联邦主义者认为这是一个有利的妥协，可以让美国免于被拖入欧洲的革命战争。对于民主党来说，放弃与法国结盟而屈服于前殖民势力似乎是不可能的。该运动让众人看到了新的政治动员形式的兴起，标志着舆论大张旗鼓地进入了政治游戏中：大众动员、党派报刊、请愿。同意签署该条约的华盛顿受到民主党新闻界的猛烈袭击，特别是本杰明·富兰克林（Benjamin Franklin）的儿子富兰克林·巴切（Franklin Bache）。[104]

然而，尽管条约反对者中最好战的那些人发动了激烈的攻击，华盛顿仍然很受欢迎。事实上，正是他对条约的公开干预扭转了这一局面。反对派在公众和国会中似乎占多数，他的干预使该条约承载了自独立战争以来华盛顿获得的所有权威。至少托马斯·杰斐逊（Thomas Jefferson）是这么认为的，他因1796年5月在最后关头在国会上批准该条约而悔恨。[105]

从这种沉浸在党派政治混乱中的情况来看，华盛顿的公众形象并不是完整无缺的。华盛顿的名气是一件可怕的武器，不是说他有米拉波的口才和马拉的护民官形象，而是他有一种合法的力量。但他的名气也是脆弱的。从那时起，华盛顿就与联邦主义联系在一起，他再也无法逃避批评，甚至他的名字所带的光环也在逐步暗淡。两届任期以后他离职的决定也许就是考虑到了名气的脆弱性。这一决定恢复了他淡泊名利的名声。最终华盛顿第二次退隐到弗尔农山庄，成为现代版的辛辛纳图斯。两年后，他的去世受到全体国人的哀悼。这是一个真正的宗教色彩的"造神"运动。[106]

重新形成的全体一致的看法激怒了一些人，包括其政治盟友。华盛顿的副总统兼继承者约翰·亚当斯（John Adams）带着某种苦涩的眼光看他。亚当斯早就看不惯这种集体崇拜的疯狂行为，他认为这几乎是"迷信崇拜"。1777年2月，他就在国会谴责了这种行为的政治弊端。后来，他因华盛顿将军的合法化和对国会的极大忠诚而感到放心，但他总是谨慎并清醒地观察他的公共成就。很久以后，在他自己当了总统和他的前任去世之后，亚当斯继续对崇拜伟人的行为感到恼火，他认为这是一种不恰当的偶像崇拜，即对"华盛顿神"的崇拜。[107]在那段时间里，亚当斯与他的朋友本杰明·拉什（Benjamin Rush）写了大量信函，揭示了两人对前总统的矛盾判断，他们一直在讨论他的功绩。

当他开始列举第一任总统的真正才能时，亚当斯首先提到了"美丽的形象"（belle figure）。并且带有讽刺意味的是，他补充说道，美貌是第一才能，这得归功于杜巴丽夫人……这是现代版的辛辛纳图斯与一个庸俗的王室情妇相同的优势。他用同样的口吻打趣道：亚当斯对独立英雄的认可是有才华、富有、沉默寡言，或者甚至是来自弗吉尼亚。这些已经离伟人的英雄形象很远了。如果华盛顿的美德如此平常，他的功绩如此薄弱，那如何解释他的名气呢？亚当斯认为，华盛顿的名气本质上是一种舆论现象，是由那些不私下掩饰其蔑视的人策划的。[108]

亚当斯和拉什讨论华盛顿及其公众形象的大量信件往来说明他们正在试图理解这个人。这些在华盛顿身边与他一起参与过独立战争，并与他一起组建年轻的共和国政府的人，对他如今拥有的名气感到迷惑，因为这是一种不真实的光环，他名气背后的真实品质却是旁人无从知道的。他们犹豫不决，一方面对这种神秘化的东西感到愤然，另一方面他们又认为他的象征性对于一个根基未稳、前途未卜的年轻国家的稳定和团结来说无疑是必要的。尽管他们认为华盛顿一人独享这样的盛名有失公正，但也不愿冒风险去损害这样一个象征性的形象，毕竟这是他们共同创造的事业的最低保障。

当他准确地预测这段历史将被华盛顿和富兰克林的名声掩盖，而忽略其他人的功绩之时，亚当斯有时会让自己陷入激动恼怒的不良情绪中。[109]然而，在大多数情况下，他似乎是带着无可奈何的态度站在华盛顿一边，并且心怀敬意。然而，为了理解其中的利害关系，他不是围绕célébrité这个词展开，就像欧洲开始塑造名人时那样，而是用fame一词来描述名人的地位。这个词反复出现。在一段犀利的文字中，他引用了威廉·科贝特（William Cobbet）的话："从来没有两个人有像华盛顿和亚当斯之间那样巨大的差距，即对成名的渴望（the desire of fame）。华盛顿对此确实有着无比的渴望；亚当斯却漠不关心。"[110]我们不要误会，这个评论绝不是对华盛顿的批评。对亚当斯来说，这无疑不符合他的利益，他自己也承认这种忽视是他最大的过失之一。当然，他在这篇评论中充满了卖弄和骄傲，但它使我们能够认识到，在多大程度上，对名气的渴望被视为采取行动的合法动机，一种以光荣和正直的事实来证明自己，并赢得同胞尊重和钦佩的想法。[111]

在新西塞尔人的道德和荣誉文化紧密结合之下，出名构成了亚当斯和华盛顿那一代人的社会和政治想象空间，因此也预示着社会名声、公众形象和死后荣耀的完美延续。对于在大英帝国各省长大的人来说，共和文化承袭了英国绅士的荣誉守则。对华盛顿来说，这意味着要在公开行为和私人生活之间保持非常明确的界线。他试图控制对公开行为的感知，又避免任何好奇心对私人生活的窥探。几年后，纳撒尼尔·霍桑（Nathaniel Hawthorne）写道："有没有人见过华盛顿赤身裸体？这是难以想象的。他没有裸体。我猜他出生时就穿着衣服，他的头发也是扑了粉的，当他出现在别人面前时，他总是表现出一种庄严的尊重。"[112] 他不仅展现了独立战争的英雄转化为历史丰碑的过程，令人生畏且望而却步，他也掌握了华盛顿作为公众人物的本质。他的声望在整个大西洋两岸一直是巨大的，但却是基于经典的英雄模式，即凭借自身军事和政治才华，而不是通过勾起人们的好奇心和同情心。

华盛顿一直小心翼翼地塑造着一个总是带有距离感的伟人形象。他的肖像画也是如此，以至于到今天这些肖像画仍然保持这种形式。当他在画家吉尔伯特·斯图尔特（Gilbert Stuart）面前摆姿势时，画家希望能够抓住这个杰出模特的一个自然的姿态。当他被要求暂时忘记自己是乔治·华盛顿时，华盛顿勃然大怒。最后的画作虽然不缺乏尊严感，但并没有留下一个令人深刻的开国元勋的形象。与这样一幅严肃又呆板的肖像画形成对比的是，富兰克林在逗留巴黎期间轻松流露的贵格会（quaker）式的温厚微笑。我只想说，很难想象某个美国的让·胡贝尔绘制了一个在日出时穿着内裤的华盛顿或是轻松地享受早餐的华盛顿形象。尽管如此，美国公众也有这样的需求，正如从美国各地给华盛顿寄来的信件以及许多不为人知的弗农山访客所证明的那样，他有时会抱怨说他没有和他的妻子单独吃饭的机会。但是，相比起卢梭的一味逃避，他并没有使他的朋友感到失望。华盛顿根据弗吉尼亚精英的文明守则为所有访客提供了热情的招待，并且通过完美的仪式，给他们展现了独立战争英雄的形象，但即便如此，他也从未有过真情流露。

另外，华盛顿坚决拒绝所有关于他私生活的访谈。[113] 在他眼中，这只与他自己和他的家人有关。这种将公众人物——总司令和总统——以及私人生活严格区分的愿望一直都存在。然而，他的一些崇拜者仍不遗余力地将他的人格具体化。在他去世后，几位传记作者杜撰了他的个人逸事。其中最重要的是英国国教牧师马森·维恩（Mason Weems），他撰写了第一任总统的第一本传记。维恩最初来自马里兰州，在19世纪90年代已成为一名相当多产的作家。但他也曾在费城的一位爱尔兰书商马修·凯利（Mathew Carey）那里担任分拣员。1797年，维恩向他建议出版美国革命中伟大将军们的平价作品集，来"激起公众的好奇心"，并获取巨大利润。在前总统去世后，维恩建议马修·凯利出版《华盛顿的一生》，当时他已经写了6个月了。他希望这本书的售价为25美分或37美分，以抢占市场先机。[114] 最后，由于种种原因，这本书出现在另一个出版社，并在1800年再版发行了4次。1806年，凯利终于看清了这本书的商业潜力，打算出一个新版本，最后在1808年出版了一个豪华版本。这本书销量大增，它的原版只有81页，而现在达到200页，在1800

年和1825年（维恩去世的那年）之间有29个版本上市，到世纪末有将近100多个版本。[115]它是美国政治史上最受欢迎的畅销书之一。

维恩绝对不是想从事历史学家等工作。他只想通过吸引公众的好奇心在出版界一鸣惊人。如果这本书的大部分内容都是关于独立战争和华盛顿总统的描写以及英雄人物的既定叙述，那么它的亮点在于着重刻画伟人的童年及其人格的章节。随着一些逸事被发现，其中一些将成为美国流行文化的经典，如年轻的乔治承认失败可能会引发父亲的愤怒，这表明他的性格中带有一种固有的职责感："我不能说谎，爸爸。"这本书是非常经典的。这与在欧洲取得成功的名人文化所产生的新形式不同，它采用了实地验证的方式。即使是童年时期的逸事也被认为是典型的故事，宣扬英雄的品质、勇气、忠诚和坦诚。那么很容易解释的是，他们不想展现一个给人亲密感的华盛顿。维恩甚至插入了总统的母亲在他5岁时做的一个梦，这是一个寓言和预感结合的故事。在这个梦中，得益于他的冷静和他的执行力，在没有人帮助的情况之下，这个男孩设法扑灭屋顶上的火，多么令人赞叹！这个令人振奋的事迹完全符合19世纪初的政治和宗教背景。在这一背景下，大量文献涌向大众，其目的是在福音复兴的基础上建立共和和基督教民族主义。华盛顿这个民族英雄的缩影是爱国主义的核心。维恩因此公开地塑造华盛顿的美好形象，将这种开明的观念转化为基督教民族主义的根基。[116]

这本书的绪论介绍了道德文化的转变。维恩描绘了公众与他私人生活之间的对立。如果华盛顿的荣耀已经流传到世界各地，那么通过他的英雄事迹和演讲推广，这个人已经变得家喻户晓。现在，人们必须判断一个人是否要有自己的私生活，在同时代人面前忠于他的本性，而不是在公开的正式场合所表现的那样。"私人生活仍然是现实的生活。"维恩写道。然而，这种对隐私的让步仍然令人惊讶，经典的华盛顿形象是不会泄露任何秘密的，这体现了他刚毅的性格。而这一转变是对他的美德和道德的肯定。华盛顿是伟大的，他是真正的美国英雄，因为他的个人美德符合社会主流价值观。维恩笔下的《华盛顿的一生》看似是针对儿童的畅销书，其实则不然，他是为了纪念华盛顿才写的。为更好地展示他的英雄事迹，使其成为美国民族的英雄代表。[117]

为此，我们阅读了本书的开头，涉及的是波拿巴将军准备出发前往埃及的时候，还在向美国年轻人打听华盛顿的健康情况，并声称他将会比自己更加名留青史。波拿巴主要是对政治充满兴趣，所以他会成为一个"伟大帝国的创始人"。华盛顿从波托马克河（Potomac）到地中海的巨大声誉是因为通过信息新技术传播了他的名字和肖像，但仍停留在传统的伟人荣耀层面上。维恩把华盛顿刻画成民族英雄的形象，体现了美国的美好愿景和美国价值。其象征功能是体现新生国家统一的标志。他的威望即建立在超验性基础上，这也是一直伴随他，并激怒了亚当斯的宗教色彩的词汇。作为讲道的牧师和作者，维恩特别擅长向众人宣传美国国父这一令人振奋的形象。

维恩一开始就提到了波拿巴，这不足为怪。因为此二人经常相伴出现在当时人们的脑海中。波拿巴在执政府时期，就掌握着大权，随后成名，然后又回归到《圣赫勒拿回忆录》。[118]夏多布里昂的《墓畔回忆录》(*Mémoires d'outre-tombe*)的一章中有一篇文章记载了他1791年访问华盛顿的事情。夏多布里昂并没有对华盛顿感到惊讶。他认为他并不是"什么超越人类范畴的物种。这个人没有什么可以让人惊讶的"[119]。他是一个沉默寡言的人，动作缓慢，因为他的所作所为不是为了自己，而是为了自己的国家和人民的自由。因此他很谨慎，但也能从他的工作态度中看到坚持不懈的性格。相反，波拿巴是一个自命不凡的人，他令众人产生好奇，因为他只关心他的荣耀。"在波拿巴身上没有体现出这个严肃美国人的缩影：他只为自己而忙碌。他只关心自己的命运。"意识到他的历史影响力将会很短暂，所以他总是动作不断，并希望世人为之深深折服。"他急于享受和滥用他的荣耀，就像想要抓住转瞬即逝的青春一样。"这样系统性的对比一直存在。一方面，一个严肃的人创造了一个的新民族，并尊严地死去。另一方面，一位炽烈的英雄始终向往自由，并在流亡中死去。文章结论几乎是故意抹黑波拿巴。这个人已经成为过去式，他想把自己和希腊的英雄们放在一起比较，是他的野心吞噬了他自己。他的伟大是不合时宜的。恰恰相反，华盛顿的做法是非常现代化的，它符合民主社会的新价值观念，这种民主需要普通人通过他们集体行动来实现。

二者之间的对比非常鲜明，但夏多布里昂没有把波拿巴的名声再一次同华盛顿进行比较，拿破仑的名气把情感和感性因素引入到政治文化中，这正是华盛顿所缺乏的。他在写完这一章时，"波拿巴刚刚死去"，而且人们对他的死亡漠不关心。但在接下来的几年里，人们对他的爱和怀念将展现出了无与伦比的力量。夏多布里昂本人对这种情形也不会没有察觉。

日落岛

在拿破仑死后不久的几年里，他的形象发生了大逆转，食人魔的黑色传说逐渐消失，让位于圣赫勒拿殉道者的光荣传说，开启了通往拿破仑神话的道路，直到七月王朝的巅峰时期。在这一逆转中，1822年埃曼纽埃尔·德·拉斯·凯斯（Emmanuel de Las Cases）出版的《圣赫勒拿回忆录》（以下简称《回忆录》），既是一种工具，也是一种无与伦比的见证，影响力不同凡响。[120]它让我们有机会了解到拿破仑传奇背后的重要事件。而波拿巴主义的出现在那个年代只是一种出于对伟人或政治抱负的怀念。

随着波拿巴主义在意识形态方面的推进，书籍的巨大成功（在19世纪销售超过80万本）通常是因为以还原方式作为一种宣传的手段，作为被重新创造的波拿巴主义的意识形态纲领。[121]在这本带有政治色彩的《回忆录》中，埃曼纽埃尔·德·拉斯·凯斯本人的形象几乎被抹去了，他就如同是皇帝的代笔人。这是没有读过这本书的人之感受：这是拿破仑在圣赫勒拿交代给一个无名信徒的政治遗嘱，在不久的将来影响了英国人对他的判断，从长远看还影响了后世人的判断。现在，回到书中，我们又发现了其他的东西：不是拿破仑坚定的声音，而是无处不在的拉斯·凯斯，他过度使用了第一人称，就怕没有表现出自己观察落魄皇帝的日常生活、建立起他的信心，并撰写他回忆录的样子。拉斯·凯斯作为见证者，同时又是书中人物和书的作者，是叙事方式的核心，这是《回忆录》的独创性，毫无疑问，它有助于吸引那些阅读它的人。

　　《回忆录》的复调结构让它的现代读者感到震惊。这种叙事方式将拿破仑的自述与他人的叙述交织在一起，这种创新取得了巨大成功。[122]《回忆录》中最值得品读回味的就在于：经典史诗般的军事胜利和胜利所带来的荣耀。这是一种对英雄主义的全新描写，最终用激烈的抵抗来换取帝制的废除，以此来反对英国当局的欺凌和骚扰。一方面，这种史诗的基调有利于巩固领导者的选票并且使已经建立的军队形象更加强大；另一方面，由于哈德逊·洛维（Hudson Lowe）州长拒绝承认拿破仑的合法性，拉斯·凯斯也耐心地解释了拿破仑的可怜与渺小，但他并不缺乏某种伟大的奋斗精神。[123]在这两种论调中，我们可以区分英雄的荣耀和名人的荣耀。第一种需要用到赞美之词，第二种则来源于日常生活的流水账。

　　拉斯·凯斯可能是拿破仑身边一个默默无闻的工作者。但他也是一位迟到的支持者，几乎没有参与到皇帝的辉煌时期。他曾经是旧政权的贵族，后来成为新帝国的一位信徒。当然，这只是进入核心权力圈子的第一步。他完美地抓住了拿破仑退位的机会，利用了拿破仑流亡期间的空档来靠近他。这让他有机会与这个伟人走得更近，以实现他那不切实际的幻想：永远生活在伟人身边。因为拿破仑是新时代的英雄，是一位渴望拥有追随者的英雄，但拉斯·凯斯迫不及待地想要追随他，这让皇帝自己都感到意外。这种零距离接触丧失了权力的皇帝的经历，拉斯·凯斯很快将它体现在《回忆录》中。

为此，他必须暴露他与拿破仑的私人关系。无可否认的是，他的职业生涯具有一定的政治意义：反对法国大革命，甚至在国王军队中战斗，亚眠（Amiens）和平之后才进入执政府接受新制度。所以他见证了拿破仑承诺兑现的民族和解政策，而后者的军事荣耀，是国家荣耀的载体，他用此来解释自己对皇帝的热爱："最后，乌尔姆神童和奥斯特利茨的光辉来帮助我；我被荣耀所征服：我钦佩，我承认，我爱拿破仑，从那一刻起，我成为了狂热的法国人。"[124] 人们注意到这样的微妙转变：从崇拜经典的荣耀，到认可政治的合法性和个人选举可行性，直到最后对皇帝的爱戴（"我爱拿破仑"）。这种从情感角度上的肯定与传统的英雄主题不太吻合。

事实上，发生在圣赫勒拿的日常生活故事并不能体现皇帝的英雄姿态。他把拿破仑变成了他的私人密友：与皇帝一起流放的他无时无刻不展现出自己的亲密感，他不仅敬佩而且爱他。

1822年为纪念第一版所写的序言，再次强调了这种从崇拜到爱，从爱戴到亲密的转变：

> 对他的爱戴使我全心全意地追随他；只要我还活着，我的爱就会永远伴随在他身边。在这个世界上，到处都能看到他的荣耀、他的话语和他的一切；但没有人知道他的真性情、他的个人品质和他灵魂深处的想法：从历史的角度来看，这是我承诺要填补的历史空白。在我和他一起的18个月里，我每天都收集并记录我所见到的拿破仑的一切、他的所见所闻和所思所感。[125]

不同于歌颂英雄壮举的史诗诗人，还有歌颂伟人的吹捧者，以及在伟大叙事中埋没自我的作者，拉斯·凯斯在他的叙述中肯定了自己的存在、他观察的主观性和他的叙述。名人就好比表演者，既是公开的也是私密的，所以他更像是一个旁观者。拉斯·凯斯就如同一个公众代表，受委托成为拿破仑的亲密接触者，冒着被批评的风险来记录皇帝的日常琐碎。拉斯·凯斯既不会像传统的宫廷人物那样通过接近皇帝来潜入核心圈子，也不像托马斯在18世纪后半期那样出色地表达他的赞美之情。[126]他似乎更愿成为他现代意义上的粉丝，对这位出众的人既崇拜又爱戴，拿破仑的任何话语或任何动作都逃不过他的眼睛。博斯韦尔的作品《塞缪尔·约翰逊的一生》深刻改变了传记写作手法。而拉斯·凯斯也承袭了他的写作手法。但保利朋友的作品拉斯·凯斯也许是不知道的。[127]

在圣赫勒拿的日常记事中，拉斯·凯斯在两个身份之间交替转换。首先是一个好奇的旁观者，记录那些非重要的逸事：当拿破仑被洗澡水烫伤时，他严厉指出其健康可能会被不断蚕食，并要求引起各部门的注意。其次是一个悲观忠诚的朋友，时刻带着惊恐和同情的表情。1816年4月，拿破仑说拉斯·凯斯是一个"仆人"。"听到这句话时，他的姿态和他的语调刺破了我的灵魂。我会跪倒在地，如果可以的话，我还会吻他。"[128]拉斯·凯斯的多愁善感是对《回忆录》中浪漫的纪念，凭借和拿破仑的亲密关系才得以把这些事情透露给大家，这种细致入微的情感共鸣拉近了拉斯·凯斯与读者之间的关系。他每天都像受委托的证人一样跟着拿破仑。但是对于拿破仑来说，身份认同并没有那么重要——谁想得到拿破仑的认同？除了19世纪30年代巴黎收容所那些抱有不切实际幻想的疯子。[129]但是对于拉斯·凯斯本人来说，他很乐意与大家分享这个落魄伟人的生活，收集他的想法并与他保持亲密的交往。

从那时起，拉斯·凯斯和拿破仑之间的私人关系就成了一个反复出现的话题。因为共同的流亡经历，皇帝身份（总是拿破仑先讲话）的残余影响力慢慢让位于个人之间的信任。然而这种与皇帝的亲密关系却是一种形式上的关系。拉斯·凯斯的个人感受似乎成了这本书的真正主题。在到达圣赫勒拿的第一天（1815年1月17日），拉斯·凯斯陪皇帝散步后评论说："我独自一个人，在这杳无人烟之地陪伴这位曾经统治全世界的伟人！和拿破仑在一起!!!这就是发生在我身上的一切！这就是我所经历的！"[130]

拉斯·凯斯对情感的坚持，成了叙述者为皇帝与读者之间搭起的理想桥梁。与荣耀不同的是，名气总能引起人们的好奇，甚至是引发人们主观的情感寄托。这个悖论在拿破仑的例子中尤其明显，每个读者都想象自己与皇帝有着亲密的关系，即使他永远不会见到皇帝，但同时皇帝也与其他的千百万人分享他的生活状态。

拉斯·凯斯通过分享名人的私生活完美地表达了这种不切实际的愿望。他和拿破仑之间的距离被逐渐缩小直至消失，甚至是出现情感依恋。这种密友之间的张力证实了拉斯·凯斯的正当性，因为他是唯一能够接触到拿破仑私生活的人，但他同时也保持了一定的距离，只为满足公众的好奇心。"谁比我知道更多关于皇帝的私生活？谁在布里亚斯（Briars）的沙漠中孤独地待上了两个月？谁在月光下享受过浪漫的散步，并与他共度了这么多时光？像我一样，谁有这个机会，谁有这个权利谈论这些话题？谁知道他的童年回忆和他的青春，以及他的悲伤和痛苦？所以我认为我完全了解他的性格，现在我可以说我了解皇帝的一切。"[131]而且，在作者强调的观点中，最主要的是拿破仑有能力将自己变得感性动情，以防止他与老朋友疏远。

除此之外，拉斯·凯斯对自己的事业更加明确的是："我在这份日记中提出目标就是向人们展示这个事实赤裸裸的原本状态。"[132]向世人展示名人的真实本性，这是一个连卢梭式风

格都无法回避的问题。这也是《忏悔录》的风格，但卢梭发现
它有一定的局限性。如果说以第一人称写作是自我认识的一种
方式，那么它却是自我辩护的一个有害工具：作者总是被怀疑
不够真诚，最终很难获取同情心。读者经常会在情感共鸣方面
及时刹车，因为他们发现作者太过明显地采取辩护方式。这一
点我们在描述让-雅克的日常生活的《被看作让-雅克的卢梭》
一书中也有看到。他编织出完全虚幻的假象，得出的结果也是
基于假象的猜想。但是，卢梭完全理解自我辩护的局限性以及
第三方敏感信息的真实性。他既能够表达思想，又能证明自己
的人性观。

　　《回忆录》的观点与卢梭的道德立场相似是显而易见的。
波拿巴在他年轻时受到卢梭的强烈影响。最重要的是，在《回
忆录》中，卢梭被多次提及。拿破仑反复阅读《新爱洛伊丝》
这本书，并对让-雅克本人以及他的作品进行评价。[133]拉斯·凯
斯对这部小说特别敏感："这部作品给我留下了深刻的印象，给
人一种强烈的忧郁、甜蜜和痛苦混合在一起的感觉。这部作品
对我来说一直都非常重要，它唤起了对美好的回忆，并激起了
悲伤和遗憾。"[134]在他们的一次谈话中，拿破仑不建议"以让-
雅克的方式写忏悔录"。从这个角度来看，拉斯·凯斯和拿破仑
完全吸取了卢梭的教训：如果说名气激起了公众想要了解名人
隐私的好奇心，那么相比名人的自传来说，密切接触者的所见
所闻能更好地满足这种好奇心。它需要一个作为好奇且共情的
观众的第三者的视角。

拿破仑的"名气"不仅仅是《回忆录》的功劳。拉斯·凯斯将他的皇权剥离，让我们看到一个真实的皇帝。拿破仑被世人所知；无论他的政治观点如何，人们都想知道他在做什么，他的想法究竟是怎样的。有一个惊人的报道涉及1816年3月皇帝在流亡期间与亲信的对话，这恰恰使拿破仑变得更加"扬名四海"。[135]谈话始于拿破仑本人的一则傲慢的言论："尽管巴黎如此之大，各种各样的人都在这里鬼混。令我感到奇怪的是，可能有些人从来没有见过我，或者也有可能是我的名字从未传到这些人的耳中。"这篇报道义正词严地说："在欧洲，甚至是全世界，所有人都知道他的名字。"[136]然后还举了很多例子，描述了很多久远且让人意外的情况，但拿破仑的名字的确被提到了。第一位宾客说，在执政府时期，他曾在威尔士"相当狂野和十分惊人"的山中避难，那里的小屋似乎"属于另一个宇宙"，但可以远离"革命的喧嚣"。有一位居民立即问他"第一执政波拿巴在干什么？"还有一位与中国官员有过短暂会谈的人说："皇帝的名字很有名，并且把征服与革命的伟大想法联系在了一起。"在《回忆录》的后续版本中，拉斯·凯斯延展了这个话题的讨论，并增加了读者提供的证据来证明拿破仑是一个"扬名四海"的人。在帝国垮台之后，一个在波斯工作过的人找到他并认可其领导地位，拿破仑被这样的场面震撼。而另一个人中肯地说："拿破仑的肖像画被镶嵌在沙皇的宝座上，他的权力和理念在整个亚洲都非常流行。"在他倒台后，法国官员继续凭借他的名字来获取"道路上的正义"。

有这样一种站不住脚的假设：一个不知道皇帝名字的巴黎人来到世界的尽头——波斯或中国，他也能感受到波拿巴的影响力。这当然是以权力和征服的观念来确定的，或者说这就是一种软实力，就像波斯或中国的影响力一样。他的名气仍然是基于政治统治来传播的。正如落魄皇帝的肖像"在沙皇的宝座上"那样，名气被视为权力的护身符，但它已经成为一种纯粹的符号，是权力的象征。这种从掌权者到名人的演变在下面这个例子中尤为明显：

> 最后，有三分之一的人写信给我说：在波尔德莱斯（Bordelais）号船上的船长R.在前往美洲N.-O.海岸的航程中，当他到达三明治群岛（Sandwich Islands）的时候，就有人把他引荐给了当地的国王。国王从他那里听说了乔治三世国王和亚历山大皇帝。在王座的下面坐着一位女子，是国王的最爱。她对于国王提到的每一个欧洲名字，都以不屑的微笑和明显的不耐烦示以回应；最后她终于情不自禁打断了国王："那么拿破仑呢？他是怎么样的一个人？"

对逸事的描写有双重功能。[137]一方面，它体现了拿破仑影响力范围的延伸，甚至到了41年前库克（Cook）发现的那些完全受英国管辖的太平洋岛屿。另一方面，当时那个场合下最有权力的两位掌权者的差别也显著凸显出来了，国王的爱人只对拿破仑的消息感兴趣。拿破仑的名气不是直接或间接与政治

相关,他没有把自己框定在统治者的人设之内,他的特殊性和
独一性无法被任何历代君王取代。国王的爱人在提及这位名人
时几乎带有情色的意味,她对拿破仑的兴趣是一种欲望("明
显的不耐烦"和"情不自禁"就是证据,虽然这些也都是拉
斯·凯斯的杜撰)。虽然不太可能一见钟情,但我们可以在这个
国王最爱的人身上看到一个隐含的表现形式,她显然属于《回
忆录》的极端读者群,他们普遍对"拿破仑是怎么样一个人"
感到好奇。除此之外,这个场景让读者感到震惊。后面的版本
包含了一张插图(抑或是受到异国情调的影响),这张插图进一
步强化了这个世界著名人物的形象。与前代伟人相比,他的荣
耀并非来自高头衔或是他的领导地位,这个名字在世界范围内
的出现激起了所有人的好奇心。

在《回忆录》的最后,我们发现了这个几乎"传播到人类
世界尽头的扬名四海"的称号的影响力。被英国人驱逐出圣赫
勒拿岛之后,拉斯·凯斯先在开普敦(Le Cap)临时避难,后
又在泰格伯格(Tigerberg)的沙漠,"几乎到了游牧部落的边
缘"。[138]这是一个荒凉的地方,"文明世界的尽头",像三明治群
岛一样充满异国情调,这里的人对拿破仑的名字非常熟悉,以
至于很多动物也取了这个名字。"这个国家最著名的动物——公
鸡,就被称为拿破仑!马也被称为拿破仑!公牛也叫拿破仑!
一切都是拿破仑!?"拉斯·凯斯惊讶得笑出了声。如果皇帝
的名字一开始就是名气的标志,当他的名字无限扩散时可能会
有这样的效果,这不是魅力或荣耀的真正意义,因为给公鸡或

公牛取他的名字并不光彩，这只是说明了他名字的广为流传，一种纯粹的出名现象。虽然这个名字与胜利和实力是联系在一起的，但它已经褪去了原有的政治色彩，已成为最有名的时代人名。

这样就说得通了。《回忆录》从一开始就表明，拿破仑向他同时代人展现的魅力是一个政治合法性问题。当他得知他将被驱逐到圣赫勒拿时，尽管拿破仑很失望，但还像往常一样"以同样的面貌，以同样的方式攀登贝勒罗波恩桥（Bellerophon）"，因为他知道人们会去看他。[139]根据拉斯·凯斯的描述，这个场景不再是一个君主的告别仪式，而他的告别没有任何仪式。例如，几个月前，在贝勒罗波恩桥上，拿破仑看着围观他的人群，他让满心期待看到他的公众仔细端详自己。这群"蜂拥而至的看客"不带任何政治因素就只是想看看拿破仑的脸。

强调公众对拿破仑的依恋是出于他的名气因素，这并不是对政治因素的否认，也不是对其军事才能和英雄功绩的否定。不必多说，皇帝的一生以及他去世之后的威望，很大程度上归功于他取得了战斗胜利并恢复了战后的秩序。事实上，拿破仑的名声是基于世人对他的依恋，这种依恋不再是荣耀和权力，而是一种具有现代意义的名气。它不仅仅局限于法国，也横扫了五大洲，包括反对帝国主义的国家，甚至他的敌人，也没能阻挡这种对他个人的狂热。

从这个角度看拿破仑的名气可以讲出另外一个故事。不是传统的革命合法性和军事荣耀的勉强融合，也不是民主原则和英雄声望的结合，而是当名气机制在18世纪的文化世界萌发之后开始深入到政治游戏中的政治合法性转型。这种渗透是在革命之前开始的，它改变了主权国家的地位，并提供了新的政治可能，特别是在英国这样的国家。因为无法有效地控制，所以玛丽·安托瓦内特成了受害者。随着革命的到来，人气成为政治行动的重要标志。在美国，由于新的党派政治形式的威胁，华盛顿的政治人气正在迅速恢复，通过全体一致的崇拜，这个年轻的国家可以把他塑造成一个英雄。在法国，这仍然是一项遭到破坏的原则，所有人都对此表示怀疑。即使是米拉波也不能依靠人气建立一个无可争议的权威。

波拿巴既是米拉波也是华盛顿。他拥有一种把控风险的能力，这是他与生俱来的基因。他的荣耀受到君权和神权的支持，但他没有被表面化的仪式冲昏头脑。这也是一种民主的力量，使一个科西嘉的下士成为欧洲的主人。无可否认，名人只有通过雾月政变或战场上的胜利才能获得权力，行动才是有效的手段。与波拿巴相比，我们距离当代民主的路程还很遥远。相反，减少助长舆论的支持就会使权力变得集中。如：乔治·阿甘本（Giorgio Agamben），他就缺少现代掌权者的特质。[140]后者不再仅仅根据神学原则将主权的荣耀与自己联系在一起，而是将选择权给予人民大众。这就拉开了一个理论上的差距，至少是一种无法解决的紧张局面，这就是民主原则的普遍性和政治竞争之间的现实矛盾。这种紧张局势决定了代议制政府的矛盾心理。

18世纪末开始，这种现代的民主形式在美国、法国和英国被推广并应用。[141]选举的原则既是民主的，也是精英主义的。这意味着民众要在互相中伤的敌对双方中做出选择。这种紧张关系的核心来源于人气机制，并从根本上改变权力行使的机制。

需要理解的是，简单的民主机制并不局限于人民主权或启蒙思想家所提倡的理智；它同时也涵盖了这种不太常见的现象，即阅读相同的书籍和报刊的公众对著名人物感兴趣，有时只是简单的好奇心，有时却是爱慕之情。名气机制不一定是政治性的，但它也没有脱离政治的影响范围。它正在逐渐改变权力的运用方式。在社会娱乐新闻的影响之下，它揭示出民主政治与公共媒体之间密不可分的关系。

我们来看德·斯塔尔夫人对波拿巴的评价。她对名人垄断专制表示担忧：拿破仑的形象满足了公众的好奇心，但他对权力有无止境的欲望，他会尽一切可能利用他的名气。德·斯塔尔夫人本人也并非一点名气没有。拿破仑一点不喜欢她，还有点畏惧她，在圣赫勒拿岛他还取笑"她名气的泛滥"。[142]通过将自己置于作家、艺术家和演员的角色之中，政治权力改变了它的面貌，也改变了它与文化的联系。我们很难想象拉辛会嫉妒路易十四的名气。然而，德·斯塔尔和夏多布里昂毫不犹豫地用他们的文学名气服务于政治野心，并把拿破仑的名气当作一个典型，仿佛皇帝的荣耀与作家的名气之间没有任何区别。也许他们是对的，因为名气的本质恰恰就是把从不同领域的名人变得一样。从这个意义上说，现在的报纸是不是也出版了一些有关政治家、歌手和艺术家的人气排行榜？而且这些人也参加同样的电视节目，出现在周刊的页面上。

把"所有人变成无名氏"，让名人和其他人——仰慕者、对手或好奇者——在媒体的灯光下面对面，对这种现象的焦虑是作家们面对这一新的挑战做出的回应。没有人比夏多布里昂表达得更清楚了。在利用宣传小册子猛烈诋毁皇帝之后，他不允许自己接受拿破仑那出了名的转型，而且当他面对皇帝的肖像画时也绝不再有好的态度。在他看来，拿破仑所施加的暴政不再是建立在对波旁王朝的篡夺之上的政治暴政，而是以所有他的同时代人沦为平庸和默默无闻之人为代价，即使在拿破仑死后也如此。在《墓畔回忆录》第二十五章的开头这样写道："拿破仑不是一切都结束了吗？我应该谈谈其他事情吗？除了他以外，还有其他人物可以让人感兴趣吗？在这样一个人物之后，还有谁或什么值得写？……一想到我必须同一群微小的生物一同呼吸的时候，我就羞愧。我是他们当中的一部分，可疑的夜出生物，我们是大太阳消失后的残留物。"[143]

第七章
浪漫主义和名人

1808年，拿破仑在欧洲诸位王子的陪同下在埃尔福特（Erfurt）与他的新盟友沙皇亚历山大一世会面。在皇帝的要求下，塔玛已经在法兰西剧院其他戏剧演员的陪同下感受到了法国剧院的排场。拿破仑并不满足于此，他希望与歌德见面。他对这位伟大的德国作家的敬意被视为一个重要的姿态。他们谈论了《少年维特的烦恼》。拿破仑曾多次阅读这本令歌德在25岁时就出名的书。塔玛结识了歌德，随后在魏玛（Weimar）再次见面。塔玛鼓励歌德定居巴黎，并预言他的作品将会变得家喻户晓。

三位名人：一位戏剧演员、一位政治家、一位诗人在欧洲中心的会见是19世纪初期名人新效果的强大象征。在那个时代，皇帝无疑占据优势地位，但知识界、政界和文艺界大人物之间的关系并不是传统的赞助关系。"您是一个男人"，皇帝对歌德表示欢迎。歌德多年后仍然试图去解读这句略带神秘感的话，这句话同时也体现了名人的个人光环。拿破仑是一位尊重诗人的君主，也是一位热衷于同著名作家见面的读者。

1821年到1832年的十年间，拿破仑、歌德和塔玛相继离世。他们的共同点是除了享有盛名之外，还展现了从英雄造物主、创造性天才和喜剧大师向浪漫神话的转型。"浪漫主义"一词受到文学史的影响，并被滥用，但"浪漫主义"在概述19世纪上半叶的文化背景方面仍然很有用。19世纪第一个特点是印刷业的发展和文化产业的诞生。这个时代并没有产生突变，变革在18世纪已经开始了。升级后的蒸汽印刷机每小时可以印制数千页，报纸发行量有了巨大飞跃。书籍成为新兴中产阶级常见的消费品。欧洲大陆戏剧经济不断蜕变发展，向英国看齐：剧院独立化、公共音乐会和商业企业的增加、广告业的发展，使得大都市的城市文化产生了变革。浪漫主义作为一种文学、艺术或音乐运动，在很大程度上依赖于这种文化生活媒体化发展。[1]

19世纪的第二个特点是重视感情表达，对建立个人身份之主观性的肯定，以及对真实的人际关系的探索。浪漫主义既包括理想化的爱情、崇高的精神、强烈的情感，它同时也是一种反思文化。这种新的感受在艺术家、诗人的作品中无所不在。抒情诗很适合表达亲密的情感，而在一代或两代人之前表达亲密还是不可思议的事情。问题显然不在于确认这些感受是否真诚和真实，而是要明白它们同时改变了"我"的概念和文学或音乐交流的合理形式。作者没有展现自己，而是把自己塑造成一个敏感和不被理解的天才、一个强大的创造者或一个忧郁的英雄。[2]艺术家的这种新的可见性伴随着对读者或听众的主观性的肯定。新的美学不再受制于古典主义的规则或旧制度下的社会等级，而是为了取悦公众。正如早前司汤达总结的那样："浪漫主义是向读者展示文学作品的艺术，在符合他们习惯和信仰的情况下，文学作品会带给他们尽可能多的乐趣。"[3]

在浪漫主义时期，尽管存在明显的矛盾，但文化生活的媒介化与创作者和观众即刻见面的理想是相辅相成的。书商和经销商在应用新的广告技术方面经验丰富，鼓励那些希望展示他们的痛苦或胜利的艺术家与满怀热情和认同感的读者会面。

浪漫派艺术家往往既是自我推销的大师，又是一位非常感性的人。但他的受众并不完全被愚弄。文化产业支持浪漫主义的诞生和发展，反过来也被其蔑视。正如反复被谴责的工业文学、糟糕的音乐或通俗剧院所证明的那样。名人困于这样的矛盾之中，虽然名人逐渐成为文学、艺术和音乐生活的标志性特征，但却被艺术家和观众面对面的情感碰撞的浪漫理想与大众文化平淡的现实之间的二元对立所折磨。政治人物也不例外，君主或革命领导人都必须向广告妥协。

拜伦热

仅仅在爱尔福特几年之后，拜伦勋爵突然声名大噪，登上公共舞台，成为名人文化的代表人物。这位杰出的欧洲名人受到了很多评论和强烈谴责。拜伦的亮相比卢梭更具影响力。

乔治·戈登·拜伦（George Gordon）出身于英国贵族和苏格兰贵族家庭。在出版了一些影响力不大的讽刺作品后，他前往西班牙和希腊游历，之后在进入上议院开启与其社会地位相符的政治生涯和当一名诗人之间犹豫不决。1812年，他出版了《恰尔德·哈罗尔德游记》（*Childe Harold*）。这首长诗用古老的语气描述了一个忧郁的骑士在地中海沿岸冒险，获得了惊人的成功。"每家桌子上都放着这本书，"德·文郡公爵夫人（la duchesse de Devonshire）说，"大家都在议论作者。"这本书风靡一时，所有人都想阅读，所有人都在谈论。安娜·伊莎贝拉·米尔班克（Anna Isabella Milbanke）在那个时候遇见了拜伦，三年后嫁给了他。她对拜伦受到的热捧感到震惊。为了描述她认为的这种集体歇斯底里的效应，她创造了"拜伦热"一词。[4]在接下来的几个月中，成功的势头更盛。拜伦以浪漫英雄为主题的新诗再次取得巨大成功。1814年2月，《海盗船》（*Le Corsaire*）发布当天就售出1万本。这在当时是惊人的数字。

但是，拜伦的成功已经不仅仅是一种文学现象。他本人被外界关注，引起了过分的褒奖或者谴责。他混乱的情感生活和被诋毁的道德操守助长了丑闻，他的情感生活成为所有猜测的中心：拜伦的婚姻是一场灾难，妻子婚后一年即与他分居，他陷入了可怕流言的漩涡。拜伦1816年离开英格兰，从此再没有回去。之后发生的事情依然属于浪漫传奇和历史：这位忧郁的勋爵继续爱情征程，他在日内瓦湖畔，在比萨，在威尼斯继续创作诗歌。他在希腊加入到希腊人争取独立的战争中，37岁时在希腊迈索隆吉翁（Missolonghi）去世。他的意外去世震撼了整个欧洲。在英国，曾经诽谤他的报刊为他唱赞歌；不熟悉他的青少年也高呼心痛。在欧洲大陆，流浪的年轻人公然为他服丧。即使这位诗人死于高烧，而不是死于战争，对于欧洲青年而言他已经变成了一个英雄人物，一个结合了诗人才能和军事勇气的战士，一个拿破仑式的浪漫主义英雄。拜伦主义已经离开了名人的范畴进入了神话世界。[5]

在他活着的时候，拜伦的名人效应已经超越了他诗歌领域的文学成就。1820—1830年，在法国、德国和英国，拜伦成为当时最成功的浪漫主义诗人。但是他最初在英国获得的成功里混合着文学成就和名人丑闻。丑闻引发的流言和诉讼案是英国上流社会名人公开的特色。[6]《恰尔德·哈罗尔德游记》的成功中参杂着媒体散布的谣言引起的不良好奇心。拜伦被怀疑有许多情妇，他的同性恋倾向、与他的同父异母姐妹的乱伦事件也被提及。他婚姻的失败更是掀起一场轰动的诉讼官司。早在1821年，伦敦杂志就宣称对拜伦"个人"的兴趣比对他的"诗歌"更大。[7]

名人的文学作品和丑闻效应之间的这种交错关系在拜伦身上得到了充分展现。他非常自觉地不断把他的生活和作品混合起来。他的小说主角都有家族相似性（《哈罗德》《海盗船》《异教徒》《曼弗雷德》《唐璜》）：他们有冒险精神，风流、忧郁、绝望，看破红尘，生活在异国情调的环境中。但是拜伦的小说主角就像他本人所体现的那样，融合了极端的美和身体缺陷（由于畸形足他有些跛），对远方的向往和隐秘忧郁使他苦恼，公开反抗社会习俗，以及得意洋洋维持着道德模糊性。拜伦创造并体现了一个理想化和失落的反叛者，拒绝屈服于一般的道德约束，因而显得可笑、不幸又迷人。可以说，他的巨大影响超越了19世纪欧洲浪漫文化，对大众文化产生了深刻的影响。20世纪的许多明星再次借用了这些特点。

拜伦巧妙地保持了他诗歌的自传性。《恰尔德·哈罗尔德游记》第一版很显然是他在地中海旅行的一个写照。中世纪的传奇没占据过多篇幅。他于1816年添加的两首诗歌中巧妙地增加了对他情感经历的隐喻。在《曼弗雷德》（*Manfred*）中，他甚至暗示了自己与他的同父异母姐妹的暧昧。许多读者阅读拜伦的诗歌，是希望能更好地理解他的秘密、缺点和魅力，以满足他们对这位有吸引力的名人的好奇心。

拜伦的名气未限于他的诗歌和文学史上的成就。拜伦留下了一个叛逆、忧郁、浪漫的英雄人物形象，和被一代人推崇的诗作，他留下了好奇乃至无耻窥探的读者和下流甚至是暴露癖的作者之间的诗意互动模型。由于他灵活地把握了模糊的尺度，诗意小说成为培养名人机制的有效手段。《恰尔德·哈罗尔德游记》《海盗船》《曼弗雷德》或《唐璜》毫无疑问是拜伦的另一面；但是自传在小说中究竟占了多大份额？拜伦很善于运用模棱两可来引起读者的好奇心：传记暗示—媒体宣传—感情和情绪的表白，作者和他的人物的关系更加引发共鸣和感伤。这种模糊性保留了一份神秘、一份秘密，激发读者去努力解读。它鼓励了"亲密关系的阐释"，即读者通过努力解读而更加深入了解作者。[8]这就是拜伦热的推动力，因为这种模糊性把诗歌的成功、公众对作家的好奇、许多读者（或者说女性读者）的愿望以及敏感而苦恼的作者紧密联系起来。

名气是复杂的文学现象，与作者和读者迅速而充满激情的会面无关。就像拜伦常引用的1830年托马斯·莫尔（Thomas Moore）那句话，"早上我醒来，发现自己成了名人"[9]，这句话有些可疑，不管怎么说，是可回溯的。它成为现代人和历史学家出于好意维持着的神话。拜伦的迅速成名既不突然，也不是自发的。

拜伦的出版商约翰·默里（John Murray）借助巧妙的市场营销方法，助力拜伦成功。在（《哈罗德》）面世之际，约翰在报纸上刊登大量广告，并且采取了华丽的装帧方式，售价高昂，专门面向人数有限的精英阶层。[10]因此，这本书最初的成功是在拜伦同阶层的贵族中取得的。这些上流社会的成员认识他，他们对古代风格的诗歌，对欧洲大陆和地中海的风景有着同样的品味，他们可能还在伦敦的社交圈里见过拜伦本人。拜伦在伦敦的社交圈里收获了他的第一批无条件的仰慕者。卡罗林·兰姆女爵（Caroline Lamb）对他怀有难以控制的惊人热忱，拜伦热成为了现实，于此显现了拜伦热初期的特点——文学上的成功和名人的绯闻混合在一起。之后，拜伦的名声在城市资产阶级中传开。从那时起，他的作品引发了大量的模仿和改编，拜伦的英雄形象成为新兴阶级的参照物。他的肖像画广为传播，以至于约翰·莫里肯定道："您的肖像画遍布王国的每个城市。"[11]拜伦对自己的外形十分在意，严格控制饮食，[12]并谨慎保持体重。拜伦还委托著名画家为其画像以保证自己形象的质量。同时他也变得忧郁：他很快发现已无法管控自己的形象。为了迎合大众的需求，许多不同程度上相似的肖像画成倍增长，并产生了一个识别度很高的形象：一个年轻男子的身形，通常是身体侧面或者是四分之三，长长的白色衣领和蓬乱的黑发。

在他去世之前，拜伦的名声已经在欧洲广为流传。许多作家起了传播作用。歌德崇拜他，不断在与爱克曼（Eckermann）的谈话中提到拜伦。司汤达1816年在米兰见到拜伦时，表现得像一个少年："我充满了羞怯和柔情。如果我胆子大一点，我本可以热泪盈眶地亲吻拜伦勋爵的手。"[13]从1818年开始，这位看破红尘、满怀绝望的诗人的崇拜者越来越多。甚至在他的诗被翻译之前，其他国家的人们就听说了拜伦的事迹。法国的报纸借用了英国报纸上的那些逸事，并且强调了拜伦放荡的一面，把他宣传成一个罪恶而性感的天才诗人。雷暮沙夫人（Mme Rémusat）看了《曼福里德》之后，在给儿子的信中写道："我被拜伦勋爵吸引了，我想变得年轻美丽，单身一人。我觉得我会追求这个男人，并且使他再获幸福，再次拥有美德。事实上，我知道我要付出很大的代价。他的灵魂定然受了很多苦，你知道，正是这种苦难让我着迷。"[14]为了描述拜伦对他的读者的吸引力，许多比喻应运而生：鸦片、烈酒、疯狂。这样的狂热似乎很难解释。

拜伦无疑很享受成功和名声为他带来的声望，但他同时也感受到了声望带来的束缚。1816年他决定离开英格兰就是为了获得清净，摆脱围绕着快要将他吞噬的宣传。但身未动，名已远。他在莱蒙湖边旅居时，德·斯塔尔夫人邀请他赴一场"家庭晚宴"，但是客厅里却挤满了迫不及待大胆打量他的客人，仿佛他是"市场上一头奇怪的牲口"。一个女人在恐惧和激动的刺激下晕倒了。[15]拜伦去世后，托马斯·梅德温（Thomas Medwin）在谈话录中讲述了这个故事。这个故事既反映了这位流浪诗人激起的好奇心，而且还说明了名气的奴役性这一叙事主题的普及，就像卢梭和西顿斯遇到的那样。名人陷入朋友邀请的圈套，使自己被一大群好奇的人围绕，就像市场上的牲口一样被人打量，众目睽睽之下感到十分困窘。几次三番之后，他们逐渐变成了老生常谈的对象。

"以灵魂为代价的好处"

像之前的卢梭一样，拜伦成了著名作家的原型人物，名声远超其文学成就的影响力范畴。名气将他塑造成一半好、一半坏、一半真实、一半虚拟的人，一个受到集体想象力的关注和面对着名人机制的公众人物。对于19世纪上半叶的所有作家而言，拜伦的命运令人困扰，无论他们是想模仿还是想另辟蹊径。

夏多布里昂也担忧自己的公众形象，一直在与拜伦这位名人相较，沿着拜伦的路线去了威尼斯，评论拜伦的品味，满怀喜悦地回忆拜伦在《阿塔拉》出版时给他写的信。夏多布里昂也读《哈罗德》，这本书是籍籍无名作家成功并声名大噪的序曲。

夏多布里昂当时是一个无名小卒，1797年在伦敦出版的《革命论》（*l'Essai sur les révolutions*）并没有使他获得声誉。1801年，《阿塔拉》（*Atala*）通过他的朋友丰塔纳斯（Fontanes）的巧妙宣传大获成功。诸如莫雷利特神父（Morellet）等众多知名文人的批评进一步增强了该书的吸引力。夏多布里昂声名大噪[16]，他展现了一个审美和意识形态的突破：诗化的美丽风景、声音语言、灵魂的魔力，引发了在启蒙运动、大革命之后有关宗教重要性的尖锐讨论。他懂得如何自如地操控他的名气，在背井离乡多年后突然满足了他对获得认可的渴望。《阿塔拉》出版几周后，他举办盛大晚宴并邀请了所有巴黎报纸的编辑。"没有人像他一样懂得如何为他的名气张罗。"马修·莫雷（Mathieu Mole）说。[17]几年之后，百日王朝期间，若古尔（Jaucourt）写信给塔列朗（Talleyrand），激动地说："夏多布里昂先生被宣传的恶魔吞噬了。"[18]对名气的追求，对他的公众形象的过度依恋，很快成为了他性格中人尽皆知的一个特点。四十年后撰写回忆录时，此时名人机制已经比以往变得更加明显，他专门用了一章，清晰、有趣而又忧郁地回忆了那时刻。[19]

在回顾了传媒的重要性，以及出版之前推出作者、做好舆论准备的必要性后，夏多布里昂特别注重制造新颖和惊喜的效果，以"书的奇异性"引发争议从而活跃气氛。名气并不源于毫无异议的倾慕，而是来源于有争议的成功，它会引发辩论和争吵，道歉和讽刺，不断围绕书和作者引发热议。适合名气的词语应该是"噪音""崩溃""时尚"。与逐渐攀登文学荣誉的顶峰不同，名气本身是一个"幻影"，因为它的到来是突然的、猛烈的、有破坏性的。

这一突如其来的名气，如同拜伦的例子，已经有了老生常谈的味道。名气具有揭示意义，而且会瞬间引起公众的热情，这远远超过专业文人缓慢和现实的职业历程。浪漫派神话中鲁莽的英雄和现实中的军队都需要一个适时的胜利来获得名气。但另外，它可能如同一根稻草点燃的火焰那样转瞬即熄。什么也无法保证这样巨大的成功几年后是否会成为昨日黄花，这显得不可思议。在1819年的一篇文章中，夏多布里昂表达了他的怀疑：

> 当一个作家从他的名气中实现了他各种欲望时，他也会发现，名气之于他就像名气之于幸福生活一样空洞。名声是否可以补偿他被夺走的宁静？他会不会知道这个名声是由于党派的需要，是特殊情况下的产物还是真正的荣耀？许多糟糕的书都曾风靡一时！我们与一群平庸或无礼的人共享的名气有什么价值？[20]

浪漫主义作家在著作获得成功时，如何区分名气和荣耀是一个反复出现的主题。拜伦逝世后，约翰·克莱尔（John

Clare）对于作家的"人气"展开了有力反思，认为人气并不是真正的荣耀。"大众的喧哗赞歌"[21]不总是带来永恒的名声。西塞罗和彼特拉克遗留下来的经典主题有了新的形式，因为1824年不再可能完全鄙视流行品味和公众的判断。克莱尔在写作之时，他心中想的，是拜伦盛大的名气，是一个他深感钦佩和生前就被认为可能与莎士比亚比肩的诗人。这是例外吗？只有未来会告诉我们，拜伦如风暴般迅速积累的名气是否可以获得和平安宁的永恒辉煌，因为造作的、转瞬即逝的名声和死后荣耀之间的传统对立由于大众这个群体的加入而被打破。大众喜欢简单而自然的诗歌。当时作家的人气具有双重性：它依赖时尚潮流、评论的手段、公众泛滥的热情，但是它也属于普通意义上的名气。浪漫主义诗人无法不在乎名气，尽管它相比身后荣耀而言没有那么大的吸引力。

对于有经验的人，名气是令人陶醉又令人担忧的，这是一种认可，也是一种约束。是迈向荣耀的第一步，也是一个可能会让作者囿于自负的陷阱。1814年，当歌德在写《回忆录》第三卷时，他回忆起《少年维特之烦恼》的惊人成功，那使他在25岁之时已经成为了晓誉欧洲的名人。当时他因被誉为"文学新星"而十分高兴，但快乐伴随着烦恼，他同时也经历了公众好奇心的纠缠。

　　最大的幸福或最大的不幸是，每个人都想知道那
　个奇怪的年轻作家是怎么以出人意料的、大胆的方式

创作的。人们要求见他，和他交流，即使远在天边，
也要向他学习。这样作者会感受到这种过分的热情，
有时令人愉快，有时令人不舒服，但总是让他分心。[22]

之后他的所有努力都是为了净化他的名气，只保留优点。
在意大利游览期间，他隐姓埋名，然后将他的文学名气和含糊
不清的绯闻转变为更为传统的形式——一位宫廷文人，魏玛宫
廷顾问。他活着的时候其名望是来自于全国人民的景仰，而不
是公众的好奇。当然，他并没有完全成功，他最后的作品，比
如在同艾克曼（Eckermann）的谈话中，还是表露了自己对名气
喜忧参半的评论："名气几乎和诋毁一样有害。"[23]尽管名气给
自尊心带来满足，但对作者来说，这是一个艰巨的挑战，他必
须扮演一个公众人物，不能发表自己对别人的看法，最重要的
是要为社交生活牺牲自己诗意的作品。"如果我能够与公共生活
和商业问题保持距离，如果我可以更多地生活在孤独中，我会
更快乐，我也会更像一个诗人……当我们做了取悦外界的事情，
很显然应该避免再一次这样做。"[24]

夏多布里昂沉醉在名气和虚伪矫饰时就不再谈论其他。
《阿塔拉》一出版，他就不再属于自己了。"我不再为自己而活，
我的公众生涯开始了。"但这并非没有任何代价：成功给名人带
来快乐的同时也会施加限制。"我头晕目眩，忘掉了自尊心，我
陶醉了。我如同初恋之时爱恋一个女人般热爱荣耀。然而，我
是个胆小鬼，我的恐惧与我的激情相当。我不敢冲锋陷阵。我

天生的野蛮，我一直以来的怀疑，让我在胜利中变得卑微。我逃避盛名的光环：我走开去寻找熄灭我头顶光环的办法。"我们不必完全相信夏多布里昂羞怯的回忆。然而，整个文本充满了他没有把这两方面分开的担忧：一方面是"愚蠢的自负"让这位著名人物陶醉在他在公众中激起的反响当中；另一方面是因自己突然引起的名声而不安，感觉不再认识自己，想躲避别人的目光以找回自我。

夏多布里昂说，有时他希望在这样一家咖啡馆午餐：老板娘认识他的脸，但不知道他是谁。他在那里可以远离好奇的目光，他被认为是一个普通人，而不是一个文学名人。然而，他并没有忘记他作品的成功，并在媒体中寻找评论。但是至少他因为笼中夜莺的歌唱感到平静。在作者寻求逃避名人影响时，这些夜莺的存在，不可避免地让人想起了《忏悔录》中的一个场景，让-雅克听着夜莺的鸣叫在星空下睡着了。这里的参考文件不够透明，夏多布里昂小心翼翼地称咖啡馆的老板为……卢梭夫人！

卢梭在《忏悔录》中的回忆则比夏多布里昂更为清楚得多，他满足地回忆起名气使他在女性当中获得的成功："年轻女性为小说而流泪"以及"一大群基督教妇女"迫不及待地诱惑他。

让-雅克·卢梭在谈到《新爱洛伊丝》问世时他获得的成就时说：我不知道他们是否会给我一个帝国，

但我知道我被埋在成堆的香薰信件里了；如果不是因
为这些信件的主人已经成为祖母，我会不好意思地用
一种谦虚的口吻讲述，她们是如何因为我笔下的一个
词而争执，如何收藏由我签发的信，以及如何低下头，
用长长的秀发上垂下的面纱遮掩羞红的脸。

名气开始变得色情化。夏多布里昂在讲起著名作家和他多
年来忧郁的女性崇拜者之间的相互吸引时很得意。他假装谦虚，
坚持认为"十三、十四岁的美少女"会带来危险。"最危险的
是，不知道她们想要什么，或者她们想从您这里得到什么，她
们把您的形象和充满丝带、鲜花的故事世界混为一谈。"究竟是
真正的危险还是想象中的危险？这个寓言世界表达了关键一点：
对于作者和他的年轻女性仰慕者而言，名气就是海市蜃楼，它
在理性社会关系上打开了一个缺口。

名气带来的快乐和引发的问题现在已经不再像18世纪中叶
时那样无法理解，而成为文化生活根深蒂固的事实。卢梭是第
一个准确描述它的人，不过还是存在明显的情感转移。[25]在异
化的模式中，生活在公众好奇心之下的卢梭无法保持真正的自
我。夏多布里昂分析这个主题时保持了相对超脱的距离。他写
道，卢梭的错误不是想成名，而是假装始终如一。作者的虚荣
在于盼望成功之后一切如常，他不会变成公众人物，还可以简
单地生活。"我以为我可以尽情享受作为一个崇高的天才的满足
感，而不是像现在这样穿着奇装异服，留着大胡子。我希望可

以像普通人一样装扮，仅凭我的聪明才智显示与众不同。但这都是空想！我因骄傲受到惩罚。惩罚来自于我必须认识的政治人物，名气是以灵魂为代价换来的。"

"以灵魂为代价的好处"，多么绝妙而暧昧的表达。我们可以读出夏多布里昂的讽刺，因为他提到的名人的义务就是受到社会和世俗的约束，例如无法回绝吕西安·波拿巴在乡间别墅举办的晚宴。这是浪漫主义作家，《基督教真谛》（*Génie du christianisme*）作者单纯的讽刺吗？这句话还暗示名人和公众之间的特殊联系。接着，夏多布里昂讲到他与挚爱宝莲·德·博蒙（Pauline de Baumont）会面的故事。当时她已患病，两年后去世。"在最后时刻我才了解了这个痛苦的女人，她已经被死亡击垮。我对她的痛苦感同身受。"充满梦幻的少女变成了一位垂死的仰慕者。

名气并不是名人的公众形象在外界的投影，它深刻改变了他人的看法，从而无法避免地改变名人对自身的认识以及与同时代人之间关系的本质。夏多布里昂在这段文字里把他对显赫名声的沉醉记忆与一位老人①的批判眼光混合在一起。这位老人曾因被名气所迷惑而遭受非议。具有讽刺意味的是，当他完成《回忆录》时，他发现了名气新的弊端：他得知他的出版商将版权转手出售给了埃米尔·德·吉拉丹（Emile de Girardin），以连载的方式在《新闻报》（*La Presse*）刊登。夏多布里昂的

---

① 老人指夏多布里昂自己，晚年的夏多布里昂。——译者注

抗议无济于事。事实上，他一生的故事已不再属于他个人。由于经济的压力，他将版权高价出售，他的生活现掌握在广告商手中。

诱人的女性和女性公众

当夏多布里昂激起迷人的女性读者们的青睐时，他引发了一种普遍现象，即出现与名气相关的诱惑力。讲到名气的色情化，拜伦显然是一个伟大的浪漫化身的典型。研究者在他女性仰慕者的信件中发现，她们的心动是暗暗化为行动的。例如，伊莎贝拉·哈维（Isabella Harvey）的信件中充斥着对拜伦的幻想："你说就感情而言，我被自己的想象所欺骗。它不是幻想，它比现实更令人愉快。我永远放弃现实。"[26]这些由拜伦保存的信件已经被公开并被评论。有些是实名的，有些则是匿名的。

人们可以想象一个被诱惑了的女性崇拜者，梦想着与著名诗人或音乐家见面，向他献上自己的身体。这不过是陈词滥调，稀松平常的男性幻想。19世纪20年代，拜伦的名气成功达到顶峰之时，英国评论家津津乐道一种女性读者混合着文学和情色热情的歇斯底里病症。在他们眼中，这种集体病症是社会和道德严重混乱的表现。19世纪下半叶，维多利亚时代的作者们继续这种谴责，通过学术批评，努力把拜伦的作品与他肤浅、难以理解和怪诞的名人效应区分开来。[27]实际上，拜伦、夏多布里昂，还有他们之前的卢梭，都收到过很多读者的来信。档案的记录是有偏差的，因为拜伦仔细地保存了女性崇拜者的信件，自我陶醉："谁不写信取悦女士们呢？"[28]至于女性读者，那些信件表明她们更倾向于这是文字游戏而不是真正的迷恋。她们声称对作者很熟悉，很容易认同他笔下的角色，但又在信中表现出适当的距离感。有些人在匿名的掩护下，玩一种模仿的游戏，向拜伦披露自己的私人生活，然后含沙射影地怀疑真实性，就像他在自己书中所做的那样。[29]所以，当这些女性读者说她们想要治好他的忧郁症时，很可能游戏的心态居多，加以虚构并以此双重性为乐。卢梭的读者也曾这么做。

被知名作家吸引的女性读者、与其保持书信联系的女性读者，也成为了浪漫人物。1844年，当夏多布里昂审阅他的《回忆录》时，巴尔扎克在《辩论报》（*Journal des débats*）上连载小说《莫黛斯特·米尼翁》（*Modeste Mignon*），描写一名外省女孩与一位著名的巴黎诗人卡纳利（Canalis）保持通信的故事。这部小说嘲讽了文学的威望和名人的影响。这本小说出版正当其时。一年前，贝蒂娜·冯·阿尔尼姆（Bettina von Arnim）给歌德的信件被译成法语，巴尔扎克写了一篇评论，给他的女主人公从《威廉·迈斯特的学习》（*Wilhelm Meister*）中借来一个姓氏和一个叫贝蒂娜的姐姐。这些故事很清楚。贝蒂娜信件的出版引起了人们对给知名作家写信的关注。这种做法从卢梭时代起就一直存在[30]，巴尔扎克对此非常了解，不仅仅因为他自己也收到众多读者的来信，更因为他与昂斯卡夫人（Mme. Hanska）的关系也是始于信件，这本书就是献给她的。

在小说中，莫黛斯特对卡纳利（Canalis）的兴趣分两个阶段发展。对那个时代文学的热情，特别是对卢梭、拜伦和歌德等伟大作家的热爱，使这位女孩对"天才绝对钦佩"。在外省悲惨的生活中，文学给她提供了一个想象中的避难所世界，那个世界充斥着浪漫的英雄，她可以成为女主人公。由于想到了拜伦，当莫黛斯特走在勒阿弗尔港看到英国的土地时，她为没有看到任何"迷失的恰尔德·哈罗德"[31]而感到遗憾。另外，点燃这种浪漫欲望的火花却是一次"无意义而幼稚的偶遇"：她发现了诗人的一幅肖像画。

> 在一家书店的架子上，莫黛斯特看见一幅石印肖像画。这是她特别喜欢的一个作者，名叫卡纳利。诸位都知道，这些素描是拿名人来进行可耻的投机生意的产物，仿佛他们的面孔是一份公共财产。这些素描又是多么不可信！在这幅铅笔画成的肖像画上，卡纳利摆出一副颇有拜伦气派的姿势，头发乱篷篷地直竖着，脖颈裸露，长着抒情诗人个个必有的那种硕大无比的脑门，让大家欣赏。维克多·雨果的大脑门叫多少人剃光了头皮，详细数字不得而知，那数目大概和拿破仑使之战死疆场，而本来可能成长为元帅的人数差不多。[32]

巴尔扎克在他的故事中以讽刺的口吻指出这些粗俗平庸的图像泛滥背后的商业推力。作为广告手段来讲，它们是粗俗的；但同时又是伟大的，因为它们再现了真正天才的特征。拜伦、雨果都不只是被偶然提及，还有拿破仑当然也不是。这就是名气的力量：低劣的图像、商业开发和伟人愤世嫉俗的形象激起了真挚的热情。莫黛斯特受到"由于营销需要而显得高尚之人"的诱惑，开始给卡纳利写信。回信是卡纳利的秘书以诗人本人的名义写的，一来一去两人很快陷入恋爱关系。这个故事提供了反思名气的契机，尤其是当真正的卡纳利突然对莫黛斯特感兴趣，去了勒阿弗尔并在几天内将他名气的光环挥霍掉时，他发现，如果"公众的好奇心是由名气激发的，这种兴趣不会持久。它是短暂的，在见到名人真人时就会消失"。"名气就像阳光，在远处能感受到光和热。但是如果我们离它很近，就会如同在山顶上一样感到寒冷。"[33] 天才本身没有吸引力，是名气为它添加了转瞬即逝的魔力。

小说的结尾，由于父亲突然衣锦还乡，莫黛斯特变得富裕，并在三个追求者之间选择：传统精英代表的贵族、著名诗人、聪明的欧内斯特·德·拉布里埃尔（Ernest de La Brière），谁可以既不凭借财力也不凭借天赋，仅仅凭借真情实感就能赢得芳心呢？资产阶级式的收尾？有可能，但巴尔扎克的精妙之处是说明莫黛斯特对卡纳利的迷恋并非是被几行诗和一幅肖像画激发的。她看起来天真，其实早已仔细研究过诗人的婚姻状况。她利用宣传出来的名气作为幻想的来源，摆脱周围令人失望和沉闷的世界。她不满足于被动阅读，而是参与到游戏中，反过来掌控大局。她的最终决定决不是不负责任和出于本能的。她梦见诗人的田园诗和装饰着书店的肖像画，她在一个不属于他的传媒世界中为他留下了一席之地。但是当谈到选择一个丈夫时，她乐于看到她的求婚者竞争，以便从中选择最合适的一位。

事实上，这位年轻女子，这位我们可以用略显过时的方式来称为狂热追随者的人，显示了名气永恒的不对称性。以夏多布里昂和拜伦为例，名人诱惑女性读者，但又必须提防她们过度的热情。另外，女性名人的形象则受到贬低和非议，她们暗含的魅力必然是不道德的，还会被认作是妓女。长期以来，"公共女人"这个词被用来指妓女，这并不是一件小事。对于文学女性来说，公开露面有损女性诚实和谨慎的美德。1852年，哈丽特·比彻-斯托（Harriet Beecher‑Stowe）凭借《汤姆叔叔的小屋》（*La Case de l'oncle Tom*）获得巨大成功，这本废奴主义畅销书第一年在美国售出300万本，在英国售出150万本。在斯托夫人随出版商赴英国开展宣传时，出版商经常让她在隐蔽的专为女子准备的廊道休息，而让她的父亲和兄弟在台上替她讲话。[34]然而此时情况已经开始变化。1848年小说《简爱》（*Jane Eyre*）成功后，夏洛蒂·勃朗特（Charlotte Brontë）任由外界对她的身份和性别产生怀疑，她依然极受欢迎。1855年她去世之际，伊丽莎白·盖斯凯尔（Elizabeth Gaskell）出版了一部半小说形式的传记，永久确立了女作家的合法形象。

法国女作家乔治·桑（George Sand）的例子具有象征意义。她既以小说闻名，但她的公众生活、她的政治主张和她动荡的情感经历也是她成名不可或缺的一部分，因而乔治·桑承受着众多抨击。然而，1832年她出版第一部小说时，因受到另一位女作家乔治·艾略特[35]（George Eliot）的启发，选择了一个男性名字乔治作为笔名。和许多女性作家一样，她甚至曾想以匿名方式发表作品，她的出版商出于商业目的让她取一个假名。事实上，尽管《印第安纳》（Indiana）取得了成功，这本书最初还是匿名发表的。她成功地使外界对她的性别保持怀疑，至少那些对她了解不深的民众还不知道她究竟是男是女。20年后，她的名气已经达到顶峰。但在《我的生活史》（Histoire de ma vie）中，她谦逊而真诚地重申不愿透露姓名："其实我并不愿意选择文学作为职业，更别提成为名人了……我本来希望隐姓埋名生活，《印第安纳》和《华伦蒂娜》（Valentine）出版后，我一直设法保持匿名，这样那些报纸就会称呼我为先生。我为这个小小的成功感到高兴，因为这样不会改变我深居简出的习惯和同我一样默默无闻的人的亲密关系。"但是她补充说，很快她就不再幻想。她接待那些好奇的、哀求的、善意或恶意的访客。"唉！不久之后，我不得不叹口气，哪里都一样，我和卢梭一样徒劳地寻找孤独。"[36]

在《当今名人》（Les Célébrités du jour）中，在路易·乔丹（Louis Jourdain）和达伦多（Taxile Delord）把在该书中唯一的女性乔治·桑的肖像置于女性名人传记作者的首位。如何描述这样一位生活周围全是诽谤和流言蜚语的有名的女性？宣传名人使名人公开暴露自己是为了回应公众对他的关注，这一惯常思维在这里与同样经典的女性廉耻观相对立。女性的廉耻观也让一切打听她私生活的行为显得很不得体。

> 传记作者有什么权利进入到女人的私生活中，他是否会和公众谈论她的爱恨、她的坚强和她的脆弱？但是，这个女人拥有非凡的天赋；她是一位艺术家或诗人，她唱歌、写作、绘画、雕塑。公众想要知道她是谁、她的生活方式、她的爱好、她的遭遇是很正常的。公众有这种愿望也是可能的。但是，你认为你有权利窥探一个女人的隐私去取悦公众，解释她的每一个行为或她的每一句话，探索她的感情然后加以嘲弄或歪曲。不，我们不能这样。[37]

这种由于性别而受限的名气问题长期存在于女性群体中。在19世纪末和20世纪初的"美好时代"，作家们总是在期望成功、名气和谦逊的美德，与忠于家庭、妻子之间摇摆不定。如何能够变成公众人物的同时又不至于与社会规则过分冲突呢？更难的是，太明确的谦虚会被评论界视为暗中希冀获得名气。女性作者在这样可怕的矛盾中更是举步维艰。[38]

才 子

和前一个世纪一样，继西班牙女歌唱家玛丽布兰
（Malibran）在所有欧洲歌剧院进行巡回演出，玛尔斯小姐
（Mlle Mars）和瑞秋（Rachel）在法兰西剧院大获成功之后，舞
台是女性唯一合法和被允许借以扬名的地方。在《费德尔》
（Phèdre）演出取得成功后，瑞秋与法兰西剧院谈了极为优厚的
报酬条件，甚至有损其他分红演员。但是他们不得不向这位女
性悲剧演员的名气低头。[39]1858年，她去世后，大量颂扬之词、
逸事和传记应运而生，许多人争相收集她的手稿和私人信件。
《费加罗》报的主编花了几周的时间撰稿，在她去世的第二天就
发布了专题《悲剧女演员逸事、手稿集和50封内容丰富而有趣
的私人信件》。[40]

18世纪起，剧院在大城市的文化生活中占据中心地位，向
公众提供头条新闻。当瑞秋塑造的悲剧女主角在巴黎大放异彩
时，弗雷德里克·勒迈特尔（Frédérick Lemaître）为玛丽·多
瓦尔（Marie Dorval）在通俗悲喜剧中配戏，把恶棍若贝尔·马
凯尔（Robert Macaire）演成了滑稽人物。从英语借用的"star"
一词开始指代明星演员。在伦敦，埃德蒙·基恩（Edmund
Kean）是特鲁里街剧院毫无争议的明星。他不仅凭借戏剧表演
引人注目，而且凭借他凶恶的公众人物人设出名。基恩子承父
业，与拜伦的出身完全不同。他的成名主要是由于一下子被认

可的表演天赋和人尽皆知的混乱私生活。这个大概算是他和拜伦的共同点：在拜伦轰动的离婚案几个月后，基恩因为通奸被起诉的新闻占据英伦报纸头条几个月之久。基恩并不是忧郁的浪漫人物化身，而是一个古怪的感情狂露之人，随时准备把自己的私生活公之于众，用自己荒诞的行为为流言蜚语加料。报纸披露他酗酒放荡的生活，声称他养着一头狮子，赤手空拳地去参加拳击比赛。[41] 作为一名莎士比亚戏剧演员和放荡的明星，基恩在英国独树一帜，丑闻永远如影随形。他曾两次去美国。法国的大仲马在他去世三年后为他写了一首诗。

　　说到底，没有什么新鲜的。在名气这个领域，戏剧界真正的浪漫主义变革不如音乐界持久。18世纪音乐界有一些著名人物，例如作曲家亨德尔（Haendel）、格雷特里（Grétry）和格鲁克（Gluck），或是歌唱家，例如阉人歌手法里内利和坦杜奇。但是音乐由于其宗教来源和贵族背景，仍然是一小部分文艺精英的特权。因此，虽然格鲁克和海顿非常成功，但从未真正声名大噪，他们的名气局限于其爱好者和赞助人的范畴。莫扎特在年仅六岁时就在欧洲巡演，震惊了伦敦和巴黎的听众。他作为神童而出名，更新了创作天才的理论。[42] 但是随着莫扎特长大，听众们的惊奇和震惊渐渐消退。他在萨尔兹堡遇挫，后又在维也纳重获成功。虽然他在乐迷当中还享有极高的音乐声誉，但是已经难以引起同样的热潮。1778年，他因在巴黎受到冷遇而感到苦涩。他抱怨自己不得不为忙碌的听众演奏，听众则反响冷淡，只是出于礼貌而表示兴趣。[43] 然而到了19世纪上半叶，许多音乐家大获成功。公共音乐会的举办、贵族资助的减少、独奏音乐会的出现改变了表演的外在方式。[44]音乐的状态发生了变化：它成为了一种纯粹的艺术形式，一种感受的理想载体。这种音乐新发展从格鲁克时代开始，在1830年—1850年达到顶峰。从维也纳到柏林，从布达佩斯到巴黎，从那不勒斯到伦敦，音乐会吸引了大量喜欢这种新型音乐的听众，他们不论是对作曲者还是演奏者都充满热情。海涅（Henrich Heine）在巴黎报纸的专栏上戏谑道："我们被淹没在巴黎的音乐海洋中。没有一间屋子像诺亚方舟一样可以让我们逃离这片声音的洪水。最终，高尚的音乐艺术把我们整个生活都淹没了。"[45]

众所周知，正是此时，贝多芬成为了浪漫主义天才的代表，但他生前并未获得拜伦那样的声誉，我们要避免回顾性地构建贝多芬19世纪中叶起获得的巨大声誉。贝多芬并不是一个被社会排斥的艺术家，他在维也纳很受欢迎，并很早就被认作当时最伟大的作曲家之一。此外，他还受到宫廷大人物的支持和赞助，他们欣赏他，保证他生活富足。但是他不断高涨的名声还是局限在给他赞助的音乐爱好者之中。有些维也纳的公众质疑他的天资，认为他的作品晦涩难懂，难以取悦更多人。但是贝多芬毫不让步。歌剧《费德里奥》（Fidelio）失败之后，他气愤地说："我并不是为大众作曲。"他的态度之所以能够如此强硬，是因为他获得的赞助从未中断。与传说不同，贝多芬大部分时候出没在宫廷和维也纳各大沙龙里。[46]

1814年，贝多芬庆祝拿破仑失败的音乐作品使他在奥地利和国际上都享有盛誉。他在1814年11月维也纳会议之际举办的音乐会也带给了他著名爱国作曲家的名气。但是这个名气并没有持续很久。几天后，由于商业原因，后续的几次音乐会均以失败告终。之后几年，贝多芬失去了一部分宫廷的资助，而且因为耳聋以及创作风格的变化渐渐变得孤立。贝多芬拥有一批热情的仰慕者，并接到来自英国、德国甚至是美国的邀请。但这些邀请都是来自于音乐家或者是音乐爱好者社群。1827年，他的去世轰动了维也纳和几个德国城市。然而当时在巴黎没有多少人演奏他的作品。

贝多芬的例子区别于艺术家的名人机制效应。毫无疑问，早在18世纪90年代中期，或者说从18世纪00年代他的伟大创作时期开始，贝多芬就获得一部分维也纳精英和欧洲乐迷的仰慕和无条件的支持。1814年的英雄主义和爱国主义风格的成功使他名声更盛，后来他试图摆脱掉这个标签。基本上在他去世之后，他的作品才获得了真正意义上的吸引力。[47]

贝多芬生前一直徘徊在成为名人的边缘，不如罗西尼（Rossini）受欢迎。就在贝多芬创作第九交响曲的1824年，司汤达写道："在拿破仑去世之后，不管是在莫斯科还是那不勒斯，在伦敦或是维也纳，在巴黎或是加尔各答，终于出现了所有人都津津乐道的人物。"这里他指的是罗西尼。罗西尼当时32岁，在维也纳和那不勒斯获得成功之后，他在巴黎和伦敦的巡演也大获成功，引来了公众和媒体的关注。司汤达为此还写过传记。[48]相反，贝多芬在去世后才受到越来越多来自浪漫派音乐家的赞扬。这为音乐家和音乐作品之间带来了一种新的联系。弗朗茨·李斯特（Franz Liszt）正是这样。

关于李斯特，我们可以说，他的名气在去世之前就已经家喻户晓了。[49]李斯特本人也很崇拜贝多芬。李斯特很早就作为神童出名。1823年—1824年他在巴黎举办了最初的几次音乐会，十年之后李斯特成为巴黎民众的宠儿。巴黎民众被李斯特精湛的琴艺、奇闻逸事、同玛丽·达古（Marie d'Agoult）的情感关系、大胆的作品、圣西门主义的思想所吸引。李斯特呼吁提高音乐家的地位，并为宗教音乐辩护。这位受上流社会欢迎的钢琴家被圣日耳曼区最高雅的沙龙接纳，但他毫无顾忌地揭穿了音乐家的从属地位（"艺术家不过是个沙龙上逗乐的人吗？"他问道）。他嘲笑那些缺乏音乐素养的仰慕者，喜欢大众的、兄弟般的、有创造激情和普通的音乐。"解脱的时刻就要到来，诗人和音乐家不再说'公众'，而是说'人民和上帝'！"[50]李斯特凭借他的机灵在巴黎的文艺圈占据了显眼而特殊的位置。他既是传统沙龙的钢琴家，又是浪漫派艺术家、新时代的预言者。[51]

1838年，当李斯特开始进行盛大的欧洲巡演时，他的名声达到了顶峰。这位钢琴家从维也纳到柏林，转而去了伦敦、巴黎，所到之处都引起激烈反响。[52]这样的盛况同时也引发了批评和嘲讽。1842年在柏林时，评论界和记者们纷纷热议李斯特的演奏引发的惊人热忱。他们并没有主要评论他的演奏水平，因为这需要理解和描述，他们评论的是他的演奏所引起的集体狂热浪潮。"疯狂"这个词在报刊上随处可见，每个人都在试图理解这种新型狂热病。[53]一些讽刺漫画描述了李斯特的听众们出了音乐会的门口之后就被直接送往精神病院的场景。自由主义者认为音乐家的名气源自于政治自由的缺乏，柏林的公众好像非得把热情汇集到一件事上。保守主义者哀叹这种过分的、不得体的放纵。他们警告说女性公众表面看起来像是迷恋李斯特的精湛技艺，事实上是一种性冲动。总之，惊喜、担忧、娱乐交织在一起。李斯特的成功因此更加明显。不仅观众们的反应如此引人注意，评论家们也把公众的注意力引到李斯特的名气上。如果说只有柏林的资产阶级和上流社会才有钱享受演奏会的话，那么报纸对他的讲述、他在市里的咖啡馆与人们的交流、讽刺漫画流传引发的好奇使得更多人对他议论纷纷。"大人物在宫殿里谈论他，穷人们在家里谈论他。"古斯塔夫·尼古拉（Gustav Nicolaï）在当地的报纸上写道。[54]

怎么解释这样的名气呢？李斯特的经历首先可以被解释为音乐界发生的新变化。在他职业生涯的头几十年，他依靠贵族的资助生活。后来他从公共音乐会的兴起和钢琴演奏技艺的革新中受益。不管是演奏自己的还是别人的作品，从1835年起，李斯特坚持以个人独奏的形式举办音乐会，音乐家一个人在台上面对台下的观众。在他之前，即使是技艺超群令人惊艳的帕格尼尼也是同乐队一起演奏。李斯特创造了音乐家独奏的形式。同时，钢琴逐渐成为了资产阶级的专属乐器，是有钱人家年轻女孩的必学乐器，这也引发了更多人对乐器和钢琴大师例如李斯特、西吉斯蒙德·塔尔贝格（Sigismund Thalberg）或者亨利·赫尔茨（HenriHerz）等人的兴趣。[55]

从那时起，精湛的演奏技巧已经超出了审美体验的范畴，如同体育活动一般变为一种表演。这个特点在斗琴中尤为突出。李斯特曾和塔尔贝格比试，两个人在争斗达到高潮时，不断向对方发出挑衅。把他们的决斗比作是两个拳击手在对抗似乎显得不太合适，但是这个比方很自然的就在当时人们的脑海中出现了，特别是在英国。因为从18世纪末以来，拳击比赛成为流行的表演，出现了如门多萨（Daniel Mendoza）这样的体育名人。[56]音乐家和观众面对面之时，这种竞争使得精湛的技艺首先成为了一种展示，就是为了震惊四座，为了引发观众的热情。观众就是专门为看音乐家能够达到身体和技巧上不可思议的境界而来的。李斯特经常被比作波拿巴，他是一个大胆和充满征服欲的人。他演奏时常采用气宇轩昂的姿势，显示出希望得到出人意料的成绩。[57]他在弹奏柏辽兹的幻想交响曲时，开始了挑战。他用一种罕见的演奏技巧激起听众"难以描述的兴奋"[58]。1837年，他突然宣布将在巴黎歌剧院举办独奏会。对此，媒体评论纷纷："在巴黎歌剧院弹奏钢琴！让钢琴干瘪单调的声音在这个巨大的厅里回荡，在这个惯常回荡着《新教徒》悲剧感情的厅里……而且……是在一个周日，在一群鱼龙混杂的观众面前！这是怎样的壮举！"[59]

"鱼龙混杂"的观众这个说法是有道理的。为了吸引新的受众，李斯特没有选择正统的或者是艰涩的曲子，而多是即兴演奏和改编耳熟能详的歌剧曲目。他为了使演奏更有吸引力，还加了一些流行歌曲的调子。这些新手段的效果被宣传放大，或者按照19世纪的说法，是被广告放大。李斯特是继帕格尼尼之后第一批雇佣经理人的音乐家之一。盖塔诺·贝隆尼（Gaetano Belloni）负责组织他的巡回演出，在报纸上刊登广告和赞扬性的简报，同时也监管李斯特肖像画的传播。[60]李斯特本人也有一套独到的自我营销手段。他让人起草了一段德法文的简短自传，他对公众的兴趣十分敏锐，不惧在媒体上进行论战。他还在报纸上刊登了写给朋友的信件，讲述了他的音乐会受欢迎的程度。他乐于展示自己仁慈的一面，例如在佩斯特（Pest）发生洪灾之后，他以人道主义为名举办音乐会，精心筹划以便让更多的人知道他的无私。

这波密集的广告宣传之后，李斯特成为一个奇异的公众人物。他是多愁善感的音乐家，喜爱演奏宗教音乐，又是一个受欢迎的、以高贵的姿态感动并吸引观众的演员。李斯特比他同时期的其他音乐家更知道怎么保持这种模糊性。这种具有破坏性的技艺在敌视精英的同时又以他的独特性吸引着他们，给观众们制造出亲近感的同时又与他们高傲地保持着距离。有卢梭和拜伦这两个珍贵的参照物，我们难道不能说获得名气就是李斯特的动力吗？

这位技艺高超、情感丰富的音乐家使用了各种广告诀窍。德国作家海涅敏锐地发现了这一点。海涅住在巴黎，非常热爱音乐，头脑清醒又善于讽刺。当李斯特1844年大获全胜回到巴黎时，海涅在报纸专栏上从头到尾地讽刺了这个"伟大煽动者"的成功："我们的弗兰茨·李斯特""哲学和十六分音符博士"，"当代的荷马、德国、法国、匈牙利就像孩子一样吵闹着要求土地，这位唱诵伊利亚特的人只想要7座外省的小城市""新的阿提拉，上帝的灾难……"。在这一连串滑稽的比喻之后，他提到震惊巴黎的"不可思议"，"狂乱的社会"中的观众"疯狂的欢呼"，并假装感到震惊：他以为巴黎的观众会比德国的观众更容易感到厌倦，但事实上他们却依然沉迷于这位钢琴家。"好奇怪啊，我本以为巴黎人见识过拿破仑，伟大的拿破仑，四处征战，获得人民的拥戴，但是同样的巴黎人现在却为我们的李斯特喝彩！这是怎样的喝彩，简直是史无前例的狂热。"他又从医学的角度评论道，这样的集体狂热与其说是出于审美不如说是出于病态。很快他又推翻这种说法，采取了另一种平淡低调的表达：李斯特的真正天赋在于他能够制造成功或更确切地说展示成功。

海涅淋漓尽致地批评了名气的传播机制。他没有放过任何细节，包括李斯特自封的慈善家的名头。认为这位钢琴家的成功是人为的，是他借助商业手段自我维系出来的。这正是经理人贝隆尼的作用："李斯特名声的总管，他自己采购了桂冠、鲜花、颂歌、欢呼。"我们可以看出，李斯特名声已经开始受到质疑。人们不仅抨击过分的热情，并且怀疑巨大成功背后的真相，如果一切都是借口或者障眼法呢？[61]海涅并不是蔑视当下的社会和明星系统，全面抨击这些大师获得的名声，他只是想把他们的名气拉回到合理的程度上。"不要仔细审视这些著名的大师受到的敬仰，因为这个虚名不会存在很久。"他又出人意料地说道："这些大师的名声会神秘地蒸发掉，无声无息，就像沙漠中骆驼的嘶鸣。"[62]

李斯特本人也感觉到这种"无谓之名"和"自私的享乐"的局限性。在帕格尼尼去世后，他在报纸上发文抨击对真正艺术的质疑。[63]可能他想避免落入海涅所预言的悲惨下场，即曾经的钢琴名家最后沦为普通人，反复念叨着逝去的昔日荣光。一直以来，李斯特一边为自己的成功飘飘然，一边也渴望着创作真正的作品。1847年，在他的名声登峰造极之时，他决定不再举办音乐会，接受了在魏玛的一个职位，专心从事作曲。与此同时，他回归了天主教，并非常真诚地表达了对名声（célébrité）的轻视。十多年前，他在一次成功的意大利巡演中这样写道：

> 我忏悔，我怜惜那些毫无价值的自负，我曾充满苦涩地抗议那些无意识、没有鉴别力的狂热，当人民向我涌来，要求获得短暂的快乐而不是有益的教导时，我也曾为这所谓的成功哀叹；我感到受辱，拒绝接受这些浅薄的褒贬。[64]

从多疑者的角度来看，这样的独白只是演员在卖弄风情。为什么不相信他们，为什么不承认李斯特和卢梭、拜伦、西顿斯一样，只是想让自己与名气维持在最不模糊和最不复杂的关系上？名气并不代表完全的认同，因为公众立刻燃起的热情和同

行的认可截然不同。名气不是单纯的，因为它太依赖商业模式，
依赖广告手段和花招，当时这些还不被称为文化营销手段。这
位大师是技艺的化身，从18世纪起，李斯特就以展示技艺而非
创作来吸引观众。他放弃了钻研艺术，因为这个投入的时间太
多了。他喜欢从公众身上获取即刻的满足感，公众对他成就感
到的震撼使他更坚定了这种风格。他让自己成为舞台上的主角，
经营自己的公共形象。[65] 他人的吹捧使他的自尊心得到满足。
但是他又清醒地认识到荣誉是无用的，因为他比任何人都了解
赢得掌声的诀窍，名气仅仅是一种广告效应。李斯特曾辛辣地
讽刺道："尽管他们在巴黎200多个街角张贴了200多张五颜六
色的广告宣传，那些平庸的音乐家最后注定还是无名之辈。"[66]
他早就表现出对公共成功的鄙视，但是之后却从中受益。他与
音乐的联系是分裂开来的：他一方面希望得到即刻的认可，维
系自己的成功；另一方面明白艺术世界中的自主性，即真正的
艺术要求和公众需要保持距离。

美 洲 名 人

　　李斯特在欧洲的经历表明名气的形成方式已经发生改变。
虽然他的成功不局限在巴黎或维也纳，远达萨格勒布、佩斯
特、柏林、伦敦，但李斯特的名声仍没有超出欧洲大陆。其他

名人的名气却已经越过了大西洋，例如法国钢琴家亨利·赫兹（Henri Herz）、奥地利舞蹈家潘妮·爱斯勒（Fanny Elssler，她1840—1842年的美国之行大获成功），还有挪威小提琴家奥勒·布尔[Ole Bull，海涅称他为"帕夫中的拉法耶特"（"La Fayette du Puff"），因为就受欢迎程度来说，拉法耶特是"两个半球的英雄"[67]]。

的确，1830—1840年是一个转折期：美国的名人文化开始兴起，其主导地位甚至超越了20世纪美国流行文化。和欧洲情况类似，城市化、印刷品的普及以及新的商业技术的出现使得名人文化效应首先出现在文学领域。这个潮流在作家纳撒尼尔·帕克·威利斯（Nathaniel Parker Willis）身上得到体现。时至今日他已经有些被人遗忘，但在那个时候他是美国文化界的重要人物。他在很年轻的时候就因欧洲游记出名，纽约上流社会欣赏他写的有趣生动的人物故事。他作为记者和作家，名声如日中天，酬劳丰厚。他还办着几份报纸，1846年推出了《家庭杂志》（Home Journal）。这份报纸引领着美国东海岸文化界的风潮。作为著名的作家和发行人，他还不遗余力地支持艾伦·坡（Edgar Allan Poe）的发展。他同时又是时尚优雅的裁判，他代表着纽约的城市社会发展和文化的变迁。在这30年间（1830年至1860年），纽约市人口从24万增长到120万。威利斯成为众所周知但极具争议性的公众人物，经常因其软弱和忧伤受到嘲笑。正如一名记者写道："没有人像威利斯那样能在公众眼皮底下连续生活了20年。而且没有一位美国作家像威利斯那样从朋友那里得到那么多的喝彩，在敌人那里得到那么多的批评。"[68]

威利斯也目睹了这场公开表演的深刻变革，美国表演业的商业化发展比欧洲快得多。与欧洲不同，美国没有宫廷演出和贵族赞助的传统。在大胆的企业家的推动下，现代表演业飞速发展，尤其是费尼尔司·泰勒·巴纳姆（Phineas Taylor Barnum）的大型流动马戏团。此人谦虚地称之为"地球上最伟大的表演"，他在美国巴纳姆博物馆收集的人类怪物和物品展使他成为美国流行文化的主要人物，富有魅力、雄心勃勃的表演企业家的化身。他早期的展演较为平淡，参演的有老黑人妇女乔伊·斯赫斯，她自称是乔治·华盛顿的前护士，年龄有160岁。然后是拇指汤姆，一个矮小的孩子，他在19世纪40年代初期成为一个真正的明星。

展示不同人的奇特之处，尤其是不同种族的人的奇特之处，这并不是一件新鲜事。1796年，费城的居民就观看了一个"大奇景"，一个几乎全身变成白色的黑人，每天在酒馆里展出，付半个先令就能看。亨利摩斯（Henri Moss）在某些时刻以矛盾状态激起了学者和哲学家，乃至所有人的兴趣。[69]不过，巴纳姆（Barnum）借助新媒体和戏剧性的方式，给这些展览提供了前所未有的尺度，并开启了畸形秀（freak show）时代。[70]但他本人渴望被尊重。他作为经理组织欧洲名人到美国旅行，为此他给帕夫艺术带来了几乎工业化的一面，其中包括在媒体上大肆赞扬一位艺术家，以引起公众的好奇。[71]

　　他的巨大成功是将当时风靡英格兰和整个北欧的瑞典歌手珍妮·林德（Jenny Lind）带到美国。29岁时，珍妮·林德决定放弃歌剧，在美国举办了两年独唱音乐会，大放异彩。当她1850年9月到达纽约和波士顿时，受到新闻界的热烈欢迎。1850年9月2日，《纽约论坛报》报道，有3万至4万纽约人涌入码头去看歌手乘坐的船，以至于许多人受伤。[72]人们争前恐后去听她的音乐会，报纸不断发表文章，讲述她和她引发的令人迷醉的热潮。《波士顿独立报》把这位歌手在城市中引发的热潮称为林德热。

　　这次"瑞典夜莺"的凯旋之旅标志着美国进入名人文化的行列。巴纳姆是伟大的组织者，在此之际，他使用了一些竞争性的广告方法，比如拍卖音乐会地点、鼓励竞价涨价、音乐会开始前提前做广告。林德不再只是一个歌手，她变成了一个产品。巴纳姆必须为她的巡回赛赢得可观的利润。他干脆将珍妮·林德打造成了一位理想的年轻女性：贞洁、值得称赞的清教徒、贫穷、仁爱、由于勤奋努力而获得成功。总之，她是美国价值观的化身。林德抵达美国的那一年，有几本关于她的传记出版了，其中一本是由威利斯本人写的。所有报纸报道了她最引人注目的细节，其中包括那些从头到尾都是编造的经历。人们对她本人如此好奇，以至于她的声乐天赋有时会退居次要地位。[73]之后，巴纳姆甚至认为她的成功不是归功于她的嗓音，而是归功于他策划的宣传。这些文字是在他们的合同解除之后写的，可能有点过激，但证明了对名气自主机制的敏锐认识。

历史学家已经清楚地表明，林德在美国最显著的成功就是成为了一位公众人物，一位自然、真实和无私的化身。然而林德并不是一个天真的年轻女子，尽管她的形象曾受到巴纳姆的操纵。她是一位聪明的艺术家，当她发现有利可图时，毫不犹豫地再次审视他们的协议。"瑞典夜莺"的公众人物的构建简单谨慎，是她与巴纳姆还有许多记者一起参与的集体作品。他们一起热情地高唱对女歌手的赞美诗。确实，一些记者察觉到有力的宣传、有关林德一举一动的新闻报道的泛滥和以她命名的商品大量销售，这些都与她简单和自然性格形成了鲜明的对比。她是那么天真自然，以至于她的崇拜者声称，她唱歌完全出于本能和心情，而并不在于公众。一位批评家讽刺地指出："必须要很多巧计，才能让人看起来如此缺乏技巧。"但怀疑的声音是微弱的并被集体的热情所覆盖。

最后，林德在两年内举办了近百场音乐会，从北到南穿越美国，从波士顿到新奥尔良，甚至在古巴还举办了一场独唱音乐会。然后回到纽约，再次获得成功。首先从商业意义来看这次成功巡演，林德和巴纳姆每场赚取了近20万美元。[74]但成功远不止于此：它还是文化演变的标志。以她的名字命名的街道、广场和剧院随处可见。在旧金山，珍妮·林德剧院于1850年在一家酒馆的基础上开张。[75]许多报刊都对林德巡演做了跟踪报道，证明了林德所到之处反响热烈，也证明了美国公众拥有和欧洲人民一样的热情。对于威利斯和其他许多人来说，林德的成功反映了美国的文化水平以及能够欣赏欧洲文化的中产阶级的出现。然而，名气快速和巨大的影响引发大量评论质疑这一现象的本质及其意义。

林德的观众是谁？她同时代的人。巴纳姆坚称观众是平等的，普通人可以和精英并肩而坐。实际上，高昂的票价赶走了农民工和工人，纽约或费城上流社会的精英也与这种不能凸显他们特殊地位的现象保持距离。相比之下，蓬勃发展的城市中产阶级热情高涨。虽然歌剧作为精英娱乐节目的转变，但林德在巡演中保留了贝里尼和罗西尼的经典歌剧曲目，此外她也唱了一些流行的美国歌曲，比如《家，甜蜜的家》。按照媒体的报道，她完美地体现了资产阶级的女性理想：谦逊、自然、仁慈。然而，她的名气通过广告已经超出了音乐会的范畴。以林德的名义销售的廉价产品出现在纽约的工人阶级社区鲍厄里（Bowery）售卖，在高档街区的商店里也有与歌手相关的奢侈品。林德的名气超越了美国社会的阶级分化，虽然没有像巴纳姆声称的那样普遍，但她对应了一种商业文化的出现，与精英文化和传统的流行文化不同，这种商业文化的主要服务对象是中产阶级人士。由于明星效应，可能会产生更广泛的影响。

林德热的成功也使巴纳姆获得文化界的广泛尊重。他离开了娱乐圈，转而成为文化界的重要人物，以至于《普特南杂志》（*Putnam's Magazine*）提议他应该被任命为纽约歌剧院的导演。[76]5年后，他出版了自传，随着他的成功和日益显赫的名声，该书到1889年有七种版本面世。[77]

人气民主化和权力平民化

19世纪中叶，新的广告手段在美国和欧洲兴起。当时，大肆宣传和吹捧尚未被称为市场营销，它们灵活应对着新的受过良好教育的城市阶层所秉持的真诚和真实性的理念。这些新的受众的出现以及作家和音乐家所塑造的浪漫形象使名人机制得到加强，还与当时成功的戏剧演员、炫技音乐家还有苦恼的诗人的特点相近。在这种情况下，我们看到的18世纪末的政治变革必然会加速。民主选举这个传统的主权行使活动现在必须考虑到公众声望产生的影响。即使是革命斗争也未能免俗，例如加里波第这个典型。

革命有力地提出了人气问题，即名气在政治中的变体。1848年，法国共和党人在当年的总统选举中接受了惨痛的教训，拉马丁的惨败证明了文学名声并不能自发地转化为选票。这位著名的浪漫主义诗人，二月革命的英雄，未能将他的名气变为人气，说服他的同胞相信他具备领袖气质。相反，路易·拿破仑·波拿巴的胜利表明，对共和党来说，家族的名气是附有民众支持的载体。当然，经历了6月的镇压之后，当时的政治环境和农村投票的特殊性为破坏春天的希望起到了重要作用。然而，事实上拿破仑皇帝侄子的胜利很大程度上归功于他的"有名姓氏"，这一点儒勒·格雷维（Jules Grévy）在秋季宪法辩论期间曾警告过他的同事。[78]这位前哈姆监狱的犯人，他的竞选纲领非常模糊不清，他的动力更多的是来源于他双重性的个人名声和他的家族姓氏带来的威望。广为流传的拿破仑传奇的图片和歌曲是他人气的来源。[79]人气取决于选民和政治家之间的奇妙互动，这是政治家获得选票的原因，这与作家和演奏家的名气是有区别的。这是政治诉求的表达，也是一位领导人能够执政的原因：人民对一位公众人物的好奇和同情。这种对个人而非连贯的政治纲领的集体拥护导致了政治斗争的个人化，共和党人对此毫无准备。

人们往往是从法国的角度来解读路易·拿破仑的成功。他是波拿巴主义者，一个具有法国政治特质的人物。大西洋彼岸也存在这种有名的、受欢迎的权威人物的个人化政治。20年前，在美国，安德鲁·杰克逊（Andrew Jackson）的选举在这个意义上改变了政治框架。杰克逊是1812年对抗英国人的战争和印度战争期间的将领，他受到士兵的追捧，亲切地被称为"老山核桃"（Old Hickery），这个绰号后来超出了退伍军人的圈子。1815年杰克逊在新奥尔良大获全胜，他成为了新的英雄。1828年，他在竞选总统时表现得非常有个性，他的支持者满怀激情地为他辩护。而他的对手则毫不犹豫地攻击他的独裁性格、易怒、肤浅的教育经历、25年前的决斗事迹甚至他妻子的过去。在抗议侵犯隐私的同时，杰克逊毫不犹豫地将他的家庭生活公之于众，完全抛弃了他父辈一代人所珍视的谨慎传统。

杰克逊受欢迎不仅是因为他的军事成就，还因为他追求民主、更加开放的政治生活以及对人民主权更强烈的肯定。如果说他是美国新的军事英雄，他也是南部和西部反对新英格兰政治精英的代言人。新英格兰政治以即将离任的总统昆西·亚当斯（Quincy Adams，约翰·亚当斯之子）为代表。今天历史学家不认为他的当选是"杰克逊主义民主"的开端，他们坚持他是独裁、长期支持奴隶制度和掠夺印第安人政策的人。[80]不过不可否认，杰克逊是当时的典型人物，他强大的个性把他和所谓的人民直接的、强有力且富有的感情紧紧联系在一起。1824年，当时杰克逊赢得了大多数民众的选票，但是有些重要人物却背弃他，在国会投票中选择了亚当斯，他失败了。1828年的选举引发了尖锐激烈的争议。这是所有州第一次通过普选表决。

全国四处都是政治集会和筹集资金的活动，媒体起了举足轻重的作用。例如美国电报公司，就在竞选中发挥了决定性的作用。杰克逊的画像大量传播，同时也有一些暴力漫画。有一张画，画了大家所熟知的杰克逊将军，他的面孔被控诉为是他所杀之人的尸体构成的。

这些攻击并没有削弱他的知名度。1829年3月4日，总统就职仪式首次向公众开放，而此前就职仪式都是在国会举行。数万人从美国各地来到华盛顿，观看杰克逊将军宣誓就职。仪式后，狂热的支持者涌入白宫，差点挤死了新总统。事件造成的损害让政治精英感到震惊。[81]我们无法找到比这群入侵者——毫不夸张地说，他们就是入侵者——闯入到权力核心区域更具有象征性的场面了。这些坚定的斗士和好事者，并不是冲向白宫的自助餐，他们就是想参加仪式，出席白宫的活动，看一眼新总统。

将杰克逊的成功仅归因于名气是荒谬的。他背后有一个强大的政治联盟。但是在华盛顿的第二任期内已经出现的势头在这次大选期间进一步发展：美国的政策变得更加分裂，更有党派特性，也更大众化。我们没有忘记，约翰·亚当斯曾满怀憎恨、羡慕和讽刺地看待华盛顿总统的人气，华盛顿总统作为胜利的将军展现了年轻的共和国的风貌。20多年以后，约翰·亚当斯的儿子，一位学者和伟大的外交官，尽管拥有广博的知识和杰出的才干，依然敌不过新奥尔良之役英雄安德鲁·杰克逊的盛名。1837年，当杰克逊离开白宫时，美国政治的面貌发生了变化：总统制、两党制和民众合法性得到了加强。

与此同时，在大西洋的另一边，前殖民大国完成了向君主立宪制的演变，君主居于次要地位，作为民族团结的象征存在着。维多利亚女王（Victoria）登上了王位，并利用所有现代形式的政治广告，完美地适应了象征性的政治角色。大家对她的印象通常是一个严肃而端庄的寡妇。1876年她同时成为了印度的女王，完美地展现了经济实力顶峰时期的英国王室形象和当时的道德保守主义。1837年，这位年轻的君主只有18岁，她在统治初期是一个充满魅力、平易近人的女王，渴望在公共领域有一席之地。历史学家约翰·普朗克特称她是第一位"媒体君主"。[82]

维多利亚女王利用她的知名度扩大了民众对君主立宪制的支持。虽然基于严格选举制的代议制是合法的，1832年"改革法案"也取得了进展，女王依然是国家另一种形式的政治代表。执政初期，女王增加了访问、视察军队的次数，积极投身慈善事业。这些公开活动被密集报道，为她实实在在地赢得了人气。她不是在白金汉宫或温莎城堡闭门不出，而是前往苏格兰中部地区的许多工业中心大城市，宣讲重申君主制和英国人之间的特殊联系。1838年维多利亚女王与阿尔贝亲王结婚后，政治独立性和女性责任成为她公众形象的重要特征。女王频繁地在公共场合露面，报纸也评论她的活动。1843年，《泰晤士报》很高兴地指出，维多利亚女王的访问"巩固了王室和人民联盟之间的信任"。与此同时，较为廉价的周报，如《世界新闻》，详细描述了她的每一次访问，展现女王母亲般的仁慈形象。[83]1851年英国世博会上，媒体第一时间报道了伦敦人热烈欢迎女王的情景。与此相反，三年前被推翻的法国君主制就没有这么光辉的命运。

　　登基后，维多利亚女王的形象被大量传播，官方发布了数十版肖像版画。但是很快，公众的需求越来越大，印刷厂印制大量版画以满足市场需求，但在相似度上这些肖像画或多或少有些差别。19世纪40年代初，女王的图像占据印刷品销售量的70%。[84]大部分肖像画都十分华丽，价格和尺寸各异，重点突出女王的美丽。19世纪30年代的一系列时尚出版物"美容书"则借用女王的形象，使其成为女性魅力和诱惑力的象征。这些质量上乘但价格昂贵的图片更适合精英阶层以此作为礼物送人。其他一些流传在民间的画像则廉价而粗糙，品位低下，甚至把女王形象色情化。

除了肖像版画之外，女王执政之初恰逢画报诞生，皇室形象的传播速度不断加快。19世纪40年代初期，画报发行量激增，《伦敦新闻画报》(*Illustrated London News*) 创刊于1841年，《重拳》(*Punch*) 创刊于1842年。《伦敦新闻画报》和传统报刊类似，重点着眼于传递信息，《重拳》则借用插图进行讽刺。女王在画报上占据了相当大的篇幅，有时甚至垄断了整个版面。除了她的公开活动之外，她的个人和家庭生活都被详细披露。她的形象不再是皇室肖像，而成为了传遍全国的媒体形象。尽管王室继续制作官方肖像画，但女王的形象已经脱离了政治控制。它不再像旧制度的皇室肖像画一样是君权的投影，而成为一个庞大的整体：包括从新闻报道到廉价版画，从时尚形象到漫画等各种形象化的表现形式。每个媒体都按照自己的习惯利用女王的形象，公众可以把它据为己有，每人都可以从轻松获取的各种图像中构造属于自己的女王形象。政治知名度的本质发生了转变，在古代，人们只有在宫廷中或者是在宫廷盛典时才能见到他们的君主，而且统治者的肖像画被有效控制，发行量有限。维多利亚女王开创了一个君主形象向臣民广泛传播的时代，这要归功于媒体。[85]权力的化身同时也变得平凡，因为它成为了廉价消费的对象，很容易被喜爱或厌弃。

这位年轻女王在公共场所频频露面，她的媒体曝光率引发了公众的强烈反响。人们对维多利亚女王的喜爱不仅出于对王室的忠诚或爱国情怀，更因为女王的美丽和女性魅力，或是因为受到潮流的影响而趋同。有时这种喜爱表现为亲密形式，甚至浪漫的幻想。在维多利亚女王举行婚礼之前，媒体称几位"女王的情人"急于想求婚，例如奈德海·沃德（Ned Hayward），他不断向白金汉宫提交求婚申请，并设法拦住了皇家马车，转交他的声明。汤姆（Tom Flowers）大胆闯入歌剧院女王的包厢里，或者爱德华·琼斯（Edward Jones），他设法潜入白金汉宫并在那里住了几个星期。这些女王的追求者先是被逮捕，有一些人在释放后故技重施。他们的荒唐行为引起了一些嘲讽，但也引起了一些观察者的焦虑，他们对于民众对女王感情的非理性转向感到困惑。[86]维多利亚女王作为君主和女人散发的这种合成魅力，在当时的重要连载小说《伦敦之谜》（ Les Mystères de Londres ）（《巴黎之谜》（ Mystères de Paris ）的英国改编版本）中找到了解释。小说批评了上流社会奢靡之风，并通过主角之一亨利·霍尔福特的窥探，展现了维多利亚女王和阿尔伯特亲王理想化和情感化的家庭生活。

　　维多利亚女王的公众知名度有其政治作用。它为政治代表带来了女王更加亲民和情感化的一面，同时也带来了更加古典和更加精英化的高雅生活模式。但是问题在于它使女王的名声和女演员的名声相似。讽刺画家不假思索地将维多利亚的生活描绘成一个永久性的戏剧，并将她描绘成一个引诱公众目光的傀儡。新闻、小说和讽刺话语再一次描述了一个新的现象并为它定性。尽管难以解释，但每个人都认为在体制没有转型的背景下，这种新现象正在改变君主制的运行模式。

针对公众对维多利亚女王失控的情感的众多评论中，诗人伊丽莎白·巴雷特·布朗宁（Elizabeth Barrett - Browning）的评论最有意思，因为她反思得最彻底。她明确地将女王的情况与"名气带来的不便"进行了比较。有时，公众过度的要求在她眼中只是一种"感情税"，这是每位公众人物都要付出的代价，不论对于著名作家还是女王都一样。正如作家不必抱怨公众的兴趣对他们的作品转向他们的私生活，女王注意到了她受欢迎的程度并支付感情税，满足了宣传和崇拜者的要求和期待。[87]巴雷特·布朗宁认为女王这位名人是一个"平凡的君主"。这句话非常尖锐。她完美地捕捉了在媒介能见度和民主理想突变的综合作用下君主合法性的转变。我们可以把"vulgar"翻译为平凡或粗俗，而两者之间的矛盾就是关键。喜欢维多利亚女王的人在报纸上关注她的出访，对她的家庭生活充满热情，或者购买了以美丽女王而不是政治领导形象展现的画像。他是一个旁观者，有时反应过激，有时天真，从君主制的神圣传统来看，这可能显得不合适，但这正是新形式下政治名人引起好感的标志。作为女王和知名女性，维多利亚这位公众人物只能服从宣传的要求，这与现代的规则一致。

现在很难想象半个世纪前的玛丽·安托瓦内特是一位美丽而令人钦佩的年轻王后，但她没有能够见到她的臣民，也没有将自己的名气用在使自己受到钦慕而不是自恋中。维多利亚女王在不知不觉中体现了米拉波和巴纳夫的梦想，即宪政主权被人民喜爱并接受。这是政治自由主义者所缺乏的。有了维多利亚女王作为参考，玛丽·安托瓦内特和戴安娜王妃之间的类比就显得不那么荒谬。

成为受选民欢迎的候选人是第一种情况，女王妥协变成"平凡的君主"，以便更好地加强君主制国家的民意是第二种情况，加里波第（Garibaldi）则是第三种例子。他是一个伟大的国际性媒体人物，他能够赋予意大利民族主义者的革命愿望一个清晰可辨的面孔，并以其宏伟的功绩和理想主义闻名。可以这么说，他是第一个世界革命的领军人物。

1848年罗马革命前夕，加里波第已经成为一个国际知名的公众人物。他在乌拉圭招募了"意大利军团"与阿根廷作战，其荣耀功勋在意大利和世界各地的许多意大利侨民社区获得了极大的反响，许多对国际新闻不感兴趣的人也对此有所耳闻。朱塞佩·马齐尼（Giuseppe Mazzini）和他的朋友都相信印刷品和政治宣传的作用，它们极大地帮助了加里波第塑造集意大利传统美德、勇敢和慷慨于一身的民族英雄形象。加里波第1848年参加革命后，他的高大形象被广泛传播。意大利报刊上刊登出一系列肖像画，巴黎的《插图》（L'Illustrations）杂志、《伦敦新闻画报》上，都展现了这位战士的身姿：飘扬在风中的长发、浓密的黑胡子、贝雷帽、鼓起的红色长袍在腰部系紧。[88]这个充满异国情调的英俊侧影在至少20年内都是政治偶像。在革命高潮时期，发行量超过6万份的《伦敦新闻报》甚至向罗马派出一名画家，以重现罗马革命最引人注目的场面，更重要的还有为加里波第制作新的肖像画。[89]他的妻子安妮塔（Anita）

在往意大利中部撤退期间去世，妻子的死亡给加里波第带来了一丝悲剧浪漫的气息。几幅绘画和版画都表现了这位将他垂死的妻子抱在怀里的英雄。

随着千里远征，西西里岛解放和西西里王国的发展，加里波第名声大振。在意大利和国际媒体上，战争的跟踪报道集中于他个人身上。传记故事成倍增长，事实与虚构混杂，将他的生活转化为连载的大众娱乐节目。[90]早在1850年，马齐尼的亲信、加里波第的战友，乔万尼·巴蒂斯塔·库内奥（Giovanni Battista Cuneo）出版了一本传记，后来该传记成为典范。加里波第本人于1859年在美国出版了他的自传，该书后来被翻译成几种欧洲语言。在法国，大仲马（Alexandre Dumas）在进行翻译的时候重写了他喜欢的某些段落，从而模糊了革命名望与文学名声之间的界限。继1850年为加里波第唱赞歌之后，大仲马1860年去了西西里岛，与红衫军一起行动，进行战争情况报道，把加里波第视为当代的基督山伯爵。[91]当时最著名的作家大仲马的参与让这次战争在法国产生巨大反响。加里波第很清楚这一点。他对宣传很敏感，即使在军事行动紧张之际，他也总是热情欢迎记者。

尽管加里波第功勋卓著，尽管红衫军在意大利南部解放战争中表现英勇，他仍然备受争议。保守派对他怀有敌意。很长一段时间，欧洲公众并不知道如何看待他，一名士兵？一名强盗？一名危险的革命者亦或一名意大利爱国者？历史学家坚持他的英雄主义，这样就为民族主义添加了民众的味道。当时在

法国、英国，甚至是在美国、瑞士、德国、荷兰，加里波第所
到之处皆受到热情赞扬："加里波第！真正的男人！多么有魅
力！他有能力让所有见到他的人、追随他的人、接近他的人都
更有活力。他的名字在每个人的心中、每个人的口中，他无处
不在。富人和农民都把他的肖像画挂在客厅或是农场里。穷人
和富人都很高兴看到这位英雄的画像，他的眼神锐利而有神，
似乎固定在一个点上。"[92]这个固定点是他热爱并且为之战斗的
自由意大利的胜利。但由于保守派和天主教徒的存在，加里波
第的形象徘徊在危险的革命者和大路强盗之间，因而有损他公
众形象。政界非常关注他名声的调和，为解释包括加里波第总
是欢迎新闻工作者的行为，一个新的逻辑很快诞生了：他深入
人心的形象并不一定证明他真正的受欢迎，对加里波第品格的
热爱并不总是代表在政治上支持他的斗争。这可能部分地解释
了1860年以后，尽管他的名气处于顶峰，却最终还是失败的
原因。

撤到卡普雷拉岛（Caprera）上后，这位红衫军的英雄从政
治和军事斗争中退出，并重新扮演了辛辛纳图斯（Cincinnatus）
的角色。但时代变了，卡普雷拉岛既是私人休养的场所，又是
一个受到公众监督的地方。《伦敦新闻画报》的漫画家弗兰克
（Frank Vizitelli）向读者提供现场图片报道，并让他们欣赏加里
波第在晚上钓鱼或喂养他的狗的样子，通过私密宣传给他的私
人生活赋予了政治意味。[93]

最能凸显加里波第在国际上的名气的事件发生在他在1864

年访问伦敦期间。一个世纪之前，1768年，伦敦人热情而好奇地迎接过帕斯卡·保利，后者的名声是鲍斯威尔（Boswell）通过宣传替他赢得的。[94]据报纸报道，意大利革命者的到来激发了集体热情，50万人争先恐后地跑出来迎接他，堵住了街道，窗口、护栏和屋顶都挤满了希望能看见他的人。由于人群密集，加里波第所乘坐的萨瑟兰公爵（duc de Sutherland）的马车在街头停滞几个小时之久。在接下来的两个星期里，加里波第在歌剧院进行了几次公开露面，并会见了逃亡的朋友[马齐尼、赫尔岑（Herzen）]、从格莱斯顿（Gladstone）到威尔士亲王（prince de Galles）的英国社会政治精英代表。同时，他的传记、歌曲、肖像画或小雕像充斥着整个伦敦。所有人被巨大热情裹挟。在没有任何政府支持的情况下，50万名伦敦人自发走上街头，为一位意大利革命者欢呼，不能不说是一个奇迹。保守党人很担心，激进党满怀期待，但每个人都很惊讶。

众多工人对加里波第十分热情，但不要赋予这种热情太多的政治意义。几年前在世博会上，伦敦人曾以这样的热情欢迎维多利亚女王。此外，加里波第引起的兴趣不仅限于社会主义者或反假教皇的新教徒，不仅是中产阶级通过阅读报纸被吸引了，希望看到卡普雷拉的英雄，而且贸易委员会的主席格兰维尔勋爵（lord Granville）如此评价道：在萨瑟兰公爵和其他几个"昏了头"的贵族家庭的引领下，伦敦的上流社会也迷恋他。[95]在他离开之际，几位女士给他写了充满激情的信件。女性对他的迷恋让媒体感到可笑，并把这位英俊的意大利游击队员引起狂热的原因归于他的红色衬衫和他的男子气概。根据《苏格兰人》（Scotsman）报的观察，他在参观歌剧院时，女性观众的热情很显然是带有情色意味的。[96]

人们常常以"英雄崇拜"甚至"神话"来评论加里波第传奇历程所激起的国际热情。但是这个词并不精确合适，因为它不是描述，而更像是一种暗示。在这一点上，我们清楚除激情之外还有另一种方式可以解释一个人物的名声极度传播的原因。如果说对于少数革命者来说，加里波第是一种可以模仿的政治人物典范，他同时也是一个名人，他的功绩、失败和动荡的生活不断引起欧洲公众广泛关注。对于加里波第来说，他戏剧性和不同寻常的行为，还有他独特的人格魅力都是名气的原始推动力。虽然加里波第与杰克逊和维多利亚女王的情况千差万别，但是他们的共同点就是名声存在异质性。它是政治认同的结果，可以转化为行动（投票、忠诚、武装斗争），还有同情心或好奇心。因知名度、魅力、媒体曝光度和传闻的不同，引发的兴趣也是不同的。

当 代 名 人

名气个性化，一些艺术家的成功证明了这一点。公众不再来听交响乐团或歌剧演出，而更愿意欣赏钢琴家的独奏或者是女歌唱家的独唱。对于受到读者骚扰的知名作家或受欢迎的英雄也是如此。这种不对称性是显著的，如果我们转变角度来看的话，这种不对称性也可能是虚幻的。明星在公共场合从来不孤单。每个读者，每个观众眼前都有几位名人，他们在他眼中形成了有共同特征的一个整体，而他们的共同点是都享有声誉。这个整体是现代说法中的"公众"指定的名人整体。这里的"公众"不是指"人民"。他们是一个社会群体或精英群体某一时刻的化身。他们的出现、存在和消失控制着媒体时代的节奏，不断更新现状。除了一小群粉丝远距离投射到某个明星身上的亲密感之外，公众的好奇心几乎模糊地集中在一组名人身上。"名人"一词，指定一个人而不再是一种状态，首先用复数形式。埃米尔·李特雷（Émile Littré）的字典中仍然把这作为一个新词来使用，举例为"我们这个时代的名人"。这个词语同时表达复数的名人以及他们更迭时代的能力。分享对于一群公众人物的共同好奇让人有种与时俱进的时代感，也是适应同时代性。

在当时的报刊上我们也能找到关于"当代名人"的表达，这种表达加深了名人新闻稍纵即逝的本质。1860年，两位共和党记者路易·乔丹（Louis Jourdain）和达伦多（Taxile Delord）出版的名人肖像和生平汇编正是以《当代名人》为标题。书中包括加里波第、阿卜杜勒-卡德尔（Abdel-Kader），还有一些欧洲国家的名人，例如乔治·桑，拉马丁、德拉克洛瓦和罗西尼。[97]编辑把政治家和艺术家放在一起，以引发公众的好奇心。

"当代名人""当代名流"的这些表达使得个性化的名人们被视为一个模糊的轮廓。名气的媒体机制不仅催生出对名人的情感依恋，同时也带来了或多或少的集体好奇心。受众对"当代名流"感兴趣，有时意味着漫不经心的关注，有时则是满怀兴奋和好奇地跟踪消息的进展，无论是女演员的婚姻触发的争论还是议会辩论的丑闻谣言。

同样的原则也存在于同时代其他众多传记中。尽管上个世纪的传记辞典还只收录去世的人，但法国大革命使得讽刺出版物流传，如《里瓦罗尔伟人年鉴》(*l'Almanach de nos grands hommes de Rivarol*)嘲讽了平庸的名人，或*Dictionnaires des girouettes*字典嘲讽纷纷重返政权的政客。[98]在19世纪上半叶，集体传记成倍增长，以回应公众对"同时代人"的"极度贪婪"。[99]这些选集引发了激烈的竞争。《新当代人物传记》(*Biographie nouvelle des contemporains*)承诺列出大革命后的名人。"他们的作品、他们的行为、他们的美德或罪行是他们成名的原因。"之后，古斯塔夫(Vaporeau)凭借《通用当代名人辞典》(*Dictionnaire universel des contemporains*)获得成功。他说，这本书是为了满足公众的"合法好奇心"。除了这些实质性的作品之外，其他人的作品限于讽刺，比如1842年的《利瓦罗尔或当代名人讽刺词典》(*Dictionnaire satirique des célébrités contemporaines*)。[100]

同样，名人的肖像通常以著名人物画册的形式汇编在一起，突出了名气的多种社会用途：不仅仅是一种幻想的情感关

系的支撑，就像在小说《莫黛斯特·米尼翁》里那样，肖像具
有虚幻的象征。它们更多的是来满足好奇心。编者把一组名人
的形象置于众多好奇的探寻之下，构建集体想象。这些公众并
不打算参透名人背后的秘密，只是想利用这个虚构的公众人物
博物馆来满足自己的好奇心。

对漫画的喜爱品味与公众关注名人密不可分。七月王朝君
主制时的报刊读者如此喜欢漫画，那是因为这样他们就能同一
系列政治、文学、艺术等的名人保持有趣的关系。漫画虽然拉
开了与真实的名人之间的距离，但它只是在原先就已经熟知的
图像基础上做一些最小限度的改变而已。拜伦的例子再次引人
注目。最初肖像画的大规模复制和仿造使得公众熟悉的人物都
多少有些相似，有着浓密黑发的年轻的男子，立着长长的白色
衣领。这幅图像产生了许多衍生品，包括漫画或隐藏图像的形
式。隐藏图像是一种时髦的游戏，拜伦的脸被隐藏在景观的中
间，在树的叶子中或在云中。[101]画像不再是主观的投影，而是
当代共同视觉文化的标志。

漫画集的诞生产生了新的变化。在凸出每个人物同时也将
其融入到一系列不断变化的主题中。法兰西第二帝国之初，菲
利克斯·纳达尔（Félix Nadar）是无可争议的漫画集大师，笔
下汇集了当下所有的名人。在《搞笑日记》（*Journal pour rire*）
中，他出版了"幻灯"，展示了每一个作家、音乐家、艺术家，
所有文化世界的"例证"（这是当时常用的词语）。每张画页都
有几位人物，并附有传记评论。这些名人被视为一种流行的景

观，类似于全景和其他立体装饰，这是巴黎人的娱乐。[102]这些名人的形象在受到公众关注之际同时以个人或集体的形式展现，极具吸引力。

纳达尔在1852年推出了大获成功的《纳达尔名人集》（*Panthéon Nadar*）计划，四幅大型版画汇集800位最知名的文化人物（作家、音乐家、记者、艺术家等）。广告宣传道："800张名人全身肖像。"[103]最后只有作家和记者的插画面世。但这是一个真正的画界壮举，因为纳达尔按照生卒年份在同一页上画了250个名人。《纳达尔名人集》借助广告插页和广告活动进行宣传推广，有些甚至作为礼品赠送给费加罗报的读者。这项工作过于奢侈而且耗资巨大，无法取得商业成功，但还是获得了一定的成功。与圣－吉纳维耶夫（Sainte‐Geneviève）山上的众神殿不同，《纳达尔名人集》是一首赞美诗，是当代人勾勒的19世纪，并以"插画"方式描绘了众多伟人。即便纳达尔的描绘或多或少失真了，这种当下的名人的集合也还是一种集体自恋。

接下来的几年里，尽管摄影技术已经崭露头角，漫画作品仍然不断取得成功。纳达尔在《当代面孔》（*Binettes contemporaines*）出版了一系列讽刺传记，从《纳达尔名人集》中挑选肖像画加以装饰，然后与《娱乐报》（*Journal amusant*）的菲力蓬（Philippon）合作编辑了"纳达尔现代摄影"系列（1858—1862）。报纸的每一期封面上都是一幅整页肖像画，附加一篇传记。传记通常是在名人本人的协助下撰写的。名人的整页肖像画第一次登上了报纸的头版。

走向新时代的名气

随着纳达尔的当代名人面孔形象的整体呈现，就像随着加里波第的媒体曝光度增加或美国的珍妮·林德之旅一样，1850—1860年是一个分界线。我们认可所有的名气主题，但它们似乎宣告新的时代已经到来，吸引公众注意力的公众人物不再被视为新奇事物，不再令人感到有趣或是震惊，而是作为现代社会的一个典型特征存在。当然，所有的时代划分都有一定程度的随意性，因为在这个领域里，转变是缓慢的、不规则的和不完整的。加里波第在许多方面都是浪漫主义人物的原型，他的世界知名度和华盛顿、拿破仑相当，甚至与拜伦的知名度相当，他为希腊自由的斗争标志着浪漫主义的诞生。尽管如此，1860年大量关于战争的新闻报道、照片的出现，电报在新闻传播中的作用，都显示了西欧和美国进入大众传播新时代，这将给名气机制带来新的繁荣。

媒体加速了名气机制的转型发展。19世纪40年代插图的出现已经加速了名人形象的传播。19世纪下半叶，由于识字人口的大量增加，铁路的发展以及新技术的出现，尤其是1850年英国发明了轮转印刷机并于1867年引入法国，报纸的发行量大幅增加。资本主义出版的新商业实践引发了报业革命。莫伊茨·米洛（Moïse Millaud）的《小报》（Le Petit Journal）成为传媒进入大众文化时代的标志。《小报》成立于1863年，按期销售，价格为一个苏（5生丁），远低于该世纪上半叶报纸的价格，且无需订阅。这份非政治性的娱乐报纸每天销售量高达25万份，1891年达到了100万份。它主要关注名人的实时新闻和花边消息，因而受众十分广泛。这个模式很快被《小巴黎人报》（1876）、《晨报》（1883）和《日报》（1892）所模仿和取代。

1914年，法国巴黎市和外省日报每天总计销售550万份。[104]报纸已经成为日常的，甚至是流行的消费对象。它是一种以更加壮观、更激动人心的方式呈现新闻，从而深刻地报道新闻的形式。与巴黎纪事相反，政治新闻较少的报纸更能吸引读者。除了新闻外，对名人生活的报道决定了一个专栏的成功。例如费加罗报的《巴黎回声》栏目（Échos de Paris），当时有人这么说："泄露秘密成为一种艺术，我们读它的目的就是了解丑闻。"[105]纽约《先驱报》在1835年成立后迅速而持续发展，美国国家级的大众新闻报道在19世纪末推开，着重报导重要名人的生活。19世纪90年代，新的新闻报道形式出现，通过报道、采访、披露内幕来宣扬知名人士的私生活并分享给读者。[106]

似乎没有任何事物可以摆脱这种宣传。早在1836年，吉哈丹小姐（Mme de Girardin）成功地推出了此类专栏，假装对这种知名度的说教潜力感到惊叹："公众将审判世界，我们就像虔诚的灵魂一样被神圣的法官审视，由他们去定罪或赦免。是的，对于不信教的人，广告将取代忏悔。"[107]启蒙运动中继承下来的公开性理念，借着道德保障去触碰名人的私生活。该世纪下半叶，后人发现很难在秘事和丑闻泛滥的情况下还能如此抒情，但满足公众好奇心—促进销售—道德审查员之间的紧张关系依然是名人生活专栏的显著标志。吉哈丹小姐补充了另外一点，私生活的宣传是名人状态固有的限制。"真是奇怪！每个人都梦想成名，每个人都担心宣传。请解释下这种不一致吧。然而，这两种想法就像是两姐妹，迟早都会见面；而正是因为它们是分不开的，名人就必须习惯它们的结合，并且不要愚蠢地对此大惊小怪。我们只和公众谈论他们感兴趣的事情。"

正是在这种背景下，加布里埃尔·塔尔德提出了他的公众理论，强调了报纸读者的重要性以及无意识远程模仿的影响。塔尔德针对当时"人群"的负面话语有所评论，他认为公众是现代社会的集体形态，他们模仿潮流而不是模仿习俗，也就是说，公众易受不断演变的时代的影响，而不是长期以来权威的影响。用他的原话来讲："人们更倾向于在自己身边和日常生活中找到榜样，而不是在过去。"[108]公众既不是一个批评机构，也不是一个非理性群体，而是一个由变化的欲望和信仰构成的集体，它本身就具备媒体的力量。公众同时也是一个"纯粹的精神共同体"，因为它只存在于每个人远距离施加于他人的影响力上，是互相满足对方渴望的"商业客户"。[109]这个理论贯穿于塔尔德所有著作，不仅属于社会科学史，也是同时代人对新形式下现代性传媒的反思之一。在世纪之交，媒体的影响开始变得如此明显，也恰是此时，社会科学从文学和哲学中接管思考世界复杂性的任务，从而按照知识的顺序重组人对社会生活的一认知。[110]

　　摄影技术的发展与大众传媒的崛起同时期进行。1839年达格雷照相法只能生成一张照片。随着卡罗法和其他类型的负像摄影的诞生，摄影进入了复制和扩散的时代。摄影对名人形象的影响首先与安德烈·迪德立（André Disdéri）1854年在巴黎发明的"肖像名片"（8厘米×9厘米）大获成功有关。这种方法自1860年起流行于欧洲和美国：先是生产一版8张的低价照片，然后再印刷在单独的小纸卡上。这种名片风靡一时。19世纪50年代后期，巴黎的人们争先恐后地冲进意大利大道的迪德立摄影工作室，或者是小皮埃尔（Pierre Petit）甚至纳达尔的工作室，要求制作这种肖像名片。当时纳达尔已逐渐放弃了漫画，开始从摄影中谋利。在伦敦、维也纳、圣彼得堡（Saint-Pétersbourg）、纽约和费城，摄影工作室成为了时尚、娱乐和社交场所。

　　"名片"摄影立刻被用于名人形象的大量复制，摄影工作室将它们展示在橱窗中吸引顾客。这些名片同时也是大量印刷和复制的商业产品。统治者和政治家是第一波宣传对象。迪德立出售过拿破仑三世的照片，梅雅尔（John Mayall）于1860年出版了他的《皇家专辑》，含有维多利亚女王和艾伯特亲王一系列照片。《皇家专辑》一经面世就获得巨大成功，供不应求，导致假冒品很快就在市场上泛滥起来。[111]古斯塔夫·勒·格雷

（Gustave Le Gray）是当时巴黎的摄影先锋之一，曾与大仲马一起赴意大利巴勒莫拍摄指挥千人军远征时的加里波第。[112]所有当时的明星、作家、戏剧演员、艺术家的形象都被制成了"名片"照，有时能售出数万份。一些出版商准备把名片照集结出版，推出了《当代名人画廊》（ Galerie des hommes du jour ），里面的照片由小皮埃尔拍摄而成。此外还有《当代画廊》（ Galerie contemporaine ），这是一份周刊，每期刊登一位名人的肖像照和传记。[113]

　　之前单独销售的照片现在被制成专辑供人翻阅。小说《贪欲（1872年）》（ La Curée ）中两位主角，马克西姆（Maxime）和勒内（Renée）取笑道："马克西姆也带来了女士们的照片。他每个口袋都装着女演员照片，连他的烟夹都有。有时候他什么也不带，把这些女士的照片放在起居室摆放的相册中。那里面已经有勒内朋友的照片、几位先生的照片，包括罗赞先生（Rozan）、辛普森先生（Simpson）、夏布里先生（Chibray）、穆塞先生（Mussy）等。此外还有演员、编剧、来做过客的议员的照片。"他很懂得怎么充实相册集。勒内和马克西姆的生活同外界奇异地混合在一起。著名女演员、作家与情妇并列，政治家和朋友的照片混在一起。这样一来，那些公众人物反倒变得熟悉起来。他们只有一小部分是属于英雄人物，那是一种弥漫的、反复的和低强度的兴趣。人们因为无聊才翻开这本照片集："在下雨的时候，大家通常感到很无聊，这本照片集可以成为一个不错的谈资。年轻女子打着哈欠，可能是第一百次打开它。然后好奇心被唤醒，一个小伙子从她身后斜靠过来。"[114] 双方开始议论人物的细节，例如"一位红发消瘦被称为小龙虾的名人"的头发。人们或者会想象与这位或那位名人共度良宵，巴黎的大主教乃至时尚女演员都在幻想的范围中。名人照片集不仅是上流社会和资产阶级的消遣，廉价仿冒品大量增加导致普通人对名人照片集的消费量也很大。1860—1862年，英国售出300万至400万本维多利亚女王的照片集。

摄影在诞生之后呈现出工业化的特点。1868年，在巴黎已经开设了365个摄影工作室。[115] "名片"照是一个自相矛盾的现象：它在广泛地传播名人形象的同时，也让一部分城市资产阶级冲进摄影工作室，想要拍摄属于自己的照片。名人的形象开始变得泛滥且平庸，摄影很快成为被猛烈批评的对象。摄影被视为现实的低级表现形式、艺术卑鄙的竞争者，公众对肖像照的喜爱源于空虚以及对知名人士的遐想。早在1859年，波德莱尔就在《现代公众和摄影》（Le public moderne et la photographie）中攻击肖像照。八年后，巴尔贝·多尔维利（Barbey d'Aurevilly）对摄影这个"廉价而劣质世纪里虚荣且毫无价值的东西"更加厌恶。他用尖锐的方式谴责了"橱窗里名人照"，谴责名人的自我暴露，把自己的形象展示在公共空间中的愿望。"摄影聪明和迷人。为了获得橱窗里的名声，让别人在一张讨厌的人物照片下看到一个讨厌的名字，通过这样粗鄙的方法传播，多好的机会！这真是一种自尊错位的乐趣。"[116]

图像的传播给名人视觉文化带来了新的转折。1858年第一个判例裁决禁止公开瑞秋临终前的一张照片，被认为是肖像权的起源。[117]对于那一代作家来说，摄影技术的发展把他们分成了两类：一类是利用这个工具传播形象，提高知名度的人，如雨果和大仲马，另一类是反对这一切的人。雨果在流亡期间依然懂得如何利用新技术提高他在巴黎的知名度。例如纳达尔和卡尔贾特（Carjat）为他拍的一些照片被公之于众。照片上这位伟大作家极易辨认，疲惫的脸、浓密的络腮胡、头发雪白。雨果的照片以各种形式不停地被传播，为他在生命最后几年里创造出了巨大的声望——在他流亡归来时，他成了共和国胜利的化身。[118]狄更斯是19世纪60年代早期除了王室之外被拍摄最多的人，他的形象也不受控制地被大量传播。[119]

　　福楼拜（Gustave Flaubert）发自内心地宣布拒绝拍照，并且批评这种新技术的基本原则。他的态度与波德莱尔（Baudelaire）相似，拒绝让自己的照片四处传播。福楼拜的态度在意料之中，毕竟人物的小心谨慎是他小说美学的关键。一位记者描述了这种态度的后果："记者们都不认识他。他认为向公众提供他的作品就足够了，他始终保持自己远离潮流，蔑视四处传播的广告单、不正规的小广告和烟草商橱窗里的照片：在那里臭名昭著的罪犯、王子和出名的美女被放在一起。"[120]坚持拒绝拍照一段时间之后["我永远不会同意别人把我的肖像做成照片。"福楼拜以骄傲的口吻写信给露易丝·科莱（Louise Collet）]，福楼拜最终还是做出让步，但只把自己的照片给亲近的人，拒绝将其公开（"我的照片不是为了销售"）。他从没同意给读者照片。1877年，他在给一位崇拜者的信中写道："每个人都有他的癖好，我拒绝给别人我的照片。"[121]

莫泊桑（Guy de Maupassant）也效仿福楼拜，很长一段时间都不接受拍照。"只要我能够阻止，我绝对不会让我的肖像传播出去，除非意外情况。我们的作品属于公众，但是我们的肖像不是。"[122]梅西耶早在一个世纪之前就接受了这个建设性的方法，这像是努力延缓不可逆转的变化，但20世纪没有几位作家会顺应世人的口味。莫泊桑在接受照相后，为他肖像的迅速扩散后悔不已，并于1880年威胁要与出版商夏庞第埃（charpentier）打官司，最终还是放任他的相片四处传播。但是摄影照片这个主题在他的作品中萦绕不去，特别是小说《奥尔拉》（Le Horla）引发了对照片流传和自我意识的焦虑。

从长远来看，摄影的发明将会产生相当大的影响，因为它可以通过大规模地复制名人的面孔给人一种非常强烈的真实印象。它在保证名人本人和他们图像之间相似性的同时也改变了名人的形象。在过去几年里，镂版复制有时会使完全不相似的图像泛滥。然而，我们不能夸大摄影的短时影响，因为大规模的图像复制一直以来困难重重。1891年报纸才采用了第一批从照片直接印刷而来的插图。在第一次世界大战时期，绘图新闻插图仍然在报纸上占据重要位置。[123]两次世界大战期间，由于胶版印刷的发明，摄影技术进入新闻界。19世纪60年代加里波第的照片大量出现成就了他的英雄形象，但他的形象已经由十年前无数画像和画报上的插图所固定，他的名声的视觉效果无法从根本上改变。[124]纳达尔的例子很能说明问题:他没有突然从绘画转向摄影,而是继续推销他刻印的肖像画,甚至成为著名摄影师之后,仍然致力于更新他的《纳达尔名人集》。[125]

至此之后,名人的知名度开始为广告宣传服务。著名的"可乐酒"(vin coca)的发明人安杰洛·马里亚尼(Angelo Mariani)1891年推出"当代人物"专辑,每张肖像都伴随着几行由明星撰写的宣传,马里亚尼的酒也借此大卖。马里亚尼制作的专辑非常受欢迎,甚至可以缩减成廉价明信片。[126]经销商们恢复了汇编当代名人肖像和传记的模式,但具有明确的商业重点。艺术家、政治家、作家们都在推销马里亚尼可乐酒的优点。名人的形象被用来出售产品后,他们本身也由于产品日益高涨的名气而获利,例如收取一箱酒或是一笔酬劳作为回报。

大众传媒的崛起、摄影的成功和新的广告策略只是一系列社会和文化变革中最显著之处,我们还必须算上宣传形式的现代化和城市演出的大幅增加。这些都促成了人们对精英阶层的生活新模式和对"现代生活"的魅力的集体认同。巴黎格雷万蜡像馆(Le musée Grévin)于1882年开放。它既是一个非常受欢迎的表演场所,将当下的各种新鲜事物以蜡像的形式呈现;同时它也是名流文化的圣地。博物馆的第一个展厅最吸引人,它专门用于展出当下最出名的人物。这个展厅原名为"格雷万蜡像馆中的巴黎",之后很快就改称为"巴黎名人厅"。[127]游客可以自由自在地漫步在当下最著名的人物之间。格雷万蜡像馆的展览与新闻或摄影有共同之处,它们可以提供对名人进行充分而真实的宣传呈现。这种真实的效果正是我们想要的：尽管名人们仍然离我们那么远，无法触及，但我们可以触碰到他们的蜡像、相片，可以观察到这些相片中的人物脸上的细节。

莎拉·伯恩哈特（Sarah Bernhardt）完美地展现了19世纪下半叶明星的知名度的提高。她于19世纪60年代末获得成功，当时的法国戏剧作为大众娱乐，成为广泛出口欧洲乃至美国的文化消费品。[128]19世纪70年代，在法兰西剧院赴伦敦巡演期间，莎拉·伯恩哈特获得观众的好评，而她的怪癖和对自由的渴望成为了报纸的头条新闻。1880年，她离开法兰西剧院并开始在美国进行巡回演出，事实证明了她的决定是正确的。晚于珍妮·林德（Jenny Lind）30年，这位法国悲剧演员引发的巨大热情在她返回法国之后依然持续了很久，莎拉·伯恩哈特也因此多次重返美国演出。她体现了一种新的女性形象，融合了古典、浪漫的感伤，巴黎的魅力、繁华和色情。对于美国社会来说，19世纪末是镀金时代，是一个经济繁荣和休闲的时代，莎拉·伯恩哈特则是充满希望的新时代的象征。[129]

尽管她获得了国际性成功，并从澳大利亚到南美进行了多次世界性巡回演出，莎拉·伯恩哈特同时也是一位爱国的明星。她的演艺生涯开始于1870年战争之际，之后她致力于展现法国的形象和绝不妥协的反德情绪，喜爱《罗兰的女儿》（La Fille de Roland）、《年轻的鹰》（L'Aiglon）当中的角色。在国外，她也因演绎法国文化和戏剧获得巨大成功。[130]她不仅成功演绎了经典角色费德尔（Phèdre）和安德罗玛克（Andromaqu），她在流行剧目，例如在维克托里安·萨尔杜（Victorien Sardou）为她写的《费朵拉》（Fédora）中的表演也颇受欢迎。

莎拉·伯恩哈特的成功引发了人们的崇拜，但也激起了批评和嘲讽。莫泊桑对活跃的名人很反感。1881年，他从美国归来抵达勒阿弗尔时，就猛烈地抨击了这位女演员和观众对她的热情。他在《高卢人报》（Gaulois）的专栏上谴责这种过度的自我推销和宣传。他总结道：通过戏剧性和非真实性的方法塑造一个公众人物是哗众取宠。

> 真的，真的，这真让人忍无可忍。自从报纸给我们带来了莎拉·伯恩哈特登陆的精彩细节之后，我已经失去了感到怪诞和发笑的能力，"嘿哈，嘿哈，太棒啦！"当他们在勒阿弗尔的码头上大喊大叫时，法国哗众取宠的恶习、错置的热情、人群特有的愚蠢、粗野的资产阶级天真的兴奋给世界提供了一个笑料……您感到惊奇。他们感动了，这些人真的感动了：女人们真的流眼泪了。[131]

文章写得很有趣，但主要是为了抨击名人。讽刺无益于分析。文章反对常识的消失和"愚蠢的热情"，谴责构成名人文化的哗众取宠的宣传。"哗众取宠是第一位的"，莫泊桑谴责道，谴责公众的轻信、明星缺乏真实性和新闻界的逐利行为。莫泊桑在他的蔑视中把"人群的愚蠢"和"资产阶级的狂妄"联系起来。他恢复了福楼拜和波德莱尔以来的艺术家态度，同时表明批评已经超出了大众迷信或资产阶级金钱的范畴：它侧重于批评共同文化，包括作家从中艰难脱身，只为了给予这种文化猛烈一击。这种共同文化既不是学术文化也不是流行文化，它是媒体和文化产业所产生的大众文化。它的消费者形成了公众，波德莱尔把这群公众比作一只狗，"对一只狗人们绝对不应向它展示能够激怒它的美妙香味，而是展现给它精心挑选的垃圾"。[132]

但是，我们要知道，莎拉·伯恩哈特的受欢迎程度和对这种哗众取宠的尖锐讽刺、对大众不良品味的抨击并不是什么新鲜事。欧洲明星赴美巡演、人群的热情以及影像的增加都不是新现象：林德、拜伦、李斯特在19世纪上半叶已经进行过试验。在他们之前，即使名人的机制仍处于探索阶段，加里克、卢梭和塔玛依然受到好奇而热情的观众的欢迎。莫泊桑对于名流广告宣传的讽刺，在我们看来虽然如此新颖，但并没有超出40年前海涅对"李斯特热"的分析。不提卢梭，相比塞缪尔·约翰逊、梅西耶，莫泊桑在某些方面甚至是有些退步。梅西耶他们细致地分析了名人与公众之间紧张又矛盾的关系。在这个方面，从来没有出现公开和彻底的决裂，历史分期也模糊不清。重要的不是准确地找到时间上的转折点，而是要看到自18世纪中叶以来，社会和文化机制带来了名人文化，这是一系列行为、话语、共同点和论点的集合。从19世纪60年代开始，由于受到所谓的"大众文化"诞生的影响，这种文化被赋予了新的内涵。20世纪初，名人文化以电影为标志进入第二个时期。

结　语

　　20世纪与电影业同步诞生。后者是一种非常受欢迎的娱乐形式，但同时也是一个梦想工厂。毫无疑问，一切都说明了电影业成就新名人的能力。明星们，他们是如此众多，却又渐趋消失。莎拉·伯恩哈特代表着从戏剧名人到荧幕明星的转变，她从1900年开始拍摄了好几部电影，其中一部描绘了她在贝利斯勒（Belle‐Isle）的日常生活。在两次世界大战期间，新一代的男女演员们都没有经过剧院阶段就直接到达了明星系统的顶点：玛丽·皮克福德，"世界的小未婚妻"，还有道格拉斯·费尔班克斯、莉莲·吉什、查理·卓别林、鲁道夫·华伦天奴，或葛丽泰·嘉宝。1926年华伦天奴的去世引发了一场媒体风暴和大规模骚乱。据当时的报纸报道，超过10万人聚集在诊所前面，有几名女性迫切渴望自杀。如何理解这种看似不合理的集体现象？罗兰·巴特在提及喜宝脸孔的魔力时也谈到了"电影中的这个时刻，某张人脸可以使人群陷入极大的混乱，人们看到这张脸孔时就像喝了春药一样迷失了自我"。[1]人们很容易认可电影的特殊性，认可让脸部如此呈现的方式并以前所未有的方式制造亲密感的特写镜头，然而明星仍然遥远，且难以接近。自埃德加·莫林（Edgar Morin）以来，许多作者都很乐意把电影看成通过向观众提供新的神灵，并且将所有神话编在一起，从而制造现代形式的名人的方式。然而，它其实根本不是这样的。如果电影从一开始就能够唤起人们对明星的热情，那不是因为电影表演的原始特征，而是因为它经过了一个半世纪以来的名人文化的孕育。

电影不仅是明星的制造者。很多电影，不乏一些优秀作品，都以名人为主题。作为一种大众娱乐方式，电影也是艺术的某种表达方式，因此也特别值得反思。从《斜坡上的灯火》（Les Feux de la rampe）到《日落大道》（Sunset Boulevard），从《甜蜜生活》（La Dolce Vita）到《名气》（Celebrity），几大电影制片人都把明星的无情世界和名气的玄虚搬上了荧幕。谁不记得诺玛·德斯蒙德（Norma Desmond）的目光？他以为那些参加逮捕的记者的摄像机是他工作室的摄像机，负责记录他重返银屏的画面。或者西尔维亚（Sylvia）的黑色流浪，因片刻避开罗马狗仔队而高兴。作为结语，我想停留于以下这些电影，它们比前面提到的可能更少为人知：《在芸芸众生中》（Un homme dans la foule），由伊利亚·卡赞（Elia Kazan）拍摄于1957年，也即巴尔特关于嘉宝的文章发表的那一年；前一年，电影《在码头上》也大获成功。

《在芸芸众生中》这部电影讲述了一个阿肯色州（Arkansas）

流浪者拉里"寂寞"罗德斯（Larry «Lonesome» Rhodes）的故事，他被当地一家正在寻找陌生人的广播电台的制片人所发现。罗德斯的出现赢得了巨大的成功，并标志着一个重大崛起的开始。在参加了电台的节目之后，他又占领了电视，先是孟菲斯（Memphis）的电视频道，接着是一个全国性的电视频道，并且成为了全国最受欢迎的主持人之一，为自己积累了财富和名气。他的成功迅速、意想不到、令人振奋。他在几个星期内，从痛苦和漂泊的状态中脱身成为成功人士，并把自己推向纽约社会的苍穹之下。数以百万计的观众观看他每周一次的"秀"，他的面部特写出现在杂志的封面上，广告商都在争夺他。正如所有好莱坞故事一样，这种惊人的崛起很快就会伴随着同样快速的下跌。罗德斯变得狂妄自大、暴躁、多疑，他离群索居，逃避一切夸夸其谈和冷嘲热讽，然后当为他打开职业生涯大门的年轻女子向公众揭露他的真实个性时，他崩溃了。电影的最后呈现的是一个失败的可怜的罗德斯：孤独、不幸、企图摆脱象征他成功的那些东西。

除了崛起和堕落的经典叙述模式之外，这部电影精心描述了20世纪50年代美国消费社会中由新的视听媒体、广播和电视而催生的名人的机制和利害关系。商业因素无处不在。罗德斯拍摄广告，他的名气从一开始就为广告商服务。卡赞在这部电影中记录了自己与麦迪逊大街的广告商会面的情况，而且喜欢拍摄电影中出现的假商业情景。[2]

这部电影巧妙地融合了广告的两个方面：第一个方面是作

为商业传播的宣传，以及匿名的个人成为公众人物的方式，正如原始标题《在芸芸众生中》所言。第二个方面众所周知。罗德斯成功的关键之一是他调侃他所代言的产品的方式，看似反传统的做法其实是在维护品牌的名气，最终促进销售增长。因此很难说罗德斯作为主持人的名气是否被广告商利用，亦或者是否受益于这种形式的曝光。

如果节目观众由消费者组成，他也由选民组成。《在芸芸众生中》是卡赞最公开的政治电影。在第二部分中，罗德斯成为一位希望参加总统竞选的参议员的顾问。罗德斯建议他以直接坦率的方式为自己建立一个受欢迎的媒体角色。当参议员提及政治"尊重"时，他说普通人去买啤酒，不是因为他们尊重啤酒，而是因为他们爱啤酒。这种将政治降低到能迅速满足消费者的位置的方式当然是为了突出罗德斯的粗俗，但它也揭示了民主的未来，政治营销的兴起才刚刚被证实。它对应于介绍明星的权力感，说服他从观众那里得到他想要的东西，并渴望将他的电视名气变成政治人气，直到梦想自己竞选生涯的开启。这部电影显示了对政治转型的无声关注。转型后的政治受恺撒式的经典形象的影响较少，它是一种新形式的民粹主义，营销根据普通人的简单口味将政治家降低为商业产品，给予流行明星前所未有的操纵舆论的力量。确保罗德斯成功的正是因为他声称自己是一个简单的人，于是他以人民的身份说话并给他们指点，正如一本电影特写杂志的封面所宣称的那样，带着一种"流行的智慧"。

　　他的成功是否暗示着一个新的民主时代的到来？其前身在
20世纪50年代后期开始在美洲逐步形成。卡赞是否预见到了罗
纳德·里根的成功？他曾经也是演员，他将自己的名气和他在
电视上的重要地位转变成一种围绕着流行的简单性而建立起来
的保守的政治信息。这部电影明确地展现了由受欢迎的煽动者
挑起的舆论监控的威胁。罗德斯重复，"我是一股力量"，以至
于担心他身边的人会以公共道德的名义背叛他。名气不仅在文
化领域是非法的；它还变得很危险，因为它增加了在政治空间
中过度行使权力的风险。这种对名人效应和媒体民主危险的政
治批评是这部电影最明显的意识形态视野。

　　卡赞在1957年的焦虑反映了新视听媒体日益增长的影响。
即广告统治下商业、文化和政治问题的明显混乱。批评话语开
始形成，谴责这些媒体的解构效果，它们创造虚构明星的能力，
并将它们提供给被动和疏远的观众。在之后的十年中，这一批
评展现了它最强烈的一些表现，包括达尼埃尔·博斯丁（Daniel
Boorstin）（1961）和居易·德保尔（Guy Debord）（1967），而安
迪·瓦豪（Andy Warhol）在1968年阐述了他著名的关于名气的
15分钟预言。[3]正是在这种背景下，对于好莱坞黄金时代的怀
念，在巴尔特和莫林（1957年）中表现得特别明显。当然还有
由哈贝马斯于1962年点燃的资产阶级公共空间的怀旧情怀。我
们沿袭了这种批评性的兴奋，当我们被真实电视（télé-réalité）
的泛滥或出现在互联网上的新名人所感动时，我们就会重新表
现出这一点。经常威胁我们的大多数危险[政治的"拟人化"

（peopolisation）、广告的控制、伪名人迅速和短暂的成功]在半个世纪前就已经遭到强烈谴责。

　　然而，正如卡赞的电影所证明的那样，这种批评经常是模棱两可的。它应该责怪谁？野心太大的明星、媒体，还是公众本身？罗德斯最终比真正的危险更可悲。当他认为自己在操控舆论时，他自己反而被"将军"操纵，因为这位富有的贵族怂恿他用推出品牌的方式发起参议员的竞选活动。罗德斯只是传统精英控制政治权力的新媒体的工具。他的力量处于错视状态，因为他的视野只能为他提供一种人为和短暂的力量。他的名气则为其他人服务：经理、制片人、工业家、出版社老板、记者。他们很快取代了他，就像当初迅速接受他一样。[4]尽管卡赞已经注意到罗德斯不那么讨人喜欢，但影片仍在电影中暗示他首先是一个心理严重受损的受害者。他的名气给了他一个庞大的形象，同时促使他将他所引起的极度诱惑单一化，忘记他的成功是集体努力的结果。因此，跟许多公众人物一样，罗德斯既要面对数量巨大又无比好奇的公众，他与之保持着远距离的亲密关系，又要减弱与亲人的社交和情感联系。他并不是左右公众的煽动者的化身，因为他最终明白，作为公众的玩物，他们会迷恋他，但也可以在一夜之间抛弃他而转向另一个艺人、另一位明星。留下他自己感受被打败的绝望滋味，被剥夺了的威望也只不过是海市蜃楼。正如电影所示，罗德斯是他自己形象的卖家，但他也是一个易腐烂、易过时的消费品。

　　大多数关于批评媒介社会失去控制的现实话语仍然存在犹

豫。这解释了名气机制的复杂性，它向现代社会的某些核心观念发起了质疑：名人渴望提升社会地位、公众及其判决具有合法性、民主公共领域组织中媒体具有重大作用。然而，正如我们在本书中所看到的那样，这些问题并没有在20世纪50年代出现。它们通过一种新的形式来呈现，毫无疑问更加激进，更加注重视听媒体向公众推销它们精心培养起来的明星的假定能力。但是，如果强度或参数的配置方面已经发生了变化的话，那么关键问题则是在18世纪下半叶才被认清。新闻界促使公众人物转向有时短暂存在的名人，对于他们私生活的曝光，公众有时不痛不痒、有时好奇心过度泛滥，以及文化价值观的趋同、政治大众化和统治庸俗化的危险：所有这些关于名人的批评要素都将在1750至1850年间逐渐建立起来。

在写这本书时，我的目标不是为了讲述18世纪著名人物的生活，也不是为了叙写名气的历史，而是为了说明某些我们习以为常的现象早在电视发明前两个世纪就已真正触及到现代性的核心，并且也得到了广泛的批评、讨论和反思。这些现象一直以来被认为是新技术和文化革命的结果，或者甚至是我们后现代空虚的不幸象征。我们所拥有的概念，如公众，本身就是这些辩论的遗产，即使社会科学已经把它们占为己有。没有必要为它们感到惋惜，这是历史学家的本意，当他放弃虚假距离或人工语言的特权时，他只能透过带有痕迹的词语去研究历史。也正是因为这一障碍，他可以自由地发挥力量，以获得更大的反身性。在整本书中，我努力坚持两个不同的要求：建立起作为分析工具的名气，能够指定和鉴定某些形式的有名；通过风俗文章、新闻编年史、格言、忆录，以及像《被看作让－雅克的卢梭》那样无法分类却又意义重大的文本，抓住当时人们理解这一词语本身及其所指定的现象的方式。

从卢梭和加里克，甚至从李斯特和伯恩哈特时代开始直到今天，许多事情显然都发生了变化。我所进行的谱系式的调查并不想否认这些转变，不想忽视电影、电视和大众文化带来的变化。但它可以稍微改变我们曾轻易认同的断裂效应。在整本书中，我们试图结合我们当下的情况总结经验，以便看起来不那么不合时宜。卢梭和莎拉在谴责名气的制约性时，是否使用了与今天的名人非常相似的论点，抱怨他们崇拜者的轻率行为和对他们隐私的侵犯？报纸谴责这些抱怨，认为辩术过于简单，并且擅自以公众的角色公开有名人士的私生活，它们难道没有预料到会引起轰动吗？在纽约欢迎珍妮·林德或在勒阿弗尔欢迎莎拉·伯恩哈特的人群，与纪念麦当娜或乔治·克鲁尼的人群有什么不同？我们今天受到中伤的伦理学家因这种过度和错位的好奇心影响而受到谴责，可他们会说出一些真正与梅西耶、尚福尔或约翰逊不同的东西吗？与20世纪的电影或演艺界的成功明星一直相伴的是对明星制度的批评。这些批评不正是当年莫泊桑谴责到处可见的斗士或海涅取笑李斯特的观众时就有的吗？从18世纪中叶开始，在很长一段时间，名气的机制随着大都市文化的发展逐渐强化，相关的节目、报纸、图像和新的商业方法层出不穷。它们创造了一个真实的主题，无所不在的人物、典范，让人们能够思考新奇事物。

这种时间错置的安排并非此研究的唯一结果。确切地说，它的意义只在于它揭示了我们当代人确信的表象所掩盖的东西，否则我们根本无法看清这些东西。它尤其揭示了作为一种价值观的名气的双面性结构。它既让人渴望又让人恐惧，既被看重又受到质疑，名气没有成为媒体化的民主现代社会伟大性的典型，好比荣耀是当时贵族社会伟大性的典范一样。然而，它拥有一些优势：彻底的民主。因为每个人都可以追逐名气，这完全符合现代个人主义；因为它更能让人对独特的个体而非对平庸之人产生共鸣，它靠的完全是选票数，是不是所有这些理由都使它拥有将自己确立为现代社会声望的原则的权利？确实，有些人认为名气是慢慢变成这样的，认为曝光度现在已成为国际精英，即名人精英所积累的新资本。但实际情况是，名气作为一种价值，一直以来都受到怀疑并经常遭受攻击。我们现在心里都能读懂这样的控诉状：短暂、随意会导致过度和非理性反应，名声不明不白被指控制造假偶像，参与文化的商品交易，助长公众的窥视欲并破坏民主评议。

也许任何现代价值观都必然受到挑战，只能通过讽刺的时间距离来换取认同。但就名气而言，有过之而无不及。因为它在每个特定的活动范围内的评估标准都不同，所以某一领域的名气在其他领域人士的眼中都是非法的。每个星期都出现在电视上的作家、衣衫整洁的哲学家、把自己的爱情生活暴露在公众面前的政治家，他们似乎都或多或少违背了文学界、知识界或政治界的正统规范。然而，媒体曝光度几乎从来没有被认为，甚至被捍卫为一种正确的价值观，一种值得尊重的伟大性，因为这些意味着一种特定的才能，并且往往是相当大的牺牲。如果我们仔细想想的话，就会发现那么多的可供选择的名人当中，能选上的却寥寥无几。

如今，名气依然招致不信任和批评（正如我们所看到的那样，在它存在的第一个世纪里这样的不信任和批评也同样存在），而不是突出强调自己作为现代性的卓越表现。特别是，它遇到了真实性观念的激烈抵抗。这部分源于古老的基督教理想，部分源于现代发明，也正是对新的媒体形式的反应。卢梭全力捍卫这样一个观念，即存在一个真实的我，一个公共空间传播的自我之写照，我们必须忠实于这样的自我。这一观念具有强大的生命力，存在于各种形式的新浪漫主义潮流中，形式更微妙，即承认自我与世界之间可能脱节同时，又试图挽救摒弃广告的道德。[5]名气被视为与现代媒体的过度发展相关的社会失常现象，随着其迷惑力的加强而倍受谴责。

名气的双重性是威望的来源，也是批评的对象，它与构成公众表征的那些二义性不可分割。在现代结构中，由个人组成的群体通过阅读相同的书籍、分享相同的情感和相同的爱好而联合起来，公众是一种具有判断合法性的权威，但同时也是一个不是很有声望、有时还被指控犯下各种罪恶的决策机构。在文化领域，象征性商品的特殊经济往往使公众在评论家和同行，以及更广泛的精英中相对失信。[6]它的品味和判断力被视为平

庸，过多地受到媒体和广告商的影响。公共和商业成功既受到
追捧，也受到蔑视，还常常被那些自称蔑视它的人所渴望。在
政治领域，公众只是政治群体的近义词，公众舆论的复杂地位
就证实了这一点。公众舆论因其被动性和被操纵性，或因其过
度却又短暂的热情遭人诟病。但在民主政权中却很难忽视公众
舆论。通过大众文化理论和寻常演讲向公众发表的批判，有时
针对它的大众性，有时针对它的被动性，往往两者皆为目标。
在第一种情况下，受到谴责的是模仿效应、情感作用和品位的
提升。这种批判所依据的潜在理念是自主的、自由的或浪漫主
义的个人，即使他们可以通过交流和讨论获得信息，他们的判
断最终表明了对独特性、对个人运用理智或对真正的主观性的
肯定。在第二种情况下，公众被认为是文化和媒体行业强大的
广告部署下被动顺从的消费者。

　　反之，我们可以认为，公众的庞大规模是舆论和评判社会
化的保障，而文化消费行为总是对解释性的活动开放，有时会
导致奇特的生产形式。[7]虽然在合法文化行为者看来，明星系统
的某些特征可能数量很多却毫无意义，但对影迷来说，它们往
往是重要的来源，帮助他们在一个集体的框架内塑造自己的自
我意识，它们可以帮助他们建立与著名公众人物的特殊关系（尽
管只是媒体化的关系），以及同属一个公众的归属感。读者们在
报刊或互联网上如饥似渴寻找关于他们最喜欢的名人私生活的
报道，看他们的电影，听他们的歌曲，观看他们的比赛。他们
并不比给卢梭写热情洋溢的信件的《新爱洛伊丝》的读者更天

真或更疯狂。那些还没见过卢梭本人的读者争相赶往他经过的路上去一睹真容。明星的公开曝光是他们声望的源泉，但有时也是一种负担。公众的好奇心可能肤浅，也可能具有更深层次的文化意义。不管是对于明星而言，还是公众而言，名人机制在根本上是矛盾的。

这些矛盾构成了我们对名人的理解，法律是这些尚未解决的矛盾的最好体现。在涉及名人时，判例法在形象权和隐私权方面表现得非常犹豫。我们还记得，当瑞秋于1858年去世时，法官拒绝公开这位女演员临终时的照片。这项决定通常被视为保护私生活的开端，它规定"未经家庭成员的正式同意，任何人不得复制并宣传死者临终时的特征，无论这个人的名气大小或者他生活行为被宣传的程度"。但是这个决定之后，这方面的处理仍然是随意的，要概括它很难。在涉及公众人物的隐私权保护，以及在关于自我形象的商业法意义上的形象权保护上，都没有真正得到稳定。由于法律形式化程度较低，这两个方面是波动不定的判例法的主要内容。"名誉"这个概念是法国法律中唯一一个考虑名人效应的，但在法学家看来，它因其"不幸的二义性"而被削弱了。[8]如果法官承认"逃避集体好奇的权利"，他们往往也会用"公共合法信息"的相反原则来反驳它。[9]

在美国，成为一个公众人物则意味着失去个人的形象权。出版公众人物肖像不需要授权。在法国，有几项决定也有类似倾向，证明了形象权的例外，因为"公众不仅接受而且寻求这样的任务"，1965 年一位法官在一次关于布丽吉特·巴东（Brigitte Bardot）的事件中这样宣称。最近，这样的观点再次得到重申。例如，关于艾瑞克·卡通纳（Éric Cantona），"公众人物心照不宣地默认他的活动都是公开的，关于他的老生常谈都应该发生在公共场所"。当然我们注意到了，这里的形象权仅限于在"公共场所"拍摄的图像，严格意义上与尊重私人生活并没有矛盾。因此，困难是巨大的。如何精确划定公共场所、公共活动？什么程度的媒体曝光才会被认为是"公众人物"？"公开"行使意味着什么？这里的要旨是比调和公众的利益和明星的隐私愿望更本质的东西，在于判例法的预设：著名人物要追逐名气，他们就必须接受各种形式的"名人服务"。媒体的曝光既是一种损害，因为它没有征得本人同意，也是一种特权象征，强行规定约束条件，尤其是接受公众好奇心的条件。

《在芸芸众生中》出版仅仅几年之后，在这些 30 年荣光中心，媒体的批判愈演愈烈，乔治·布拉森斯（Georges Brassens）写下了一首讽刺小诗《宣扬名气》：

> 有良策之人让我明白
> 对路上的人，我有事要汇报
> 这是完全被遗忘的痛苦
> 我不得不将我的小秘密公开
> 宣扬名气，您就是这样鄙俗。[10]

通过讥笑名气的束缚如此违背了它的本质，通过讽刺公众和记者的好奇心，布拉森斯以其天赋重新激活了一个古老的主题，即那些温和的行吟诗人所唱的宁静之爱胜于荣耀的主题。但他也谴责了在他看来是新现象的东西："报纸"的好奇心、"著名女子"和"明星"普遍的"暴露癖"、公众对明星性生活的贪婪、"广告事业"的过分要求。正如我们现在所知道的那样，所有这些元素以及伴随它们的批评都出现在两个世纪之前，在启蒙运动的大都市中出现过了，并在整个19世纪蓬勃发展。名人有一段历史，这段历史比表演社会或当代窥淫癖的研究所推测的要长得多，也要复杂得多。

注　释

导　论

1. 转引自 Martial POIRSON, *"Marie-Antoinette, héroïne paradoxale d'une fiction patrimoniale contrariée"*, in Laurence SCHIFFANO et Martial POIRSON (dir.), Filmer le dix-huitième siècle, Paris, Desjonquère, 2009, pp. 229-252. 参见 aussi Yves CITTON, Du bon usage de l'anachronisme (Marie-Antoinette, Sofia Coppola et Gang of Four), L'Écran des Lumières. Regards cinématographiques sur le XVIIIe siècle, Oxford, Voltaire Foundation, 2009, pp. 231-247.

2. 美国也有自己的名人研究专家:Peter David MARSHALL, The Celebrity Culture Reader, New York/Londres, Routledge, 2006. 传记，尤其是英文的传记，材料很丰富。法文版的介绍可参见 Nathalie HEINICH, *"La culture de la célébrité en France et dans les pays anglophones. Une étude comparative"*, Revue française de sociologie, no 52-2, 2011, pp. 353-372.

3. Leo BRAUDY, The Frenzy of Renown:Fame and its History, New York, Oxford University Press, 1986.

4. 大量自传中，有一本书:Joshua GAMSON, *Claims To Fame : Celebrity in Contemporary America*, Berkeley, University of California Press, 1994.

5. Daniel J. BOORSTIN, *The Image : A Guide to Pseudo-Events in America*, New York, Vintage Books, 1961.

6. Edgar MORIN, *Les Stars, Paris, Éd. du Seuil*, 1957, rééd. Galilée, 1984, p. 85. 在这本开创性的著作中，E. Morin 围绕三个主题进行阐释：对神话般的明星的符号学解读，关于"崇拜"的人类学解读，以及资本主义明星系统的经济学解读，同时特别注重作为现代神话的明星之特权。

7. Chris ROJEK, *Celebrity, Londres, Reaktion Book*, 2001, trad. fr., Cette soif de célébrité !, Paris, Autrement, 2003.

8. 关于"形象"这一概念，它是定义一个人的社会表现的总体特征，不单单是他的脸，同时也包括人们得以直接或间接与他发生关系的所有要素，见Barbara CARNEVALI, Le Apparenze sociali. Una filosofia del prestigio, Bologne, Il Mulino, 2012.

9. Alan BOWNESS, The Conditions of Success: How the Modern Artist Rises to Fame, Londres, Thames and Hudson, 1989 ; Alessandro PIZZORNO, Il Velo della diversità. Studi su razionalità e riconoscimento, Feltrinelli, 2007. 关于目前把名声作为社会现象研究的其他介绍，可参见Gloria ORIGGI (dir.), "La réputation", Communications, no 93-2, 2013.

10. Jürgen HABERMAS, L'Espace public. Archéologie de la publicité comme dimension constitutive de la société bourgeoise, Paris, Payot, [1962] 1992.

11. 哈贝马斯的书具有纯批判性质，把18世纪理想化，以更好地谴责当代社会的文化，特别是政治状态（20世纪60年代早期）。这本书的最后部分提出了一个西方社会关于他们自己的民主理想的极端消极的视角。关于这本书的理论和历史渊源，参见Stéphane HABER, "Pour historiciser L'Espace public de Habermas", in Patrick BOUCHERON et Nicolas OFFENSTADT (dir.), L'Espace public au Moyen Âge, débats autour de Jürgen Habermas, Paris, PUF, 2011, pp. 25-41. 同样在此书中还有Stéphane VAN DAMME 的 "Farewell Habermas ?"，反映了20年来关于18世纪研究中的公共空间概念的重要性(pp. 43-61)。

12. Gabriel TARDE, L'Opinion et la Foule, Paris, 1901, 新版由 Dominique Reynié 作绪论, Paris, PUF, 1989, p. 33.

13. John B. THOMPSON, The Media and Modernity:A Social Theory of the Media, Stanford, Stanford University Press, 1995.

14. 这 一 史 学 著 作 与 Tom MOLE(Romanticism and Celebrity Culture, 1750-1850, Cambridge, Cambridge University Press, 2009) 的作品集中探讨的一致，其中包含一些有用的案例研究，但仅限于英国。另外，还可参见 Fred INGLIS, A Short History of Celebrity, Princeton, Princeton University Press, 2010. 该书假设了 18 世纪名人的诞生，但描述这一时期仅用了几页，而且仅仅是关于英格兰。

15. Nathalie HEINICH, De la visibilité. Excellence et singularité en régime médiatique, Paris, Gallimard, 2012.

第一章

1. Paul BÉNICHOU, Le Sacre de l'écrivain, Paris, José Corti, 1973.

2. 由 René Pomeau 所撰的大传记中，对应章节取名为"Le triomphe"。在回忆了罗马帝国皇帝的辉煌之后，Pomeau 补充道，"诗人中的诗圣，被自己的同时代人视为不朽，伏尔泰亲眼见证了他自己的辉煌"，见 Voltaire en son temps, vol. V, On a voulu l'enterrer, 1770–1791, Oxford, Voltaire Foundation, 1997, pp. 283-298, citation pp. 298. Jean-Claude BONNET, dans Naissance du Panthéon, essai sur le culte des grands hommes, Paris, Fayard, 1989, pp. 236-238, évoque lui aussi un triomphe et une «apothéose de son vivant». 关于 1791 的先贤祠，参见 Antoine DE BAECQUE, "Voltaire ou le corps du souverain philosophe", La Gloire et l'Effroi. Sept morts sous la Terreur, Paris, Grasset, 1997, pp. 49-75.

3. Grimm 和 Meister 的文学通信提供了一个长篇故事，经常重复，伏尔泰的秘书 Wagner 也提供了他的版本。

4. Darrin MCMAHON, Ennemies of the Enlightenment : The French Counter Enlightenment and the Making of Modernity, New York, Oxford University Press, 2001, p. 5.

5. Louis Sébastien MERCIER, Tableau de Paris, Paris, Mercure de France, [1783] 1994, "Triomphe de Voltaire. Janot", pp. 264-269, citation p. 266.

6. "Sieur Brizard 带来了一个月桂花环，维莱特夫人将这个花环放在这个伟人的头上，但是他立即拿掉了，尽管房间每个角落的公众都竭力拍手和喊叫，不想让他要拿掉。"见 Correspondance littéraire, philosophique et critique par Grimm, Diderot, Raynal, Mesiter, etc., éd. M. Tourneux, Paris, Garnier, 1880, t. XII, p. 70.

7. 这一幕的记忆始终存在。Titon du Tillet 在 1734 年，在他的 Essai sur les honeurs 和授予杰出学者的纪念碑上提起过它。Mercier 专门为之奉献了《我的睡帽》这一章节，1807 年斯塔尔夫人在其同名小说《科琳在万神殿中的胜利》中隐含地回忆起这一幕。参见 J.-C. BONNET, Naissance du Panthéon..., op. cit., p. 330.

8. Graham GARGETT, "Oliver Goldsmith et ses Mémoires de M. de Voltaire", in Christophe CAVE et Simon DAVIES (dir.), Les Vies de Voltaire : discours et représentations biographiques, XVIIIe-XXIe siècle, Oxford, Voltaire Foundation, 2008, pp. 203-222.

9. Anne-Sophie BARROVECCHIO, Voltairomania, Saint-Étienne, Presses universitaires de Saint-Étienne, 2004.

10. Nicholas CRONK, "Le pet de Voltaire", in Alexis TADIÉ (dir.), La Figure du philosophe dans les lettres anglaises et françaises, Nanterre, Presses universitaires de Paris X, pp. 123-136.

11. Charles BURNEY, Voyage musical dans l'Europe des Lumières, éd. M. Noiray, Paris, Flammarion, 1992, pp. 85. Le texte original évoque a "wild beast or monster that was fit only to be stared at as a show" (The Present State of Music in France and Italy, Londres, 1773, p. 56).

12. Voltaire à Étienne Noël Damilaville, Correspondance, Œuvres complètes de Voltaire, Oxford, Voltaire Foundation, 1968-1977, t. CXV, pp. 23-24.

13. François Louis Claude Marin à Voltaire, le 3 mars 1766, 同上, t. CXIV, pp. 125-127.

14. Correspondance littéraire, op. cit., février 1778, t. XII, pp. 53-54.

15. Lettre de Jean Robert Tronchin à Jean Jacob Vernet, 21 septembre 1757, 同上, t. CII, pp. 170-174.

16. Gustave DESNOIRETTERRE, Iconographie voltairienne, Paris, 1879 ; Garry APGAR, " "Sage comme une image". Trois siècles d'iconographie voltairienne", Nouvelles de l'estampe, juillet 1994, pp. 4-44.

17. Garry APGAR, L'Art singulier de Jean Huber, Paris, Adam Biro, 1995.

18. Correspondance littéraire, op. cit., t. X, p. 96.

19. 同上，p. 98.

20. 胡贝尔甚至在同一张纸上画了伏尔泰脸孔的30个版本，这让他自娱自乐。尽管他表情变化，伏尔泰的形象仍然是完全可识别的。胡贝尔的灵感来自坐着的伏尔泰。

21. 引用自 http://gallica.bnf.fr/ark:/12148/btv1b6947967d.r=voltaire+huber+lever.langfr

22. G. APGAR, L'Art singulier..., op. cit., p. 92.

23. Mémoires sur M. de Voltaire et sur ses ouvrages par Longchamp et Wagnère, ses secrétaires, Paris, Aimé André, 1826, t. I, p. 121.

24. Correspondance littéraire, op. cit., février 1778, t. XII, pp. 53-54.

25. Journal de Paris, 16 février 1778, pp. 187. 在外省的报纸上，刚开始人们充满热情，到后面批判的声音越来越多，见James A. LEITH, "Les trois apothéoses de Voltaire", Annales historiques de la Révolution française, no 51 (236), 1979, pp. 161-209.

26. "Aux auteurs du Journal de Paris", Journal de Paris, 20 février 1778, p. 204.

27. Lettre de Mme Du Deffand à Horace Walpole, 12 février 1778, Horace Walpole's Correspondence, New Haven, Yale University, 1939, vol. VII, p. 18. 几天后，她补充道："他今天激起的并不是一种思量，而是一种人们认为他该得的崇拜。"(1778年3月8日，p. 25.)

28. 根据威廉•马克思引用的圣-马克侯爵的话，"伏尔泰的加冕或变态的彼特拉克", Histoire, économie et société, no 20-2, 2001, pp. 199-210. 梅西耶对这一具有象征意义的谋杀案提供了一个更具讽刺意味的文字解读："他的自尊想要回击的拜访和赞美，很快就耗尽了他的力量；他的好朋友缩短了他的职业生涯，而神化使诗人丧命。"(L. S. MERCIER, Tableau de Paris, op. cit., p. 266.)

29. Choix de discours de réception à l'Académie française, Paris, Demonville, 1808, p. 209, 转引自 J.-C. BONNET, Naissance du Panthéon, op. cit., p. 373.

30. Correspondance littéraire, op. cit., t. XII, pp. 68-73.

31. Mémoires secrets pour servir l'histoire de la République des lettres en France depuis

MDCCLXII jusqu' à nos jours, Londres, John Adamson, 1780, t. XIV, pp. 330, 30 décembre 1779.

32. Correspondance littéraire, op. cit., t. XII, p. 254.

33. L. S. MERCIER, Tableau de Paris, op. cit., vol. IV, p. 268.

34. Stéphane VAN DAMME, À toutes voiles vers la vérité. Une autre histoire de la philosophie au temps des Lumières, Paris, Le Seuil, 2014, pp. 81-84.

35. Annales politiques, civiles et littéraires, t. IV, 1779, pp. 34-35.

36. Affiches, annonces et avis divers, 1779, p. 40 (feuille du 10 mars 1779).

第二章

1. Jean-Marie APOSTOLIDES, Le Roi-machine. Politique et spectacle, Paris, Éd. De Minuit, 1981, p. 136 ; Louis MARIN, Le Portrait du roi, Paris, Éd. de Minuit, 1981 ; Richard SENNETT, The Fall of Public Man, New York, Alfred A. Knopf, 1974, trad. fr., Les Tyrannies de l' intimité, Paris, Éd. du Seuil, 1979 ; J. HABERMAS, L' Espace public..., op. cit.

2. Jean-Jacques Rousseau, citoyen de Genève à M. D' Alembert, de l' Académie française, de l' Académie des Sciences de Paris, de celle de Prusse, de la Société Royale de Londres, de l' Académie Royale des Belles-Lettres de Suède et de l' Institut de Bologne, Amsterdam, Marc Michel Rey, 1758. 在最近的评论中还有Blaise BASCHOFEN et Bruno BERNARDI (dir.), Rousseau, politique et esthétique : sur la "lettre à d' Alembert", Lyon, ENS éditions, 2011.

3. Guy DEBORD, La Société du spectacle 1967, in Œuvres, Paris, Gallimard, 2006, p. 785.

4. Neil MCKENDRICK, John BREWER et John H. PLUMB, The Birth of a Consumer Society : The Commercialization of Eighteenth-Century England, Bloomington, Indiana University Press, 1982 ; James VAN HORN MELTON, The Rise of the Public in Enlightenment Europe, Cambridge, Cambridge University Press, 2001, p. 160 ;

John BREWER, The Pleasures of the Imagination : English Culture in the Eighteenth-century, Londres, Harper Collins, 1997.

5. J. BREWER, The Pleasures of the Imagination..., op. cit.

6. Louis Henry LECOMTE, Histoire des théâtres de Paris – Les variétés amusantes, Paris, Daragon, 1908 ; Robert ISHERWOOD, Farce and Fantasy : Popular Entertainment in Eighteenth-Century Paris, Oxford, Oxford University Press, 1989 ; Michele ROOTBERSTEIN, Boulevard Theater and Revolution in Eighteenth-Century Paris, Ann Arbor, UMI Research, 1984 ; Laurent TURCOT, "Directeurs, comédiens et police : relations de travail dans les spectacles populaires à Paris", Histoire, économie et société, no 23-1, 2004, pp. 97-119.

7. Felicity NUSSBAUM, "Actresses and the Economics of Celebrity, 1700–1800", in Mary LUCKHURST et Jane MOODY (dir.), Celebrity and British Theatre, 1660–2000, New York, Palgrave, 2005, pp. 148-168 ; Danielle SPRATT, "Genius thus Munificently Employed !!! : Philanthropy and Celebrity in the Theaters of Garrick and Siddons", Eighteenth-Century Life, no 37-3, 2013, pp. 55-84.

8. Dominique QUÉRO, "Le triomphe des Pointu", Cahiers de l'Association internationale des études françaises, no 43, 1991, pp. 153-167. 参　见 aussi Henri LAVEDAN, Volange, comédien de la Foire (1756-1803), Paris, J. Tallandier, 1933.

9. Lauren CLAY, "Provincial Actors, the Comédie-Française, and the Business of Performing in 18th-Century France", Eighteenth-Century Studies, no 38-4, 2005, pp. 651-679.

10. Mémoires secrets, t. I, p. 19.

11. Rahul MARKOVITS, Civiliser l'Europe. Politiques du théâtre français au XVIIIe siècle, Paris, Fayard, 2014 ; "L'Europe française, une domination culturelle ? Kaunitz et le théâtre français à Vienne au XVIIIe siècle", Annales HSS, no 67-3, 2012, pp. 717-751. 还可参见 Mélanie TRAVERSIER, "Costruire la fama : la diplomazia al servizio della musica durante il Regno di Carlo di Borbone", à paraître dans Analecta Musicologica, 2014.

12. Judith MILHOUS, "Vestris-mania and the Construction of Celebrity : Auguste Vestris

in London, 1780-1781", Harvard Library Bulletin, no 5-4, 1994, pp. 30-64.

13. 另一方面，Vestris 的名气使剧院的导演利用年轻舞者引领的时尚在下一年聘请芭蕾舞大师 Noverre，动作芭蕾的发明者。

14. 在这一暴利的夜晚之后，《公共广告》在 1781 年 2 月 28 日写道："一个舞蹈家一晚就赚 1600 英镑！一个诚实的商人工作两个 16 年，才能开心地拿着这么一笔钱退休。那些生活卑微的人，从摇篮到坟墓都很辛苦地劳作，也许从未拥有过他们可以称之为他们自己的 16 先令。命运之书是多么的曲折啊！"（引自 J. MILHOUS, "Vestrismania and the Construction of Celebrity...", art. cit., p. 41.）

15. 尤其要参考 Sherwin ROSEN, "The Economy of the Superstars", The American Economic Review, no 71-5, 1981, pp. 845-858, 以及 Pierre-Michel MENGER, "Talent et réputation. Les inégalités de réussite et leurs explications dans les sciences sociales", Le Travail créateur, Paris, GallimardSeuil, 2009, chapitre 6.

16. D. SPRATT, "Genius Thus Munificently Employed !!! ...", art. cit.

17. 《秘密回忆录》多次提到了"有名的吉玛"，比如 1770 年 12 月 31 日第 247 页上的版画就暗示着她各种男女私情。

18. Le livre pionnier de cette approche, dans une perspective féministe, est de Kristina STRAUB, Sexual Suspects : Eighteenth-Century Players and Sexual Ideology, Oxford/Princeton, Princeton University Press, 1992. 从这个角度记录英国女演员的传记，以及更多关于她们的公众形象的建构方面的文献现在已经很丰富了。参见 Robyn ASLESON (dir.), Notorious Muse. The Actress in British Art and Culture, 1776–1812, New Haven/Londres, Yale University Press, 2003 ; Gill PERRY, Spectacular Flirtations : Viewing the Actress in British Art, 1768–1820, New Haven, Yale University Press, 2007 ; Felicity NUSSBAUM, Rival Queens : Actresses, Performance, and the Eighteenth-Century British Theater, Philadelphia, University of Pennsylvania Press, 2010 ; Laura ENGEL, Fashioning Celebrity: Eighteenth-Century British Actresses and Strategies for Image Making, Columbus, Ohio State University, 2011. Sur la France, 参见 Lenard BERLANSTEIN, Daughters of Eve: A Cultural History of French Theater Women from the Old Regime to the Fin-de-Siecle, Cambridge, Harvard University Press, 2001.

19. Joseph ROACH, "Nell Gwyn and Covent Garden Goddesses", in Gill PERRY (dir.), The First Actresses : Nell Gwyn to Sarah Siddons, Londres, National Portrait Gallery, 2011, pp. 63-75.

20. Steven PARISSIEN, George IV : The Grand Entertainment, Londres, John Murray, 2001 ; Christopher HIBBERT, George IV, Prince of Wales, 1762–1811, Londres, Longman, 1972.

21. Claire BROOK, The Feminization of Fame, 1750–1830, Basingstoke, Palgrave McMillan, 2006.

22. Paula BYRNE, Perdita. The Life of Mary Robinson, Londres, Harper Collins, 2004, et surtout Tom MOLE, "Mary Robinson's conflicted celebrity", in T. MOLE (dir.), Romanticism and Celebrity Culture..., op. cit.

23. Memoirs of the late Mrs Robinson, Londres, 1801, t. II, p. 127.

24. "我几乎像冒险一样进入了商店。我等了好几个小时，直到人群散开，他们包围着我的马车，期待着我离开商店的时刻", 同上, p. 68.

25. Olivia VOISIN, "Le portrait de comédien ou la fabrique d'une aura", La ComédieFrançaise s'expose, catalogue de l'exposition du Petit Palais, Paris, Les Musées de la Ville de Paris, 2011, pp. 93-148 ; G. PERRY (dir.), The First Actresses : Nell Gwyn to Sarah Siddons, op. cit.

26. Mémoires secrets, mars 1780, t. XV, p. 82. 该段落的所有语气都非常敌视沃朗日，或者更确切地说是"雅诺"，因为作者/编者使用角色的名字来指代演员。

27. Patrick BARBIER, Histoire des castrats, Paris, Grasset, 1989. 如果说阉人往往来自那不勒斯的话，那么他们会在整个欧洲发扬他们的艺术。比如参考 Elizabeth KRIMMER, ""Eviva Il Coltello ?" The Castrato Singer in Eighteenth-Century German Literature and Culture", PMLA, no 120-5, 2005, pp. 1543-1549. 在音乐方面，他们的成功是通过突出17世纪意大利音乐中非常高调的声音来实现的，这种声音让第一批专业歌手因他们的表现力而声名显赫：Susan MCCLARY, "Soprano as Fetish : Professional Singers in Early Modern Italy", Desire and Pleasure in Seventeenth–Century Music, Oakland, University of California Press, 2012.

28. Thomas MCGEARY, "Farinelli and the English : 'One God' or the Devil ?", Revue

LISA/LISA e-journal, vol. II, no 3, 2004, http://lisa.revues.org/2956, consulté le 2 juillet 2012.

29. Thomas GILBERT, The World Unmask, 1738, cité in T. MCGEARY, "Farinelli and the English…", art. cit.

30. Nicolas MORALES, L'artiste de cour dans l'Espagne du XVIIIe siècle. Étude de la communauté des musiciens au service de Philippe V, 1700–1746, Madrid, Casa de Velazquez, 2007, pp. 238-250 ; Thomas MCGEARY, "Farinelli in Madrid : Opera, Politics, and the War of Jenkins' Ear", Musical Quarterly, no 82, 1998, pp. 383-421.

31. 参考他的通信集(Carlo BROSCHI FARINELLI, La Solitudine Amica : Lettere al conte Sicinio Pepoli, éd. Carlo Vitali et Francesca Boris, Palerme, Sellerio, 2000)，其中展现了他在面对伦敦公众的反应时的某种焦虑。

32. C. BURNEY, The Present State of Music in France and Italy, op. cit., p. 221, trad. fr., Voyage musical dans l'Europe des Lumières, p. 145.

33. Helen BERRY, The Castrato and His Wife, Oxford, Oxford University Press, 2011.

34. 例如,《欧洲文学公报》拿坦杜奇夫人开玩笑, 说她"确实只是嫁给了一个非常美丽的声音", 并邀请读者判断她是否忠于他（1768年5月, 第XXV卷, p. 170）, 而《法国信使》因人们"拿他的冒险开玩笑"而感到遗憾, 而不是抱怨。(巴黎, 拉科姆, 第2卷, 1768年7月, 第117页)

35. 至少, 人们相信弗雷隆（Fréron）,《文学年鉴》为此次事件写了一篇长篇文章, 其形式是一封住在伦敦的意大利商人写给一位荷兰记者的信, 嘲弄杜坦奇的婚姻和孩子出生引发的"爆笑声"(Paris, Delalain, 1771, t. III, pp. 275-288.)

36. Giacomo CASANOVA, Histoire de ma vie, Paris, Robert Laffont, 1993, t. III, p. 304. "他嘲笑那些说他作为阉人无权拥有婚姻与孩子的人。他说, 留给他的第三个睾丸腺足以显示他的男子气概, 他的孩子只能合法, 因为他认为他们是这样的。"

37. Luc BOLTANSKI et al., Scandales, affaires et grandes causes : de Socrate à Pinochet, Paris, Plon, 2007.

38. Max GLUCKMAN, "Gossip and Scandal", Current Anthropology, no 3-4, 1963, pp. 307-316 ; Damien DE BLIC et Cyril LEMIEUX, "Le scandale comme épreuve.

Éléments de sociologie pragmatique", Politix, vol. 18, no 71, 2005, pp. 9-38.

39. Éric DE DAMPIERRE, "Thèmes pour l'étude du scandale", Annales ESC, no 9-3, 1954, pp. 328-336, citation p. 331.

40. 关于 Oscar Wilde 的诉讼，之后有一个比较研究，参考 Ari ADUT, On Scandal : Moral Disturbances in Society, Politics and Art, Cambridge, Cambridge University Press, 2008, pp. 38-72. James B. THOMPSON 提出了基于他对远程媒体互动的概念以及他们产生的新的政治可见性，对当代丑闻的一般反思：Political Scandal : Power and Visibility in the Media Age, Cambridge, Polity Press, 2000.

41. H. BERRY, The Castrato…, op. cit., p. 203 et 205.

42. Shearer WEST, "Siddons, Celebrity and Regality : Portraiture and the Body of the Ageing Actress", in Mary LUCKHURST et Jane MODDY (dir.), Theatre and Celebrity, York, University of York Press, pp. 191-213 ; Heater MCPHERSON, "Picturing Tragedy : Mrs. Siddons as the Tragic Muse Revisited", Eighteenth-Century Studies, no 33-3, 2000, pp. 401-430, et "Siddons rediviva", in T. MOLE (dir.), Romanticism and Celebrity Culture…, op. cit.

43. H. MCPHERSON, "Picturing Tragedy…", art. cit., p. 406.

44. 她受到的敬意比对女王的敬意更大。她激起的热情带有某种偶像崇拜的意味；人们对她的赞赏与其说是钦佩，不如说是惊叹，仿佛一个高贵的人从另一个领域掉了下来，用她的庄严外表来敬畏世界。她把悲剧搬上天空，或从那里把它带下来。这是一种超越自然的东西。我们想不出比这更宏伟的了。她在我们的想象中体现了神话中的寓言，体现了前人时代英雄和神化的凡人的寓言。她不亚于女神，也不亚于受诸神启发的女先知。William HAZLITT, "Mrs Siddons", The Examiner, 16 juin 1816, in A View of the English Stage, Londres, Stedart, 1818, p. 103.

45. William HAZLITT, "Mrs Siddons's Lady Macbeth, June 8, 1817", 同上，p. 133.

46. 同上，p. 104.

47. 同上。由此我们明白，在 Hazlitt 描写西顿斯最近一次扮演麦克白夫人的文章中，他坚持认为，尽管表演的质量很高，但是作为旁观者，他与这位女演员之间的距离被拉开了：空间距离，因为人群只能到房间的后面，还有时间距离，特别是，这一次演出将他与第一次演出的记忆分开 (pp. 134-135)。

48. Exposé de la conduite et des torts du Sieur Talma envers les comédiens français, Paris, Prault, 1790 ; Réponse de François Talma au mémoire de la comédie française, Garnéry, l'an second de la liberté ; Réflexions de M. Talma et pièces justificatives, Paris, Bossange, 1790 ; Pétition relative aux comédiens français, adressée au conseil de ville, par un très grand nombre de citoyens, archives de la Comédie-Française, fonds Talma, carton 3 (ci-après : ACF, Talma 3).

49. Lettre de Talma à Louis Ducis, en 1811, 转引自 Mara FAZIO, François-Joseph Talma, Paris, CNRS éditions, 2011, p. 147.

50. M. FAZIO, François-Joseph Talma, op. cit., p. 117.

51. Courrier des spectacles, 23 et 24 septembre 1822, ACF, Talma 2.

52. Germaine DE STAËL, De l'Allemagne, Londres, 1813, chap XXVII.

53. STENDHAL, Souvenirs d'égotisme, éd. B. Didier, Paris, Gallimard, 1983, p. 128. 参见 Florence FILIPPI, "L'artiste en vedette : François-Joseph Talma (1763-1826)", thèse de doctorat, Nanterre, 2008.

54. Lettre de Michel François Talma à son fils, 6 octobre 1796, ACF, Talma 7.

55. Lettre de Talma au "rédacteur des Annales", 21 août 1817, ACF, Talma 7.

56. 文章先是在 The Globe and Traveller (25 September) 上，之后"在所有的英国报纸上"发表，根据寄这篇文章给塔玛的作者所言 (ACF, Talma 2)。

57. Emmanuel FUREIX, La France des larmes. Deuils politiques à l'âge romantique, 1814-1840, Paris, Champ Vallon, 2009.

58. La Pandore, no 1250, 20 octobre 1826.

59. Courrier de Paris, no 291, 18 octobre 1826.

60. Courrier de Paris, no 295, 22 octobre 1826.

61. Le Constitutionnel, no 293, 20 octobre 1826.

62. 致力于当代名气研究的社会学家有 Richard SCHICKLE, Intimate Strangers: The Culture of Celebrity in America, New York, Ivan R. Dee, 1985 ; Joshua GAMSON, Claims To Fame : Celebrity in Contemporary America, Berkeley, University of California Press, 1994 ; N. HEINICH, De la visibilité..., op. cit.

63. J. B. THOMPSON, The Media and Modernity..., op. cit., développe longuement ce point, à partir des travaux pionners des psychologues sociaux Donald HORTON et R. Richard WOHL, qui parlaient eux de "relations parasociales" ("Mass Communication and Para-Social Interactions : Observations on Intimacy at a Distance", Psychiatry, no 19, 1956, pp. 215-229).

64. Hans-Robert JAUSS, Pour une herméneutique littéraire, Paris, Gallimard, 1982.

65. Philippe LE GUERN (dir.), Les Cultes médiatiques. Culture fan et œuvres cultes, Rennes, Presses universitaires de Rennes, 2002.

66. Robert DARNTON, "Le courrier des lecteurs de Rousseau : la construction de la sensibilité romantique", Le Grand Massacre des chats. Attitudes et croyances dans l'ancienne France, Paris, Robert Laffont, 1984, pp. 201-239 ; Jean-Marie GOULEMOT et Didier MASSEAU, "Naissance des lettres adressées à l'écrivain", Textuel, "Écrire à l'écrivain", no 27, février 1994, pp. 1-12 ; Judith LYON-CAEN, La Lecture et la Vie. Les usages du roman au temps de Balzac, Paris, Tallandier, 2006.

67. Lettre du 8 juin 1775, citée par Cheryl WANKO, "Patron or Patronized ? "Fans" and the Eighteenth-Century English Stage", in T. MOLE (dir.), Romanticism and Celebrity..., pp. 209-226, citation p. 221.

68. Lettre d'une anonyme, 10 septembre 1825, ACF, Talma 2.

69. Lettre d'un anonyme, s. d., ACF, Talma 1.

70. "Talma admiré par une personne pleine de prévention contre lui", ACF, Talma 2.

71. Lettre du 3 juin 1800, ACF, Talma 2.

72. Lettre d'un anonyme, ACF, Talma 2.

73. ACF, Talma 1.

74. Lettre d'Ouvrard, 14 novembre 1824, ACF, Talma 1.

75. Lettre de Mme Bavoist-Hauguet, 1817, ACF, Talma 6.

76. The Reminiscences of Sarah Kemble Siddons, 1773–1785, éd. William Van Lennep, Cambridge, Wineder Library, 1942, pp. 15-16.

77. "她是一个地位很高的人。然而，对她的教养来说，她的好奇心太强了。'你一定觉得奇怪，'她说，'看到一个你完全不认识的人这样闯入你的隐私；但是你必须知道，我的身体很脆弱，而且我的医生不让我去剧院看你，所以我来找你。'于是她坐下来看我，而我则痛苦地被看了几分钟，后来她站起来向我道歉"（同上，p. 22.）

第三章

1. ACF, Talma 1.

2. Maria Ines ALIVERTI, La Naissance de l'acteur moderne. L'acteur et son portrait au XVIIIe siècle, Paris, Gallimard, 1998, pp. 98-99. 参见 aussi Leigh WOODS, Garrick Claims the Stage: Acting as Social Emblem in Eighteenth-Century England, Londres, Greenwood Press, 1984 ; Heather MCPHERSON, "Garrickomania : Art, Celibrity and the Imaging of Garrick", Folger Shakespeare Library, http://www.folger.edu/template.cfm?cid=1465。

3. N. HEINICH, De la visibilité..., op. cit.

4. 参见 notamment Hannah BARKER et Simon BURROWS (dir.), Press, Politics and the Public Sphere in Europe and North America,1760–1820,Cambridge,Cambridge University Press, 2002; Gilles FEYEL, L'Annonce et la Nouvelle.La presse d'information en France sous l'Ancien Régime (1630–1788), Oxford, Voltaire Foundation, 2000; Jeremy D. POPKIN, News and Politics in the Age of Revolution: Jean Luzac's Gazette de Leyde, Ithaca, Cornell University Press, 1989 ; Brendan DOOLEY (dir.), The Dissemination of News and the Emergence of Contemporaneity in Early Modern Europe, Farnham, Ashgate, 2010。

5. Dror WAHRMAN, Mr Collier's Letter Racks : A Tale of Arts and Illusion at the Threshold of the Modern Information Age, New York, Oxford University Press, 2012.

6. L. MARIN, Le Portrait du roi, op. cit.

7. Mireille HUCHON, Rabelais, Paris, Gallimard, 2011.

8. 因此，当朋友们想要复制米纳德画的她女儿的画像时，德塞维多夫人就会表现出"抗拒"。见 Emmanuel COQUERY, "Le portrait vu du Grand Siècle", Visages

du Grand Siècle. Le portrait français sous le règne de Louis XIV, 1660–1715, Paris, Somogy, 1997, p. 25。值得注意的是，这份展览目录几乎只有贵族或匿名的肖像，除了画家的肖像，这是一个非常特殊的例外。

9. 参见 Horst BREDEKAMP, Stratégies visuelles de Thomas Hobbes, trad. fr., Paris, Éd. de la MSH, 2003, p. 168。

10. Patricia FARA, Newton : The Making of a Genius, Londres, McMillan, 2002, pp. 36-37.

11. Roger CHARTIER, "Figures de l'auteur", Culture écrite et société : l'ordre des livres (XIVe-XVIIIe siècle), Paris, Albin Michel, 1996, p. 67.

12. Louis DE ROUVROY, duc de SAINT-SIMON, Mémoires, éd. Y. Coirault, Paris, Gallimard, 1983, t. I, p. 336.

13. Udolpho VAN DE SANDT, "La fréquentation des salons sous l'Ancien Régime, la Révolution et l'Empire", Revue de l'art, no 73, 1986, pp. 43-48.

14. David SOLKIN, Painting for Money : The Visual Arts and the Public Sphere in Eighteenth-Century England, New Haven/Londres, Yale University Press, 1993.

15. Charlotte GUICHARD, Les Amateurs d'art à Paris, Seyssel, Champ Vallon, 2008, pp. 317-329.

16. Étienne LA FONT DE SAINT-YENNE, Sentiments sur quelques ouvrages de peinture, 转引自 Édouard POMMIER, Théories du portrait. De la Renaissance aux Lumières, Paris, Gallimard, 1998, pp. 316-317。

17. "1769年8月25日在卢浮宫展厅展出的关于皇家学院先生的绘画、雕塑和雕刻的信", Mémoires secrets, vol. XIII, 1784, pp. 43-44. 对陌生人肖像的批评是一个经常出现的主题，秘密回忆录将在1775年再次出现，除了大人物和名人之外："我不能理解国王、王后、大臣、伟大作家和著名艺术家的形象，他们的相似之处再多也不为过，至少可以让那些看不到这些大师、有趣的人物、所有类型名人的人了解到这 点。"

18. Marcia POINTON, "Portrait ! Portrait !! Portrait !!!", in David SOLKIN (dir.), Art on the Line. The Royal Academy Exhibitions at Somerset House, 1780–1836, New

Haven, Yale University Press, 2001, pp. 93-105.

19. Mark HALLET, "Reynolds, Celebrity and the Exhibition Space", in Martin POSTLE (dir.), Joshua Reynolds and the Creation of Celebrity, Londres, Tate Publishing, 2005.

20. Peter M. BRIGGS, "Laurence Sterne and Literary Celebrity", The Age of Johnson, no 4, 1991,pp. 251-273 ; Frank DONOGHUE, The Fame Machine: Book Reviewing and Eighteenth-Century Literary Carrers, Stanford, Stanford University Press, 1996,pp. 56-81.

21. Martin POSTLE, " "The Modern Appelles"", in M. POSTLE (dir.), Joshua Reynolds..., op. cit., pp. 17-33 ; Id., " "Painted Women", Reynolds and the Cult of the Courtesan", in Robin ASLESON (dir.), Notorious Muse. The Actress in British Art and Culture, 1776–1812, New Haven/Londres, Yale University Press, 2003, pp. 22-55.

22. Sur la célébrité de Georgiana Cavendish, 参见 Amanda FOREMAN, Georgiana, duchess of Devonshire, Londres, Harper Collins, 1998。

23. M. POSTLE (dir.), Joshua Reynolds..., op. cit., p. 46.

24. Tim CLAYTON, "Figures of Fame : Reynolds and the Printed Image", in M. POSTLE (dir.), Joshua Reynolds..., op. cit, pp. 48-59.

25. H. MCPHERSON, "Garrickomania...", art. cit.

26. Mariane GRIVEL, Le Commerce de l' estampe à Paris au XVIIe siècle, Genève, Droz, 1986 ; Pierre CASSELLE, "Le Commerce des estampes à Paris dans la seconde moitié du XVIIIe siècle", thèse de l' École des Chartes, 1976.

27. L. S. MERCIER, Tableau de Paris, vol. VI, p. 56, "Graveurs" . 事实上，梅西耶清楚地意识到他的演讲的象征性性质，并激发了消费者的热情和对图像感兴趣的许多中间商的热情："我们的图像爱好者可能会把我塑造成一种象征性的形象。由漫画家、雕刻师、印刷工人、矿工、书商、散货商、各州和各种级别的形象专家组成的军队，在我的异见之后，都会发出低沉的声音。"

28. P. CASSELLE, "Le Commerce des estampes à Paris...", thèse citée, p. 64.

29. Archives de Paris, fonds des faillites, D4 B6, carton 108, dossier 7709 : "État actif et passif des créances des Srs Esnault et Rapilly", 20 février 1790.

30. Katie SCOTT, "Imitation or Crimes of Likeness"，即将出版的一本关于视觉艺术版权挑战的书的第3章。我感谢凯蒂·斯科特让我读到她的文章，包括埃斯诺和拉皮利的诉讼。

31. P. CASSELLE, "Le Commerce des estampes à Paris…"，thèse citée, p. 122.

32. 同上，p. 169.

33. Louis BOILLY, L'Atelier d'un sculpteur, ou Jean-Antoine Houdon modelant le buste de Laplace dans son atelier, Paris, musée des Arts décoratifs, 1803. 参见 Anne SCOTTEZ-DE WAMBREECHIES et Florence RAYMOND (dir.), Boilly (1761–1845), Lille, palais des Beaux-Arts de Lille, 2011, pp. 178-183.

34. 关于索菲亚·阿尔诺的事业、她在歌剧院的成功故事，以及她在舞台上的成功，以及她的自由主义，我们还可以看到 Edmond et Jules DE GONCOURT, Sophie Arnould, d'après sa correspondance et ses mémoires inédits, Paris, 1893, et, plus récemment, à Colin JONES, "French Crossing IV – Vagaries of Passion and Power in Enlightenment Paris"，Transactions of the Royal Historical Society, no 23, 2013, pp. 3-35。

35. Guilhem SCHERF, "Houdon au-dessus de tous les artistes"，in Anne L. POULET et Guilhem SCHERF (éd.), Houdon, sculpteur des Lumières, catalogue d'exposition, Versailles, château de Versailles, 2004, pp. 20-21.

36. Métra, le 16 avril 1778, 转引自 Ulrike MATHIES, "Voltaire"，in Houdon sculpteur des Lumières, op. cit., p. 154。

37. Guilhem SCHERF, Houdon, 1741–1828 : statues, portraits sculptés, Paris, Musée du Louvre édition, 2006, p. 75.

38. Julius VON SCHLOSSER, Histoire du portrait en cire, trad. fr., Paris, Macula, 1996.

39. Jean ADHÉMAR, "Les musées de cire en France. Curtius, le "banquet royal"，les "têtes coupées""，Gazette des beaux-arts, t. XCII, 1978, pp. 203-214. 在18世纪中叶，关于 Behera 的记忆仍然生动，百科全书中的《蜡》一文证明："每个人都知道勒梅尔先生的名字，以及由蜡像人物组成的巧妙发明，很早以来就受到宫廷和市井的钦佩。这个人，一个职业画家，发现了在活生生的人的脸上表现出的秘密，即使是最美丽的和最微妙的，也没有任何风险，既不为健康，也不为美丽，他呈现出了一种生活，用颜色和珐琅的眼睛，模仿自然。这些穿衣服的数字，与它们所代表的人的质量一致，是如此相似，以至于眼睛有时也相信他们的生活。"

40. J. VON SCHLOSSER, Histoire du portrait en cire, op. cit., p. 118.

41. L. S. MERCIER, Tableau de Paris, op. cit., vol. II, "Spectacles des boulevards", p. 42.

42. Pamela M. PILBEAM, Mme Tussaud and the History of Waxworks, Londres, Hambeldon, 2006.

43. J. VON SCHLOSSER, Histoire du portrait en cire, op. cit., p. 127.

44. Benedetto CROCE, I Teatri di Napoli, dal Rinascimento alla fine del secolo decimottavo, Milan, Adelphi, [1891] 1992, p. 278.

45. Mémoires secrets, 30 décembre 1779, t. XIV, 1780, p. 331.

46. 在没有目录和缺乏资源的情况下，很难采取确切的措施。参见Samuel TAYLOR, "Artists and Philosophes as Mirrored by Sèvres and Wedgwood", in Francis HASKELL et al. (dir.), The Artist and the Writer in France : Essays in Honour of Jean Seznec, Oxford, Oxford University Press, 1974, pp. 21-39。

47. Neil MCKENDRICK, "Josiah Wedgwood and the Commercialization of the Potteries", in N. MCKENDRICK, J. BREWER et J. H. PLUMB (dir.), The Birth of a Consumer Society..., op. cit., pp. 100-145.

48. Letters of Joshua Wedgwood, 1908, lettre du 28 juillet 1778, p. 27.

49. A catalogue of cameos, intaglios, medals, and bas-reliefs ; with a general account of vases and other ornaments, after the antique, made by Wedgwood and Bentley ; and sold at their rooms in Great Newport-Street, London, printed in the year M.DCC. LXXIII and sold by Cadel, in the Strand, Robson, New Bond-Street et Parker, Print-Seller, Cornhill, 1773.

50. A catalogue of cameos, intaglios, medals, bas-reliefs, busts and small statues ; with a general account of tablets, vases, ecritoires, and other ornamental and useful articles. The whole formed in different kinds of Porcelain and Terra Cotta, chiefly after the antique, and the finest models of modern artists. By Josiah Wedgwood, F. R. S. and A.

S. Potter to her Majesty, and to His Royalhighness the Duke of York and Albany. Sold at his rooms in Greek Street, Soho, London, and at his manufactory, in Staffordshire, Etruria, 1787.

51. Catalogue de camées, intaglios, médailles, bas-reliefs, bustes et petites statues […] par Josias Wedgwood, Londres, 1788.

52. Joyce CHAPLIN, The First Scientific American : Benjamin Franklin and the Pursuit of Genius, New York, Basic Books, 2006.

53. Le premier portrait est conservé au Metropolitan Museum de New York, le second à la National Portrait Gallery de Washington.

54. BNF, cabinet des estampes, 60 B 2655.

55. "你说的是我的黏土徽章,你给霍普金森先生的是第一个在法国制造的,种类繁多,还有一些是在不同大小的徽章出现之后制作的,有些是要放在盖子里的鼻烟盒,和一些小到可以戴在戒指上的;以及出售的号码是难以置信的。这些图片、半身像和印刷品(其中的复制品传遍各地)中你父亲的脸孔也是众所周知的,像月亮那样,所以他什么也不敢做,他不得不逃跑,因为公众的眼睛会在任何他应该在的地方发现他冒昧地去展示它。据词源学家说,"娃娃"这个名字,对于孩子们玩的形象,是从 idol 一词衍生出来的,从他现在制作的玩偶数量来看,他可以说真的从这个意义上说,这个国家被我玩弄了。" Lettre du 3 juin 1779, in The Papers of Benjamin Franklin, New Haven/Londres, Yale University Press, 1992, vol. XXIX, pp. 612-613.

56. Mémoires secrets, 18 janvier 1777, t. X, p. 11.

57. Vic GATRELL, City of Laughter : Sex and Satire in Eighteenth-Century, Londres, Atlantic Book, 2006. 另可参见 Diana DONALD, The Age of Caricature : Satirical Prints in the Reign of George III, New Haven/Londres, Yale University Press, 1996, et, concernant le théâtre, Heather MCPHERSON, "Painting, Politics and the Stage in the Age of Caricature", in R. ASLESLON (dir.), Notorious Muse…, op. cit., pp. 171-193。

58. Kate WILLIAMS, England's Mistress: The Infamous Life of Lady Hamilton, Londres, Random House, 2006.

59. Friedrich REHBERG, Drawings Faithfully Copied form Nature at Naples, Londres, 1794 ; James GILLRAY, A new edition considerably enlarged of attitudes faithfully copied from nature and humbly dedicated to all admirers of the grand and sublime, Londres, H. Humphreys, 1807.

60. Jane MOODY, "Stolen Identities : Character, Mimicry and the Invention of Samuel Foote", in M. LUCKHURST et J. MOODY (dir.), Theatre and Celebrity…, op. cit., pp. 65-89.

61. Gentleman's Magazine, no 43, février 1773, cité 同上, p. 101。

62. J. MOODY, "Stolen Identities…", art. cit., p. 76.

63. Marcia POINTON, "The Lives of Kitty Fisher", British Journal for Eighteenth-Century Studies, no 27-1, 2004, pp. 77-98. 关于18世纪英国宫廷的"性名人"的更多观点，可参见Famarerz DABOHOIWALA, The Origins of Sex : A History of the First Sexual Revolution, Princeton, Princeton University Press, 2012。

64. "她在公开报纸上受到辱骂，在印刷店里被曝光，为了结束整个事件，一些卑鄙、无知和贪财的坏蛋，竟敢出版她的回忆录，对公众造成伤害"，The Public Advertiser, 27 mars 1759.

65. The Gentleman's Magazine in the Age of Samuel Johnson, 1731–1745, Londres, Pickering and Chatto, 1998.

66. The Town and Country Magazine. Universal repository of knowledge, instruction, and entertainment, Londres, Hamilton, 1780, vol. XII.

67. John BREWER, A Sentimental Murder: Love and Madness in the Eighteenth-Century, New York, Farrar, Straus and Giroux, 2004, pp. 37-41.

68. Jeremy POPKIN et Bernadette FORT (dir.), The Mémoires Secrets and the Culture of Publicity in Eighteenth-Century France, Oxford, Voltaire Foundation, 1998 ; Christophe CAVE (dir.), Le Règne de la critique. L'imaginaire culturel des Mémoires secrets, Paris, Honoré Champion, 2010. Une édition critique des Mémoires secrets est en cours sous la direction de C. Cave.

69. 参见Yves CITTON, "La production critique de la mode dans les Mémoires secrets", in C. CAVE (dir.), Le Règne de la critique…, op. cit., pp. 55-81, 该书强调时尚的两面

性，既是批评的对象，也被看作是一种创造性的原则。

70. Mémoires secrets, t. XVI, p. 25, 24 octobre 1780.

71. Jeremy POPKIN, "The "Mémoires secrets" and the reading of the Enlightenment", in J. POPKIN et B. FORT (dir.), The Mémoires secrets..., op. cit., pp. 9-36, ici p. 28.

72. 因此，当《秘密回忆录》提到 Beaumarchais 被一辆敞篷车撞到时可能引发的意外事故时，他们补充道："我们甚至认为（Beaumarchais）根本没事，但夸大了他在公众场合的事故，以制造出更大的影响，好让人们谈论他，这是他最喜欢的。"(Mémoires secrets, t. IX, 8 décembre 1777, p. 307).

73. 这些数字取自 1866 年在布鲁塞尔出版的《秘密回忆录》中作者和提到的人物的名字索引字母表。参见 J. POPKIN et B. FORT (dir.), The Mémoires secrets..., op. cit., p. 182-183 et 108-109. 指数并非完全完整，它们的绝对价值略被低估。

74. Pamela CHEEK, "The Mémoires secrets and the Actress", 同上, pp. 107-127.

75. Elisabeth BARRY, "From epitaph to obituary : Death and Celebrity in Eighteenth-Century British Culture", International Journal of Cultural Studies, no 11-3, 2008, pp. 259-275. 参见 aussi Nigel STARCK, Life after Death: The Art of Obituary, Melbourne, Melbourne University Press, 2006.

76. Nécrologe des hommes célèbres de France, Paris, Desprez, 1768, p. VI.

77. Armando PETRUCCI, Le Scritture ultime, Turin, Einaudi, 1995.

78. Sabina LORIGA, Le Petit X. De la biographie à l'histoire, Paris, Le Seuil, 2010, p. 18.

79. Guido MAZZONI, Teoria del romanzo, Bologne, Il Mulino, 2012, notamment pp. 151-193.

80. Hélène MERLIN, Public et littérature en France au XVIIe siècle, Paris, Les Belles Lettres, 1994.

81. Denis DIDEROT, "Éloge de Richardson", Œuvres, Paris, Gallimard, 1951, pp. 1059-1074 ; Roger CHARTIER, "Les larmes de Damilaville et la lectrice impatiente", Inscrire et effacer. Culture écrite et littérature (XIe-XVIIIe siècle), Paris, Gallimard/Seuil, 2005, pp. 155-175 ; Lynn HUNT, Inventing Human Rights : A History, New York, Norton, 2007, pp. 35-69.

82. 情感小说对18世纪史学写作的影响仍然未知。可参见 Mark Salber PHILLIPS, "Reconsiderations on History and Antiquarianism : Arnaldo Momigliano and the Historiography of Eighteenth-Century Britain", Journal of the History of Ideas, no 57-2, 1996, pp. 297-316 ; Id., "Histories, Micro- and Literary : Problems of Genre and Distance", New Literary History, no 34, 2003, pp. 211-212.

83. Samuel JOHNSON, The Rambler, 1750–1752, in The Yale Edition of Samuel Johnson, Yale University Press, 1969, 13 octobre 1750.

84. Giorgio MANGANELLI, Vie de Samuel Johnson, Paris, Le Promeneur, [2008] 2010, p. 46.

85. James BOSWELL, An Account of Corsica, the journal of a tour to that Island, and Memoirs of Pascal Paoli, Glasgow, Dilly, 1768 ; Relation de l'Isle de Corse. Journal d'un voyage dans cette Isle et mémoires de Pascal Paoli, La Haye, Staatman, 1769. 关于 Boswell 的旅行，参见 Joseph FOLADARE, Boswell's Paoli, Amden, Archon Books, 1979, pp. 19-76. La méfiance de Paoli est rapportée par lui-même à Miss d'Arblay, 转引自 George BIRKBECK HILL, Boswell's Life of Johnson, New York, Harper, 1889, t. I, p. 6.

86. 从他在1762年22岁第一次入住时，他写了一篇关于他在伦敦生活的日记，并且从1776年到1783年，他在伦敦杂志上用笔名撰写了许多文章。参见 Frederick POTTLE, James Boswell, the Early Years, Londres, Heinemann, 1966 ; Frank BRADY, James Boswell : the Later Years (1769–1795), New York, McGraw Hill Book, 1984 ; Peter MARTIN, The Life of James Boswell, Londres, Weidenfeld et Nicolson, 1999.

87. Cheryl WANKO, Roles of Authority : Thespian Biography and Celebrity in Eighteenth-Century Britain, Lubbock, Texas Tech U, 2003.

88. 参见 Roger CHARTIER, Figures de la gueuserie, Paris, Montalba, 1982.

89. Christian BIET, "Cartouche et le mythe de l'ennemi public no 1 en France et en Europe", introduction à Marc-Antoine LEGRAND, Cartouche ou les Voleurs [1721], textes édités et commentés par C. Biet, Vijon, Lampsaque, 2004.

90. 同上

91. 类似的政治阅读, 参见Patrice PÉVERI, "De Cartouche à Poulailler : l'héroïsation du bandit dans le Paris du XVIIIe siècle", Être parisien au XVIIIe siècle, pp. 135-150. 大众对谣言的抵制, 可参见:Arlette FARGE et Jacques REVEL, Logiques de la foule. Les enlèvements d'enfants à Paris en 1750, Paris, Hachette, 1988.

92. Histoire de la vie et du procès de Louis-Dominique Cartouche, et de plusieurs de ses complices, 1772. 有许多版本的文本, 其中一些标题就是Histoire de la vie et du procès de Louis-Dominique Cartouche, et de plusieurs de ses complices。比如, 鲁昂出版社, 1722年的情况就是如此。Hans-Jürgen LUSEBRINK, Histoires curieuses et véritables de Cartouche et de Mandrin, Paris, Arthaud, 1984.

93. Madeleine PINAULT-SORENSEN, "Le thème des brigands à travers la peinture, le dessin et la gravure", in L. ANDRIES (dir.), Cartouche, Mandrin, et autres brigands, op. cit., pp. 84-111.

94. C. BIET (dir.), "Cartouche et le mythe de l'ennemi public...", op. cit.

95. Lise ANDRIES, "Histoires criminelles anglaises", in L. ANDRIES (dir.), Cartouche, Mandrin, et autres brigands, op. cit., pp. 253-255.

96. Histoire de Louis Mandrin, depuis sa naissance jusqu'à sa mort : avec un détail de ses cruautés, de ses brigandages, et de son supplice, Chambéry/Paris, Gorrin/Delormel, 1755 ; Abrégé de la vie de Louis Mandrin, chef de contrebandier en France, s. l., 1755 ; LAGRANGE, La Mort de Mandrin, Société des Libraires, 1755.

97. Histoire de la vie et du procès de Louis-Dominique Cartouche, Bruxelles, Le Trotteur, 1722, p. 4.

98. Vie criminelle de Henri Augustin Trumeau, Paris, 1803, cité in Dictionnaire des vies privées (1722-1842), éd. Olivier Ferret, Anne-Marie Mercier-Faivre et Chantal Thomas, Oxford, Voltaire Foundation, 2011, p. 409.

99. La lecture politique a été développée, à plusieurs reprises, par Robert DARNTON. 还可参见Le Diable dans un bénitier. L'art de la calomnie en France, 1650–1800, Paris, Gallimard, 2010. Malgré son désaccord avec Darnton sur de nombreux points, Simon BURROWS, Blackmail, Scandal, and Revolution : London's French Libellistes, 1758–1792, Manchester, Manchester University Press, 2006, se situe aussi dans cette

perspective. Pour une présentation plus globale du genre, 参见 Dictionnaire des vies privées, op. cit. Je reviendrai sur l'interprétation politique au chapitre 5, à propos de Marie-Antoinette.

100. H. MERLIN, Public et littérature..., op. cit. ; De la publication, entre Renaissance et Lumières, textes réunis par C. Jouhaud et A. Viala, Paris, Fayard, 2002.

101. J. HABERMAS, L'Espace public, op. cit. La bibliographie est désormais considérable. Voir, notamment, Roger CHARTIER, Les Origines culturelles de la Révolution française, Paris, Éd. du Seuil, 1991.

102. P. G. CONTANT D'ORVILLE, Précis d'une histoire générale de la vie privée des Français dans tous les temps et dans toutes les provinces de la monarchie, Paris, Moutard, 1779 ; Pierre Jean-Baptiste LEGRAND D'AUSSY, Histoire de la vie privée des Français, depuis l'origine de la nation jusqu'à nos jours, Paris, 1782, 3 vol.

103. Antoine LILTI, Le Monde des salons. Sociabilité et mondanité à Paris au XVIIIe siècle, Paris, Fayard, 2005.

104. Pierre KAYSER, La Protection de la vie privée, Aix-en-Provence, Presses universitaires d'Aix-Marseille/Economica, 1984.

105. Emma SPARY, Le Jardin d'Utopie. L'histoire naturelle en France de l'Ancien Régime à la Révolution, Paris, muséum d'Histoire naturelle, [2000] 2005, pp. 50-51.

106. Joseph AUDE, Vie privée du comte de Buffon, Lausanne, 1788, p. 2.

107. 同上, p. 5.

108. 同上, p. 18 et 50.

109. Marie Jean HÉRAULT DE SÉCHELLES, Visite à Buffon, Paris, 1785.

110. Sara MAZA, Vies privées, affaires publiques. Les causes célèbres de la France prérévolutionnaire, Paris, Fayard, [1993] 1995.

111. Vie de Joseph Balsamo, connu sous le nom de comte Cagliostro, Paris, 1791, p. III.

第四章

1. Jean-François MARMONTEL, "Gloire", Encyclopédie ou dictionnaire raisonné des arts et des métiers, Paris, Briasson, 1757, t. VII.

2. 关于这一点，参见 Robert MORRISSEY, Napoléon et l'héritage de la gloire, Paris, PUF, 2010.

3. Paul BÉNICHOU, Morales du Grand Siècle, Paris, Gallimard, 1948 ; Albert HIRSCHMAN, Les Passions et les Intérêts, trad. fr. P. Andler, Paris, PUF, 1980.

4. Lettre à Thiériot du 15 juillet 1735, VOLTAIRE, Correspondence and Related Documents, éd. T. Besterman, Voltaire Foundation, 1969, t. III, p. 175.

5. John R. IVERSON, "La gloire humanisée. Voltaire et son siècle", Histoire, économie, société, no 2, 2001, pp. 211-218. 我们还可以想到整个世纪普鲁塔克杰出人物的成功不断重演。

6. Darrin MCMAHON, Divine Fury : A History of Genius, New York, Basic Books, 2013.

7. P. BÉNICHOU, Morales du Grand Siècle, op. cit.

8. Jean-Pierre VERNANT, "La belle mort et le cadavre outragé" [1982], in L'Individu, la Mort, l'Amour, Paris, Gallimard, 1989, pp. 41-79 ; Gregory NAGY, Le Meilleur des Achéens. La fabrique du héros dans la poésie grecque archaïque, Paris, Éd. du Seuil, [1979] 1994.

9. 这种好胜心长期以来都受到称赞，但后来却受到了批评："为荣耀而生的人们从公众舆论在意之处寻找竞争。亚历山大的眼前总是出现阿基里斯的传说，而查理十二世总是听到亚历山大的故事：这样的好胜心使两个原本极具才干与天赋的国王变成冷酷的战争狂。"（MARMONTEL,《荣耀》一文）然而，有争议的不是好胜心的原则，而是模范的本质。

10. 我们在孟德斯鸠身上也能找到相似之处 (Mes Pensées, 1729)。圣 - 皮埃尔教士在 Histoire d'Épaminondas 的开头就发表了他的《论明星人物和伟人之间的区别》，1739 年。

11. Essai sur les éloges ou histoire de la littérature et de l'éloquence appliquée à ce

genre d'ouvrages. Œuvres de M. Thomas, Paris, Moutard, 1773, vol. 1-2. Sur cette transformation de l'éloge et la figure du grand homme, 参见J.-C. BONNET, Naissance du Panthéon, op. cit.

12. William HAZLITT, "On the Living Poets", Lectures on the English Poets, Londres, Taylor and Hessey, 1819 [2e édition], pp. 283-331.

13. Cicéron définit la gloire comme "ombre de la vertu", définition qui sera souvent reprise à la Renaissance ("gloria [...] virtutem tamquam umbra sequitur") dans Dans le Songe de Scipion, Scipion Émilien, après avoir critiqué les formes terrestres de la fama, limitées dans le temps et l'espace, découvre la béatitude réservée aux grands hommes – politiques, mais aussi artistes, philosophes et musiciens – qui bénéficient, après leur mort, d'une sorte de vie éternelle où ils peuvent admirer, depuis la Voie lactée, la beauté du cosmos. 西塞罗将荣耀定义为"美德的影子"，这一定义在文艺复兴时期经常被重复,Tusculanes, I, 109, éd. G. Fohlen, Paris, Les Belles Lettres, t. I, 1931, p. 67. 在《Scipio沉思》中，Scipio Emilian在批评了时间和空间有限的现实中的名气后，发现了为政治伟人、艺术家、哲学家和音乐家保留的幸福。他们死后，是一种永恒的生命，他们可以获得从银河系到宇宙的崇拜。

14. PÉTRARQUE, Lettres familières, I-III, introduction et notes d'Ugo Dotti, traduction d'André Longpré, Paris, Les Belles Lettres, 2002, pp. 36-48, citation p. 38. 这封给他的朋友 Tommaso da Messina 的信可能写于1350年，也就是在 Tommaso 去世十年之后，当时彼得拉克出版了他的通信集。他把这封信放在卷首，使之拥有一种宣示的效果。

15. Barbara CARNEVALI, "Glory. Réputation et pou 参见 dans le modèle hobbesien", Communications, no 93-2, 2013, pp. 49-67.

16. La formule est de Pétrarque. Sur les ambivalences de son désir de gloire littéraire, confronté à la condamnation chrétienne, 参见他的《Secretum》,在那里他把他自己和 Saint-Augustin 的对话写了进去。 Francesco PETRARCA, Secretum, éd. E. Fenzi, Milano, Mursia, 1992 ; Mon secret, éd. François Dupuigrenet Desroussilles, Paris, Rivages, 1991.

17. Lettres de Diderot à Falconet d'août 1766, Correspondance, Paris, Robert Laffont,

1997, p. 664 et 680 ; Denis DIDEROT, *Essai sur les règnes de Claude et de Néron*, Œuvres, Paris, Robert Laffont, 1994, t. I, p. 115.

18. Patricia FARA, *Newton, the Making of a Genius*, Londres, MacMillan, 2002 ; Thomas GAEHTGENS et Gregor WEDEKIND (dir.), *Le Culte des grands hommes en France et en Allemagne*, Paris, Éd. de la MSH, 2010 ; Eveline G. BOUWERS, *Public Pantheons in Revolutionary Europe : Comparing Culture of Remembrance, c. 1790-1840*, Basingstoke, Palgrave MacMillan, 2012, p. 35.

19. Hervé DRÉVILLON et Diego VENTURINO (dir.), *Penser et vivre l'honneur à l'époque moderne*, Rennes, Presses universitaires de Rennes, 2011.

20. Les médiévistes débattent du rôle respectif des sociabilités locales et des pratiques judiciaires. 参见 Claude GAUVARD, "La "fama" ,une parole fondatrice", *Médiévales*, no 24, 1993, pp. 5-13 ; Julien THÉRY, "Fama : l'opinion publique comme preuve judiciaire. Aperçu sur la révolution médiévale de l'inquisitoire (XIIe-XIVe siècle)", in Bruno LESMESLE (dir.), *La Preuve en justice de l'Antiquité à nos jours*, Rennes, Presses universitaires de Rennes, 2003, pp. 119-147 ; Thelma FENSTER et Daniel LORD SMAIL (dir.), *Fama. The Politics of Talk and Reputation in Medieval Europe*, Ithaca/Londres, Cornell University Press, 2003.

21. Bernard GUENÉE, *Du Guesclin et Froissart. La fabrication de la renommée*, Paris, Tallandier, 2008, pp. 75-103.

22. Charles DUCLOS, *Considérations sur les mœurs de ce siècle*, Paris, 1751, et Paris, Prault, 1764. 这本书在第一年有五个版本，1764年加版之后，到革命前有八个版本。关于文本及其利害关系的介绍，可以参考 Carole Dornier 的批评版 (巴黎，荣誉奖，2005)，它转载了1764年的文本。我引用了1751版，有时也对照后面的版本，并校正了拼写。

23. 同上, p. 2.

24. 同上, p. 97.

25. 同上, p. 18.

26. 同上, pp. 74 et 102.

27. 同上, pp. 108, 129, 112, 100.

28. 同上，pp. 110-111.

29. 杜克洛试图通过引入一个新的词语"尊敬"来解决这个问题，"尊敬"是指名誉不能再提供的东西，也就是美德和自尊的充分性："尊敬是一个人对自己的一种个人尊重。但是，建立一种以个人功绩为基础的尊重经济的努力是短暂的："如果你得到了尊重，你的地位也会被篡夺。"

30. C. DUCLOS, Considérations..., éd. de 1764, pp. 115-152.

31. 同上，1751, p. 97 ; 1764, p. 116.

32. 同上，1751, pp. 104-105 ; 1764, pp. 123-124.

33. J. BREWER, The Pleasures of the Imagination, op. cit.

34. S. JOHNSON, The Rambler, op. cit., t. III, p. 118, 29 mai 1750 . "如果我们考虑到文学名望在我们这个时代的分布情况，我们就会发现，文学名望的分配是一种不确定的占有；有时是由于公众的一时的反复无常，而把它又转移到了一个新的宠儿身上，这完全是由于它是新的。"

35. 同上，10 août 1751, t. V, pp. 13-17.

36. 同上

37. "当一个人一旦使自己的幸福成为必要时，他就会把它置于最软弱和最胆怯的邪恶的力量之中，如果不是为了夺走他的满足，至少是为了保持这种满足感。"

38. 同上，12 mai 1750, t. IV, pp. 86-91.

39. "我住在城里，就像沙漠中的狮子、岩石上的鹰，对友谊和社会来说，是太伟大了，不得不孤独地生活，生活在不幸的高地，和令人畏惧的支配地位之中。"

40. MONTESQUIEU, Lettres persanes, lettre 144.

41. 在这二十年里，频率为0.13/10000字，然后在1810–1820年再次超过0.10。之后，即使相位增加，也不再达到这样的相对频率。

42. Résultats obtenus avec le logiciel Ngram viewer, le 22 octobre 2012.

43. Charles PALISSOT DE MONTENOY, Petites lettres sur de grands philosophes [1757], Œuvres, Liège, 1777, t. II, p. 107.

44. François Antoine CHEVRIER, Le Colporteur, histoire morale et critique, Londres, Jean Nourse, 1762, p. 67.

45. Lettre de Julie de Lespinasse du 22 mai 1773, Correspondance entre Mlle de

Lespinasse et le comte de Guibert, Paris, Calmann-Lévy, 1905, p. 5.

46. Denis DIDEROT, Œuvres, Paris, Gallimard, 1951, p. 729.

47. Mme DUFRÉNOY, La Femme auteur ou les inconvénients de la célébrité, Paris, 1812, 2 vol.

48. Francis BACON, Essays, Oxford, Clarendon Press, 2000 ; Id., The Advancement of Learning [1605], Oxford, Clarendon Press, 2000.

49. Vittorio ALFIERI, Del principe e delle lettere, Kehl, 1795 ; Du prince et des lettres, Paris, Eymery et Delaunay, 1818, p. 85.

50. Enrique VILA-MATAS, Bartleby et compagnie, Paris, Christian Bourgois, [2000] 2002, pp. 91-94.

51. Nicolas DE CHAMFORT, Maximes et pensées. Caractères et anecdotes, éd. J. Dagen, Paris, Garnier-Flammarion, 1968, p. 66.

52. 同上, p. 121.

53. Pierre BOURDIEU, Les Règles de l'art. Genèse et structure du champ littéraire, Paris, Éd. du Seuil, 1992.

54. Nicolas DE CHAMFORT, Œuvres complètes, Lyon, Chaumerot, 1825, t. V, p. 274.

55. Sur la carrière littéraire de Mercier, 参见 Jean-Claude BONNET (dir.), Louis Sébastien Mercier. Un hérétique en littérature, Paris, Mercure de France, 1995. Sur le statut de la description, à la fois étude des mœurs et considérations morales, Joanna STALNAKER, The Unfinished Enlightenment : Description in the Age of the Encyclopedia, Ithaca, Cornell University Press, 2010.

56. Louis Sébastien MERCIER, De la littérature et des littérateurs, Yverdon, 1778, p. 40.

57. Gregory S. BROWN, A Field of Honor : The Identities of Writers, Court Culture and Public Theater in the French Intellectual Field from Racine to the Revolution, New York, Columbia University Press, e-Gutemberg, 2005.

58. L. S. MERCIER, "L'Auteur ! l'Auteur !", Tableau de Paris, 1788, t. XI, pp. 136-137.

第五章

1. Jean-Jacques ROUSSEAU, Rousseau juge de Jean-Jacques, Œuvres complètes (désormais OC), Paris, Gallimard, 1959, t. I, p. 826.

2. Jeremy CARADONNA, The Enlightenment in Practice: Academic Prize Contexts and Intellectual Culture in France (1670–1794), Ithaca, Cornell University Press, 2012.

3. Lettre de Mme Graffigny à Devaux, 29 octobre 1751, Correspondance de Mme de Graffigny, éd. J.-A. Dainard, Oxford, Voltaire Foundation, t. XII, 2008, p. 151.

4. Jean-Jacques ROUSSEAU, Correspondance complète (désormais CC), éd. R. A. Leigh, Oxford, Voltaire Foundation, 52 t., 1965–1998, t. II, p. 136.

5. "如果我没有地位和出身的名气，我还有一个更好的属于我自己的名气，即不幸的名气。" (Ébauche des Confessions, OC, t. I, p. 1151).

6. Sean GOODLETT, "The Origins of Celebrity : The Eigtheenth-Century AngloFrench Press Reception of Jean-Jacques Rousseau", Ph D, University of Oregon, 2000.

7. 对社会契约的谴责是在小理事会和代表之间激烈的政治斗争中进行的，这场冲突的结果是呈现出一种近乎革命性的气氛，在这种气氛中，卢梭既是行动者，也是利害攸关者。参见Richard WHATMORE, "Rousseau and the Representants : The Politics of the Lettres écrites de la montagne", Modern Intellectual History, no 3-3, 2006, pp. 385-413.

8. "The celebrated John-James Rousseau Narrowly Escaped Being Assassinated by Three Men", cité in S. GOODLETT, "The origins...", thèse citée, p. 127.

9. The Public Advertiser, 13 janvier 1766, CC, t. XXIX, p. 295.

10. Lettre de Hume à la marquise de Barbentane du 16 février 1766, CC, t. XXVII, p. 309: "Every circumstance, the most minute, that concerns him, is put in the newspapers."

11. 关于卢梭在英国期间的情况，参见Claire BROCK, The Feminization of Fame, 1750–1830, Basingstoke, Palgrave McMillan, p. 28 sq.

12. Raymond BIRN, "The Fashioning of an Icône", in J. POPKIN et B. FORT (dir.), The Mémoires secrets..., op. cit., pp. 93-105.

13. Mémoires secrets, t. II, p. 253.

14. Mémoires secrets, t. V, p. 162.

15. Elizabeth A. FOSTER, Le Dernier Séjour de J.-J. Rousseau à Paris, 1770–1778, Northampton/Paris, H. Champion, 1921 ; Jacques BERCHTOLD et Michel PORRET (dir.), Rousseau visité, Rousseau visiteur : les dernières années (1770–1778), actes du colloque de Genève (1996), Annales de la société Jean-Jacques Rousseau, Genève, Droz, 1999.

16. Correspondance littéraire, juillet 1770, t. IX, p. 229.

17. Lettre de Mme Du Deffand à Horace Walpole, 15 juillet 1770, Horace Walpole's Correspondance, op. cit., t. IV, p. 434.

18.《秘密回忆》提出了一个不那么有利的解释，但它表明卢梭与他自己名气的关系在多大程度上已经成为一个让人痴迷的主题。"让-雅克•卢梭，有些时候，他的自尊心曾因和从前一样的感觉而受宠若惊，而且他的名气仍然吸引着群众，但他的谦虚却掩盖了这一点；他回到黑暗中，对这一瞬间感到满意，直到另一种情况使他名气更远。"(p. 167)

19. Jean-Baptiste LA HARPE, Correspondance littéraire adressée à son altesse impérale Mgr le grand-duc, aujourd'hui empereur de Russie, et à M. le comte Schowalow, Paris, Migneret, 1804, vol. I, p. 204.

20. Journal inédit du duc de Croÿ, Paris, Flammarion, 1906–1921, t. III, p. 12.

21. Jacques Louis MÉNÉTRA, Journal de ma vie, éd. D. Roche, Paris, Montalba, 1982, p. 222. Ménétra还给让-雅克•卢梭写了一封书信，证明他至少知道他的主要作品的标题，并且他可能已经读过。

22. Vittorio ALFIERI, Ma vie, éd. M. Traversier, Paris, Mercure de France, 2012, p. 175.

23. Cité dans CC, t. I, pp. 30-31.

24. Gazette de Berne, 13 novembre, 1776, in CC, t. XL, p. 104 ; Courrier d'Avignon, du 20 décembre 1776 : "让-雅克•卢梭先生死于他的堕落。我们完全有理由相信，公众不会不知道他的生活，人们会到处发现他的踪迹，直至杀死他的那条狗的名字。"(cité in OC, t. I, p. 1778.)

25. Bronislaw BACZKO, Job, mon ami, Paris, Gallimard, 1997, pp. 177-254 ; Raymond BIRN, Forging Rousseau: Print, Commerce and Cultural Manipulation in the Late Enlightenment, Oxford, Voltaire Foundation, 2001 ; Roger BARNY, Prélude idéologique à la Révolution : le rousseauisme avant 1789, Paris, Les Belles Lettres, 1985 ; Id., Rousseau dans la Révolution : le personnage de Jean-Jacques et les débuts du culte révolutionnaire, 1787–1791, Oxford, Voltaire Foundation, 1986 ; Carla HESSE, "Lire Rousseau pendant la Révolution française", in Céline SPECTOR (dir.), "Modernités de Rousseau", Lumières, no 15, 2011, pp. 17-32.

26. Journal helvétique, juillet 1757, in CC, t. III, pp. 334-335.

27. Louise Alexandrine Julie Dupin de Chenonceaux à Rousseau, CC, t. XXIII, p. 108.

28. Alexandre Deleyre à Rousseau, du 6 août 1765, CC, t. XXVI, pp. 149-153.

29. Niklaus Anton Kirchberger à Rousseau, CC, t. XX, pp. 115-117.

30. Mémoires secrets, t. II, p. 288.

31. Jean-Jacques ROUSSEAU, Lettre sur la musique française, Paris, 1753. 这是一个例子："我想我已经看到法国音乐中既没有标尺，也没有旋律，因为语言是不可能的；法语的歌声是一种持续的叫声，任何没有防备的耳朵都无法忍受；和谐是原始的，没有表情，只能感觉到它的填充物：法国的乐曲不再是乐曲；法语的宣叙调不再是宣叙调。所以我的结论是，法国人没有音乐，也不能有音乐；如果他们有音乐，那对他们来说就太糟糕了。"(p. 92)

32. Correspondance littéraire, 1er janvier 1754, t. I, p. 312.

33. Mémoires secrets, t. 1, p. 92.

34. Mémoires de la princesse Czartoryska, cités par François ROSSET, "D'une princesse fantasque aux Considérations : faits et reflets", in J. BERCHTOLD et M. PORRET (dir.), Rousseau visité, Rousseau visiteur..., op. cit., p. 22.

35. Paul Charles THIÉBAULT, Mémoires, Paris, Plon, 1893, t. I, p. 136, cité in Raymond TROUSSON, Lettres à Jean-Jacques Rousseau sur La Nouvelle Héloïse, Paris, Honoré Champion, 2011, p. 30. Pour une vision d'ensemble de la réception de La Nouvelle Héloïse, voir Yannick SEITÉ, Du livre au lire. La Nouvelle Héloïse, roman des Lumières, Paris, Honoré Champion, 2002.

36. Lettre de Charles Joseph Panckoucke du 10 février 1761, CC, t. VIII, pp. 77-79.

37. La correspondance de Rousseau a suscité plusieurs travaux : Daniel ROCHE, "Les primitifs du Rousseauisme : une analyse sociologique et quantitative de la correspondance de J.-J. Rousseau", Annales ESC, no 26-1, 1971, pp. 151-172 ; Claude LABROSSE, Lire au XVIIIe siècle. "La Nouvelle Héloïse" et ses lecteurs, Lyon, Presses universitaires de Lyon, 1985 ; Robert DARNTON, "Le courrier des lecteurs de Rousseau : la construction de la sensibilité romantique", Le Grand Massacre des chats..., op. cit., pp. 201-239.

38. Lettre d'un inconnu du 6 avril 1761, CC, t. VIII, pp. 296-297.

39. Lettre de Jean-Louis Le Cointe du 27 mars 1761, CC, t. VIII, pp. 292-295.

40. Lettres de Manon Phlipon à Marie Sophie Caroline Cannet, respectivement des 4 novembre 1777, 17 novembre 1777 et 21 mars 1776, in Lettres de Mme Roland, Paris, Imprimerie nationale, 1902, pp. 145, 165 et 46-47.

41. R. DARNTON, "Le courrier des lecteurs de Rousseau", art. cit., p. 219.

42. 同上, p. 234.

43. 在其 "Éloge de Richardson" 中，狄德罗大声说道：“谁读了理查森的著作，却不想认识这个人，让他做兄弟还是朋友？……理查森不在了。这是人类的损失，这一损失感动了我，就像他曾经是我的兄弟一样。我从未见过他，也没有看过他的著作。” (op. cit., p. 1063 et 1069).

44. Jean STAROBINSKI, Accuser et séduire. Essais sur Jean-Jacques Roussau, Paris, Gallimard, 2012, p. 20, 他完全理解卢梭的作品和他本人所带来的亲密体验，但相当传统的解释是一种宗教或政治转变。

45. Cité in R. DARNTON, "Le courrier des lecteurs de Rousseau", art. cit., p. 221.

46. Lettre du baron de Bormes, 27 mars 1761, CC, t. VIII, 280-282.

47. Lettre de Jean Romilly, 23 mai 1763, CC, t. XVI, pp. 222-236.

48. Lettre du 16 septembre 1762, p. 138, et lettre du 25 juillet 1770, Jean-Jacques ROUSSEAU et Mme de LA TOUR, Correspondance, éd. G. May, Arles, Actes Sud, 1998, p. 295.

49. Lettre du 11 août 1765, 同上, p. 255.

50. 尽管玛丽安娜一再提出要求，卢梭并不是真的想和她见面。他们只见过两三次，而且从来没有单独见面。

51. Lettre à l'auteur de la Justification de J.-J. Rousseau dans la contestation qui lui est survenue avec M. Hume, 1762 ; "Réflexions sur ce qui s'est passé au sujet de la rupture de J.-J. Rousseau et de M. Hume", Jean-Jacques Rousseau vangé par son amie, ou Morale pratico-philosophico-encyclopédique du coryphée de la secte, Au temple de la vérité, 1779.

52. A. LILTI, Le Monde des salons..., op. cit., pp. 342-355.

53. Lettre de David Hume à la comtesse de Boufflers, 12 août 1766, CC, t. XXX, p. 233. ("I little imagined, that a private story, told to a private gentleman, could run over a whole kingdom in a moment ; if the King of England had declared war against the King of France, it could not have been more suddenly the subject of conversation").

54. Voir les dossiers constitués par l'éditeur de la Correspondance complète de Rousseau: CC, t. XXX, p. 401 sq, et t. XXXI, p. 336 sq.

55. Jean STAROBINSKI, Jean-Jacques Rousseau, la transparence et l'obstacle, Paris, Gallimard, 1971, pp. 162-163.

56. CC, t. XXX, p. 29.

57. Justification de Jean-Jacques Rousseau dans la contestation qui lui est survenue avec M. Hume, Londres, 1766, p. 2.

58. 同上, pp. 25-26.

59. Dena GOODMAN, "The Hume-Rousseau Affair : From Private Querelle to Public Procès", Eighteenth-Century Studies, no 25-2, 1991-1992, p. 171-201.

60. Lettre de d'Alembert à David Hume du 21 juillet 1766, CC, t. XXX, p. 130.

61. Lettre de Holbach du 7 juillet 1766, CC, t. XXX, p. 20-21.

62. Lettre de Turgot à Hume du 23 juillet 1766, CC, t. XXX, p. 149.

63. Justification..., op. cit., p. 23.

64. Jean-Jacques ROUSSEAU, Confessions, OC, t. I, p. 5.

65. Benoît MÉLY, Jean-Jacques Rousseau, un intellectuel en rupture, Paris, Minerve, 1985 ; Jérôme MEIZOZ, Le Gueux philosophe (Jean-Jacques Rousseau), Lausanne,

Antipodes, 2003 ; A. LILTI, Le Monde des salons..., op. cit., pp. 196-204.

66. Pierre HADOT, Exercices spirituels et philosophie antique, Paris, Études augustiniennes, 1981 ; Id., La Philosophie comme manière de vivre, Paris, Albin Michel, 2002. Julius DOMASZI, La Philosophie, théorie ou manière de vivre ? Les controverses de l'Antiquité à la Renaissance, Paris, PUF, 1996.

67. Jean-Jacques ROUSSEAU, Rêveries, OC, t. I, p. 1013.

68. Jean-Jacques ROUSSEAU, "Discours sur cette question : quelle est la vertu la plusnécessaire aux héros ?" [1751], OC, t. II, p. 1274.

69. Jean-Jacques ROUSSEAU, Confessions, OC, t. I, p. 362.

70. Yves CITTON, "Retour sur la misérable querelle Rousseau-Diderot : position, conséquence, spectacle et sphère publique", Recherches sur Diderot et sur l'Encyclopédie, no 36, 2004, pp. 57-94.

71. Antoine LILTI, "Reconnaissance et célébrité : Jean-Jacques Rousseau et la politique du nom propre", Orages. Littérature et culture, no 9, mars 2010, pp. 77-94. Sur Holbach, Voir Alain SANDRIER, Le Style philosophique du baron d'Holbach, Paris, Honoré Champion, 2004. Sur Voltaire, Voir Olivier FERRET, «Vade mecum. Vade Retro. Le recours au pseudonyme dans la démarche pamphlétaire voltairienne", La Lettre clandestine, no 8, 1999, pp. 65-82.

72. 转引自 Ourida MOSTEFAI, Le Citoyen de Genève et la République des lettres. Étude de la controverse autour de la Lettre à d'Alembert de Jean-Jacques Rousseau, New York, Peter Lang, 2003, p. 115.

73. 同上, p. 114.

74. 参见 Christopher KELLY, Rousseau as an Author. Consecrating One's Life to the Truth, Chicago, Chicago University Press, 2003.

75. Jean-Jacques ROUSSEAU, Lettre à Monsieur de Beaumont, OC, op. cit., p. 930.

76. 关于这一长期被卢梭主义批判的文本的政治和理论重要性，可参见 Bruno BERNARDI, Florent GUÉNARD et Gabriella SILVESTRINI, Religion, liberté, justice. Sur les Lettres écrites de la montagne de J.-J. Rousseau, Paris, J. Vrin, 2005, et R. WHATMORE, "Rousseau and the Representants...", art. cit.

77. Jean-Jacques ROUSSEAU, *Lettres écrites de la montagne*, OC, t. III, p. 792.

78. 同上

79. *Lettre du 15 avril 1758*, CC, t. V, pp. 70-71.

80. Jean-Jacques ROUSSEAU, *Julie ou La Nouvelle Héloïse*, OC, t. III, p. 753. Les italiques figurent dans l'édition originale.

81. 例如，卢梭在1762年写给他的出版商："无论是疯子和坏人想烧我的书，他都不会阻止他们活着，所有好人都爱他们。当他们再也不能重印的时候，他们还是会为后代祝福，并祝福唯一只为社会的真正利益和人类的真正幸福而写作的作者的记忆。"(lettre du 8 octobre 1762 à Marc Michel Rey, CC, t. XIII, pp. 182-184).

82. *Lettre de Rousseau à Daniel Roguin*, 12 décembre 1761, CC, t. IX, pp. 309-311. Finalement, Rousseau devra se résoudre à voyager sous le nom de Dudding.

83. *L'Année littéraire*, 1754, vol. I, pp. 242-244 ; *Correspondance littéraire*, 15 juin 1762, vol. V, p. 100.

84. *Lettre de Mme Du Deffand à la duchesse de Choiseul*, 22 juillet 1766, in *Correspondance complète de Mme Du Deffand avec la duchesse de Choiseul*, éd. M. de Sainte-Aulaire, Paris, Michel Levy, 1866, t. I, p. 59.

85. *Lettres et Pensées du prince de Ligne*, éd. Trousson, Paris, Tallandier, 1989, p. 289.

86. J.-J. ROUSSEAU, *Confessions*, OC, t. I, p. 286.

87. *Ibid*, p. 363.

88. Jean-Jacques ROUSSEAU, "Mon portrait", OC, t. I, p. 1123.

89. 同上

90. 卢梭在这里补充了一个奇怪的注释："这是有可能的，但我感觉不到。再一次，那些认为观众不会厌倦谈论这样一个特别有趣的角色的人，又变得很干净了？或者，卢梭后来会发展出什么样的直觉，名气是一个陷阱，一旦你被抓住，你就无法逃脱？

91. J.-J. ROUSSEAU, *Confessions*, OC, t. I, p. 362.

92. 同上，p. 611.

93. *Lettres de Rousseau à Mme Thérèse Guillemette Périé*, comtesse de La Rodde de Saint-Haon, CC, t. XL, pp. 63-71.

94. Henri BERNARDIN DE SAINT-PIERRE, La Vie et les Ouvrages de Jean-Jacques Rousseau, éd. R. Trousson, Paris, Honoré Champion, 2009, p. 319.

95. Barbara CARNEVALI, Romantisme et reconnaissance. Figures de la conscience chez Rousseau, Genève, Droz, 2012.

96. 同上

97. J.-J. ROUSSEAU, Confessions, OC, t. I, pp. 377-379. 参见 aussi le commentaire de B. CARNEVALI, Romantisme et reconnaissance..., op. cit., pp. 251-253.

98. 同上, p. 290.

99. 同上, pp. 377-379.

100. Nicolas PAIGE, "Rousseau's Readers Revisited", Eighteenth-Century Studies, no 42-1, 2008, p. 131-154 ; James SWENSON, On Jean-Jacques Rousseau Considered as One of the First Authors of the Revolution, Stanford, Stanford University Press, 2000.

101. Charles TAYLOR, Les Sources du moi. La formation de l'identité moderne, Paris, Le Seuil, 2003 ; Alessandro FERRARA, Modernity and Authenticity : A Study of the Social and Ethical Thought of Jean-Jacques Rousseau, Albany, State University of New York Press, 1993.

102. J.-J. ROUSSEAU, Confessions, OC, t. I., p. 116.

103. 同上

104. 同上, p. 547.

105. 同上, pp. 522-523.

106. 同上, p. 5.

107. L'opposition entre les deux termes est fréquente chez Rousseau. Voir, par exemple, J.-J. ROUSSEAU, Rousseau juge de Jean-Jacques, OC, t. I, p. 671.

108. Jean-Jacques ROUSSEAU, "Préambule des Confessions", OC, t. I, p. 1151.

109. 让我们也想象一下在《一个孤独漫步者的遐想》中，一个年轻流浪者，每天都管卢梭叫作"卢梭先生"，向卢梭展示他不认识卢梭，(因为，否则，他会知道卢梭不喜欢被称为"先生")。

110. Johnny HALLIDAY, "L'idole des jeunes", 1962.

111. Jean-Marie SCHAEFFER, "Originalité et expression de soi. Éléments pour une généalogie de la figure moderne de l'artiste", Communications, no 64, 1997, pp. 89-115.

112. Jean-Jacques ROUSSEAU, Les Rêveries du promeneur solitaire, OC, t. I, p. 1057.

113. J.-J. ROUSSEAU, Confessions, OC, t. I, p. 656.

114. Sur la réception critique du texte, 参见 James F. JONES, Dialogues : An Interpretative Essay, Genève, Droz, 1991 ; Anne F. GARETTA, "Les Dialogues de Rousseau : paradoxes d'une réception critique", in Lorraine CLARK et Guy LAFRANCE (dir.), Rousseau et la critique, Ottawa, Association nord-américaine des études Jean-Jacques Rousseau, 1995, pp. 5-98. Jean-François PERRIN, Politique du renonçant. Le dernier Rousseau. Des dialogues aux rêveries, Paris, Kimé, pp. 280-289.

115. J.-J. ROUSSEAU, Rousseau juge de Jean-Jacques, OC, t. I, p. 941.

116. 同上, p. 662.

117. Ibid. p. 713.

118. 同上, p. 984.

119. 同上, p. 980.

120. 关于卢梭偏执写作的悖论和理论化以及对他不可能感受的神秘文字的具体化，可参见 Antoine LILTI, "The Writing of Paranoïa : Jean-Jacques Rousseau and the Paradoxes of Celebrity", Representations, no 103, 2008, pp. 53-83.

121. Michel FOUCAULT, "Introduction", Rousseau juge de Jean-Jacques. Dialogues, Paris, Armand Colin, 1962, p. VII–XXIV.

122. 同上, p. 665.

123. 同上, p. 781. 参见 Yves CITTON, "Fabrique de l'opinion et folie de la dissidence : le "complot" dans Rousseau juge de Jean-Jacques", Rousseau juge de JeanJacques. Études sur les Dialogues, Ottawa, Presses de l'université d'Ottawa, 1998, pp. 101-114.

124. 同上, p. 767.

125. "我们生活的世纪与所有其他世纪不同的独特之处是，过去20年来领导公众舆论的是有条理的、有意义的精神。[.]自从这个哲学教派聚集在酋长的身体里，这些人以他们所运用的情节艺术而成为舆论的仲裁者，由他们成为公众舆论的仲裁者，因为他们是个人的名誉，甚至是个人的命运，也是国家命运的仲裁者。"（同上，pp. 964-965）.关于卢梭的舆论观及其与一般意志政治理论的联系，可参见 Bruno BERNARDI, "Rousseau et la généalogie du concept d'opinion publique", in Michel O'DEA (dir.), Jean-Jacques Rousseau en 2012, Oxford, Voltaire Foundation, 2012.

126. J.-J. ROUSSEAU, Rousseau juge de Jean-Jacques, OC, t. I, p. 893.

127. J.-J. ROUSSEAU, Lettres écrites de la montagne, OC, t. III, p. 692 : "Nul ne peut se soustraire à ce Juge, et quant-à-moi, je n'en appelle pas."

128. J.-J. ROUSSEAU, "Mon portrait", OC, t. I, p. 1123.

129. 同上

130. J.-J. ROUSSEAU, Rousseau juge de Jean-Jacques, OC, t. I, p. 940.

131. 同上, p. 959.

132. 同上, p. 961.

133. 同上, p. 781.

134. 同上, p. 985.

135. Lettre de Rousseau au comte de Saint-Germain, 26 février 1770, CC, t. XXXVII, pp. 248-271.

136. J.-J. ROUSSEAU, Rousseau juge de Jean-Jacques, OC, t. I, p. 985.

137. Paul AUDI, Rousseau, une philosophie de l'âme, Lagrasse, Verdier, 2008.

138. J.-J. ROUSSEAU, Rousseau juge de Jean-Jacques, OC, t. I, p. 985.

139. 同上, p. 663.

140. 同上, p. 157.

141. J.-J. ROUSSEAU, "Mon portrait", OC, t. I, p. 1129.

142. Lettre de Rousseau à l'abbé Raynal, 25 juillet 1750, CC, t. II., p. 132-136, ici p. 133.

143. J.-J. ROUSSEAU, Rousseau juge de Jean-Jacques, OC, t. I, p. 958.

144. Lettre de Louise Alexandrine Julie Dupin de Chenonceaux à Rousseau, CC, t. XX,

pp. 112-114.

145. J.-J. ROUSSEAU, Rousseau juge de Jean-Jacques, OC, t. I, p. 913.

146. "Déclaration de Rousseau relative à l'impression de ses écrits", 23 janvier 1774, CC, t. XXXIX, p. 305.

147. Geoffrey BENNINGTON, Dudding. Des noms de Rousseau, Paris, Galilée, 1991.

148. J.-J. ROUSSEAU, Rousseau juge de Jean-Jacques, OC, t. I, p. 962.

149. 同上

150. J.-J. ROUSSEAU, Confessions, OC, t. I, p. 613.

151. Douglas FORDHAM, "Allan Ramsay's Enlightenment or Hume and the Patronizing Portrait", The Art Bulletin, no 88-3, 2006, pp. 508-524.

152. 相反，1753年狄德罗责备Quentin de La Tour把卢梭画得太普通了。"我在找一位信件检查员，我们这个年代的卡顿和布鲁图斯；我期望看到爱比克泰德穿着被人忽视的衣服，戴着尖尖的假发，看起来很可怕，看起来像个书面人、高个子的世俗之人。我只看见《村里的占卜者》的作者，他穿得很整齐，脸上的粉涂得很好，坐在一张稻草椅子上。"(Essai sur la peinture, Œuvres, op. cit., p. 1134).

153. 参见，比如，le jugement de BERNARDIN DE SAINT-PIERRE, in Essai sur Jean-Jacques Rousseau, Œuvres complètes, Lequien, 1831, t. XI, p. 286.

154. Lettre de Mme Riccoboni à Garrick du 1er octobre 1770, citée par Angelica GOODEN, "Ramsay, Rousseau, Hume and portraiture : intus et in cute ?", SVEC, no 12, 2006, p. 325-344, ici p. 329.

155. Lettre de Mme de La Tour, Correspondance, op. cit., p. 280.

156. J.-J. ROUSSEAU, Rousseau juge de Jean-Jacques, op. cit., p. 779.

157. Denis DIDEROT, "Salon de 1767", Salons, éd. M. Delon, Paris, Gallimard, 2008, p. 252.

158. J.-J. ROUSSEAU, Rousseau juge de Jean-Jacques, OC, t. I, p. 780.

159. 同上, p. 778.

160. Michel FOUCAULT, Le Courage de la vérité. Le gouvernement de soi et des autres II, Paris, Gallimard/Seuil, 2009.

161. Louisa SHEA, The Cynic Enlightenment, Diogenes in the Salons, Baltimore, Johns Hopkins University Press, 2010, p. 94-104 ; David MAZELLA, The Making of Modern Cynism, Charlottesville, University of Virginia Press, p. 110.

162. Jacques BERCHTOLD, "L'identification nourrie par l'iconographie ? Rousseau et le Diogène à la lanterne", in Frédéric EIGELDINGER, Rousseau et les arts visuels, actes du colloque de Neuchâtel 2001, Annales de la Société Jean-Jacques Rousseau, t. XLV, 2003, pp. 567-582.

163. George Remington HEAVENS, Voltaire's marginalia on the pages of Rousseau, Colombus, The Ohio State University Press, 1933, p. 21. 另可参见Henri GOUHIER, Rousseau et Voltaire, portraits dans un miroir, Paris, J. Vrin, 1983, p. 58.

164. J.-J. ROUSSEAU, Rousseau juge de Jean-Jacques, OC, t. I, p. 830.

165. J.-J. ROUSSEAU, Confessions, OC, t. I, p. 367.

166. J.-J. ROUSSEAU, Rêveries, OC, t. I, p. 996.

第六章

1. Germaine DE STAËL, Considérations sur les principaux événements de la Révolution française, Paris, Delaunay, 1818, t. II, p. 234.

2. 在1818年德斯塔尔夫人死后，布罗格利公爵和斯塔尔男爵就公布了这些考虑。看来德·斯塔尔夫人是在1812年左右写的。

3. 这一说法是在耶拿战役之后于1806年10月13日致Niethammer的一封信中出现的 (Georg HEGEL, Correspondance, Paris, Gallimard, t. I, p. 114-115)。关于作为一个伟人的拿破仑，《历史人物》与亚历山大和恺撒有一样的称呼，可参见Georg HEGEL, Leçons sur la philosophie de l'histoire, Paris, J. Vrin, 1970, pp. 38-39.

4. R. MORRISSEY, Napoléon..., op. cit.

5. George RUDÉ, Wilkes and Liberty : A Social Study of 1763 to 1774, Oxford, Clarendon Press, 1962 ; John BREWER, Party Ideology and Popular Politics at the Accession

of George III, Cambridge, Cambridge University Press, 1981 ; John SAINSBURY, Wilkes, the Lives of a Libertine, Aldershot, Ashgate, 2006 ; Anna CLARK, The Sexual Politics of the British Constitution, Princeton, Princeton University Press, 2004, pp. 19-52.

6. Simon BURROWS et al. (dir.), The Chevalier d'Eon and His Worlds : Gender, Espionnage and Politics in the Eighteenth-Century, Londres, Continuum, 2010, en particulier l'article de Simon BURROWS, "The Chevalier d'Eon, Media Manipulation and the Making of an Eighteenth-Century Celebrity", pp. 13-23. 参 见 aussi Gary KATES, Monsieur d'Eon is a Woman: A Tale of Political Intrigue and Sexual Masquerade, New York, Basic Book, 1995.

7. Lettre du commissaire du Directoire auprès de l'armée d'Italie à Carnot, citée par Luigi MASCILLI MIGLIORINI, Napoléon, Paris, Perrin, [2002] 2004, pp. 500.

8. David A. BELL, La Première Guerre totale. L'Europe de Napoléon et la naissance de la guerre moderne, Paris, Champ Vallon, [2007] 2010, pp. 222-231 ; Annie JOURDAN, Napoléon, héros, imperator, mécène, Paris, Aubier, 1998, pp. 70-101 ; Patrice GUENIFFEY, Bonaparte, Paris, Gallimard, 2013, en particulier pp. 247-258 ; Wayne HANLEY, The Genesis of Napolonic Propaganda, 1796–1799, New York, Columbia University Press, 2005, http://www.gutenberg-e.org/haw01/frames/authorframe. html.

9. Chantal THOMAS, La Reine scélérate. Marie-Antoinette dans les pamphlets, Paris, Éd. du Seuil, 1989.

10. Antoine DE BAECQUE, Le Corps de l'histoire, Métaphores et politique, Paris, Calmann-Lévy, 1993 ; Jacques REVEL, "Marie-Antoinette dans ses fictions : la mise en scène de la haine" [1995], Un Parcours critique, Douze essais d'histoire sociale, Paris, Galaad éditions, 2006, pp. 210-268 ; Lynn HUNT, Le Roman familial de la Révolution française, Paris, Albin Michel, [1992] 1995 ; Dena GOODMAN (dir.), Marie-Antoinette. Writings on the Body of a Queen, New York, Routledge, 2003 ; Robert DARNTON, Le Diable dans un bénitier. L'art de la calomnie en France, 1650-1800, Paris, Gallimard, 2010, pp. 509-540.

11. les Anecdotes sur Madame la comtesse du Barry (1775) et la Vie privée de Louis XV

(1781), gros succès de la littérature clandestine. 12. Simon BURROWS, Blackmail, Scandal and Revolution. London's French Libellistes, 1758–1792, Manchester, Manchester University Press, 2006. 另可参见 Viviane R. GRUDER, "The Question of Marie-Antoinette : The Queen and Public Opinion Before the Revolution", French History, no 16-3, 2002, pp. 269-298.

13. Essai historique sur la vie privée de Marie-Antoinette d'Autriche, reine de France, Londres, 1789, pp. 4-5.

14. Linda COLLEY, Britons, Forging the Nation 1707-1837, New Haven, Yale University Press, [1992] 2003, pp. 195-236 ; Ernest A. SMITH, George IV, New Haven, Yale University Press, 1999 ; A. CLARK, The Sexual Politics of the British Constitution, op. cit.

15. Thomas LAQUEUR, "The Queen Caroline Affair : Politics as Art in the Reign of George IV", Journal of Modern History, vol. 54, no 3, 1982, pp. 417-466 ; Anna CLARK, "Queen Caroline and the Sexual Politics of Popular Culture in London, 1820", Representations, no 31, 1990, pp. 47-68.

16. Lettre de Marie-Thérèse à Mercy d'Argenteau, 2 juillet 1772, Correspondance de Marie-Antoiette, éd. E. Lever, Paris, Tallandier, 2005, p. 113.

17. Jeanne Louise Henriette CAMPAN, Mémoires sur la vie privée de MarieAntoinette, reine de France et de Navarre, Paris, Baudouin, 1822, p. 142.

18. 同上, p. 228.

19. Gabriel SÉNAC DE MEILHAN, Des principes et des causes de la Révolution en France, Londres, 1790, pp. 30-31.

20. Mémoires pour l'instruction du Dauphin, cités par Norbert ELIAS, La Société de cour, trad. fr., Paris, Flammarion, 1985, p. 116.

21. N. ELIAS, La Société de cour, op. cit.

22. Fanny COSANDEY, La Reine de France. Symbole et pouvoir, XVe-XVIIIe siècle, Paris, Gallimard, 2003.

23. J. L. H. CAMPAN, Mémoires..., op. cit., p. 164.

24. 同上, p. 167.

25. 1775 年 3 月 Marie-Thérèse 在致 Marie-Antoinette 的信中，建议她注意她的发型高度，并担心她会扭曲时尚，而不是低调地跟随潮流，Correspondance de Marie-Antoinette, 1770–1793, éd. E. Lever, Paris, Tallandier, 2005, p. 206.

26. Clare HARU CROWSTON, Credit, Fashion, Sex. Economies of Regard in Old Regime France, Durham, Duke University Press, 2013, pp. 246-282.

27. 关于托马斯，参见 Colin JONES, "Pulling Teeth in Eighteenth-Century Paris", Past and Present, no 166, 2000, pp. 100-145.

28. Daniel ROCHE, La Culture des apparences. Une histoire du vêtement (XVIIeXVIIIe siècle), Paris, Fayard, 1990.

29. Carolyn WEBER, Queen of Fashion. What Marie Antoinette Wore to the Revolution, New York, Henry Holt, 2006.

30. Essai historique..., op. cit., p. 62.

31. 这幅画的副本保存在华盛顿的国家美术馆。参见 Marie-Antoinette, Paris, Réunion des musées nationaux, 2008, pp. 307-309. 关于这一幕，参见 Mary SHERIFF, "The Portrait of the Queen", in D. GOODMAN (dir.), MarieAntoinette..., op. cit., pp. 45-72.

32. Élisabeth VIGÉE-LEBRUN, Souvenirs, 1755–1842, Paris, Honoré Champion, 2008, pp. 168-169, qui raconte que le portrait fut mis en scène au théâtre du Vaudeville.

33. Lettre du 25 juillet 1791, Correspondance de Marie-Antoinette, op. cit., p. 561.

34. Lettre du 9 septembre 1791, 同上，p. 605.

35. Mona OZOUF, Varennes. La mort de la royauté, 21 juin 1791, Paris, Gallimard, 2010, pp. 72-81 ; Id., "Barnave pédagogue : l'éducation d'une reine", L'Homme régénéré. Essais sur la Révolution française, Paris, Gallimard, 1989, pp. 93-114.

36. 例如，参见 François FURET, "Mirabeau", Dictionnaire critique de la Révolution française. 然而，值得注意的是，弗莱特为米拉波提供了意识形态上的一致性和一个重要的君主制理论。

37. Georges GUIBAL, Mirabeau et la Provence, Paris, E. Thorin, 1887–1891, t. I., p. 231.

38. Lettre du marquis au bailli, 22 novembre 1782, 同上，p. 405.

39. Mémoires secrets, t. XXVII, p. 99.

40. 1788年春天与他见面的杜蒙特写道，他的"名声"是"最低限度"的，有人劝他不要和他来往。

41. Lettre de Chamfort à Mirabeau du 3 janvier 1789, Mémoires biographiques, littéraires et politiques de Mirabeau, Paris, Auffray, 1834–1835, t. VII, p. 210.

42. Lettre de Mirabeau à Mauvillon, 11 août 1788, Lettres du comte de Mirabeau à un de ses amis en Allemagne, s. l., 1792, p. 372.

43. Lettre au marquis de Mirabeau, 18 janvier 1789, 转引自François QUASTANA, La Pensée politique de Mirabeau, 1771–1789 : "républicanisme classique" et régénération de la monarchie, Aix-en-Provence, Presses universitaires d'Aix-Marseille, 2007, p. 537.

44. Monique CUBBELS, Les Horizons de la liberté. Naissance de la Révolution en Provence, 1787-1789, Aix-en-Provence, ÉDISUD, 1987, pp. 64-65.

45. Étienne DUMONT, Souvenirs sur Mirabeau, éd. J. Bénétruy, Paris, PUF, 1951, p. 58.

46. Timothy TACKETT, Par la volonté du peuple, Comment les députés du peuple sont devenus révolutionnaires, Paris, Albin Michel, 1997, p. 124, 221 et 234.

47. É. DUMONT, Souvenirs sur Mirabeau, op. cit., p. 158.

48. 同上

49. Paul FRIEDLAND, Political Actors. Representative Bodies and Theatricality in the Age of the French Revolution, Ithaca, Cornell University Press, 2002, p. 182.

50. É. DUMONT, Souvenirs sur Mirabeau, op. cit., p. 146.

51. Le Patriote français, t. XXXI, 1er septembre 1789, p. 3.

52. É. DUMONT, Souvenirs sur Mirabeau, op. cit., p. 146.

53. Gérard FABRE, Joseph Boze, portraitiste de l'Ancien Régime à la Restauration, 1745–1826, Paris, Zomogy, 2004, p. 174.

54. É. DUMONT, Souvenirs sur Mirabeau, op. cit., p. 148.

55. 让-弗朗索瓦·费罗德，法国评语者，马赛，摩西，1787–1788。在英语中，这个词出现在约翰逊词典1785版中，具有双重含义。

56. "Sur la popularité", L'Ami des patriotes ou le Défenseur de la Révolution, no XI, 1791, p. 295 sq.

57. Pierre ROSANVALLON, Le Peuple introuvable. Histoire de la représentation démocratique en France, Paris, Gallimard, 1998, p. 19.

58. Jean-Claude MONOD, Qu'est-ce qu'un chef en démocratie ? Politiques du charisme, Paris, Le Seuil, 2012. Sur le contexte intellectuel et politique de réflexion sur les "chefs" dans lequel s'inscrit la théorie webérienne du charisme, 参见Yves COHEN, Le Siècle des chefs. Une histoire transnationale du commandement et de l'autorité, 1890–1940, Paris, Amsterdam, 2013.

59. Lloyd KRAMER, La Fayette in Two Worlds. Public Cultures and Personal Identities in an Age of Revolution, Chapel Hill, University of North Carolina Press, 1996 ; François WEIL, " "L'hôte de la nation" : le voyage de La Fayette aux États-Unis, 1824-1825", in P. BOURDIN (dir.), La Fayette entre deux mondes, Clermond-Ferrand, Presses universitaires Blaise Pascal, 2009, pp. 129-150.

60. Germaine DE STAËL, Du caractère de M. Necker et de sa vie privée, Paris, 1804, p. 76.

61. Pierre Jean Georges CABANIS, Journal de la maladie et de la mort de Mirabeau, Paris, Grabit, 1791, rééd. Carmela Ferrandes, Bari, Adriatica Éditrice, 1996, p. 119.

62. É. DUMONT, Souvenirs sur Mirabeau, op. cit., p. 170. Cabanis, pour sa part, note : "Le malade ne cessa point de recevoir, de dialoguer, d'écouter le public qui entourait son lit et sa demeure."

63. Le Patriote français, op. cit., 6 avril 1791.

64. Haïm BURSTIN, Une révolution à l'œuvre. Le faubourg Saint-Marcel, Seyssel, Champ Vallon, 2005, pp. 220-221.

65. 在科西嘉，所有船只都在哀悼(1791年5月29日)，而在鲁昂，市政当局和雅各宾人举行葬礼。(Joseph CLARKE, Commemorating the Dead in Revolutionary France, Cambridge, Cambridge University Press, 2007, pp. 97-106.)

66. Journal de Paris, 5 avril 1791.

67. Antoine DE BAECQUE, "Mirabeau ou le spectacle d'un cadavre public", La Gloire et l'Effroi..., op. cit., insiste sur cette dimension tragique de la pompe funèbre et sur l'idéal de transparence politique qui l'anime, pp. 40-43.

68. Jules MICHELET, Histoire de la Révolution française, Paris, Gallimard, 1976, t. II, p. 558.

69. 参见 notamment Jacques JULLIARD (dir.), La Mort du roi. Autour de François Mitterand, essai d'ethnographie comparée, Paris, Gallimard, 1999.

70. La Feuille villageoise, no 29, 1791.

71. 参见 Jeremy POPKIN, La Presse de la Révolution. Journaux et journalistes (1789–1799), Paris, Odile Jacob, 2011, qui parle d'une "révolution des médias de 1789" (augmentation vertigineuse du nombre de titres, forts tirages, liberté de la presse).

72. Ernst KANTOROWICZ, The King's Two Bodies: A Study in Mediaeval Political Theology, Princeton, Princeton University Press, 1957, trad. fr, 1988 ; Ralph GIESEY, Le Roi ne meurt jamais. Les obsèques royales dans la France de la Renaissance, Paris, Flammarion, [1960] 1987.

73. 关于马拉，参见 Jean-Claude BONNET (dir.), La Mort de Marat, Paris, Flammarion, 1992, et Alain Boureau, Le Simple corps du roi. L'impossible sacralité des souverains français, XVe-XVIIIe siècle, Paris, Les Éditions de Paris, 2000, pp. 10-11.

74. Mémoires biographiques..., op. cit., t. VIII, p. 511.

75. L'Ami du peuple, no 419, 11 avril 1791.

76. Mirabeau, jugé par ses amis et par ses ennemis, Paris, Couret, 1791.

77. A. DE BAECQUE, La Gloire et l'Effroi..., op. cit., pp. 36-39.

78. P. J. G. CABANIS, Journal..., op. cit., p. 137.

79. 关于 Manuel 和 "vies privées" 的主题，参见 R. DARNTON, Le Diable dans le bénitier..., op. cit., pp. 65-114.

80. 米拉波的对手对他的私生活也起了同样的好奇心。他们重新出版了他的放荡小说《我的转型》。现在众所周知的关于私人生活的写作形式，仿佛它是一个自传：Vie privée, libertine et scandaleuse de Feu Honoré-Gabriel-Riquetti, ci-devant Comte de Mirabeau, Député du Tiers-État des Sénéchaussées d'Aix et de Marseille, membre du département de Paris, commandant de bataillon de la milice bourgeoise au district de Grange-Batellière, président du club Jacobite, etc., Paris, 1791.

81. Les documents sont réunis dans les Actes de la commune de Paris pendant la

Révolution, éd. S. Lacroix, Paris, Service des travaux historiques de la ville, 1894-1955, 2e série, vol. VIII, citations p. 571 et 574.

82. 同上，p. 576.

83. 最终，转移工作指导1794年9月21日才进行。因此，是在热月之后。"那是悲惨的1794年的秋季一个悲戚的日子，法国几乎是在拼命地自杀，也就是说，在杀死活人之前，杀害死人，把她最荣耀的儿子从心中去除。"(J. MICHELET, Histoire de la Révolution française, op. cit., t. II, p. 562.)

84. Étienne BARRY, "Discours sur les dangers de l'idolâtrie individuelle dans une République", Discours prononcés les jours de décadi dans la section Guillaume Tell, Paris, Massot, 1794. 转引自 P. GUENIFFEY, Bonaparte, op. cit., p. 253 ; Michel VOVELLE, La Mentalité révolutionnaire. Sociétés et mentalités sous la Révolution française, Paris, Éditions sociales, 1985, pp. 125-140 ; Bronislaw BACZKO, Comment sortir de la Terreur, Thermidor et la Révolution, Paris, Gallimard, 1989.

85. Guillaume MAZEAU, Le Bain de l'histoire. Charlotte Corday et l'attentat contre Marat, 1793-2009, Seyssel, Champ Vallon, 2009.

86. Barry SCHWARTZ, George Washington : The Making of an American Symbol, Ithaca, Cornell University Press, 2007, p. 13.

87. 同上，p. 162.

88. Joseph ELLIS, His Excellency : George Washington, New York, Random House, 2004, pp. 110-146.

89. B. SCHWARTZ, George Washington..., op. cit., p. 136.

90. London Chronicle, 16 avril 1778.

91. Mémoires secrets, t. XIX, p. 244.

92. Gilbert CHINARD, George Washington as the French Knew him, Princeton, Princeton University Press, 1940.

93. Nouveau voyage dans l'Amérique septentrionale, en l'année 1781, et Campagne de l'armée de M. le Comte de Rochambeau, Philadelphie/Paris, Moutard, 1782, p. 61.

94. 同上，p. 64.

95. Jacques Pierre BRISSOT, Nouveau voyage dans les États-Unis de l'Amérique

septentrionale, fait en 1788, Paris, Buisson, 1791, t. II, p. 265. Au moment où Brissot publie, en 1791, Washington a été élu président.

96. John FERLING, The Ascent of George Washington : The Hidden Political Genius of an American Icon, New York, Bloomsbury Press, 2010.

97. 华盛顿出生于维吉尼亚一个富裕的种植户家庭，他的母亲是他父亲的第二任妻子。父亲去世时，他只有11岁，他只继承了一个中等的种植园。他同父异母的弟弟劳伦斯在生前帮助了他，再加上后来费尔法克斯勋爵的保护，华盛顿才得以进入殖民精英阶层，继承了弗农山的财产。

98. Lettre de John Rush à John Adams, 22 avril 1806, The Spur of Fame. Dialogues of John Adams and Benjamin Rush, 1805–1813, éd. D. Adar et J. Schutz, Indianapolis, Liberty Fund, 2001, p. 67.

99. J. ELLIS, His excellency…, op. cit., p. 151.

100. Lettre de George Wahington du 15 janvier 1785, The Papers of George Washington Digital Edition, Virginia University Press, rotunda.upress.virginia.edu

101. Lettre de David Humphreys du 17 juillet 1785, 同上.

102. Lettre de George Washington du 25 juillet 1785, 同上.

103. Les morceaux composés par Humphreys ne furent publiés qu'en 1991, accompagnés des remarques de Washington, par Rosemarie ZAGARRI, David Humphreys' Life of general Washington, Athens/Londres, University of Georgia Press, 1991.

104. Todd ESTES, The Jay Treaty Debate: Public Opinion and the Evolution of Early American Political Culture, Amherst, University of Massachusetts Press, 2003. Sur le rôle de la presse : Jeff PASLEY, "The Tyranny of Printers" : Newspaper Politics in the Early American Republic, Charlottesville, University Press of Virginia, 2001.

105. C'est aussi ce qui ressort des travaux les plus récents des historiens. Voir notamment T. ESTES, The Jay Treaty…, op. cit.

106. François FURSTENBERG, In the Name of the Father : Washington's Legacy, Slavery, and the Making of a Nation, New York, Penguin, 2006.

107. Lettre du 25 février 1808, The Spur of Fame…, op. cit., p. 113.

108. 那些在某些时候以最欣赏的语气鼓吹华盛顿的人，在另一些时候以最强烈的蔑视言辞谈论他。的确，我不知道哪种性格会受到如此虚伪的奉承。(lettre du 25 janvier 1806, 同上, p. 49. Adams, ici, vise notamment Alexander Hamilton.)

109. 正如他在1790年愉快地写作一样，"我们革命的历史将继续下去。整体的本质将是富兰克林博士的电棒击打地球并击垮华盛顿将军"。(cite par B. SCHWARTZ, George Washington..., op. cit., p. 87.)

110. Lettre du 23 juillet 1806, The Spur of Fame..., op. cit., p. 65.

111. Douglass ADAIR, "Fame and the Founding Fathers", Fame and the Founding Fathers, New York, W. W. Norton, 1974, pp. 3-24.

112. Nathaniel HAWTHORNE, Passages from the French and Italian Note Books, Boston, Osgood and Company, 1876, vol. I, pp. 258-259, passage rédigé en 1858 : "Did anybody ever see Washington nude ? It is inconceivable. He had no nakedness, but I imagine that he was born with his clothes on, and his hair powdered, and made a stately bow on his first appearance in the world."

113. Voir, par exemple, la lettre de Washington à James Craik, du 25 mars 1784. "我愿意，亲爱的医生，坦率地告诉你，我生命中的任何回忆录，都是与众不同的。与战争的一般历史无关的，我宁愿感情用事，而不是在我活着的时候搔痒我的自尊。我宁愿在溪流中缓缓滑行，而不是在生命结束后，留给子孙后代去思考，去说我的好话，而不是用我的行为来骗人，吹嘘我。"

114. Lettre du 13 janvier 1800, 同上, p. XV.

115. 从1806年起，标题为:The Life of George Washington, with Curious Anecdotes, Equally Honourable to Himself and Exemplary to His Young Countrymen。关于撰写的经过，我们可以参考Marcus CUNLIFFE的介绍，还有Christopher HARRIS, "Mason Locke Weems's "Life of Washington" : The Making of a Bestseller", Southern Literary Journal, no 19-2, 1987, pp. 92-101.

116. F. FURSTENBERG, In the Name..., op. cit.

117. 这本书先后将华盛顿与所有经典英雄人物（赫拉克勒斯、阿基里斯、亚历山大）甚至与木星和火星进行了比较。在欧洲，各国正在寻找传奇或历史英雄的那一刻，这是一个赋予国家英雄的问题。关于这一点，可参见Anne-

Marie THIESSE, Les Créations des identités nationales en Europe, XVIIIe-XXe siècle, Paris, Éd. du Seuil, 1999. 关于同时期美国史诗传统的研究，可参见 John P. MCWILLIAMS, The American Epic : Transforming a Genre, 1770–1860, Cambridge, Cambridge University Press, 2009. 同年出版了 Weems, John Blair LINN publie, The Death of Washington: A Poem in Imitation of the Manner of Ossian, Philadelphie, J. Ormrod.

118. 华盛顿去世后，波拿巴将举行一次由塔列朗主持的重要的公开仪式，并有 Fontanes 的盛大演讲。第一位美国总统的雕像和其他伟人雕像一起被安放在杜伊勒利的画廊里。参见 Bronislaw BACZKO, Politiques de la Révolution française, Paris, Gallimard, 2008, pp. 594-618.

119. François René de CHATEAUBRIAND, Mémoires d'outre-tombe, livre VI, chapitre VIII, éd. J.-P. Clément, Paris, Gallimard, 1997, t. I, pp. 414-418.

120.《回忆录》的编辑故事很复杂。手稿于1816年被哈德森·洛韦总督扣押，并于1821年归还伊曼纽尔·德·拉斯凯斯。他在1823年初出版了这本书，是一个自我审查的版本。接下来是其他几个版本，其中最重要的是1823–1824(补充和纠正)、1828、1830–1831(再次补充，这次不受审查)、1842(更成功且更波拿巴主义)版本。我在这里用1831的版本，1968年Seuil出版社又出了这一版的评论版。

121. Jean TULARD, "Un chef-d'œuvre de propagande", préface à l'édition du Mémorial, Paris, Éd. du Seuil, 1968, pp. 7-11 ; Didier LE GALL, Napoléon et le mémorial de Sainte-Hélène. Analyse d'un discours, Paris, Kimé, 2003.

122. 回忆录准确的标题应该是 : Mémorial de Sainte-Hélène ou Journal où se trouve consigné, jour par jour, ce qu'a dit et fait Napoléon durant dix-huit mois。

123. Comme l'a bien mis en évidence Robert MORRISSEY dans Napoléon et la gloire..., op. cit., pp. 171-209.

124. Mémorial, op. cit., p. 195.

125. 同上，p. 20.

126. J.-C. BONNET, Naissance du Panthéon..., op. cit.

127. 博斯韦尔对拉斯·凯斯的直接影响在《回忆录》中并不明确，但可以猜测。《塞缪尔·约翰逊的一生》于1791年在伦敦出版，在那里它取得了巨大的成功。拉斯·凯斯于1793—1802年生活在英国，当时他又变成了一个文人和智者。他痴迷于英语，并在圣赫勒拿岛给拿破仑上英语课。因此，他很可能知道《约翰逊的一生》。至于拿破仑，他无法忽视博斯韦尔的《科西嘉岛的关系》。

128. Mémorial, op. cit., p. 206.

129. Laure MURAT, L'homme qui se prenait pour Napoléon, Paris, Gallimard, 2011.

130. Mémorial, op. cit., p. 80.

131. 同上, p. 120.

132. 同上, p. 206.

133. 1815年12月，拿破仑和拉斯·凯斯一上午都在一起朗读《新爱洛依丝》，晚上也接着读，小说是他们午餐时谈话的主题。1816年6月也是同样的情况。而后，"让 – 雅克"是皇帝1816年8月谈话的主题 (Mémorial, op. cit., p. 112, 303 et 429)。"他已经以最有趣的方式花了很长时间对让 - 雅克的才能、他的影响力、他的怪癖、他私下的丑恶进行了了解。"(p. 429)

134. 同上, p. 112.

135. Mémorial, op. cit., p. 194.

136. 同上

137. 这一集在卡米尔·罗基弗利亚的《环球之旅》杂志上以不太浪漫的方式被报道，同年出版了《回忆录》第一版 (Paris, Ponthieu, 1823)。Roquefeille 和 Tameamia 酋长的会面是在1819年1月10日举行的。在问候过后，"他接着了解了欧洲的新闻和不同的统治者的健康情况。两位出席会议的妇女成功地参与了文明世界的事务，其中最引人注目的人物并不陌生。其中一个问了几个关于拿破仑的问题。"(p. 345)

138. Mémorial, op. cit., p. 635.

139. 同上, p. 36.

140. Giorgio AGAMBEN, Le Règne et la Gloire, Homo sacer II, Paris, Le Seuil, 2008.

141. Bernard MANIN, Principes du gouvernement représentatif, Paris, Calmann-Lévy, 1995, en particulier pp. 171-205.

142. Mémorial, op. cit., p. 419. 德·斯塔尔夫人经常提及拿破仑在圣赫勒拿的谈话。

他读了她的小说，评论了这些小说，并轻松地讲述了关于她的逸事，常常重复提起很多事情："在今天的谈话中，皇帝回到了德·斯塔尔夫人那里，他没有说任何新的话。"(Mémorial, op. cit., p. 575.)

143. F. R. de CHATEAUBRIAND, Mémoires d'outre-tombe, op. cit., t. II, p. 3.

第七章

1. Alain VAILLANT, "Pour une histoire globale du romantisme", Dictionnaire du romantisme, Paris, CNRS éditions, 2012.

2. José-Luis DIAZ, L'Écrivain imaginaire. Scénographies auctoriales à l'époque romantique, Paris, Honoré Champion, 2007.

3. STENDHAL, Racine et Shakespeare, Paris, Honoré Champion, [1825] 2006, p. XXV, cité in A. VAILLANT, "Pour une histoire globale", art. cit.

4. Frances WILSON (dir.), Byromania. Portraits of the Artist in Nineteenth- and Twentieth-Century Culture, Basingstoke/Londres, Palgrave Macmillan, 1999, p. 3.

5. Hervé MAZUREL, Vertiges de la guerre. Byron, les philhellènes et le mirage grec, Paris, Les Belles Lettres, 2013, pp. 460-469.

6. Anna CLARK, Scandal. The Sexual Constitution of the British Politics, Princeton, Princeton University Press, 2004.

7. F. WILSON (dir.), Byromania..., op. cit., p. 10.

8. Tom MOLE, Byron's Romantic Celebrity: Industrial Culture and the Hermeneutics of Intimacy, Basingstoke, Palgrave MacMillan, 2007.

9. Thomas MOORE, "Notice of the Life of Lord Byron", in Letters and Journal of Lord Byron, Londres, J. Murray, 1833, p. 258. "我有一天早上醒来，发现自己很有名。"

10. Nicholas MASON, "Building Brand Byron : Early Nineteenth-Century and the Marketing of Childe Harold's Pilgrimage", Modern Language Quaterly, no 63, 2002, pp. 411-441.

11. T. MOLE, Byron..., op. cit., p. 81 ; Annette PEACH, "The Portraits of Byron",

Walpole Society, no 62, 2000.

12. T. MOLE, Byron..., op. cit., pp. 74-75.

13. 转引自 Edmond ESTÈVE, Byron et le romantisme français. Essai sur la fortune et l'influence de l'œuvre de Byron en France de 1812 a 1850, Paris, Boivin, 1929, p. 57.

14. Lettre de Mme de Rémusat à son fils, 11 novembre 1819, 转引自 E. ESTÈVE, Byron..., op. cit., p. 66.

15. Conversations of Lord Byron : noted during a residence with his Lordship at Pisa, in the years 1821 et 1822, by Thomas Medwin, Londres, New Burlington Street, 1824, p. 11.

16. 关于这本书的准备和成功的详细信息，请参阅2012年，Jean-Claude BERCHET, Chateaubriand, Paris, Gallimard, 2012, 其第九章标题为《明星诞生》（pp.309-349）。次年，他的名气因《基督教真谛》出版而更大。

17. Mathieu MOLÉ, Souvenirs de jeunesse, Paris, Mercure de France, 2005, p. 156. 莫雷说，即使是夏多布里昂的热情也是为了让人们谈论他："他只在爱中寻找喧嚣与成功的名气，他勇敢地地屈服于各种行为规则，只是为了吸引人们的激情。成功是他牺牲一切的目标。"（p.164）

18. J.-C. BERCHET, Chateaubriand, op. cit., p. 566.

19. F. R. de CHATEAUBRIAND, Mémoires d'outre-tombe, livre XIII, chapitre VI. 这一章最初发表于于1837年，后来在1846年重版，后面所有的引用均来自这一版。

20. F. R. de CHATEAUBRIAND, "Sur les Annales littéraires ou De la littérature avant et après la Restauration" [1819], in Mélanges politiques et littéraires, Paris, Firmin-Didot, 1846, pp. 493-501, citation p. 499.

21. John CLARE, "Popularity and authorship", The European Magazine, no I-3, novembre 1825, pp. 300-303, édité par John Birtwhistle, http://www.johnclare.info/birtwhistle.htm.

22. Johann Wolfgang VON GOETHE, Poésie et Vérité, Paris, Aubier, 1941, p. 377 et 380.

23. Selon les propos tenus à Stroganov et cités par Marie-Anne LESCOURET, Goethe. La

fatalité poétique, Paris, Flammarion, 1998, p. 374.

24. Conversations de Goethe avec Eckermann, Paris, Gallimard, 1988, p. 92.

25. 1842年，当欧仁•苏的一位崇拜者写了她"拜访"著名作家的故事时，她象征性地提到了"日内瓦哲学家"的雕像。参见 J. LYON-CAEN, La Lecture et la Vie..., op. cit., p. 91，其中给出了其他参考卢梭的例子。

26. Lettre du 3 avril 1823, dans George PASTON et Peter QUENELL (dir.), "To Lord Byron". Feminine Profiles Based upon Unpublished Letters, 1807–1824, Londres, J. Murray, 1939, pp. 263-264.

27. Ghislaine MCDAYTER, Byromania and the Birth of Celebrity Culture, Albany, State University of New York Press, 2009.

28. Conversations of Lord Byron..., op. cit., p. 206.

29. Corin THROSBY, "Flirting with Fame : Byron's Anonymous Female Fans", Byron Journal, no 32, 2004, pp. 115-123.

30. J. LYON-CAEN, La Lecture et la Vie..., op. cit.

31. Honoré DE BALZAC, Modeste Mignon, Paris, Gallimard, [1844] 1982, p. 83.

32. 同上, pp. 86-87.

33. 同上, p. 255.

34. Brenda R. WEBER, Women and Literary Celebrity in the Nineteenth-Century : The Transatlantic Production of Fame and Gender, Farnham, Ashgate, 2012, p. 3.

35. Martine REID, Signer Sand. L'œuvre et le nom, Paris, Belin, 2003. 关于19世纪匿名和男性化名的重要性，请参阅 Christine PLANTÉ, La Petite Sœur de Balzac. Essai sur la femme auteur, Paris, Éd. du Seuil, 1989, pp. 30-35.

36. George SAND, Histoire de ma vie, Paris, Gallimard, 1971, t. II, pp. 182-183.

37. Louis JOURDAIN et Taxile DELORD, Les Célébrités du jour, 1860–1861, Paris, Aux bureaux du journal Le Siècle, 1860, p. 307.

38. Rachel MESCHEL, "A Belle Epoque Media Storm : Gender, Celebrity and the Marcelle Tinayre Affair", French Historical Studies, no 35-1, 2012, pp. 93-121.

39. Rachel, une vie pour le théâtre, 1821–1858, Paris, musée d'Art et d'Histoire du judaïsme, 2004 ; Anne MARTIN-FUGIER, Comédienne. De Mlle Mars à Sarah

Bernhardt, Paris, Le Seuil, 2001.

40. Marie-Hélène GIRARD, "Tombeau de Rachel", in Olivier BARA et Marie-Ève THÉRENTY (dir.), "Presse et scène au XIXe siècle", Médias 19, http://www.medias19.org/ index.php?id=2988

41. Jeffrey KAHAN, The Cult of Kean, Aldershot, Ashgate, 2006.

42. D. MCMAHON, Divine Fury..., op. cit., p. 92.

43. Lettre de Mozart à son père, 1er mai 1778, in Wolfgang Amadeus MOZART, Correspondance, Paris, Flammarion, 1986–1999, t. II, p. 301. 参见 A. LILTI, Le Monde des salons..., op. cit., pp. 257-258.

44. William WEBER, Music and the Middle Class: The Social Structure of Concert Life in London, Paris and Vienna, Londres, Croom Helm, 1975.

45. Henrich HEINE, "Lettres sur la scène française", 20 avril 1841, rééditées dans Mais qu'est-ce que la musique ? Chroniques, éd. Rémy Stricker, Arles, Actes Sud, 1997, pp. 68-69.

46. Tia DENORA, Beethoven et la construction du génie : Musique et société à Vienne, 1792-1803, Paris, Fayard, 1998. 参见 P.-M. MENGER, "Comment analyser la grandeur artistique : Beethoven et son génie", Le Travail créateur..., op. cit., pp. 367-427.

47. Esteban BUCH, La Neuvième de Beethoven. Une histoire politique, Paris, Gallimard, 1999, pp. 131-180.

48. STENDHAL, Vie de Rossini, Paris, 1824, p. V. Sur la célébrité de Rossini à Paris en 1824, 参见 Benjamin WALTON, Rossini in Restoration Paris: The Sound of Modern Life, Cambridge, Cambridge University Press, 2007.

49. Selon les mots du critique de musique Eduard Hanslick, 转引自 Dana GOOLEY, "From the Top. Liszt's Aristocratic Airs", in Edward BERENSON et Eva GILOI (dir.), Constructing Charisma. Celebrity, Fame and Power in Nineteenth-Century Europe, New York, Berghahn Books, 2010, pp. 69-85.

50. Franz LISZT, "De la situation des artistes et de leur condition dans la société" [1835], L'Artiste et la Société, Paris, Flammarion, 1993, p. 54 et 48.

51. Bruno MOYSAN, Liszt. Virtuose subversif, Lyon, Symétrie, 2009.

52. Alan WALKER, Franz Liszt, trad. fr., Paris, Fayard, 1989.

53. Dana GOOLEY, The Virtuoso Liszt, Cambridge, Cambridge University Press, 2004, pp. 156-200.

54. 同上, p. 221.

55. Laure SCHNAPPER, Henri Herz, magnat du piano. La vie musicale en France au XIXe siècle (1815–1870), Paris, Éd. de l'EHESS, 2011.

56. 门多萨在18世纪80年代后期以拳击战而闻名，他的策略是挑动对手，提前宣布战斗。后来他离开拳击圈，走向广告界。他试图利用名气举办演出，创立拳击学院为绅士授课。并发表了一篇论文《拳击艺术》。Peter BRIGGS, "Daniel Mendoza and Sporting Celebrity", in T. MOLE, Romanticism and Celebrity Culture…, op. cit., p. 103-119.

57. D. GOOLEY, The Virtuoso Liszt, op. cit., pp. 78-116.

58. L'expression est de Théophile Gautier, 转引自 B. MOYSAN, Liszt…, op. cit., p. 245.

59. LEGOUVÉ, "Concert de Liszt à l'Opéra", cité 同上, p. 246.

60. William WEBER, "From the Self Managing Musician to the Independent Concert Agent", in W. WEBER (dir.), The Musician as Entrepreneur, 1700–1914: Managers, Charlatans and Idealists, Bloomington, Indiana University Press, 2004, pp. 105-129 ; James DEAVILLE, "Publishing Paraphrases and Creating Collectors", in Christopher GIBBS et Dana GOOLEY (dir.), Franz Liszt and His World, Princeton, Princeton University Press, 2006, pp. 255-290.

61. 海涅已经比较宽泛地讨论过这个主题。在他之前写的一封信中，他攻击了"不知疲倦的媒体行业"，在它帮助下，大师们利用了人们的盲从。他提到了一个演奏家利用一个古老的哥特式教堂、一个寡妇、"一个刚刚失去了他唯一的母牛的六十岁教师"而举办音乐会，获得成功，然而任由自己的父亲在苦难中挣扎。(H. HEINE, Mais qu'est-ce que la musique ?…, op. cit., 20 mars 1844, p. 104.)

62. Lettre du 25 avril 1844, 同上, pp. 127-133.

63. F. LISZT, "Sur la mort de Paganini", L'Artiste et la Société…, op. cit., p. 258.

64. Franz LISZT, "Lettre d'un bachelier ès arts", Gazette musicale, 1838, repris dans L'Artiste et la Société…, op. cit., p. 127.

65. Paul METZNER, Crescendo of the Virtuoso. Spectacle, Skill and Self-Promotion in Paris During the Age of Revolution, Los Angeles, University of California Press, 1998.

66. F. LISZT, De la situation des artistes, 5e article, L'Artiste et la Société…, op. cit., p. 42.

67. H. Heine, lettre du 25 avril 1844, 同上, p. 135. 在欧洲各地举办一系列音乐会之后，奥尔布尔多次前往美国并取得巨大成功，1852年他试图在挪威树立权威地位。关于Fanny Elssler 的成功，参见Lawrence LEVINE, Culture d'en haut, culture d'en bas. L'émergence des hiérarchies culturelles aux États-Unis, Paris, La Découverte, [1988] 2010, pp. 118-119.

68. "在公众眼中，过去20年的比威利斯，没有人拥有比他更多的公众生活，而且没有一个美国作家收到更多的来自朋友的掌声，更多的来自他对手的责难。" 转引自 Thomas N. BAKER, Sentiment and Celebrity: Nathaniel Parker Willis and the Trials of Literary Fame, New York, Oxford University Press, 1999.

69. Karian Akemi YOKOTA, Unbecoming British : How Revolutionary America Became a Postcolonial Nation, Oxford, Oxford University Press, 2011.

70. Robert BOGDAN, Freak Show: Presenting Human Oddities for Amusement and Profit, Chicago, Chicago University Press, 1995.

71. Adams BLUFORD, E Pluribus Barnum : The Great Showman and the Making of U.S. Popular Culture, Minneapolis, University of Minnesota Press, 1997.

72. 转引自 Sherry Lee LINKON, "Reading Lind Mania : Print Culture and the Construction of Nineteenth-Century Audience", Book History, no 1, 1998, pp. 94-106.

73. Charles ROSENBERG, The Life of Jenny Lind, 1850 ; Nathaniel P. WILLIS, Memoranda of the Life of Jenny Lind, 1850.

74. P. T. Barnum presents Jenny Lind : The American Tour of the Swedish Nightingale, Baton Rouge, Louisiana State University, 1980.

75. L. LEVINE, Culture d'en haut, culture d'en bas…, op. cit., p. 31.

76. 同上, p. 111.

77. James W. COOK, "Mass Marketing and Cultural History : The Case of P. T. Barbum", American Quaterly, no 51-1, 1999, pp. 175-186.

78. Quentin DELUERMOZ, Le Crépuscule des révolutions, 1848–1871, Paris, Le Seuil,2012, p. 62.

79. S. HAZAREESINGH, La Légende de Napoléon..., op. cit. ; Bernard MÉNAGER, Les Napoléons du peuple, Paris, Aubier, 1988.

80. Daniel Walker HOWE, What Hath God Wrought: The Transformation of America, 1815–1848, New York, Oxford University Press, 2007, pp. 328-345.

81. Lynn Hudson PARSONS, The Birth of Modern Politics: Andrew Jackson, John Quincy Adams, and the Election of 1828, New York, Oxford University Press, 2009, voir notamment p. XI-XV pour le récit de la cérémonie d'investiture, et pp. 135-136 pour le rôle de la presse.

82. John PLUNKETT, Queen Victoria. First Media Monarch, Oxford, Oxford University Press, 2003.

83. 同上, pp. 36-37.

84. 同上, p. 72.

85. J. B. THOMPSON, The Media and Modernity..., op. cit.

86. J. PLUNKETT, Queen Victoria, op. cit., pp. 133-134.

87. Elizabeth BARRETT-BROWNING, Letters to Mary Russel Mitford, Waco, The Browning Institute and Wellesley College, 1983, cité 同上, p. 124.

88. Lucy RIALL, Garibaldi : Invention of a Hero, New Haven, Yale University Press, 2007, pp. 95-96.

89. Garibaldi, arte et storia, Roma, Museo centrale di Risorgimento, 1982.

90. L. RIALL, Garibaldi..., op. cit., pp. 198-206.

91. Les articles de Dumas furent publiés dans son propre journal, Le Monte Cristo, et repris en volumes : Alexandre DUMAS, Les Garibaldiens, Paris, Michel Lévy frères, 1861; Id., Viva Garibaldi ! Une odyssée en 1860, éd. C. Schopp, Paris, Fayard, 2002. 参见 la préface à l'édition italienne : Gilles PÉCOUT, "Una crociera nel

Mediterrano con Garibaldi", in Viva Garibaldi !, Turin, Einaudi, 2004, p. VII-XXXI.

92. Le Siècle, 2 juin 1859, no 8819, p. 1, http://gallica.bnf.fr

93. L. RIALL, Garibaldi…, op. cit., pp. 198-206.

94. J. FOLADARE, Boswell's Paoli…, op. cit., p. 77.

95. Dans une lettre à Victoria du 21 avril 1864, 转引自 Derek BEALES, "Garibaldi in England. The Politics of Italian Enthusiasm", in John A. DAVIS et Paul GINSBORG (dir.), Society and Politics in the Age of the Risorgimento, Cambridge, Cambridge University Press, 1991, pp. 184-216, citation p. 187.

96. 苏格兰人写道："或多或少穿着礼服的妇女向他飞奔过去，抓住他的手，摸他的胡子、他的雨披、他的裤子，以及她们可以摸到的任何部分……"（转引自 D. BEALES, "Garibaldi…", art. cit., p. 187.）

97. L. JOURDAIN et T. DELORD, Les Célébrités du jour…, op. cit.

98. Jean-Luc CHAPPEY, Ordres et désordres biographiques. Dictionnaires, listes de noms, réputation, des Lumières à Wikipédia, Seyssel, Champ Vallon, 2013.

99. Biographie des hommes vivants, Paris, Michaud, 1816, "avertissement", p. I.

100. A. V. ARNAUD, A. JAY, E. JOUY, J. NORVINS, Biographie nouvelle des contemporains ou dictionnaire raisonné de tous les hommes qui, depuis la Révolution française, ont acquis de la célébrité par leurs actions, leurs écrits, leurs erreurs ou leurs crimes, Paris, Librairie historique, 1820–1825 ; Gustave VAPOREAU, Dictionnaire universel des contemporains, Paris, Hachette, 1861 ; Le Rivarol de 1842, ou Dictionnaire satirique des célébrités contemporaines, Paris, Au bureau du "feuilleton mensuel", 1842. Sur ces textes, voir Loïc CHOTARD, "Les biographies contemporaines au XIXe siècle", Approches du XIXe siècle, Paris, Presses universitaires de Paris-Sorbonne, 2000 ; Id., "Les grands hommes du jour", Romantisme, no 28-100, 1998, pp. 105-114, et, pour le contexte de concurrence éditoriale sur le "marché des contemporains", J.-L. CHAPPEY, Ordres et désordres biographiques…, op. cit., p. 268.

101. T. MOLE, Byron…, op. cit., pp. 89-97.

102. Walter BENJAMIN, Paris, capitale du XIXe siècle. Le livre des passages, Paris,

Éd. du Cerf, 1989 ; Jonathan CRARY, Techniques of the Observer : On Vision and Modernity in the Nineteenth-Century, Cambridge, MIT Press, 1992 ; Vanessa SCHWARTZ, Spectacular Realities : Early Mass Culture in Fin-de-Siecle Paris, Berkeley, University of California Press, 1998.

103. Adeline WRONA, "Des panthéons à vendre : le portrait d'hommes de lettres, entre réclame et biographie", Romantisme, no 1, 2012, pp. 37-50, ici p. 38.

104. Histoire générale de la presse française, t. II, 1815–1871, Paris, PUF, 1972 ; Dominique KALIFA, La Culture de masse en France, vol. I, 1860–1930, Paris, La Découverte, 2001, pp. 9-11 ; Judith LYON-CAEN, "Lecteurs et lectures : les usages de la presse au XIXe siècle", in Dominique KALIFA et al. (dir.), La Civilisation du journal. Histoire culturelle et littéraire de la presse française au XIXe siècle, Paris, Nouveau Monde éditions, 2011, pp. 23-60.

105. 同上, p. 286.

106. Charles L. PONCE DE LEON, Self-Exposure : Human-Interest Journalism and the Emergence of Celebrity in America, 1890–1940, Chapel Hill, University of North Carolina Press, 2002. 另可参见Michael SCHUDSON, Discovering the News : A Social History of American Newspapers, New York, Basic Books, 1978. 关于世纪末同时期的法国采访业的发展: Marie-Ève THÉRENTY, La Littérature au quotidien. Poétiques journalistiques au XIXe siècle, Paris, Le Seuil, 2007, pp. 330-352.

107. Lettre du 12 avril 1837, Mme de GIRARDIN, Lettres parisiennes du vicomte de Launay, éd. A.-M. Fugier, Paris, Mercure de France, 1986, pp. 133-134.

108. Gabriel TARDE, Les Lois de l'imitation, préface de Bruno Karsenti, Paris, Kimé, [1890] 1993.

109. G. TARDE, L'Opinion et la Foule…, op. cit., p. 31 et 42. Le texte essentiel, "Le public et la foule", a été publié pour la première fois en 1898.

110. Bruno KARSENTI, D'une philosophie à l'autre. Les sciences sociales et la politique des modernes, Paris, Gallimard, 2013.

111. J. PLUNKETT, Victoria…, op. cit.

112. L. RIALL, Garibaldi…, op. cit., p. 253.

113. "Portraits en tout genre, l'Atelier de photographie", in Michel FRIZOT (dir.), Nouvelle histoire de la photographie, Bordas, 1995, pp. 103-130. 关于《当代画廊》，可参见 A. WROMA, "Des Panthéons à vendre…", art. cit.

114. Émile ZOLA, La Curée, in Les Rougon-Macquart, t. I, Paris, Gallimard, 1960, pp. 427-428.

115. Elisabeth Anne MCCAULEY, Industrial Madness: Commercial Photography in Paris, 1848–1871, New Haven, Yale University Press, 1994.

116. Jules BARBEY D'AUREVILLY, "Le portrait photographique", Le Nain jaune, 3 janvier 1867.

117. La décision fut rendue le 16 juin 1858 par le tribunal de la Seine (P. KAYSER, La Renommée en droit privé, op. cit., p. 68).

118. Pierre GEORGEL (dir.), La gloire de Victor Hugo, Paris, Éd. de la RMN, 1985.

119. Joss MARSH, "The Rise of Celebrity Culture", in Sally LEDGER et Holly FURNEAUX (dir.), Charles Dickens in Context, Cambridge, Cambridge University Press, 2011, pp. 98-108.

120. "Gustave Flaubert", La République des Lettres, 23 octobre 1876, 转引自 Yvan LECLERC, "Portraits de Flaubert et de Maupassant en photophobes", Romantisme, no 105, 1999, pp. 97-106.

121. Y. LECLERC, "Portraits de Flaubert et de Maupassant…", art. cit., p. 103.

122. Note manuscrite signée, BM Rouen, cité 同上, p. 105.

123. Anne-Claude AMBROISE-RENDU, "Du dessin de presse à la photographie (1878-1914) : histoire d'une mutation technique et culturelle", Revue d'histoire moderne et contemporaine, no 39-1, 1992, pp. 6-28.

124. Wladimiro SETINELLI, Garibaldi : l'album fotografico, Florance, Alinari, 1982.

125. Loïc CHOTARD, Nadar. Caricatures et photographies, Paris, Paris-musée, pp. 105-109.

126. A. WRONA, "Panthéons à vendre…", art. cit., p. 50.

127. V. SCHWARTZ, Spectacular Realities…, op. cit., pp. 92-99.

128. Christophe CHARLE, Théâtres en capitales. Naissance de la société du spectacle à Paris, Berlin, Londres et Vienne, 1860-1914, Paris, Albin Michel, 2008.

129. Jackson LEARS, Rebirth of a Nation. The Making of Modern America, New York, Harper Collins, 2009, p. 251.

130. Kenneth E. SILVER, "Celebrity, Patriotism and Sarah Bernhardt", in E. BERENSON et E. GILOI (dir.), Constructing Charisma…, op. cit., pp. 145-154.

131. Guy de MAUPASSANT, "Enthousiasme et cabotinage", Le Gaulois, 19 mai 1881, repris dans Chroniques, Paris, Le Livre de Poche, 2008, pp. 392-397.

132. Charles BAUDELAIRE, "Le chien et le flacon", Petits poèmes en prose, Œuvres complètes, Paris, Robert Laffont, 1980, p. 166.

结语

1. Roland BARTHES, "Le visage de Garbo", Mythologies [1957], in Œuvres complètes, éd. E. Marty, Paris, Éd. du Seuil, 1994, t. I, p. 604.

2. Kazan par Kazan, entretiens avec Michel Ciment, Paris, Ramsay, 1985.

3. "将来，每个人都会因为15分钟而变得世界知名"这一表述出现在1968年的一份展览目录里，但最早可能在1966年就有人提过。Andy Warhol 对此作过多次修改。Annette MICHELSON (dir.), Andy Warhol, Cambridge, MIT Press, 2002.

4. 在最后的其中一个场景中，人们看到罗德斯的经纪人开启了一位新明星的职业生涯。

5. 一个最新的例子：Pierre ZAOUI, La Discrétion ou l'art de disparaître, Paris, Autrement, 2013.

6. Pierre BOURDIEU, "L'économie des biens symboliques", Raisons pratiques, Paris, Éd. du Seuil, 1994.

7. Michel DE CERTEAU, L'Invention du quotidien, Les arts de faire I, Paris, Union générale d'éditions, 1980.

8. David LEFRANC, *La Renommée en droit privé*, Paris, LGDJ, 2003, p. 98. 9. 同上，
p. 80.

10. Georges BRASSENS, "Trompettes de la renommée", Philips, 1962.

致　谢

　　这本书从一开始有想法，到最终成书，总共经历了十年。这段时间，我欠下了很多我非常乐意承认的"债务"。主要是很多同事和朋友，他们耐心地听我讲述或读我写的东西，或讨论我提出的假设，给我提供一些案例，建议我读某些著作。这样的对话使我免于陷入孤军奋战的陷阱，是我坚持并享受此项研究的最重要因素。

　　我已经在一些研讨会或座谈会上展示过这部关于名人的作品的几个大致思路，刚开始是围绕卢梭的案例，之后逐渐扩大问卷调查的范围。

　　我有幸被邀请到康奈尔大学、约翰·霍普金斯大学、伯克利大学、斯坦福大学、波尔多第三大学、剑桥大学、法国牛津大学、北京大学、格勒诺布尔大学、克雷泰尔大学、日内瓦大学、蒙特利尔大学以及法国社会科学高等研究院参加一些研讨会。

　　我要感谢这些研讨会的组织者，以及所有与会者。我也非常感谢参加我自己在巴黎高等师范学校和法国社会科学高等研究院组织的研讨会的听众。他们耐心地见证了我一步步搭建起本书框架的过程。我也必须要感谢他们经常在我搭建过程中帮我"抹石膏"，有时又常常帮助我恢复理智。

在这些我由衷想要感谢的人中，我特别感谢的是罗曼·伯特朗，弗洛伦特·布拉亚德，卡罗琳·卡拉德，让－吕克·查佩，克里斯托弗·查尔，罗杰·查蒂尔，伊夫·西顿，丹·埃德尔斯坦，达林·麦克马洪，罗伯特·达恩顿，皮埃尔－安托万，法布雷，卡拉·黑塞，史蒂夫·卡普兰，布鲁诺·卡森蒂，西里尔·莱米厄，托尼·拉·沃帕，雷诺·莫里埃，拉胡尔·马科维茨，罗伯特·莫里西，奥里达·莫斯特法伊，尼科拉斯·奥芬施塔特，米歇尔·波雷特，丹尼尔·罗什，史蒂夫·索耶，安妮·西蒙尼，赛琳·斯佩克特，梅勒妮·特拉维耶。

还有一些朋友特别无私或有爱，他们重复阅读我的某些章节，有时甚至是整本书，帮助我避免了很多错误。他们是艾蒂安·安海姆，大卫·贝尔，芭芭拉·卡内瓦利，夏洛特·吉查德，雅克·雷维尔，西尔维亚·塞巴斯蒂亚尼，瓦莱里·泰斯，还有斯蒂芬·冯·丹姆。我在此感谢他们！

索菲·德·克洛塞斯觉得这本书配得上法亚德出版社，她也积极支持"历史的见证"系列书籍，其中就有我的这本书。另外，她还向我提出了一些非常好的修改意见。波琳·拉贝非常仔细地读了这本书的书稿。我为此感谢他们！

从圣马丁运河到平西奥山，再往返，夏洛特一直陪伴着这本书，这本书欠她的太多了。朱丽叶和佐伊可能会在几年后读到这本书，他们也一定会记得，我并不总是像他们希望的那样有空。或许也可能不会。